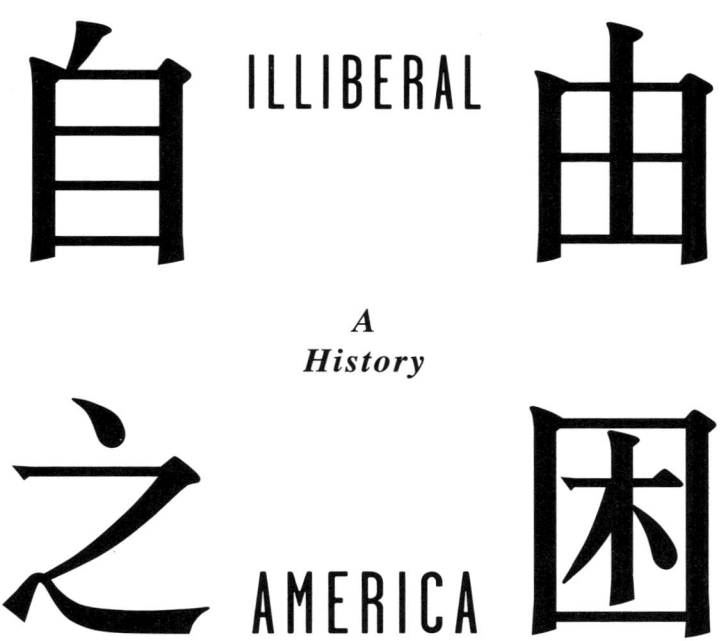

自由之困

ILLIBERAL AMERICA
A History

非自由主义
如何塑造美国历史

STEVEN HAHN
[美]史蒂文·哈恩 著
袁野 译

中信出版集团｜北京

图书在版编目（CIP）数据

自由之困：非自由主义如何塑造美国历史 /（美）
史蒂文·哈恩著；袁野译 . -- 北京：中信出版社，
2025.7. -- ISBN 978-7-5217-7492-4
Ⅰ . K712.07
中国国家版本馆 CIP 数据核字第 2025EC5561 号

ILLIBERAL AMERICA: A History
Copyright © 2024 by Steven Hahn
Simplified Chinese translation copyright © 2025 by CITIC Press Corporation
Published by arrangement with the author through Sandra Dijkstra Literary Agency, Inc.
in association with BARDON CHINESE CREATIVE AGENCY LIMITED
ALL RIGHTS RESERVED
本书仅限中国大陆地区发行销售

自由之困——非自由主义如何塑造美国历史
著者：　　［美］史蒂文·哈恩
译者：　　袁野
出版发行：中信出版集团股份有限公司
　　　　　（北京市朝阳区东三环北路 27 号嘉铭中心　邮编　100020）
承印者：　保定市中画美凯印刷有限公司

开本：787mm×1092mm 1/16　　印张：33　　字数：430 千字
版次：2025 年 7 月第 1 版　　　　印次：2025 年 7 月第 1 次印刷
京权图字：01-2025-2304　　　　　书号：ISBN 978-7-5217-7492-4
定价：98.00 元

版权所有·侵权必究
如有印刷、装订问题，本公司负责调换。
服务热线：400-600-8099
投稿邮箱：author@citicpub.com

推荐序

我们对西方文明历史的认知，通常聚焦于自由主义传统那光辉夺目的一面：从 17 世纪的社会契约说，到 18 世纪的启蒙运动，再到 18 世纪后期的美国建国宣言与法国大革命，自由、平等、博爱成为人类社会进步的经典符号。几乎所有国家的教科书、文化记忆和公共话语，都将自由主义塑造成西方文明的主流与核心。然而，正如史蒂文·哈恩在这本《自由之困》中提醒我们的，西方文明的脉络并非单一路径，自由主义的光环之下，还潜伏着一条同样深刻却经常被忽视的"非自由主义"（illiberalism）传统——一条以共同体至上、等级秩序、排他性动员和武力强制为内核的历史暗流。本书中文版的面世，恰逢其时，不仅填补了我们的美国历史盲区，也为理解当下美国社会的裂变与政治极化提供了关键视角。

哈恩的《自由之困》从源头上挑战了美国历史中那套"自由传统"被神话化的叙事。他首先指出，美国建国以来流传最广的历史故事，是一条从《独立宣言》到民权运动的"自由主义进步史线"：个人权利不断扩张、选举民主日益完善、法治理念日臻成熟。可实际上，从17世纪殖民地清教徒实施的大大小小的驱逐，到18世纪建国时对天主教徒的恐惧，再到19世纪针对印第安人的大规模强制迁徙与私刑暴行，乃至20世纪初"进步时代"的优生学立法与对边缘群体的制度化压迫，美国政治文化中始终延续着与自由主义对峙的非自由主义血脉。哈恩将自由主义和非自由主义这两条传统，比作一条河流的两股暗流，时而翻涌，时而隐伏，却始终在美国历史的主河道下相互纠缠、此消彼长。

全书从殖民地时代到极右翼崛起的21世纪初，层层剖析了非自由主义是如何在不同历史阶段取得政治与文化影响力的：殖民地时代的半封建式的庄园体制，社区对异端的排斥、对原住民的武力清洗；联邦党人与反联邦党人之争背后，是对集中权力与"多数暴政"的双重恐惧，以及"五分之三条款"对奴隶制的默许；19世纪30年代白人男性选举权扩张的同时，以部落驱逐、私刑暴行、反黑人迁徙立法为标志的"主人种民主"；南北战争时，第十三修正案"例外条款"滋生的一系列契约奴与罪犯租借制度，三K党等私刑组织对黑人投票权的暴力践踏；20世纪60年代乔治·华莱士式的种族主义民粹；新自由主义的里根与推崇市场至上的克林顿，背后则是对技术的崇拜与监禁国家的形成；21世纪极右翼的复兴，茶党运动，网络阴谋论，白人民族主义"替代论"与民兵组织，以上种种最终在特朗普2.0时代形成了MAGA（"让美国再次伟大"派）-科技精英-传统右翼的三方联盟。

通过这样一部宏大而细致的历史画卷，哈恩不仅还原了非自由主义传统在美国社会中的来龙去脉，也让我们看到，在一部号称"自由帝国"国家的历史中，压迫与排斥的逻辑从未远离，而且往往在"危机"来临时以更强悍的姿态归来。

近些年来，以特朗普为代表，美国社会的非自由主义一面被推到前台：国内政治"人仰马翻"，外交格局"天翻地覆"，昔日被视作极端边缘的民粹主义、阴谋论、强权话语一度成为公共话语主流。特朗普的支持基础，正是哈恩书中揭示的三股力量的重叠：MAGA 的民粹主义草根——以"让美国再次伟大"为口号，主张对"非洲裔、拉美裔、移民、政治正确精英"的排斥和清算；硅谷的部分科技精英——以彼得·蒂尔为代表，推崇"科技加速主义"（Tech Accelerationism），拥抱"黑暗启蒙"（Dark Enlightenment）理论，宣称民主政治陈旧低效，唯有算法和市场才能引领未来；共和党的传统右翼——反对政府干预、崇尚强力执法与边境管控，将"国家安全"理解为对内收缩与对外强硬的合法化工具。

尤其值得关注的是，彼得·蒂尔等科技界精英所倡导的"黑暗启蒙"思潮〔其核心观点是民主制度注定走向低效与衰落，社会应借助新科技（人工智能、加密货币、量子计算等）重塑统治机制〕自称是"自由主义"革新，实则可以在哈恩所言的非自由主义传统中找到脉络：他们主张将共同体（或精英）意志凌驾于公众参与之上，对少数"无用者"保持冷酷漠视，鼓吹"优越者"的管理权利，与 20 世纪初"优生运动"、冷战时期的中央情报局统治以及 90 年代"民兵运动"的核心理念如出一辙。传统教科书从未将彼得·蒂尔等新权威者置于美国政治文化连续性的考察之中，这正是哈恩著作的价值所在——向我们揭示了所谓"科技自由主义"与美国深层的威权基因之间的历史关联。

美国数百年来在世界舞台上倡扬自由民主主义，与西方诸国的宪政传统互相交融，一度成为"普世价值"的代言人。不过，这只是"显性"的自由——我们在公共仪式、政治宣言与官方史书中随处可见；而哈恩书中详尽挖掘的，正是那条被教科书遮蔽的"隐性自由主义对立面"：在自由扩张的同时，对少数群体的系统排斥成为制度常态；威权式的公共管理和社会工程不断涌现，以"公共利益""国家安全""社会秩序"等名义捆绑个人权利；治国精英与结盟的民粹主义草根反复重塑政治格局，对民主程序与法治的怀疑，隐藏着对"深层政府"的不信任与恐惧。

正如哈恩在导论中所说，我们必须超越"自由传统"一元思维，才能真正认识美国政治文化的完整全貌——也才能理解当下的民主危机为何愈演愈烈。当我们在教科书上只学到"平权运动""越战反战""互联网创造新公民空间"的光鲜表面，却忽视了"私刑""红色恐慌""三K党复兴""大规模监禁""替代论"等阴暗面，我们就难以看清当下美国的裂隙。因此，本书给予我们的，不仅是历史补白，更是一面照妖镜，让我们在当下政治风暴中少一些错判，多一份警惕。

中信出版社此次推出《自由之困》中文版，可谓及时且恰到好处。首先，它在全球化和互联网浪潮下，让中文读者有机会近距离接触对美国历史的"另一种解读"，而非停留在单一自由主义话语下的表层认知；其次，它不仅是对美国政治文化史的一次深度回溯，也为理解全球范围内各种乱象提供了可资借鉴的框架；再者，哈恩的研究有着宏观与微观兼具、跨学科与通俗可读性兼备的特点，既能为专业研究提供扎实的史料与理论分析，也能帮助普通读者搭建起理解当下美国政治的历史脉络，适合学术界、政策圈、传媒人乃至关心公共事务的大众读者阅读。

在实体图书市场整体低迷的背景下，中信出版社依然坚持选题品质和出版节奏，推出多部高品质学术与社会科学著作，尤其值得点赞。他们将《自由之困》这部重要的著作迅速引进并推出中文版，体现了对公共知识事业的担当与远见。

同时，译者袁野博士作为中国人民大学国际关系学院的优秀毕业生，以他深厚的学术功底和扎实的英语功力，精准呈现了原著中各种学术概念的内涵。袁博士在译文中既保留了哈恩行文的力量与节奏，也根据中文读者的阅读习惯做了恰当的润色，使得这部 40 余万字的学术巨著，读来既有学术厚度，又不失可读性，可谓恰到好处、上线及时。

感谢中信出版社，感谢袁野博士，让这本书在中文世界及时亮相，也让我们在动荡的时代多了一份清醒与洞见。

金灿荣

中国人民大学国际关系学院教授

2025 年 5 月 8 日

献给赛尔莎、迪克兰和苏珊

缅怀艾拉·伯林

CONTENTS
目 录

导　论 / 001

第一章 / 015
自由传统的发明

第二章 / 049
封建梦想与强制权力

第三章 / 083
教皇、国王与共和国

第四章 / 129
托克维尔、林肯与好排异己的
19 世纪 30 年代

第五章 / 173
束缚的方式

第六章 / *213*

非自由主义的现代化

第七章 / *255*

法西斯主义的脉动

第八章 / *301*

"另一个"60年代

第九章 / *345*

新自由主义和非自由主义

第十章 / *383*

种族战争与"大替代"的幽灵

结　语 / *425*

致　谢 / *441*

注　释 / *445*

译后记　看见真实的美国 / *513*

INTRODUCTION

这本书的书名①可能会让许多读者觉得有些奇怪，甚至质疑其内在逻辑是否存在矛盾。长久以来，美国在各种意义上都与自由主义"挂钩"，特别是在权利和政治方面。这种紧密的联结，构成了美国自我标榜其政治制度与历史进程独一无二并拥有独特历史脉络的基石，而这种独特的历史脉络，则将18世纪的一系列革命原则，逐步转化为一种生生不息的生活方式。有人为之欢呼，赞美这片土地上的自由精神悠久而博大。而另一些人则探究自由主义的承诺为何屡屡落空，抑或遭逢背叛。[1]还有一些人视自由主义为一堆混乱思想和冲动行为的大杂烩，由于其本质是非常概念性的，它同样可能滑向种族主义、性别歧视和其他各种形式的排他主义，正如它能导向个人主义、平等和包容等理念一样。当然，自由主义始终有来自左右两翼的批评者，他们认为自由主义要么力有不逮，要么是诸般弊病的根源所在。然而，无论褒贬，

---

① 本书英文版主书名 *Illiberal America* 直译为"非自由的美国"。——编者注

批评者和捍卫者都普遍认为，自由主义以及通常所说的自由传统，是美国社会、文化、政治与历史的核心。[2]

作为衡量自由主义在美国历史与现今近乎霸主地位的指标，"非自由"（illiberal）与"非自由主义"（illiberalism）这两个术语，直至近时才逐渐为人所认识与提及。它们几乎无一例外地被视为对所谓"自由主义规范"或"自由民主规范"的新的、令人不安的挑战与背离。如今，与"非自由"相关的观念、行为、权利承载、文化、归属感以及诉求，常与一系列已被贴上若干有毒标签的政权和运动联系在一起：设定的等级秩序、精英统治、民众政治参与受限、军国主义，以及对内对外明确树敌。这些政权和运动对自由主义的自命不凡和敏感性嗤之以鼻，嘲笑自由主义的社会和政治实践理念。它们鼓吹以民族为中心的动员和治理计划、依宗教划界的归属范畴、过度男性化的性别关系与性取向、暴力夺取与巩固权力的手段，以及用镇压来回应异议者。明确的"非自由民主"概念已经赢得了许多右翼政治领导人和思想家的推崇，尤其是在美国，这一概念被视为在一个充满敌意的多元文化世界中指引未来方向的明灯。[3]

本书旨在引导读者暂时放下对美国悠久而深厚的自由传统的既有认知，转而认识到，在我们所称的自由主义出现之前，非自由主义思潮即已横跨大西洋并深深根植于此。进而，本书鼓励读者将自由主义看作数个竞相定义美国社会的潮流之一，且常常与非自由主义思潮纠缠不清，难以自拔，从而更好、更深入地理解，美国并非最近才背离了长久确立且根深蒂固的"规范"：美国当今对激进非自由主义运动兴起的反思，其实有着深远且不断延伸的历史根基。

诚然，自由主义有其复杂的历史和多样的定义。这些定义包括：自主个体的愿景，这些个体为了自身的安全而签订社会/政治契约，这一理念由托马斯·霍布斯和约翰·洛克在他们17世纪的著作中提出；一套以劳动为基础的私有产权制度，这是洛克在其《政府论·下篇》中详尽阐述的；[4]一个围绕自我利益组织起来的自由市场，国家对其干预有限，这是古典自由主义者和新古典自由主义者（及经济学家）在18世纪末和19世纪构思的；一套由国家集中管理的政治经济体制，该体制通过一系列利益集团进行运作，理论上服务于公共福祉，这是自罗斯福新政至约翰逊"伟大社会"时期所展示的现代自由主义的显著标志。[5]最后，它还包含了一个在全球范围内由国家政策促成的、受最低程度监管或不受监管的市场，这是新自由主义所倡导的核心理念。[6]

长期以来，学者和政治理论家们一直在争论自由主义的历史渊源、核心特质、社会适应性和权利承载能力。自由主义究竟是起源于17世纪的大西洋两岸，还是法国大革命的成果，抑或是资本主义发展的结果？20世纪的国家或公司自由主义，与19世纪古典自由主义的相似度究竟有多高？我们应该如何理解自由主义的政治原则和实践同经济的关系？在一个围绕阶级、种族、民族与性别差异组织起来的世界里，自由主义的影响范围究竟能够扩展到何种程度？

"非自由"与"非自由主义"都是相对较新的概念。自法国大革命以来，自由主义主要抗衡的对象一直是保守主义，而在20世纪的政治舞台上，它对抗的则是来自右翼和左翼的极权主义与威权主义。而非自由主义是对现代自由主义的一种反弹，尤其表现为对自由主义所倡导的全球化与多元文化特质的反弹。它汇聚了一系列思想，这些思想推崇固定不变的等级制度（尤其是性别、种族与国籍），强调文化同质性，并倾向于接受以多数决定的方式行使权力。非自由主义歌颂国家及其特定的国民群体，歌颂基督教和西方"文明"，歌颂"社区"及其守护者，歌颂严格管控的领土边界。它反对全球化的精英阶层及其追随者，抵制全球化经济体系，排斥超国家的政治机构（如联合国、国际法院、欧盟），抗拒超越国家或社区范畴的人权概念，对挑战异性恋主流地位的势力毫不包容。[7]

然而，如果非自由主义的出现是为了描述当代世界的社会关系和政治文化，那么，它能为我们打开一扇怎样的意义之窗，让我们窥见时间上离我们甚远的世界，乃至自由主义进入政治词汇或在社会构想和组织方式中显露自身之前的世界？在自由主义或其雏形出现之前，是否存在非自由主义？笔者希望证明，作为一个宽泛的概念，非自由与非自由主义可以涵盖自 16 世纪晚期以来欧美的各种政治和文化思潮，特别希望帮助我们探索，这些思潮如何在实践经验的基础上流淌，不是作为自由主义的缺陷或替代品，而是作为与社会关系、政治权威、文化等级制度、宗教信仰以及家庭构建相关联的一系列连贯思想与实践。起初，它们与封建和现代早期的事业及情感紧密相连，随着时间的推移，它们以不断变化的形式，对这个国家的建设产生了重大影响：规定了合法的权力类型，构想了地方和国家的命运，应对现代性的挑战，驾驭日益复杂的世界。从这些方面来看，非自由主义可以构成一个强大的历史理解框架，它并非处于不断演变的美国社会的边缘，不是偶尔浮现的暗线，也不是对颠覆性变革的偏执和保守的反应，而是政治和文化力量的中心领域。[8]

撰写一部关于非自由主义如何塑造美国历史的书，其中一个潜在危险在于构建的故事可能会过分强调历史的延续性，而忽略了历史的变迁。的确，非自由主义的一些特征往往会反复出现。这些特征包括：社区意志压倒一切；对外来者的怀疑，以及迅速采取驱逐行动的倾向；权利和地位主要在地方或有限的领域中被认可；对文化同质性的持久渴望，这种渴望往往通过强制手段实现；对某些形式的权威（通常是国家权威）的抵制，伴以对地域和信仰权威的轻易服从；以及对地位和权力等级制度的拥护。

但是，这些看似恒久不变的特征，只有被置于具体的历史背景中，才能彰显出其真正的含义。有时，它们可能成为社会秩序的"有机整体性"观念的基础，在这种秩序中，精英统治和个人支配占据主导，表现为相互依赖的关系，这在奴隶制、农奴制或父权制下尤为明显；有时，它们会成为通过准民主方式组织起来的自治诉求的基石，如在民族主义或分离主义运动中；有时，它们可能成为反对国家的依据，如在右翼民粹主义中，有时则可能被包装为国家本身的新举措，如在某些类型的法团主义中；有时，它们依附于宗教原教旨主义，如基督教民族主义，有时则可能全无宗教色彩；有时，它们可能强化社会和政治压迫，如在准军事主义中，而有时又被普通百姓视为寻求保护的手段，如服从于庇护者或其他传统权威人物。非自由主义应被视为不断演变的思想、关系和实践的复杂组合，当它与自由主义对立或与之错综交织时，就会变得更加复杂。

在本书中，笔者主要依据它们对权利、政治实践、法律与权力的主张，从政治角度来认识自由主义和非自由主义。在最为理想化的描述中，自由主义构想了一种基于承载权利的个体、广泛的公民包容性、具有高度代表性的治理机构、法治及法律面前人人平等、采用民主（主要为选举）的代表方法的政治秩序，并通过一系列民事和政治手段（如法院、法规、组织和协会）来调节权力。自由主义社会与政权虽然时常偏离前述某些标准，但整体而言，它们是以这些原则为基石构建的。若权力主要由议会掌握，自由主义政权可以表现为立宪君主制。它们可能在总体包容的前提下，对政治参与设置一定的限制。它们还可能包含更直接行使行政权力的领域（有时称为"例外状态"或"例外空间"①），特别是在涉及司法惩罚或严重危机时。9

非自由主义社会和政权可能有多种类型，但它们通常都具有一些共同的重要特征。在这些社会中，权利的承载可能由特定的统治者来界定或加以限制，或者基于种族、民族、宗教和性别的群体来体现。公民和政治地位往往带有社会和文化上的排他性。统治方式可能从民主到独裁再到威权主义不等，可能涉及民众动员，也可能伴随着广泛的政治镇压，有时两者兼而有之。权力往往直接行使，时而体现为个人意志，时而呈现为集团或集体行动，通常在公众面前公开展示并仪式化；司法或监管的调节作用较小，

---

① 例外状态（states of exception）或例外空间（spaces of exception）系德国政治学家、法学家施米特（1888—1985）提出的概念，大体是指在宪政国家陷入危机或混乱时，为恢复常态，暂时冻结宪法和法律秩序。——编者注

通常仅影响特定的群体。此外,权力直接将个人或群体与其统治者(或自称为其统治者的人)联系起来,有时甚至可能直接在他们的身体上留下印记。非自由主义者与非自由主义承认并鼓励以最赤裸裸、最咄咄逼人的方式行使权力,将暴力视为合法且可能必需的夺权手段。与此同时,非自由主义社会与政权随时间推移表现出它们自己的偏差和演变,既塑造又适应其特定的历史环境。

  本书无意成为一部详尽无遗的非自由主义美国史。相反,它采取了一种片段式的叙述方式,不是围绕晦涩难懂或普遍被忽视的事件,而是围绕那些自由主义和自由传统被习惯性地认为与时局密切相关的时刻。笔者希望能够通过研究美国自由主义的错综复杂,来引发更多的问题与思考,并展示非自由主义如何代表了主流的冲动,又如何阻碍和损害了自由主义的目标与计划。笔者首先提醒读者,"自由传统"是一个相对较新的创造或发明,直到冷战时期,美国历史的书写和阐释才开始对其给予重视。尽管自由传统面临着诸多尖锐的批评和反对,它仍然在公众意识中顽强存续,其中的原因值得我们去探究,尤其是在当前这个时代。接下来,笔者将返归17世纪,回溯北美大陆定居者的殖民主义蓝图与进程、殖民地开拓者与殖民地定居者的愿景以及殖民者着手建立的社会形态,从而质疑:自由主义或自由资本主义,在任何重要方面,是否在早期就已经真正存在。然后,笔者将视线转向18世纪下半叶,转向在美国革命和宪法制定过程中涌动的非自由主义思潮,这些思潮塑造了许多定居殖民者的态度,并在反联邦主义中留下了深刻的烙印。在这里,笔者将特别关注广泛存在的反天主教情绪(它至今仍在美国政治文化中占据核心地位)、君主制和等级政治权威的持续吸引力以及文化上的有界社群的重要性。

接下来，19世纪30年代，杰克逊民主时代和托克维尔的《论美国的民主》所描述的时代进入了我们的视野，尽管笔者着重探讨的是当时针对原住民、非洲裔美国人、天主教徒、摩门教徒以及政治异见者（特别是废奴主义者）的大规模驱逐行动。驱逐现象的普遍存在及其对政治生态的侵蚀性，让年轻时的亚伯拉罕·林肯深感忧虑，这表明正在诞生的民主就其主要特征而言，是一种非自由和排他的民主。美国内战和奴隶解放接踵而至，宪法第十三修正案中的"例外条款"为我们提供了一个视角，揭示了非自由的脉络如何紧紧缠绕在废奴主义者及其反奴隶制盟友的自由主义冲动之上，无论是在奴隶制仍然合法时期，还是在奴隶制被废除之后。

本书后半部分内容转向20世纪，并延伸至21世纪初。笔者将通常所说的进步主义时代（1900—1920）视为非自由主义走向现代化的时期，特别是通过社会工程的巨大吸引力——这种吸引力在整个进步主义时代都是显而易见的。并且，这一时期还孕育了一种自上而下的治理观念，它与美国内外激进的种族主义相结合，在某种程度上预示了后来欧洲法西斯主义的兴起。紧接着，在20世纪20年代，出现了一系列反动的、法西斯主义倾向的基层动员（在笔者看来，进步主义时代与20世纪20年代之间的联系比传统观点所认为的要更加紧密），其中包括排外的民族主义与种族主义、反激进主义和基督教基要主义，所有这些都对20世纪30年代，乃至之后数十年的社会和政治风貌产生了深远影响。

继续按照时间顺序向前推进，笔者对 20 世纪 60 年代进行了重新审视，深入研究了在种族融合、女性主义和反共产主义运动背景下激进右翼政治的重生。乔治·C. 华莱士的总统竞选活动生动地展现了这一时期的政治氛围，他精心打造出了一套经久不衰的充满怨念和种族敌意的言论。这种政治思潮和理念预示着，在现代的罗斯福新政和约翰逊"伟大社会"自由主义看似已清除了保守派和右翼对手之际，它们自身的力量正逐渐衰弱。接下来，笔者探讨了伴随着新自由主义在美国及全球范围内崛起而生的非自由政治，特别是在严酷的、带有种族歧视的政策被用来打击毒品、犯罪和福利问题的背景下，以及在高科技和互联网领域呈现出高度剥削性并对个人权利进行剥夺的情况下。本书以一场讨论作为收尾，探讨了种族战争和"大替代"理论两个"幽灵"如何催生了白人民族主义和准军事化的右翼势力（后两者迅速成为主流政治力量）。这背后的原因在于，美国即将发生的人口结构变化，欧美经济长期的去工业化，以及共和党甘愿成为激进右翼通往权力之路的制度工具。

在所有这些内容中，笔者所提供的并非一部思想史，而更像是一部思想的社会史。也就是说，笔者提供了一种视角，用以审视非自由的实践和倾向是如何在民间萌芽成形，随后又如何影响了自由主义对应理念的诠释与吸纳的，以及非自由主义是如何在新的社会史环境下被继承与重塑的。

写这本书的目的，并非要描绘一幅美国过往及现今黑暗且令人发指的图景，或创建一份评判自由主义与非自由主义相对影响力的计分表，亦非暗示自由原则与成就无足轻重，或许已被非自由的冲动与力量淹没。毋庸置疑，《独立宣言》中镌刻的普遍权利原则，美国宪法中对共和主义的承诺，反对奴隶制和奴役的斗争，数十年来民众为扩大公民权利和政治权利而进行的奋斗，以及消除贫困和种族主义的运动，都是美国政治传统中不可或缺的组成部分——这些运动中蕴含了各式各样的共和主义、生产者主义、女权主义与社会民主主义，当然还有自由主义。事实上，它们提醒我们，在美国历史长河中，为争夺权力而展开的各种思想与愿景的范围有多么广阔，内涵有多么深远。而自由主义和非自由主义，即使从广义上看，也只是众多思想中的一部分，尽管它们的重要性不容小觑。

笔者的意图更多在于揭示，那些原则往往建立在多么脆弱的基础之上，这些运动不得不克服多么巨大的障碍，以及某些社会群体如何运用这些原则来界定自己的社群，同时又拒绝其他社会群体使用这些原则，这可以称为政治与权利上的特殊主义。这些特殊主义已深植于众多不同的社区语境中，有些甚至根深蒂固到难以察觉的程度，为社群成员提供了极具吸引力的满足感和相互联系的源泉，往往让人难以抗拒——直到它们激发起非自由的防御机制与动员行动。

因此，在本书中，笔者始终将非自由主义与不同时期的政治右翼联系在一起。尽管笔者无意将非自由主义与保守主义画等号，但长久以来，非自由主义确实与传统或反动的保守主义交相辉映，自18世纪末期以来更是如此。此外，非自由主义还与所谓的"反自由主义"（anti-liberalism）相交织，后者是对自由社会及其主张的有意识攻击和否定。当然，必须指出的是，非自由主义并非右翼独有的标签，左翼同样可能接纳或体现其对于权利、规则与等级的理解。这在左翼政权中表现得尤为明显，这些政权有逐渐演变为威权主义的风险，并形成与党派身份和政治忠诚挂钩的受限权利观。同样，在关键时刻，当争取包容的激烈斗争——通常源于具体情境——引发对被认为有害且具排他性的语言和观点的质疑时，非自由主义也可能浮现，这类情况在课堂和职场中时有发生。[10]

但在美国，左翼运动，哪怕是以特定种族或族裔群体的权利和赋权为中心的左翼运动，几乎也未曾主张限制其他群体或个人的权利。社会正义运动有时被指控为逆向种族主义，或屈服于非自由的手段以达成目标，即暗示运动发起者及其追随者的生命比其他人的生命更重要，正义的实现应以牺牲那些不站在他们一边或与他们为敌的人为代价。然而，事实是，这些运动极少甚至从未提出过此类主张或要求。相反，在相关演讲和文章中，在示威游行和选举动员中，参与社会正义运动的人们从根本上坚持要求我们认识到，在我们的历史进程中，他们所代表的遭边缘化群体一直被视为生命无足轻重、价值微乎其微、可以随意牺牲的对象，仿佛我们的权利概念和对正义的期待并不适用于他们。因此，他们的目标始终是争取包容，因为他们不被包容；他们的目标始终是追求赋权，因为他们未被赋权。

非自由主义确实是一种属于右翼的政治和文化倾向及意识形态，它时常对持有自由观点和推行自由计划的人设限。那些被视为自由主义者或自豪地展示其自由主义者身份的男男女女，在遭遇对其世界观的挑战时，便迅速诉诸非自由的解决手段，仅仅是为了维系秩序并保持自身政治航向。他们对于社会与政治生活的理想往往掩盖了他们对文化等级制度的深层次认同，而他们难以洞悉权力如何构建阶级与政治，这常常掩盖了，当他们的努力受到干扰时，他们是多么轻易地就会求助于权力。一部关于非自由主义的历史，不仅要全面剖析那些揭示非自由主义特征与目标的事件的始末，还应深入探讨，那些由持自由主义立场的历史行为者所推动的自由主义初衷，为何最终却走向了——有时是意想不到的——非自由的方向，及其背后的缘由。因为，一部关于美国非自由主义的历史同样揭示了，从殖民者定居美洲大陆，到共和国创立，直至今日，那些最能始终坚定不移地倡导普遍权利、广泛民主、赋权予人（无论其经济、社会或文化地位如何）的人，恰恰是被剥夺了这些权利的人。

第一章

自由传统的发明

CHAPTER ONE

警报已连续鸣响超过20年，但在过去10年间，其频次和音量显著攀升。观察家们——尤以记者与社会科学学者为首——纷纷警示："自由民主"与治理模式正遭受政治运动及新兴政权的攻击，或者被其绕过，这些运动与政权对民主理想嗤之以鼻，对宪法对其权力的制约满不在乎，并倾向于种族主义及以民族为中心形式的民族主义。20世纪90年代末，法里德·扎卡里亚在一篇被广泛引用的文章中，谈论的不是威权主义的威胁，而更多是他所谓的"非自由民主"的崛起：这些政权虽然受到选举的约束，却拒绝立法或司法监督，并剥夺公民的基本权利和自由。尽管当时他的论据主要来自拉丁美洲、巴尔干半岛和南亚，但他担心非自由民主会传染，将其形容为一种"蔓延的病毒"。到了2016年，唐纳德·特朗普赢得美国总统大选后不久，扎卡里亚便开始担忧"我们可能正在目睹美国非自由民主的兴起"。特朗普四年的总统任期和他为继续掌权而进行的暴力斗争，无疑加剧了扎卡里亚的忧虑。[1]

扎卡里亚绝非孤军作战。"阿拉伯之春"的失败，民粹主义运动在整个西欧的兴起，看似稳定的自由民主政体中存在的对政治建制派的敌意，以及英国"脱欧"、巴西选出雅伊尔·博索纳罗，还有意大利兄弟党和瑞典民主党的出人意料的胜利，不仅引发了越来越多的担忧，更表明"病毒"确实在扩散，而且蔓延到了欧美地区，这在以前简直是"不可想象"的。在20世纪的大部分时间里，尤其是在下半叶，保守派与中间派一直担忧的是来自左翼的政治"传染"，来自稳步前进的社会主义政党。

如今，这种传染病主要来自右翼——通常是极右翼。它在右翼曾被挫败的地方取得了立足之地，并挑战了被看作对政治机体健康至关重要的"规范"，以可能比左翼更为隐蔽的方式侵蚀美国的政治机体。两位哈佛大学的政治学家反思道："唐纳德·J.特朗普的当选引发了一个问题，这是极少有美国人曾预想过要问的：我们的民主是否处于危险之中？"对于众多此类观察家以及越来越多的民众而言，现在的答案无疑是响亮而令人沮丧的："是的！"[2]

反动或非自由力量挑战政治"规范"的说法已经成为普遍共识，尤其是在自由民主的捍卫者之间，尽管他们对于这些"规范"究竟始于何时，意见并不统一。一些研究欧洲政治的学者将目光投向柏林墙的倒塌与冷战的终结；更多的人则关注第二次世界大战后开始的民主重建进程，这一进程始于西欧，然后向南扩展至地中海沿岸；还有一些人提出，宪法自由主义的根基可以追溯至更早，至少回溯到法国大革命及19世纪上半叶，尽管它们最终往往披上了君主制的外衣。[3]

然而，对于美国而言，那些遭到践踏的"规范"被视为国家起源故事的核心，以及贯穿整个美国历史的政治文化基石。《独立宣言》的理想、美国宪法中的制衡机制与《权利法案》的确立、选举政治的早期兴起和扩展、对平等与民主理念的推崇，以及政治制度的稳定（除了南北战争这一例外），这些都被广泛援引，用于勾勒美国政治传统的演变轨迹，同时也用来凸显其在全球范围内的独特性。实际上，这些特征长久以来一直是美国例外论概念的关键组成部分，回答了为何美国既未产生社会主义，也未出现法西斯主义的问题。[4]

美国的政治历史与文化，同坚实且广泛的自由民主规范紧密相连，这一观念已成为我们公共生活与社会化中不可或缺的一部分，甚至连对美国发展历程或当前公共政策持批判态度者，似乎也不得不默认其内在逻辑。如他们所说，美国历史确有其丑陋不堪、卑劣可耻的章节——奴隶制、对原住民的屠杀、吉姆·克劳①时代的种族隔离、排外主义、打着白人至上旗号的私刑暴力及性别歧视，但一点一点地，历史也在书写新的篇章，不断拓展建国原则的内涵，使其日益展现出包容性与生命力。

美国历史学家们大抵接受了某种版本的"从奴隶制走向自由"的叙事，这一叙事在承认过往集体罪孽的同时，也描绘了一个可被视为救赎的故事，着重强调了那些身体力行建国原则者的积极作为，无论他们是黑人还是白人。难怪像哈莉特·塔布曼和早期的马丁·路德·金这样的人物，通过讲述非洲裔美国人

---

① 吉姆·克劳（Jim Crow），对黑人的蔑称，用于歧视或隔离黑人有关的事物。——编者注

为自由而斗争的故事而赢得了傲人的地位，而马丁·德拉尼、马库斯·加维、马尔科姆·艾克斯以及黑豹党（这些人物和组织都有助于我们更好地理解当今的"黑人的命也是命"运动）却被推到了边缘。因此，许多人最初将2008年贝拉克·奥巴马当选美国总统视为美国进入"后种族社会"的标志，也就不足为奇了。同样不足为奇的是，在特朗普当选的余波中，当法律学者卡斯·桑斯坦召集一批杰出的学者和知识分子来探讨"它会在这里发生吗？"（这里的"它"指的是威权主义或法西斯主义）这一问题时，大多数与会者都认为，它的发生尽管存在可能性，但由于美国的自由民主传统深厚且坚韧，因此"它"发生的概率并不高。[5]

"传统"自然是指那些具有悠久历史的价值观、习俗、礼仪以及事件，它们深植于各社群及民族的文化土壤之中，并定期以某种形式得到纪念。传统随时间与代际更迭而传承，其影响力与持久性源自人们对蕴含其中的真理及其作为集体记忆组成部分之重要性的共识。然而，有些看似源远流长的"传统"实际上却是近现代的创造、建构或发明。它们被用来彰显特定的权力形态，为制度的合法性背书，培养各种类型的凝聚力，并标注由老一辈知名人士所开创的历史新篇章，赋予近期议题、矛盾与理想以历史的正当性。"被发明的传统，"历史学家埃里克·霍布斯鲍姆写道，"意味着一整套通常由被公开或私下接受的规则所控制的实践活动，它具有一种仪式或象征特性，并通过重复来灌输一定的价值观和行为规范，且必然暗含与过去的连续性。"[6]

其中一些被发明出来的传统——每年11月举行的感恩节

庆祝活动、圣诞节期间的礼物交换、宣读效忠誓言、悬挂邦联旗①——皆源自特定的历史时刻，并逐渐深入人心。圣诞节交换礼物的习俗始于19世纪20年代，随着市场经济的发展，中上阶层的新型消费模式在美国兴起。感恩节在1863年由林肯总统宣布为国定假日，以庆祝联邦挺过了南北战争（1941年，富兰克林·罗斯福总统及国会对其进行了一些修订）。效忠誓言最初由牧师兼社会主义者弗朗西斯·贝拉米于1892年撰写，直到1942年才被国会采纳（并在1954年修订，加入了"在上帝之下"这句话）。在南方腹地各州的州旗中加入邦联星条旗元素，以及在这些州其他地方悬挂与展示邦联旗的做法，则始于最高法院对布朗诉教育委员会案（1954年）的裁决，以及反对种族隔离政策的黑人组织声势日隆之际。事实上，所有文化中都存在着传统，而其中大部分传统若能得以延续，那么至少在一定程度上经历了被创造与再创造的过程。⁷

然而，最具政治影响力的这类传统，旨在把握国家起源的深刻内涵，彰显一个国家对自身正统性和独特性的主张，以及阐释一系列赋予国家历史连贯性的广泛发展过程。在任何情况下，历史背景对于我们理解这些传统如何形成又如何得以持续存在都至关重要，即使这些传统在近期才形成。这正是我们探讨美国"自由传统"及其"发明"历程的切入点。

---

① 邦联旗（Confederate flag）指美国南北战争期间维护奴隶制的美利坚诸州同盟（亦称"南部同盟"或"南方邦联"）使用的政权旗帜，先后有多种样式。——编者注

一

关于美国历史中包罗万象的自由传统,最为有力且广为人知的论点出自路易斯·哈茨,他在 1955 年出版的《美国的自由传统》[8]中提出了这一观点。身为政治学家、哈佛大学政府学教授,哈茨认为,自由主义(特别是指洛克式的、以个人主义与私有财产为基础的自由主义)在美国的霸权地位,要归功于英属北美殖民者与欧洲政治文化的决裂,以及由此引发的美国未曾经历封建社会的事实。由于没有封建社会的历史或传统,美国亦未出现那些因反对或维护封建社会(其特点为固定的社会等级、归属规范与权利、神权统治理念、垂直的效忠关系以及农民地位低下)而形成的革命或反动思潮。尽管哈茨承认美国存在社会阶级的分化,但他仍坚称,欧洲的农民已转型为资本主义的农场主,而饱受压迫的工人则成了潜在的企业家。结果就产生了"世界上任何地方都不曾有过的民主混合体",因此,迈向民主和资本主义的冲动(这两者本应引发激烈的冲突)反而彼此交融,这让哈茨所称的早期"辉格党人"或上层中产阶级大失所望,他们虽对民主抱有疑虑,却几乎没有空间去定义一个独特的世界观。[9]

哈茨认识到,美国南部以其对奴隶制的执着与贵族式的自命不凡,可能被视为潜在的反动源泉,因此成为发展中的自由传统的对手。然而,哈茨认为,奴隶种植园本质上属于资本主义企业(故而奴隶制并非封建主义或类似的倒退形态),而杰斐逊主义让自由主义得以浮于表面,使得构建"反动的启蒙运动"变得无从谈起。美国内战前的辉格党,另一个潜在的反对势力,在 1840

年后实现了自身的民主化,因此哈茨认为,美国内战(与法国大革命截然不同)后的经济繁荣击败了精英主义,并将农民与工人都吸纳进了小资产阶级行列。由于没有来自左翼的有力挑战,进步主义时代的改革者得以自诩为纯粹的斗士,而后来的罗斯福新政倡导者则在保留洛克基本原则及更广泛自由主义框架的前提下,扩大了国家的职能范畴。至于美国右翼,它并没有散发出反动的气息,而是成为欧洲大资产阶级自由主义某种传统(如英国辉格党、法国吉伦特派)的示例,这种传统"在某种程度上憎恨旧制度,热爱资本主义,且畏惧民主"。

哈茨的笔力源于其宏大的欧美视野,以及对美国史学家狭隘观念的不满,正如他所言,这些史学家未能"从摆脱欧洲历史束缚的角度来诠释本国历史",而唯有如此——正如他认为托克维尔已经证明的那样——才能揭示美国自由世界的真谛。哈茨的文采同样源自他对这一传统的批判性审视。就像深深影响他的托克维尔一样,哈茨对自由传统似乎倡导的思维一致性和绝对道德主义感到担忧,当他思索美国在第二次世界大战后世界中的新角色之时,这种忧虑更甚。

哈茨绝非首位提出自由主义价值观及与之相关的社会关系结构具有深厚历史传统的人。至20世纪50年代中期,此观点已在多个学科领域内广泛传播,其中不乏像历史学家丹尼尔·布尔斯廷这样对其大加赞赏者。然而,许多学者,包括哈茨本人,既承认这一现实,又忧虑其给美国带来的后果。"在这个时期的美国,"文学评论家莱昂内尔·特里林在1950年叹息道,"自由主义不仅是主导性的,更是唯一的思想传统。"特里林在哥伦比亚大学的同事理查德·霍夫施塔特在其获奖传记集《美国政治传统及其缔造者》（1948年出版）中已经阐述了这一论点的主要脉络。"从大的政治传统来看，人们都虔信财产权、经济个人主义理论、竞争价值，"他写道，"他们是把资本主义文化的经济美德当作人的必要素质来接受的。"根据霍夫施塔特的说法，这些"都是美国政治思想意识中的中心信仰的主要原则"，虽然"杰斐逊、杰克逊、林肯、克利夫兰、布赖恩、威尔逊、胡佛各不相同"，但他们大多持这种观念。[10]

几年后，在一篇对民粹主义者和进步主义改革者的重要评论中，霍夫施塔特一方面承认了自由传统的强大影响力，另一方面则聚焦于他认为的"缺陷"与风险：它对阴谋论的吸引力，它的道德绝对主义及狂热精神，它对现代性的矛盾态度，它将改革与非自由主义混为一谈。霍夫施塔特解释道："我对民粹主义与进步主义——尤其是民粹主义的某一面——产生了兴趣，它们似乎非常强烈地预示了我们这个时代某些怪诞的伪保守主义的特征……既非自由又充满戾气。"他所指的是19世纪90年代美国南部与西部的民粹主义运动，按他的解读，该运动尽管痛斥了经济上的财富集中与权力集中剥夺了农民的独立性，却也充斥着本土主义与种族主义。不出所料，霍夫施塔特不久便开始深入探究美国文化中的反智主义与政治偏执。[11]

哈茨、霍夫施塔特、布尔斯廷、特里林等人的著作，并非能完美嵌入之前关于美国历史的叙事框架之中。实际上，它们与当时的主流历史思想和史学研究存在着明显的分野。学术性和职业化历史写作在20世纪四五十年代仍属新兴事物，其成形于19世纪的最后 25 年（美国历史学会创立于 1884 年）。和其他许多试图确立其学术地位的领域一样，特别是在社会科学领域，在正式研究生项目中受训的历史学家们，正致力于制定有别于业余爱好者和半吊子学者的方法和路径。为此，他们聚焦于"客观性"概念，并且注重采用可以被视为"科学"的研究方法。他们所产出的学术成果往往偏重于美国制度的历史，从诠释的角度来看，大多数人都强调英国和德国（日耳曼）背景的重要性，进而强调了欧洲与早期美国政治文化之间的连续性。

一些研究美国革命的学者实际上采纳了大英帝国的视角（他们因此被视作"帝国学派"），并质疑殖民地的怨愤这一因素对美国革命的重要性。那些对美国思想与政治生活的起源感兴趣的研究者发现，英德"萌芽论"很有说服力，该理论暗示了一种跨大西洋的文化与政治体系。研究美国内战时期的历史学家则倾向于采取一种区域和解的视角，该视角强调不存在根本性的社会与政治分歧，突出战后和解过程的重要性，而这一过程本身就在全美范围内逐渐成为主流。无论如何，他们都将美国历史视为欧洲的产物，把盎格鲁-撒克逊主义视为文化的黏合剂。[12]

19 世纪末期，在镀金时代、反垄断激进主义及早期进步主义所引发的社会与政治动荡中，挑战悄然浮现。在一篇至今仍广受赞誉与讨论的论文中，历史学家弗雷德里克·杰克逊·特纳主张，美国民主冲动的根源在于"边境"（frontier），而 19 世纪 90 年代"边境"的关闭（他以 1890 年联邦人口普查数据为证）标志着一个历史时代的终结，并引发了对未来走向的疑问。与第一代专业历史学家中的其他人不同，特纳强调了与欧洲的断裂性,以及美国政治文化的独特渊源。他成了正在兴起的"进步主义"学派的一员,该学派的思想将在未来50年间主导美国历史写作领域。查尔斯·A.比尔德是该学派最知名的代表,此外还包括弗农·帕林顿、卡尔·贝克尔、约翰·希克斯、老阿瑟·施莱辛格、C.范·伍德沃德以及特纳本人。进步主义学派将社会与政治冲突视为美国历史发展的驱动力。他们摒弃了历史学家一度推崇的来自欧洲的文化和政治遗产,转而强调"人民"与"利益集团"之间持续不断的斗争,无论是在美国革命时期、宪法制定时期、杰克逊时代、内战与重建时期,还是在民粹主义-进步主义时期。事实上,他们在很多方面都与世纪之交的激进分子和改革者的政治语言遥相呼应,而且与他们的保守派历史学家前辈不同,进步主义学派在政治上大多偏左。正是在这样一个强大的历史叙事框架中,"自由传统"应运而生。[13]

二

第二次世界大战的落幕、冷战的迅速展开以及对左右翼"极权体制"的逐步评估,促使历史学家、社会科学学者及其他人文领域知识分子的观念发生了重大转变。许多在20世纪30年代站在政治左翼,并可能曾与共产主义有过联系(或加入共产党)的人,后来直接参与了反法西斯的军事斗争〔或是在作战部队,或是在战略情报局(OSS)等情报机构〕,并在战争结束后努力试图理解已被重塑的政治版图。尽管美苏两国在战争期间结成的关键联盟在一定程度上缓解了1939年《苏德互不侵犯条约》的负面影响，但苏联向东欧的扩张以及斯大林肃反内幕的曝光，使人们对战后世界"和平共处"的含义产生了严肃的疑问。

1948年，亨利·华莱士代表进步党发起的竞选以大败收场，未能为哈里·杜鲁门及民主党的冷战政策提供一个切实可行的替代方案，这进一步压缩了从社会主义左翼立场移转过来人士的政治选择空间，同时也重塑了罗斯福新政之后人们对自由主义的认知。"自富兰克林·罗斯福总统就职以来，"小阿瑟·施莱辛格于1949年写道，"人们开始感受到自由主义思想在美国获得了实权，自由主义的宗旨……正在主导我们的国家政策……（并且）罗斯福新政正在填补20世纪20年代的愤世嫉俗和自满情绪，以及30年代的宽泛路线所造成的信仰真空。"此后不久，作为反斯大林主义和自由主义左翼的发声平台，《党派评论》杂志召开了一场题为"我们的国家和我们的文化"的研讨会，会上讨论了"美国知识分子如今正以全新的视角审视美国及其体制这一明显的事实"。编辑部承认："直至十余年前，人们还普遍认为美国对艺术与文化怀有敌意。然而，从那时起，……许多作家与知识分子开始感到与自己的国家及文化更为亲近。在政治上，人们意识到美国现行的民主制度具有内在的积极价值……越来越多的作家不再自视为叛逆者与流亡者。"一些与会者谈到，"第二次世界大战完成了精神上的恢复进程"，"欧洲人的愚昧、背信弃义以及对人权的漠视，驳斥了他们所谓'优越文明'的论调"，而"我们美利坚这个庞大的共和国，尽管存在明显缺陷，但从根本上说比它的敌人更为稳健、强盛"。特里林提出："在现代美国知识分子的历史上,美国第一次不被先验地视为世界上最粗鄙、最愚蠢的国家……相较于30年前,现在的美国文化状况无疑有了明显的改善。"[14]

自由派与左翼知识分子并不希望放弃罗斯福新政在20世纪30年代及战时所推进的联邦倡议和凯恩斯主义政策;相反,许多人担心,如果没有这些倡议和政策,国家将重新陷入经济萧条,而就在短短几年前,经济萧条似乎还是那么棘手和持久。他们关切的是保护个人、信仰以及思想生活的自由,而这些自由看似受到苏联共产主义的威胁。因此,他们对"同路人,或同路人的同路人"投以越来越怀疑的目光,用小阿瑟·施莱辛格的话来说,这些人的"多愁善感"使进步主义人士"易于遭受共产主义的渗透和征服"[15]。

特别具有影响力的,是社会科学学者和人文学者撰写的一系列文献,他们中的许多人来自欧洲,有些是逃离希特勒德国的难民,他们开始研究"极权主义"。他们认为,极权主义——纳粹主义、意大利与西班牙的法西斯主义以及斯大林式共产主义——并不是专制、威权或暴政统治的简单变体,它是20世纪新出现的一种独特的政治统治和组织形式。他们认为,极权主义的滋生源于民族国家的削弱与崩溃(从而产生大量无国籍者和流离失所者),其特征包括:权力高度集中,摧毁有组织的反对派,类似邪教的独裁统治崛起,国家全面控制私人和公共生活以及大规模制造有群众基础的恐怖氛围。事实上,正是恐怖盛行与群众(有些人喜欢用"暴民"来形容他们)动员令当时的人们格外不安,也促使社会心理学、政治学及政治经济学对这些现象产生了浓厚兴趣。[16]

随着 20 世纪 40 年代末至 50 年代初冷战紧张局势的升级，极权主义获得群众支持的问题变得尤为尖锐，这在某种程度上引发了自由主义的生存危机。一方面，许多自由主义者渴望洗脱 20 世纪 30 年代曾笼罩"人民阵线"的共产主义色彩，该色彩一直困扰着那些试图在第二次世界大战结束后维系政治进步主义的力量并维持美苏合作的人士。另一方面，在组织层面，一大批著名的自由派知识分子、工会领袖、民权倡导者和政治人物，包括神学家莱因霍尔德·尼布尔、汽车工人工会领袖沃尔特·鲁瑟、劳工律师约瑟夫·劳、历史学家小阿瑟·施莱辛格、明尼阿波利斯市市长休伯特·汉弗莱以及前第一夫人埃莉诺·罗斯福，于 1947 年共同创立了"美国民主行动"，作为对亨利·华莱士竞选的替代方案，他们认为华莱士是被苏联和美国共产党蒙骗的。不久，他们便与欧洲和拉丁美洲的反共同僚携手，于 1950 年共同创立了文化自由大会，又于 1951 年创立了其美国分支文化自由委员会，这两个组织均得到了美国中央情报局的积极支持。[17]

随着国家（在联邦与各州层面）支持的镇压行动拉开序幕，不少自由主义者接受甚至欢迎对那些依然坚守左翼立场的人士进行打压，将其视为虽不幸却对维护国家安全与福祉相当必要的举措，他们将受害者视为外国势力的"代理人"和对"思想生活"的潜在威胁。一些人乐于向国会委员会，如众议院非美活动调查委员会（HUAC）提供疑似共产主义者的名单，对看到这些人被解雇和列入黑名单几乎毫无愧疚之感。他们中的学者与作家，诸如丹尼尔·布尔斯廷、詹姆斯·伯纳姆、西德尼·胡克、詹姆斯·韦克斯勒、莱斯利·菲德尔、欧文·克里斯托以及格兰维尔·希克斯，开始认同，有时甚至赞美美国政治和文化的独特之处：包括两党制、公众的多元化倾向、对实用性的偏好、自愿结社的重要性、广泛的意识形态共识，以及对讽刺和复杂性的迷恋。小阿瑟·施莱辛格的《生命力中心》（1949年）试图捕捉他们的见解与抱负。值得注意的是，长期未再版过的托克维尔的《论美国的民主》也在1945年重新发行，并附有新的序言，《密西西比河谷历史评论》（后更名为《美国历史杂志》）和《美国历史评论》都对这本书进行了评论。[18]

然而，尽管这些行动的初始推动力大多源于自由主义者和杜鲁门政府，但保守派对罗斯福新政的反弹、对蒸蒸日上的劳工运动的警惕、对民权运动以及共产主义在海外扩散（最引人注目的是1949年出现的红色中国）的恐惧，将这场运动推向了越来越不宽容的境地，这似乎预示着右翼势力的卷土重来。联邦层面以及各州的麦卡锡主义——要求服从命令、实施忠诚宣誓、怀疑倾向自由主义和无宗教信仰者、指控与共产主义的关联、镇压"不忠分子"——与其说是反映保守派对国家权力工具扩张的担忧，不如说更多体现了自由派对"民众"倾向的担忧，自由派认为"民众"的聚集可能会成为暴政或非自由政权的潜在推手。[19]

考虑到20世纪二三十年代的法西斯动员，以及近来为解释极权主义群众基础所做的努力，学者们试图解释所谓的"新美国右翼"的初步崛起。在他们关于"不满阶层"的著作中，他们表现出了几乎不加掩饰的蔑视（部分原因是自由主义知识分子的思想指导似乎遭到了排斥）。"不满阶层"指的不是劳动人民或穷人，而是由社会和地域流动性产生的新中产阶级。这个阶层感到自己"无根"，急切寻求"地位和稳定的身份"，在现代美国生活的"异质性"中，他们对自己的位置深感焦虑，害怕遭到监视和背叛，易于接受阴谋论。与理查德·霍夫施塔特一样，其中一些学者将目光投向了过去，尤其是19世纪末的民粹主义者。学者们注意到的不是民粹主义者对垄断和经济不平等的批判，而是他们的仇外心理、反犹主义和政治偏执，他们倾向于找出真正的敌人，并将他们的困境归咎于富人，尤其是"华尔街"。一些人认为，19世纪90年代的民粹主义者与20世纪50年代约瑟夫·麦卡锡的支持者之间存在直接联系，并认为反共主义为长期以来在美国政治文化中被妖魔化的天主教徒提供了一个融入美国主流社会的机会。[20]

冷战时期的自由主义思想影响广泛，很快就塑造了新的学科领域，并在不断发展的学术领域中对历史进行了解释。20世纪30年代播下种子的"美国研究"，在20世纪50年代全面开花。"美国研究"希望鼓励对美国社会采取跨学科的研究方法，尤其是促进历史和文学专业学生的交流，它借着对美国独特性和例外主义兴趣的浪潮而兴起。到20世纪50年代末，"美国研究"已在各大院校中成功建立了近百个项目，其中一些被命名为"美国文明"项目。被这一领域吸引的学者们热衷于挖掘历史系较少涉及的美国文化和思想史，关注英语系往往忽略的文学作品，以及政治学系未充分重视的政治文化脉络。在20世纪50年代的研究主题中，最突出的是"神话与象征"以及"'美国精神'的形成"。亨利·纳什·史密斯的《处女地：作为象征和神话的美国西部》(1950年)探讨了19世纪美国人与密西西比河以西的西部地区的关系，他不仅参考了公认的文学文本，还借鉴了诸如廉价小说等通俗的表达形式。历史学家佩里·米勒的两卷本《新英格兰思想》(1939年，1953年)则生动描绘了清教徒如何构建了一套严谨且统一的思想体系，以及他们如何成为美国适应新文化景观的典范，并为整个国家留下了重要的遗产。约翰·威廉·沃德的《安德鲁·杰克逊：一个时代的象征》(1953年)则考察了杰克逊及其时代是如何在美国民众心中占据一席之地的。这些对标志性人物和思想的深度研究，为未来15年的"美国研究"领域确立了研究范式。[21]

在民权运动日益壮大这一重要的背景下，对美国奴隶制的研究也显示出自由传统和共识框架在解释方面的影响，同时也标志着解释视角的重大变革。从20世纪初到20世纪50年代，该领域一直由乌尔里克·B.菲利普斯及其门生主导，他们将奴隶制描绘为一种家长式的制度，认为它提升了落后的非洲裔的文明水平，并在美国南方塑造了独特的社会形态。按照菲利普斯的说法，尽管奴隶主认为奴隶制可能无利可图，但他们仍然维持着这一制度，奴隶制与其说是一门生意，不如说是一种献身于贵族理想和优越的白人种族至上的生活方式。尽管有几位历史学家，主要是非洲裔美国人，对此种描绘提出了异议，但他们的声音并未受到重视，直到20世纪50年代中期，肯尼思·斯坦普的《特殊制度：美国内战前南方的奴隶制》(1956年)问世，"菲利普斯学派"的统治地位才开始动摇。[22]

斯坦普是北方人（而菲利普斯虽来自佐治亚州，却有点像个侨民：他在哥伦比亚大学获得博士学位，并主要在北方任教，包括威斯康星大学、密歇根大学和耶鲁大学），他对菲利普斯学派就"奴隶制度合理性"的辩解嗤之以鼻，对其研究结论发起了全方位的挑战。菲利普斯及其门生将南方奴隶社会描绘成贵族式和家长式管理的，斯坦普则认为它是彻头彻尾的资本主义和唯利是图的。菲利普斯及其门生认为种植园/奴隶制度是无利可图的，斯坦普则坚持认为它在经济上具有扩张性。菲利普斯和他的学生认为奴隶主以人道的方式对待奴隶，而斯坦普则强调奴隶制的残暴性。菲利普斯和他的学生认为奴隶大体接受了自身受压迫的地位和奴隶主的家长式作风，而斯坦普则认为他们以各种方式反抗奴役。菲利普斯及其学生认为非洲人将他们落后的文化和异教信仰带到了北美，斯坦普则认为大西洋上的航程切断了他们与非洲的文化联系，使奴隶在美国陷入"文化真空"。菲利普斯及其学生认为奴隶和其他黑人劣于白人，斯坦普则宣称他们是与白人平等的存在。"我一直认为，"斯坦普指出，"奴隶只是普通人，从本质上讲，黑人不过是长着黑皮肤的白人，仅此而已。"[23]

《特殊制度》显然是一部契合时代需求的著作，它激发了一股新的研究热潮。几年后，斯坦利·埃尔金斯出版了备受争议的《奴隶制：美国制度与智识生活中的一个问题》（1959年）。在该书中，埃尔金斯将美国的奴隶制与拉丁美洲的奴隶制度进行了比较，并认为，在美国，奴役制度对人性的摧残可以与纳粹德国的集中营相提并论，它使被奴役者变得幼稚，这也是为什么长期以来，非洲裔美国人身上总是被贴着充满种族主义色彩的刻板标签"桑波"（sambo）。毋庸置疑，这里不存在任何形式的家长式庇护，依据埃尔金斯的观点，美国奴隶制度下独有的残酷源于新教信仰及他所称的"无约束资本主义"。埃尔金斯对制度间的类比分析以及对社会心理学（他大量借鉴了布鲁诺·贝特尔海姆的研究成果）的关注，体现了"美国研究"领域内跨学科研究的影响力，以及如何运用历史比较方法来深化美国例外论的根基。这也预示着奴隶制研究将跨越学科边界，延伸至社会学，以及（尤其是）经济学与经济史领域。哈佛大学的经济学家阿尔弗雷德·H.康拉德和约翰·R.迈耶在1958年加入了对菲利普斯学派的批判行列，他们采用新兴的计量经济分析方法论证了，奴隶制是有利可图的，并没有像菲利普斯学派的一些人所说的那样——达到了"自然极限"。[24]

斯坦普、埃尔金斯、康拉德和迈耶等人对奴隶制的研究虽在许多方面都有所不同，但它们共享了一个理解与分析的框架，这一框架既映射出了自由传统思想的核心要素，又促进了其深化与发展。该框架假定或论证了资本主义和资本主义文化具有深远而广泛的历史渊源，强调私有财产与市场竞争观念的普遍性，将追求利润视为人类行为的基本动机之一，并预设所有人在条件允许的情况下均会响应市场激励。同时，该框架认为，不论美国各地区间存在何种差异，这些特征始终贯穿于美国历史的脉络之中。此外，这一框架还将"文化"视作相对脆弱的存在，认为文化易在变迁的压力下瓦解，而后在全新的环境中得以重塑。适应（adaptation）、同化（assimilation）和跨文化适应（acculturation）成为历史学、社会学和人类学的关键词。

移民研究恰好在此时兴起，这显示了自由主义框架的影响力，也在这一领域的先驱奥斯卡·汉德林的工作中体现得尤为明显。事实上,汉德林最为人熟知的作品《连根拔起》于1951年问世,它预示了20世纪50年代美国历史学研究的发展方向。首先,它与"美国研究"领域的发展趋势一致,是一部跨学科的作品,尤其在对社会学的借鉴方面,这促使汉德林将焦点置于城市与城市生活之上,并为后来的社会史研究奠定了方法论基础。同样重要(如果不是更重要的话)的是,汉德林与哈茨和斯坦普一样,将欧洲农民(他们被视为刻板印象中的移民)移居美国的过程视为一种异化和破坏性的经历,这一过程有效地切断了他们与旧农村世界村落之间的社会文化纽带,迫使他们不得不适应美国的现代化趋势。正如汉德林所言,"移民行动将这些人从传统而熟悉的环境中抽离,将他们移植到陌生的土地上",在那里,他们往往处于"震惊"的状态,"多年"之后才找到适应和同化的方法。书中的许多章节都笼罩在沉重的氛围之下,汉德林致力于传达欧洲移民所面临的重重挑战。就此而言,它与约翰·海厄姆那部震撼人心的著作《异乡人》(1955年)有着异曲同工之妙,后者并未过多着墨于移民本身,而是侧重于探讨从19世纪中叶到"大萧条"时期针对移民的敌意模式(即排外主义)。不过,汉德林传达的核心信息更加鼓舞人心,当疏离与迷失方向最终转化为跨文化适应与融合,海厄姆揭露的非自由潮流,反而帮助我们认同了战后时期更为自由主义导向的观点,即美国终归是一个"移民国家",源源不断地吸引着进入其"熔炉"的移民群体。[25]

即便是在20世纪50年代末60年代初,由威廉·阿普尔曼·威廉斯及其在威斯康星大学的学生们发起的对美国外交政策的批判，也清晰地烙下自由传统思维的痕迹。长期以来，美国外交史都是从高层决策者的视角出发，围绕自由主义价值观的输出和对帝国体制本身的抵制而展开的。但威廉斯和他的学生们对此持不同看法，他们笔下的 19 世纪末期出现了一种"非殖民式帝国主义"，这是出于寻找海外新市场的迫切需求，特别是在太平洋地区。他们关注的是商业利益如何动员公众来支持前述目标。威斯康星州历史学家们的著作写于美国正展示其力量以成就传媒大亨亨利·卢斯所称的"美国世纪"之时，他们试图让读者意识到美利坚帝国的深厚历史，以及为此将继续付出的代价。然而，他们的著作并未直接质疑围绕资本主义价值取向和制度安排形成的意识形态共识；相反，他们警告说，美国的自由民主既催生了对帝国的需求，最终也将受到这种需求的威胁。[26]

　　自由传统的历史观念不仅捕捉到了一些社会科学领域的发展，而且反过来为其提供了推动力。在社会学和政治学领域，自 20 世纪初学科建立以来一直盛行的社会和政治定性研究方法，向着更加定量和功能主义的方向转变。在社会学领域，结构功能主义——主张社会系统趋向于平衡，制度和社会关系因其发挥重要功能而使整个系统保持稳定——在 20 世纪 40 年代和 50 年代兴起，塔尔科特·帕森斯是这一领域的先锋。在政治学领域，对政治理论和政治制度历史发展的关注让位于 20 世纪 50 年代的"行为主义革命"和"调查研究"，以及与决策相关的研究取向，其中具有跨学科吸引力的"博弈论"和"理性选择"模型大行其道。定量方法与模型在经济学领域同样变得至关重要，分析过去和现在的数据集，成为解读经济动态与结果的基础。不久之后，这一影响亦在哲学领域显现，尤其是考虑到其日益增强的分析性倾向。[27]

在所有这些案例中，关于人性和欲望的假设——自由主义共识的悠久历史赋予了这些假设合法性——成为审视的基础。社会学家丹尼尔·贝尔在其著作《意识形态的终结：论50年代政治思想的衰竭》（1960年）中谈及美国，与路易斯·哈茨的观点遥相呼应，将其描述为"一个没有封建传统的文化，秉持实用主义精神……对新生事物怀揣无尽乐观……这些特质已经成为主流"。"悠久的自由传统"这一近期才兴起的理念，正在被广泛接受和认可。[28]

三

人们或许会认为，自由传统以及与之相关的、对美国历史的共识性解读，会像其进步主义的前身一样，在历史思考和书写中享有长久的统治地位，但事实并非如此。到20世纪60年代初，随着民权运动的高涨、学生左翼势力的兴起，以及美国介入越南战争所引发的情势变化，对自由传统的批评声浪开始从多个角度涌现，并且随时间推移而越发广泛与激烈。这些批评来自研究奴隶制与非洲裔美国人历史的学者，他们迫使人们正视美国与黑人奴隶制度的紧密关联，以及被奴役人民为开创自己的生活与文化而进行的斗争。批评亦来自质疑资本主义及其价值观在早期美国历史中重要性的历史学家，在某些情况下，他们甚至暗示资本主义的发展历程漫长而曲折。批评声音还来自专注于美国内战历史的研究者，他们坚持认为奴隶制在美国催生了两种截然不同的社会形态，其中一个社会拒绝了自由世界的规则，二者间的碰撞冲突在所难免。批评也来自"美国研究"领域的内部，该领域被指责地理视野狭隘，且普遍回避宗教、阶级、种族、民族及性别议题。新兴的社会史学家群体同样发起了批评，他们不仅热衷于探究普通劳动者的生活与斗争，更将阶级冲突视为这一进程中的核心要素。

批评亦源自移民史学家，他们揭示了，欧洲与美国之间的文化纽带依然强大，移民的社会面貌错综复杂，许多跨越大西洋的移民后来又重返故土，同时强调移民经历不仅局限于大西洋区域，还涵盖了太平洋世界，而这一方面此前几乎未受关注。批评也来自女权主义史学家，他们对历史编撰中女性身影的近乎消失以及性别不平等问题表示愤慨，并着手构建更为广阔的历史人物群像。批评还源于研究民粹主义和进步主义的历史学家，他们质疑将这些运动——尤其是民粹主义——视为地位焦虑、守旧落后的观点；相反，历史学家开始突出民粹主义的经济激进主义、民主倾向以及对跨种族联盟的包容态度，探讨进步主义如何预示了罗斯福新政的到来。更广泛地说，批评还来自那些虽未全盘否定自由传统框架，却对其过分强调政治多元主义及回避权力议题提出异议的历史学家。[29]

马克思主义视角的美国历史，以往几乎未能激起任何波澜，如今却在历史研究与著述领域获得了备受尊重且颇具影响力的地位。"阶级"这一概念，曾被自由主义与共识导向的学者轻率地一笔带过，如今却以富于创新且意义深远的方式得到了深入探讨，尤其是在对南方奴隶制及早期工人阶级的研究中。学者们摒弃了长久以来与马克思主义挂钩的经济决定论，从生产关系入手，同时考量文化、意识形态与政治因素，将阶级描述为一种社会群体在斗争过程中"制造"出来的现象，而这种斗争引发了对资本主义历史和稳定性的质疑。这一新的概念框架的影响力如此之强，以至于即便是那些刻意避开马克思主义分析的历史学家也不得不正视阶级的重要性，并认为资本主义更多的是一种偶然现象，而不是一种跨历史的制度。[30]

因此，到了20世纪70年代初，随着历史学家越发关注挖掘异见和政治激进主义的渊源，致力于揭露美国历史上的种种不平等、歧视和排斥，对美帝国主义的破坏力深感震惊，并在很多情况下对国际左翼解放运动表示同情，自由传统和共识解读似乎已无法合理诠释过往与现实。而且由于越南战争和水门事件，"帝王"似的总统和"国家安全国家"（national security state）的种种越界行径大白于天下，仿佛是对"自由民主"理念的极大嘲讽。

尽管自由传统的观点迅速遭到了史学界尖锐且广泛的抨击——在诸多学术圈内被激愤地摒弃，但在社会科学领域，尤其是在关注制度、治理和选举实践的美国政治发展领域，这一观点仍具有较大的影响力。然而，不论是社会学界还是政治学界，一种崭新的批判视角正逐渐成形，此视角根植于对种族议题、种族歧视、阶级鸿沟与经济不平等现象的深刻洞察。一些人将就业、住房、社会服务获取渠道以及社会流动性前景中暴露出的深层次结构性失衡，视为自由传统有缺陷或不切实际的明确佐证。另一些人则强调自由权利与种族主义，或是包括自由传统在内的多种政治传统之间的共生关系，这些关系在任何时候都可以被辨识出来。仅仅10年前还几乎占据霸权地位的自由传统，如今却在孕育它的领域中奄奄一息。[31]

四

然而，若果真如此，我们又该如何解释自由传统至今仍被频繁引用的现象？半个世纪过后，我们又当如何解读，诸多记者与其他严肃观察家对于美国自由民主制度的脆弱性表达出近乎难以置信的惊讶，以及对自由民主"规范"遭到践踏的愕然？倘若那些对本国历史最为熟稔的人士早已摒弃了美国的自由传统，它又何以能在我们的文化与言论中展现出如此顽强的生命力？

部分原因在于，在由罗斯福新政构建的20世纪中叶，自由主义在第二次世界大战后的20年里取得了霸权地位。在战胜法西斯主义后，美国相对未受战争破坏的创伤，坚定推行旨在防止经济萧条重演的政策，蓄势待发引领非社会主义世界，显然有意在曾被专制主义和法西斯主义统治过的地方帮助建立民主政权，并以自由和平等的捍卫者自居。美国的自由主义国家体制遂将自身树立为评判其他体制的标准。自由传统和对美国历史的共识正是在这一时期蓬勃发展起来的，它们证明即使是最严厉的批评者，亦被自由主义的情愫与目标深深影响。当针对这些解读的质疑声浪涌现时，人们将自由主义及自由主义国家置于聚光灯下，聚焦于其内在矛盾、缺陷与伪善之处。尽管批评者大多强调冲突而非共识，揭露自由传统掩盖了哪些事实以及边缘化了哪些人群，但他们未曾真正构建出一套替代性的叙事。实际上，社会史的流行及其对各类社群采取的微观史研究方法（案例研究），尽管揭示了美国历史与社会的多元复杂面貌，却未能将新知整合为足以抗衡传统的全面概念体系。更有甚者，一些论者开始主张，此类"综合"（synthesis）只会复现他们所谴责的诸多排斥（exclusion）现象，而综合本身即为问题所在，应当予以规避，以求达到真正包容的历史观。[32]

20世纪80年代，世界社会主义运动的式微、拉丁美洲部分地区从军政府向文官统治的过渡、保守主义在英国和美国的胜利，以及戈尔巴乔夫在苏联推动的改革浪潮，也都具有重要意义。这些事件似乎共同削弱了对马克思主义、阶级斗争与社会冲突的关注，转而激发了历史解释与书写中的"文化转向"。学者们的注意力，尤其是在历史和文学领域，转向了自由主义政权所运用的、难以争辩的"话语"和权力形式。这些思想和情感常被贴上"后现代主义"的标签，它们深刻质疑"宏大叙事"、真理主张与启蒙理性概念，更倾向于强调偶然性、不稳定性，以及对可被视为"文本"进行解读和阐释的事物的更为广阔的理解。然而，尽管后现代主义可视作对自由主义所构建的世界秩序的间接批评，但其研究对象——身体、性、性别、种族——恰恰就是资产阶级、自由社会的产物，而学者们往往不愿将之作为"制度"加以问题化。因此，这类批评缺乏政治锋芒。另外，后现代主义对社会科学的影响有限：经济学、政治学和社会学更加致力于定量建模，理性选择理论亦逐渐渗透至法学研究之中。[33]

苏联的迅速解体、冷战的落幕，以及东欧一系列表面上奉行自由民主制度的新国家的出现，加剧了这些趋势，同时也使资本主义与自由民主之间的联系获得了自 20 世纪 50 年代以来从未有过的可信度。在不少观察家看来，资本主义似乎取得了压倒性胜利，社会主义与共产主义要么已无力回天，要么彻底成为历史，而自由民主政权似乎已扫清所有竞争对手。作家弗朗西斯·福山甚至宣布了"历史的终结"，意指人类的"意识形态演化"已抵达某种"终点"，其标志是"西方自由民主普遍化，成为人类政府的最终形式"。据一项统计，截至 2006 年，全球约 60% 的国家可被视为民主国家，其中三分之二或许能跻身"自由"民主国家行列：这些国家的政府经由自由、公正的选举产生，并基于向公民赋予基本权利与自由的原则运行。1992 年，民主党人比尔·克林顿在共和党把持总统宝座长达 12 年后胜选，加上 2008 年贝拉克·奥巴马的当选，这些似乎表明，尽管美国民众对政客及政治体制的失望情绪日渐浓厚，尽管最高法院在 2000 年让小布什当上总统的过程中发挥了令人不安的作用，以及国会乃至全国范围内的党派对立日益加剧，但美国的自由民主体制依然生机勃勃。[34]

到 21 世纪头 10 年结束时，对资本主义的研究热情再度高涨，部分缘于 2007 年至 2008 年间爆发的全球金融危机，尽管历史学界出现了颇具讽刺意味的转折。历史学家不再聚焦于资本主义的过渡、兴起、巩固抑或其变革，而是开始将资本主义视为一个事实上始终与我们相伴的制度与现象，这一转变与自由传统创设者的视角不谋而合。他们的研究重心逐渐转向用于资本积累的金融工具及其长期的发展轨迹。如今，奴隶制与资本主义之间的联系在某种程度上得以强化。这一议题曾一度成为历史学家辩论的焦点，而所谓的"种族资本主义"几乎成为囊括了全部美国历史的一种形态。毋庸置疑，资本主义受到了或隐或显的尖锐批判，然而相关文献同样揭示了一个以资本主义和白人至上主义为核心的主流共识，这一共识在控诉自由民主体制的同时，也为其深厚的根基披上了神圣的光环。[35]

事实上，美国的自由传统与其说是被其捍卫者和受益者所巩固，不如说是被其左右两翼的批评者所巩固。长久以来，保守势力推崇州权、种族与社会等级、有限民主及小联邦政府的理念，但如今，激进右翼对自由民主包容性、自由民主所追求的文化多样性以及宪法规定的出生公民权这三者的抨击已取而代之，这一切皆服务于残酷且时常充满暴力色彩的白人民族主义。面对这些非自由主义和准法西斯主义的表现，自由民主的捍卫者们惊惶不已，迅速援引美国政治传统的"规范"来隔绝并削弱这种威胁。

然而，左翼的批评者也发挥了自己的作用。社会民主主义与社会主义左翼指责自由主义与自由民主忽视经济不平等，忽视权力与财富的分配（实际上这种分配直接促成了有利于富人、权贵及企业利益的政治经济体系的形成），并且过度依赖资本主义的活力，由此承认了自由传统的深厚底蕴与强大影响力。他们围绕着那些在历史上被阐明但在实践中屡遭挫折的伟大原则及理想组织起来，一方面赋予了自由传统比它实际上所拥有的更为厚重的历史，另一方面又使我们很难看到那些除自由传统之外的、与之竞争的传统与思潮。

五

几年前，主要来自政治学领域的一群学者聚集在一起，思考路易斯·哈茨的《美国的自由传统》在出版半个多世纪后的命运和现实意义。尽管他们对这本书的雄心壮志与深远影响以及它持久的生命力表示敬意，但对于哈茨的论点及其论证方式，他们几乎一致持批评态度。片面、静态、单维度，对美国生活的复杂性和政治思想的多样性视而不见，对种族、性别和阶级的干扰视而不见——这些都是他们给出的评价，颇为尖锐刻薄。"我们需要阅读《美国的自由传统》，以理解它所激发的争论与洞见，"一位评论家写道，"然而，尽管哈茨的经典之作曾辉煌一时，但如今是时候开启新篇章了。"[36]

尽管批评之声不绝于耳，但大多数作者不仅承认需要阅读哈茨的著作，更指出自由传统这一概念仍然存在，并且极有可能正在各领域经历一场复兴。编辑马克·赫利昂在总结时坦承："尽管哈茨的书或许已成为历史，但美国自由传统的可能性仍旧鲜活。"[37]文化、知识和政治方面的"发明"发挥着它们的作用，框定了我们的视角。它们塑造了我们的讨论和辩论，随着时间的推移，它们可以被修改，以理解和适应日新月异的世界。实际上，它们可以被"重新发明"，以应对特殊的压力和挑战。

从诸多角度来看，我们当前可能正目睹自由传统的某种重新发明，而这场重新发明的批判力度较 20 世纪四五十年代有所减弱。对于许多热衷于接受这一传统的人来说，自由传统意味着，那些困扰我们的非自由主义和威权主义倾向其实是特定时代的产物：它们在政治版图上迅速蔓延，威胁着要扼杀我们的"规范"，但它们的根基如此浅薄，可能很快就会被根除。

然而，自由传统可能的重新发明，同时也伴随着与之相冲突的其他政治传统的发明与再发明，这些传统在政治和政治文化领域让自由传统面临着巨大挑战。当唐纳德·特朗普的支持者响应其口号"让美国再次伟大"，他们怀旧地回望的是：一个黑人无法当选总统、有色人种尚未要求平等权利、女权主义者尚未与性别排斥和不平等做斗争、性身份尚未开始被重新定义、美国新教徒尚未面对日益增长的宗教多样性、亚非拉移民尚未开始威胁白人多数地位的时代，以及一个联邦政府尚未成为所有这些发展的推手的时代。他们所珍视的传统绝非自由主义。这种传统强调州权、社区控制、父权家庭、粗犷的个人主义、基督教民族主义以及某种形式的白人至上主义。

可以肯定的是，诸如此类相互冲突的传统并不像看上去那样界限分明，人们可以并且确实同时接纳了两者的一部分。事实上，地方上的反抗可能会转向截然不同的政治方向。但是，它们并不仅仅是谈资，或者供人褒贬的对象。它们是政治斗争的内容，在斗争最分裂、最激烈、基本原则岌岌可危的时候，它们的影响最大。历史诠释塑造政治格局。谁拥有过去，谁就拥有现在；谁对我们是如何走到今天这一步的解释最有说服力，谁通常就能获得权力，无论治理形式如何。

然而，我们应当意识到，我们声称珍视并坚守的"传统"其实带有明显的建构痕迹。令人意外的是，这一点往往被历史学家所忽视。2019年夏天，《纽约时报》记者尼科尔·汉纳-琼斯发起了"1619项目"（1619 Project），旨在重新讲述美国起源的故事，充分考虑奴隶制与种族主义在美国历史中所扮演的基础性角色。这一大胆尝试却招致了大量批评，其中不乏自诩为权威的历史学者，他们对未被充分征询意见一事尤为不满，显得格外愤慨。这些历史学家坚持认为，自由传统在塑造美国起源故事中发挥了决定性作用，故事核心涉及《独立宣言》的普世价值、美国革命的激进本质，以及革命与《联邦宪法》中蕴含的对奴隶制与种族压迫的反思。他们严厉指责汉纳-琼斯及其团队对"事实"认知不足，试图将一切归咎于奴隶制与白人至上主义，过分简化了建国先贤们的观点，并忽略了白人为黑人群体（无论是奴隶还是自由民）所做出的种种努力。更有甚者，他们反对将"1619项目"引入学校教育，实质上为极右翼势力企图从全美公立学校课程中抹去奴隶制与种族议题提供了助力。[38]

与所有历史诠释一样，"1619项目"编纂的历史诠释既得益于过往与现今历史的交汇，也深受其害。在自由传统被发明之前，历史学家普遍认为美国革命者与宪法制定者的主要动机源自财产及其他经济利益（尽管鲜少关注奴隶制与种族议题），或是受到对大英帝国夸大批评的影响。随后，在第二次世界大战刚结束的时期，正值自由传统逐渐成形之际，研究焦点转向了洛克式自由主义与共和主义的重要性，这反映出一种围绕个人主义、权利主张及资本主义财产构建的政治与文化共识。而后，随着新解读的涌现，人们开始认识到众多开国元勋亦蓄奴这一现象的重要性，认识到劳动人民与贫苦大众提出的挑战，以及大量存在的排斥现象。这些都很容易令人质疑普世主义的假设。即便如此，基于美国政治独立的起源故事依旧存在，尽管它受到了质疑。

  历史研究与写作日益广泛且精深，尤其是在原住民及非洲裔群体的研究上，这反过来促使我们重新思考此前未曾设想过的美国起源问题。长期以来，我们总是从大西洋彼岸的西方视角看待历史，于是不得不将北美历史的起点设定在欧洲人殖民于此，至少是从那时算起。然而，若从北美大陆向东或从非洲大陆向西北望去，那些所谓的"起源"则呈现出截然不同的面貌。尽管起源被不断演变的神话所笼罩，但这些新的视角为我们开启了辩论的可能性，尽管这些辩论在政治上颇具争议，却是值得展开的。任何能够为民主和多元文化世界提供一些希望的前进路径，都须严肃对待那些与我们传统认知相异且常引发争议的权利观念、社会与家庭关系、性别与性取向、种族与族裔、文化实践、正义理念以及治理模式，无论我们多么抵触或厌恶它们，都应从中吸取教训。我们应该好好审视我们对过去的本质和前人留给我们的"规范"的假设，这样我们才能想象出更混乱、更复杂、更令人不舒服的东西。这才是我们的真实历史，而非被"发明"的历史，如果我们对此视而不见，必将自食其果。

第 二 章

封建梦想与
强制权力

CHAPTER
TWO

16世纪后半叶，当英国冒险家们眺望大西洋彼岸时，他们看到，这个瞬息万变的世界似乎蕴含着无限前景。女王伊丽莎白一世的顾问、颇具影响力的地理学家老理查德·哈克卢特在其著作中阐述了北美殖民活动的三大"目的"："传播基督教信仰"，"交易"（即从事贸易）和"征服"，排序不分先后。他承认："没有征服而欲根植基督教信仰将极为艰难，但征服之后就很容易进行贸易。"哈克卢特意识到（他对原住民已略知一二），原住民们可能对英国人所能提供的东西需求寥寥。然而，正如他的表亲、与他同名的小理查德·哈克卢特敏锐地指出的那样，殖民活动还有其他诱惑：它可以成为"国内众多无所事事者……的出路"，这些无业游民"因无处就业，要么变得叛逆，企图颠覆国家秩序，要么转而行窃"。[1]

两位哈克卢特将北美殖民说成是加强中央集权国家建设的福音，刺激贸易的手段、解决"劳动力"问题的途径以及获取必需"商品"的潜在来源，这一论调无疑强化了将英国海外"扩张"

与殖民主义视为大西洋资本主义历史重要篇章的观点。有历史学家甚至断言，资本主义"随首批航船一同登陆北美"，而众多学者普遍认为，16世纪至17世纪间，英国乃至整个欧洲在大西洋世界构建过程中扮演的关键角色，对现代性的降临起到了决定性作用。鉴于事态最终的发展走向，这一观点颇难驳斥，它将资本主义与北美洲的发展史紧密关联，自然而然也将英属北美地区与相关政治文化捆绑在一起。[2]

然而，如果我们从16世纪的视角出发，而不是从20世纪或21世纪的视角回溯，那么情况看起来就大不相同了。那些签约参与冒险和投资的人，以及像哈克卢特这样的作家和鼓吹者（他们试图在英格兰乃至整个欧洲大陆动员支持）并不仅仅被基督教的圣战和发掘商品（最好是贵金属）吸引。他们还梦想着建立大规模的庄园领地，主要通过收取地租和其他形式的赋税与贡品来致富，而不是通过种植和在国际市场上销售农作物来获利。正如一位历史学家所论，他们的这些梦想是封建或新封建式的，"更适合作为晚期中世纪企业形态的最后例证……而非现代的先驱"[3]。

16世纪末期的英格兰既不是一个封建社会，也不是一个停滞的社会。我们所知的封建制度——一种涉及分散权力、世袭等级、相互履行义务、土地使用权重叠以及奴隶劳动（有时是奴役劳动）的社会体系——至少从14世纪起就在英格兰和西欧逐步解体了。由鼠疫和其他流行病导致的人口锐减，几乎在所有地方都已逆转。对领主应纳的赋税与应服的劳役，在很多情况下，正从实物形式转为货币形式。领地君主们正寻求削弱贵族势力，以壮大自身力量，有时甚至引发了王朝战争。新教改革已经开始搅动整个欧洲大陆，特别是在英格兰，引发了对基督教信仰意义和命运的激烈而血腥的斗争。一些贵族和乡绅地主为了提高农作物产量和羊毛产出，开始尝试新的农业技术，其中一些（尤其是圈地运动）切断了农民与农舍居民同土地的传统纽带，催生了一个日益壮大的"无主之人"群体——实际上是国内难民，他们游荡于乡村或涌向城镇，使既定秩序心生畏惧。这些"无主之人"不再直接受到上层权威管辖，被视为乞丐、窃贼、流浪汉，以及潜在的动荡煽动者。在16世纪，英国议会颁布了新的流浪法令，对流浪者施以严苛惩罚——鞭打、烙印、奴役、流放，乃至对再犯者执行绞刑——以图掌控这一趋势。这就是小哈克卢特所指的，对外殖民可以拯救"大量可能因琐事而命丧绞索的人"[4]。

然而，这依然是一个如下的世界：臣民身份、附庸关系与奴役状态依旧重要，即便在变革之中，它们依然保持着经济与文化影响力。这是一个基督教十字军精神得以重燃并重新定向的世界，基督徒与穆斯林之间的斗争，变成了大西洋两岸新教徒与天主教徒之间的斗争，并导致了动荡而血腥的结局。这是一个新的纵向忠诚正在形成，而劳动领域中的超经济强制仍旧盛行的世界：财富经由常见的商业手段、对人和土地的控制以及广泛的掠夺被创造出来。难怪当早期英国殖民者设想他们与北美原住民的接触时，脑海中浮现的是国王的臣民和纳贡者的形象——西班牙人在美洲也是如此。历史学家尼古拉斯·坎尼称之为"伪封建仪式"。也就是说，随着殖民化的进行，欧洲与北美之间的社会、文化和政治纽带并没有被打破，只是被彻底重构：这些纽带被重新运用。[5]

殖民的概念在英格兰有着长久的历史，这与其罗马帝国时代的经历息息相关，而且殖民这个概念并不会立即让人联想到海外征服和扩张，无论是对亚洲、非洲还是北美洲。直到16世纪80年代末，尽管哈克卢特们竭力鼓吹，北美洲仍未得到太多关注：对于英格兰人而言，他们关心的土地与臣民都在苏格兰和爱尔兰，尤其是后者。在那里，对英格兰王位有所觊觎者渴望延伸其权力与威望，而在宗教改革之后，他们更致力于将"文明"传播给那些被他们视为野蛮人和异教徒的人。在英格兰人看来，盖尔族爱尔兰人"过着野兽般的生活，缺乏法律与一切良序……其风俗与举止比世界上任何其他地区都要更为粗鄙、肮脏、野蛮和带有兽性"。伊丽莎白一世和她的爪牙决意使爱尔兰人屈服为自己的臣民，改革后者所谓的"放荡和野蛮的生活方式"，并以无情的残忍手段镇压任何敢于抵抗者。汉弗莱·吉尔伯特，以其在遇难前抵达纽芬兰而为人所熟知，最初曾担任阿尔斯特的总督，并参与了追剿爱尔兰叛军的行动。他命令道，"所有在当日被处决者之首级，应当从尸身分离，送往他们夜间扎营的地点……并摆放在那里"，以此向民众施加"极大的恐怖"——"当他们目睹自己死去的父亲、兄弟、子女、族人与友人的头颅时"。[6]

征服之后便是殖民，征服者们期待着丰厚的回报。英国王室向未来的地主——特别是那些促成征服的人——提供了成千上万英亩①的土地，这些地主希望能吸引英格兰移民，以及被征服的爱尔兰本地人作为佃农和劳工来到他们的庄园。更多的土地，则

---

① 1英亩约合0.4公顷。——编者注

源自剥夺那些拒绝屈服的盖尔族爱尔兰人。承袭马基雅维里不久前的论断，即领土权力的扩张更适宜通过实地掌控而非遥距指挥来实现，英格兰人计划在芒斯特和阿尔斯特建立殖民地，这远远超出了以往的"边界"范围。这些殖民地被称为"种植园"，并非指那种大型的商业导向型庄园，而是指体现着英格兰公民政治和精神生活的定居点，其中包括征服者们所重视或向往的等级制度和贵族气息。在 17 世纪 40 年代以前，对爱尔兰的殖民活动吸引了约 10 万名来自英格兰、苏格兰和威尔士的移民，这种移民速度超过了横渡大西洋的移民潮，成为早期殖民经验的一个重要部分。[7]

一

在美国革命之前近两个世纪的英国殖民活动中，大约有 80 万男女老少跨越大西洋，或从加勒比海地区移居北美。其中约有 60 万人，即 75% 的人是在某种无自由的情况下来到这里的。其中可能多达 35 万人是非洲裔，曾在非洲西部和中西部被奴役，经历了骇人听闻的"中央航路"的折磨，或作为奴隶从西印度群岛某些地区被转运过来。大约 25 万人是欧洲人，主要是英格兰人和爱尔兰人，他们在离开英伦三岛之前或抵达北美时就已签为"契约奴"（indentured servant）。无论是契约奴还是奴隶，皆遍布所有英国殖民地，并深刻塑造了当地的政治经济结构与法律制度的发展，尽管他们的人数因地而异。也就是说，英属北美的人口扩张是通过运输强制劳工来实现的:从马萨诸塞州到佐治亚州,这些社会的构建,或多或少都是围绕着这些人的存在及其劳动而展开的。[8]

在英属北美,奴役和奴隶制的发展沿袭了葡萄牙人在巴西,然后是西班牙人、英国人、法国人和荷兰人在加勒比海地区早已确定的轨迹。一旦发现一种适销对路的作物(在西半球的大部分地区是糖,在北美洲则是烟草和稻米),欧洲殖民者便会首先尝试强迫或奴役原住民进行栽培。在墨西哥和秘鲁殖民地以外的地区,这种做法大多失败了,于是他们便转向一个熟悉的来源——欧洲血统的契约奴,他们的雇佣条件通常取决于他们抵达的殖民地。[9]

尽管英国人可能在本土早早就放弃了奴隶制、农奴制与隶农制(封建佃农制度),但在劳役制度方面,他们却有着漫长且彼时仍有重大影响的历史。在众多场合下,劳动是在雇主或"主人"的监督与个人支配下进行的。学徒学习一门手艺,家庭用人照料厨房和孩子。根据传统租赁契约,农场租户种植庄稼并饲养牲畜。孤儿和贫民通常会被"约束"起来,以控制他们的行为。无论如何,他们都要服从主人的个人权力和指挥,如果不服从和不听话,可能就会受到严厉的管教,包括体罚。在服役期内,许多人实际上归主人所有。现代意义上的"自由劳动"理念在当时既不流行,也不被法院所强制执行。英国的地主和其他雇主认为,让人劳动并让他们继续劳动的唯一办法,就是借助暴力和经济以外的胁迫手段。而且,对于这一点几乎没有异议。

如果说有什么不同的话,那就是北美殖民地契约奴的待遇比英格兰的更苛刻，也更难以预测，尤其是在弗吉尼亚和马里兰的切萨皮克湾殖民地，尽管并不仅限于此。1630 年至 1690 年间，大多数契约奴涌入切萨皮克湾殖民地，他们占到 79 100 名欧洲移民中的 80%，以及全部劳动力的 20% 至 30%。大多数人出身低微，年轻，很可能未婚，绝大多数是男性，几乎没有个人财产，他们签订的服役契约期限从 4 年到 7 年不等。在服役期间，契约奴是主人的财产，服从主人的命令，必须完成主人要求的工作。他们可以被买卖，也的确被买卖。拒绝服从主人或逃亡（当时特别常见的反抗形式），如果被抓，将遭受鞭笞、烙印或延长服役期限的惩罚，如果是累犯，则会同时受到以上所有处罚。倘若履行完服役期限，契约奴有权获得"自由酬金"，包括一套新衣裳、几蒲式耳①玉米、若干农具，可能还有土地的使用权。然而，尤其在 17 世纪前半叶，由于疾病、过度劳累和印第安人的袭击，契约奴的死亡率如此之高，以至于极少有人能享受到"自由"可能带来的酬金。和其他欧洲移民一样，他们成批地死去。

高死亡率使得契约奴相较于另一种正逐渐成为可能的强制劳动选择——非洲奴隶——在经济上显得更为明智。首批非洲奴隶似乎于 1619 年左右出现在弗吉尼亚海岸，他们是荷兰和葡萄牙商人带来的货物（价格是契约奴的两倍）。长久以来，1619 年 8 月被认定为"20 余名黑人"首次被售予英国殖民者的时间节点，尽管有证据显示，至少从上一年春季起，非洲奴隶就已经出现在弗吉尼亚。无论如何，关于他们的情况我们知之甚少，只知道在

---

① 1 英制蒲式耳约合 36.37 升。——编者注

接下来的 30 年里，非洲奴隶数量不多，主要生活在契约劳役的法律框架内，极有可能与欧洲契约奴共同在田野中劳作，其中一些人甚至成功获得了自由。事实上，在 17 世纪上半叶的英属北美，尽管烟草经济得到了发展，但在切萨皮克湾以外的地区，非洲后裔的人数可能比湾内还要多。[10]

在切萨皮克湾地区，基于契约奴和奴隶的强制劳动、以种植为主的经济的兴起，框定了英国在此的定居过程，以及未来数十年将主导殖民地的政治权力形式。1618 年，随着烟草种植业开始站稳脚跟，由英国王室于 1606 年颁发特许状的弗吉尼亚公司，采纳了一套"人头权利"（headright）制度，旨在激励种植园主和劳动者移民。英格兰家庭的户主不仅能够为自己申请土地，还能为其家庭成员与契约奴获取额外的土地份额。虽然 17 世纪切萨皮克湾地区的多数农场规模相对较小，主要依赖家庭劳动力，可能仅配备少量契约奴或奴隶，但一个基于庞大庄园和大量强制劳动者的社会制度的雏形很快就显现出来了。[11]

英国王室任命最重要的殖民地官员，而弗吉尼亚的总督们生动地诠释了政治世界与庄园建设是如何相辅相成的。弗朗西斯·怀亚特与威廉·伯克利，这两位早期总督，分别出身贵族与有地产乡绅，他们对殖民地怀抱着贵族式的宏愿，并悉心构建起自己的领主生活，满是土地、契约奴与奴隶。伯克利在两任总督职位（1641—1652，1660—1677）上共任职近 30 年，他用土地和与原住民进行贸易的许可证来酬谢盟友，任命富有地主担任公职，对那些无法参与弗吉尼亚政事的小农和契约奴充满蔑视，尽管后者需要负担税赋，以支持伯克利的政权。伯克利轻蔑地说道:"我感谢上帝,这里没有免费的学校,也没有印刷术,我希望在未来一百年内我们都不会有这些东西,因为学问带来了不服从和异端邪说。"正如期刊《南方文学信使》在近两个世纪后所评述的,"我们发现各种权力——立法、行政、司法与军事——都汇集在一个阶层的手中,他们作为英格兰古老贵族的后裔……作为大庄园的所有者、契约奴的主人和奴隶的领主,掌控着殖民地的社会命运"。[12]

在弗吉尼亚殖民地设计的"人头权利"制度,被南卡罗来纳殖民地未来的地主们采纳,他们希望借此吸引种植者从日益拥挤的巴巴多斯岛移居过来——17世纪中期,那里的糖业生产正在奴隶的辛勤耕耘下蓬勃发展。他们的构想显然带有庄园色彩,1669年起草的《卡罗来纳基本宪法》清晰地体现了这一点。地主们计划将卡罗来纳殖民地划分成若干县,每个县又细分为领地(signiory)、私人土地(barony)、管理区(precinct)和庄园(manor),并拥有广阔的单一所有权庄园(estate,面积最高可达12 000英亩),由地主和指定的受赠者管理。为了"防止建立一个人多嘴杂的民主政体",整个殖民地将由一个地主委员会管理,并建立世袭贵族制度。在地主、领主与大人物的监管下,将设立若干法庭,同时也包括持有财产的自由人担任的议员和陪审员,这些法庭将拥有审判和惩罚的权力。同时,鉴于社会基础的构成,"卡罗来纳的每位自由人"都被赋予了"对其黑人奴隶的绝对权力与权威,不论这些奴隶持有何种见解或宗教信仰"。[13]

令人惊讶的是,《卡罗来纳基本宪法》的大部分内容出自约翰·洛克之手。他在1669年时可能已经起草了《政府论》的部分内容，该书被许多人视为自由主义的奠基文献之一。在《政府论》中，洛克抨击了罗伯特·菲尔麦爵士关于父权制与神授统治的理论，描绘了原子化的自然状态，以及政府与公民社会的契约基础，将个人劳动视为私有财产权主张的基石，并将每个人对自己人身享有的所有权视为"不可剥夺的"。洛克将奴隶制描述为"人类最为卑贱和痛苦的境遇"，但至少在理论上，他认为合法的奴役形式源自"正义战争"中的俘获。在这一点上，洛克与欧洲大陆长期以来的观点不谋而合，更不必提在非洲及西半球社会中的常见做法了：在这些地方，俘虏实际上是通过为奴来保住性命的。更不抽象地说，洛克在新成立的皇家非洲公司有投资，该公司标志着英国直接进入了大西洋奴隶贸易；他还投资了巴哈马的地产。这里的关键并非约翰·洛克的言行不一，他将不正当（且可以继承）的奴隶制与绝对君主制挂钩；而是，在最早的所谓"自由普遍主义"表达中，便存在一种排他倾向，这种倾向始终威胁着要滑向并巩固非自由的计划和心态。[14]

　　洛克的投资表明，英属北美的奴隶制发生了一些重要变化。1670年后，南卡罗来纳殖民地逐渐成形之际，巴巴多斯与弗吉尼亚的殖民地已经开始减少对白人契约奴的依赖，转而进口更多的非洲奴隶，并编纂了一系列法律条文，这些条文鲜明地体现了非洲裔奴隶制度的特色。这些法律不仅包含了一系列旨在限制奴隶生活，增强奴隶主权力与特权的条款与禁令，还包含了界定奴隶制的永久性与可遗传性（沿母系传递）、将黑皮肤等同于奴隶身份、规定基督教化可能在奴隶身份中所扮演的角色，以及区分奴隶与契约奴从属关系的法条。[15]

这一转变源于一系列交织发展的事件，它们以各自的方式影响着北美大陆和加勒比海地区。随着英格兰经济状况的改善，白人契约奴的供应开始枯竭，而那些已身处殖民地的契约奴变得越来越难以驾驭。殖民地官员，尤其是在切萨皮克湾地区，开始采取延长服役期限、对不服从命令的行为施以更为严苛的惩罚等措施，并限制极少数自由仆役所能享有的少数民事与政治权利。1660年后，总督伯克利多年拒绝进行殖民地议会（即市民院）的选举。到了1670年，长期任职的议会剥夺了无地白人自由民的选举权，理由是他们"对国家事务缺乏兴趣"，而且"经常在选举中制造骚乱，扰乱国王陛下的安宁"。这一切最终适得其反。小规模叛乱在1661年与1663年相继爆发，到了1676年，自由民、契约奴及部分奴隶联合发动了起义，这就是著名的"培根叛乱"（Bacon's Rebellion），这是北美殖民史上规模最大的一次起义。起义军焚烧了弗吉尼亚的行政中心（詹姆斯敦），迫使皇家总督伯克利仓皇出逃，几乎颠覆了殖民地政权。[16]

与此同时，英国王室与伦敦的商人联手组建了皇家非洲公司（1660年），此举使英国奴隶贩子得以在非洲沿海地区立足，直接将非洲奴隶运往北美洲与加勒比海地区的英国殖民地。因此，英国的奴隶主比以前与葡萄牙、西班牙或荷兰人打交道时，有了更多获取奴隶的渠道，同时，大量劳动力资源也变得触手可及。毫不意外，经历20年内战后复辟的英国王室，不仅热衷于在南卡罗来纳和切萨皮克湾地区，还热衷于在中大西洋地区和新英格兰殖民地推动奴隶制的发展——因为这些地区已有少量奴隶存在。在中大西洋和新英格兰地区，相似的政治和法律趋势也在展开——新的法律法规聚焦于奴隶制，即使奴隶在很大程度上已被吸纳进了以家庭生产和商业活动为主体的经济活动中。

在接下来的一个世纪里，奴隶制对于大西洋沿岸北美殖民地经济的重要性与日俱增。在罗得岛的纳拉甘西特地区，景象与切萨皮克湾地区颇为相似，拥有广大的单一产权庄园和由纽波特商人提供的奴隶劳力，其中贵格会教徒尤为突出，他们是大西洋上最活跃的奴隶贩子群体之一。在宾夕法尼亚的东南腹地、泽西岛、长岛，以及哈得孙河与特拉华河流域，男女奴隶从事着多种多样的农业经济活动；而在波士顿、纽约与费城等港口城市，他们作为劳力与家庭用人大量存在。在这些港口，可能多达一半的白人家庭（户主通常是工匠和商人）中都有奴隶劳力。在更远的南方，以奴隶为基础的种植园经济迅速发展，在南卡罗来纳，早在1710年，黑人就已成为当地人口的多数。[17]

非洲裔奴隶制作为一种社会制度出现在英属北美，并因奴隶人数众多以及该制度处于经济核心地位，成为弗吉尼亚、马里兰、特拉华、卡罗来纳和佐治亚社会秩序的基础。这可能让大多数欧洲白人，尤其是那些地位卑微的人，避免了他们作为契约奴时所遭受的那种直接剥削，并让他们在一生中有了成为独立土地所有者的希望。由此，他们不再仅仅作为一个受压迫的劳动阶层，不再将主人和地主视为剥削者，而是开始更多地从剥削者的角度看待世界，掌握对自己家庭中依附成员的权力，甚至可能渴望加入奴隶主的行列。[18]

然而，我们对于这种逻辑不能过度解读。到17世纪末，切萨皮克湾地区易于获取的土地已被大地主与投机者瓜分殆尽：众多前契约奴要么在殖民地内沦为佃户，要么到原住民声称拥有的领土上寻觅土地。在17世纪90年代的马里兰，四分之三的自由户主几乎一无所有，只能过着粗茶淡饭的生活。那些侥幸获得小块土地的人拼命种出足以糊口的粮食和市场作物，常常负债累累，并依赖大地主提供物资与销路，以出售他们可能种植的烟草。根据一位严谨的历史学家的说法，将他们称为"自耕农"是过分延伸了这个词的含义。于是，中大西洋地区、切萨皮克湾地区与卡罗来纳的边疆地带充斥着全副武装而且在许多情况下绝望的白人男子，他们试图掌握自己的命运，引发了与原住民的残酷战争，同时也招致了富裕精英阶层的鄙夷。在接下来的几十年里，会有各种各样的清算和报应相继发生。[19]

　　因此，认为非洲裔奴隶制的制度化和白人契约奴的衰落，在英属北美殖民地产生了黑奴与自由白人之间的二元对立，这一观点至少可以说是种误读。18世纪之交的社会关系，以及此后长期延续的社会关系，更应被视为一个依附关系的光谱，我们所熟悉的"自由劳动"处于这个光谱的最远端。绝大多数乡村中的欧洲居民都是佃户、劳工和契约奴，或者以依附状态（如妻子与儿女一起）生活在地主的家中。至于那些开始在乡村或城市地区为薪资工作的人，其法律地位依旧属于"雇主与仆役"的范畴，这赋予了雇主巨大权力，即便雇佣关系是通过合同协议建立起来的，亦留给劳工一系列重负，包括违反合同的处罚。威廉·布莱克斯通在其1765年出版的《英国法释义》中对此予以确认。这部著作在美国法学领域被广泛引述，其影响一直持续至19世纪末。形式最恶劣的强制劳动，即奴役和契约劳役，为北美殖民主义提供了主要的经济动力。在更广的范围上，它们推动了后来成为美国的这片土地上的经济增长和早期工业化。[20]

二

1630年春天，著名的"阿拉贝拉号"（Arabella）从英格兰海岸驶往马萨诸塞州塞勒姆，船上的乘客中有8名仆役，按照航程记录，他们"姓名不详"，负责照料约翰·温斯洛普的日常所需。温斯洛普虽然是清教徒，但他也是庄园主出身——具体来说，是在萨福克郡的格罗顿庄园，在那里，温斯洛普确实成了庄园主。无疑，他习惯于身边围绕着一群仆役，协助打理庄园事务和他的法律业务。然而，除了维持家务和舒适的生活之外，还有其他动机促使他带着这些仆役同行。就像弗吉尼亚一样，新马萨诸塞湾殖民地的特许状也奖励持股的"冒险者"，给予他们每人200英亩的土地，每带一名工人过去，再额外给予50英亩。这些仆役将是至关重要的，他们帮助温斯洛普将米斯蒂克河沿岸的600英亩土地变成了"十山农场"（Ten Hills Farm），其居民将包括被奴役的原住民和非洲奴隶。

或许正因仆役制度于他而言太过熟悉，温斯洛普似乎并未对奴役原住民或黑人感到不安。他的长子亨利于17世纪20年代末参与了巴巴多斯殖民地的建立，而温斯洛普本人在1638年记录首批非洲奴隶从西印度群岛抵达马萨诸塞的情况时，也觉得此事不足挂齿。这些黑奴显然是用17名被奴役的美洲原住民，以及棉花和烟草供应换来的。后来，温斯洛普最小的儿子塞缪尔成了安提瓜岛上一名富有的奴隶种植园主，他居住的宅邸被命名为"格罗顿厅"，以此纪念他的英格兰出生地。与此同时，当马萨诸塞议会于1641年制定《马萨诸塞自由法规》（这份文件长久以来被誉为美国宪法中《权利法案》的早期先声）时，其中禁止"我们之中存在奴役、农奴制或囚禁"，除非是"在正义战争中合法俘获的战俘，以及自愿卖身或被卖给我们的外来人"，但并未豁免那些被认为由"权威"判定处于奴役状态的人。[21]

提及温斯洛普和他那篇著名文章《基督教仁爱之典范》（有人称之为"布道词"），人们往往记住的是其乌托邦式的构想——建立一座"山巅之城"。但我们也应记得他是如何开篇的。温斯洛普告诫追随者："全能的上帝……已如此安排了人的身份地位，回顾所有的时代，一些人注定富有，一些人注定贫穷，一些人高踞权力与尊严之巅，另一些人则处于低下与服从之位。"在这段话中，温斯洛普表达了清教徒对社会关系层级化的看法，即高低贵贱、上下尊卑之间能够"彼此欢悦"，并"结为一体"，如同一人般融为一体，形成某种有机的整体。这种观念塑造了清教徒在17世纪于马萨诸塞、康涅狄格和"新英格兰"其他广大地区建立的"种植园"——"新英格兰"一词得自詹姆斯敦建立者约翰·史密斯，因为这些地方的景观与他在旧英格兰所熟悉的乡村风光相似。[22]

自20世纪50年代以来，人们普遍认为，在普利茅斯、塞勒姆、马萨诸塞湾及新英格兰东部其他地区建立的"种植园"，孕育了后来的美国共和政体，以及更普遍的自由政治倾向。这是因为移民和定居者之间达成了正式协议（诸如《五月花号公约》《马萨诸塞自由法规》），旨在构建一个"公民政治团体"或"小型共和国"，制定"公正平等的法律"，并赋予居民（尤其是男性居民）一系列权利。这些殖民地还建立了城镇会议和选举制度，鼓励人们广泛参与社区事务，似乎反映出一种议会的取向，同时也预示着18世纪的共和主义。然而，温斯洛普的文字提醒我们，不要将以上这些建立起过于直接的关联；相反，它表明当时的背景与政治动态要复杂得多，也许远没有表面上看起来的那么自由或共和。将这些殖民地"结为一体"的不是权利、代表、地方民主和经济独立，而是信仰、皈依、干预、顺从、相互依存、排斥和强制。[23]

这并不是说新英格兰殖民地是移植到北美土地上的"传统"农民村庄。构成历史学家所称的17世纪20年代和30年代"大迁徙"的人群，更可能是工匠、店主、商人、牧师和律师，而非农民。他们主要来自英格兰南部与东南部，来自那些靠近城镇的乡村地区，那里的经济和地方政府正经历着种种改革，无论是在组织架构还是精神层面上。这些改革在殖民地当局创建的"城镇"中得到了体现。[24]

在马萨诸塞湾，殖民地议会将一块块土地授予有志建立城镇（兼作教区）的团体，后者再将这些地块分配给家庭用于居住、耕种和放牧。这些土地将以"自由持有地"（freehold）而非"租赁地"（lease hold）的形式持有，且面积远大于旧英格兰乡村居民的预期。然而，正如温斯洛普的"十山农场"所显示的那样，种植园主、有地位的人（宗教或政治人物）、大家庭以及拥有仆役的人将享有特权，获得更为可观的土地份额，可谓"与其财产规模相称"。他们也会不成比例地成为殖民地议会成员和城镇的"选任官"（即制定殖民地和城镇法律之人）。这意味着，殖民地与城镇设想了不平等且重叠的财产权主张：自由持有地由城镇创建，不能同城镇及其地主所拥有的权力与主张分割开来。历史学家艾伦·格里尔写道："新英格兰的城镇"是"新土地财产的积极创造者"，其方式与受封建启发、时间上也几乎处于同时代的加拿大领主制（seigneurie）非常相似。[25]

在这种被赋予的职能下，城镇通常保留大量土地（"未分配的公共地"），以备将来分配：为城镇居民的子女，乃至后代孙辈准备，使他们得以继续在城镇居住，并为他们各自的家庭、生计与生意奠定土地/自由持有地的基础。推而广之，在整个17世纪，乃至18世纪的许多情况下，城镇治理机构（无论是教会还是政府）在划定经济生活的规则和界限方面发挥着重要作用。这涵盖了对家庭的监督、对儿童的教育与惩戒、劳动组织、土地获取，以及进入城镇本身的资格。

契约奴并没有像在南方殖民地尤其是切萨皮克湾地区那样大量迁移到新英格兰。在整个17世纪，大约有8.6万名欧洲人（约占所有移民的80%）作为契约奴来到切萨皮克湾，而只有4 000人（约占所有移民的17%）来到新英格兰。此外，新英格兰劳工相较于北美其他英属殖民地，似乎获得了相对较高的薪酬。但新英格兰城镇的政治经济也展现了各种形式的奴役，特别是针对年轻人，同时伴随着努力执行纪律、强化劳动者的从属地位，并构建了一种严惩拒绝服从者的文化。契约奴可能包括当学徒、把孩子"绑定"到其他家庭、长期依附于家长制家庭的人,或者简而言之,为他人工作的人。正如历史学家埃德蒙·S.摩根所说,根据定义,任何这样受雇的人都是乡镇眼中的"契约奴"。债务人以及被判犯有违反城镇规定罪行者,亦可能被判强制做契约奴。[26]

约翰·温斯洛普的《日志》——我们关于马萨诸塞湾早期历史最为珍贵的资料来源——更多关注的是对不端行为的惩罚,而非强调适当行为的布道,鞭刑柱频繁被用于惩戒懒散或不服从命令的契约奴或孩童——通常伴有众人围观。《马萨诸塞自由法规》规定了最高40鞭的上限,使人联想起《圣经·申命记》第25章第1—3节;而在17世纪30年代和40年代,大多数新英格兰殖民地对不服从行为的回应是延长有罪契约奴的服役期限,这与切萨皮克湾地区的做法如出一辙。独自生活或不受某种"家庭管束"的年轻男女受到极大的怀疑,并可能遭到骚扰或驱逐。历史学家巴里·列维写道:"无论是契约奴还是儿童,在他们充满青春活力与情欲的年纪,都不得不面对多年的从属关系、卑微的工作以及肉体上的惩罚。"[27]

城镇如何监控其居民的社会关系和行为,即管控其内部空间的手段,与城镇对其边界的巡逻相辅相成。这是同一枚硬币的两面,都是为了维护社会秩序和政治稳定。城镇当局掌控着土地的准入与使用权,可要求从事贸易者缴纳保证金,驱逐违反社区规范或对城镇资源构成过大负担者,并"警告"那些威胁劳动力资源或被视为"流动人口"的外来者。罗杰·威廉姆斯和安妮·哈钦森因异端邪说而被驱逐是最为人所知的例子,但他们的遭遇只是我们所谓的文化"清洗"中最突出的例子,这种清洗对于殖民地和城镇的组织和防御至关重要。正如马萨诸塞城镇戴德姆的奠基者所言："我们将竭尽所能，将所有心怀异见的人拒之门外。我们只接纳那些可能与我们同心同德的人，确保我们了解或通过可靠信息得知他们能和平共处……以便在对主耶稣的认识和信仰上互相砥砺。"一位历史学家将这种情感及其引发的压制行动描述为"地方排外情绪"。[28]

清教徒信仰，即使在其饱受争议的形式下，也为前述社会与政治诉求提供了巨大的支撑。事实上，信仰和诉求两者相辅相成，互为构成。诚然，清教徒信仰与更广泛的基督新教一样，打破了天主教的诸多等级制度，并倡导了一些与自由现代性相联系的理念。新教徒摒弃了教皇与神职人员的权威，反对神圣权威的集中、教会仪式与庆典、拉丁文的《圣经》与弥撒。他们推崇与上帝建立个人且直接的联系，而非通过神父与其他神职人员的媒介。他们蔑视圣像和圣徒，蔑视神职人员的行头和圣礼。相反，他们希望建立一个更为简朴、纯粹的耶稣基督教会。对于新教徒，特别是清教徒而言，会众是他们教会的基本单元（他们亦被称为"公理宗"），他们坚持会众应有权选择牧师，必要时亦可解聘他；他们提倡阅读、研习、讨论《圣经》（因此《圣经》须从拉丁文翻译为英文），并要求信徒以敬虔的态度行事。从一开始，清教徒便自称为"虔诚者"——"清教徒"一词起源于16世纪中叶，最初带有侮辱与贬低意味。

清教神学与思想的核心，是受路德与加尔文影响而形成的"恩典之约"概念。这意味着上帝的救赎基于信仰而非顺从和善行，并且在人出生前即已确定（"宿命"）。清教会众在全体会众面前通过一种强烈的情感和精神皈依，分享"称义"（救赎）的经历，从而将每位信徒献奉为"可见的圣徒"，进而成为教会成员。良好的行为绝非达到救赎的途径，它仅仅是救赎的标志。正如清教徒所言，"成圣源自称义"。[29]

然而，清教徒的虔诚和生活体验在很大程度上受到了一种对上帝行使力量僵化乃至专制式的理解所束缚。清教徒信仰根植于人性堕落与罪恶的观念，认为无论是顺服、虔诚信徒的善行，还是任何形式的人类行为，均不足以弥补罪过。上帝对少数圣洁之人的恩典施与，其逻辑是人类无法窥探的——实际上，上帝之奥秘莫测；但据清教徒之见，上帝的话语与教导在《圣经》中清晰无误地记录着。他们坚信，世间分明划分为"可见的圣徒"和众多的罪人，前者蒙受了上帝恩典的馈赠，后者无法获得宽宥，且暗中受到撒旦诱惑与毁灭的威胁。即便是那些因与上帝建立个人联系而得以称义之人，他们自身也是上帝主权的领域，而非属于他们自己。即便是那些已经称义、重生之人，仍然面临着罪恶的持续诱惑，尽管此时他们已具备抵御这些诱惑的手段。在生活的各个领域，虔诚只被视为救赎的标志，是看得见的指标。"在清教徒眼中，自己行为的主要价值在于象征意义，"历史学家佩里·米勒告诉我们，"这些行为是他被选中的标志，而非道德上可嘉的行为。"尽管救赎被视作一种"可确定的经验"，亦可通过"外在证据"（如个人皈依的故事）加以辨识，但清教徒依然饱受疑惑的折磨，这些疑惑很容易让他们滑向绝望。[30]

因此，尽管清教徒信仰表面上构建了上帝恩典眷顾的社群，却也同时催生了痛苦的情感与生存斗争，这有助于解释为何权威之手在公共与私人领域持续施加重压。事实上，公共与私人之间不可能存在真正的区别，因为正如约翰·温斯洛普所言："家庭乃一小共和国，共和国则为一大家庭。"对于《圣经》的不同解读没有容身之地，对上帝诫命的违逆不容宽宥，未重生者无立足之处，对城镇规则和期望的公然无视更是不被允许。这一切暗示，得救者终究可能仍是罪人。教会与国家虽各有其活动范围，却也紧密相连，不可分割。尽管牧师不得担任公职，但唯有教会成员——"可见的圣徒"——方有资格投票并成为官员。同时，尽管城镇与殖民地往往详尽列举可主张的权利，但这些权利只有教会成员和他们居住的城镇才能享有。实际上，"权利"这一概念本身，更不必说"义务"了，仅在一个特定的社区语境中才有意义。这里并无我们后来与自由现代性相关联的普遍主义，亦无英格兰激进的平等派（Leveller）所倡导的那种思想。以上权利与义务由可能极为残暴与武断的社区正义所执行，将圣徒们"编织"起来，使他们团结一致，共同对抗反基督势力，无论其披以天主教还是新教外衣。[31]

不出所料，清教徒在17世纪上半叶构建的社会与文化秩序被证明难以维系。由出生率和移民导致的人口压力冲击着城镇的边界，最终导致土地分割或人口迁出，以及向西或向北建立新的城镇。随着"未分配的公共地"日益缩减，父母为子女提供保障越发艰难，由此引发了代际矛盾或削弱了父权力量。尽管"可见的圣徒"的子女会自动成为教会成员，但经历过皈依者日渐稀少，这无疑向教会成员身份与城镇共同体的意义提出了严峻挑战。为应对此变局，1662年推出的"中途之约"，为"可见的圣徒"的孙辈提供部分教会成员资格，便是其中一项妥协。

尤为惊人且发人深省的是，最受剥削和处于从属地位的群体——儿童与仆役——展现出的反抗实例。许多人曾遭受过体罚；有些人被赶出家门，随后流落他乡。但其他人却能在城镇生活和清教徒信仰的范围内，想方设法对成年人施加他们自己形式的正义，甚至是可能致命的惩罚。臭名昭著且血流成河的塞勒姆女巫事件就始于妇女、儿童和仆役，塞勒姆只是众多被增长和冲突的压力撕裂的古老城镇之一。虽然参与者们最初的指控矛头指向的是违背清教徒信仰规范的年长女性，包括一名原住民血统的被奴役女子，但指控迅速蔓延至社会阶级的更高层，威胁要颠覆塞勒姆的精英阶层，直至宗教与政治当局介入。这是17世纪困扰新英格兰的90多场巫术危机中的最后一例，但其中发挥作用的动力会在不同的表达渠道中找到出路。当时殖民地正与北方的原住民交战，城镇的资源和财力捉襟见肘，塞勒姆女巫审判于此时发生，这绝非偶然。[32]

三

对于生活在大西洋沿岸大大小小村落（这些村落是广泛的社会和政治权力网络的一部分）里的成千上万原住民而言，欧洲定居者的到来未必会引起多少关注。自15世纪末甚至更早，欧洲探险家、商人和渔民就已同他们接触，开始交换商品，这些商品迅速被原住民社会吸收，并最终纳入他们自身的贸易网络，影响范围西至五大湖区域，南达墨西哥湾沿岸。而在北美原住民中传播速度更快的则是病原体，某些病原体早在原住民亲眼见到欧洲人之前，便已令他们染疾甚至丧命。这种影响是灾难性的，在当地的权力平衡和整个殖民主义的历史上留下了不可磨灭的印记。据部分估算，在16世纪初，北美大陆上居住着500万至1 000万原住民；而到了18世纪末，其人数可能已降至不超过60万。[33]

提出美国自由传统这一理念的历史学家与其他学者，对北美原住民的关注甚至少于对被奴役黑人和更广泛的奴隶制度的研究。如果有的话，他们似乎认同了17世纪欧洲定居者的观点，即将原住民视为从事狩猎采集而非定居农耕以维持生计的原始族群，对私有财产概念淡漠或全无（约翰·洛克在其《政府论·下篇》中阐述了这一观点），或者认为他们是野蛮人和异教徒。总之，原住民似乎在自由主义的巨浪面前消融殆尽，尽管在此之前，他们促使形成了关于北美殖民地的诸多"神话"，并帮助描绘了密西西比河以西地区的文化意象。

如今，我们对此有了更深入的了解。得益于近半个世纪以来的卓越研究，我们逐渐认识到，原住民早在与欧洲人接触之前就已经建构与重构了复杂的世界。我们也了解了他们内部衍生出的众多语言群体、打造的各种政治经济体系和交易网络，以及将他们团结在一起并促成联盟和战争的政治和对外关系。我们还看到了欧洲人和原住民是如何通过接触、冲突和适应来改变彼此的：尽管双方目标迥异且常陷误解，但他们共同创造出了新的文化和政治世界。[34]

在切萨皮克湾和新英格兰，英国殖民者遭遇了截然不同的原住民社会。在弗吉尼亚，一个强大的波瓦坦人首领、大酋长沃洪桑那库克组织了一个由多达30个部落组成的讲阿尔冈昆语的部落联盟，这些部落共同从事园艺和渔猎活动。在新英格兰，较小的部族，各自拥有自己的酋长，与万帕诺亚格人、莫西干人、佩科特人、帕图塞特人、纳拉甘西特人、马萨诸塞人、潘纳科克人及尼普穆克人建立了联系，他们同样将农耕、渔猎、采集结合在一起。他们共同持有的是一种基于贸易、贡赋、赠礼、臣服和空间利用的权力观念。³⁵

在某些重要方面，英国人对权力的理解与原住民相差无几。他们的殖民地是通过皇家特许状建立起来的。他们设想，在与原住民的交往中，贸易与纳贡占据核心位置。即使是在自由持有制下的土地，也是由城镇或公司分配的，并对家庭、教会、城镇或殖民地承担义务。他们的公地由城镇和地主控制。因此，当英国人和原住民相遇时，双方均希望将对方纳入自己的垂直等级制度，作为盟友、纳贡者，对于英国人而言，还可能包括强制劳动者——某种程度上，这与他们对爱尔兰的构想如出一辙。很早以前，弗吉尼亚殖民者便带着英格兰国王詹姆士一世的礼物去拜访波瓦坦首领，邀请其前往詹姆斯敦，接受王冠并宣誓效忠英王。沃洪桑那库克对此嗤之以鼻。他曾俘虏并仪式性地收养又释放了殖民者领袖约翰·史密斯，在他看来，英国人实际上已向他俯首称臣。"若汝之国王赠吾礼物，吾亦为一国之君，此乃吾之土地，"沃洪桑那库克警示道，"汝之护佑者理应来访于吾，而非吾往访于彼，亦非至汝之城堡。"这注定将是一场统治权的争夺战，紧张局势不断升级，冲突一触即发，尤其当弗吉尼亚殖民者发现烟草可作为支柱作物后，情况更是如此。1622年，沃洪桑那库克的继任者向英国人发动了大规模进攻，杀死了殖民地四分之一的人口，进而引发了长达10年的毁灭性报复。[36]

土地所有权以及与之相伴的使用权问题，如前所述，对于解释大西洋沿岸英国殖民者与原住民之间日益加深的冲突至关重要。这些冲突往往被认为涉及双方对土地所有权理解上的根本性差异：英国人拥护私有且可售的产权，这种财产独占性受法律保护；而原住民则更多地将土地看作共有资源，并承认各种使用权。甚至在启航前往马萨诸塞之前，约翰·温斯洛普便试图阐释殖民地居民"有何凭据"占有这片长久以来由他人占据的土地。"他们未曾圈占任何土地，亦无固定居所，更未驯养牲畜以改良土地，"温斯洛普指出，"因此，除了对这片土地的自然权利之外，他们别无其他权利。因此，只要我们留给原住民能够自给自足的土地，即可合法占有剩余部分。"他和其他殖民者从原住民谋生的方式，以及男女分工——女性照料庄稼，男性狩猎捕鱼——中看到了落后与野蛮的证据。但在大多数情况下，他们也认为必须购买原住民的土地，并以契约为证。然而，原住民领袖和谈判者将"出售"土地视为同意与殖民者"共享"土地的使用权，而不是允许他们完全占有土地。[37]

然而，过分强调这种区别可能会产生误导。原住民理解英国殖民者的各种需求，无论其对居所和耕地的空间需求，还是进入森林、溪流与海岸线以狩猎、捕鱼及收集木柴燃料之必要，尽管这些使用权——可能包含土地所有权的概念——大多构想于双方结盟和建立纳贡关系的背景之下。殖民者不仅将土地的获取和使用视为一种交易性的占有,还将其视为个人关系或道德义务的产物。罗杰·威廉姆斯,既是一位捍卫原住民(此处指纳拉甘西特人)土地权益的斗士,又坚定支持殖民事业("征服这片蛮荒之地"),认为英国殖民者寻求的是一种"准入"(即对其存在的认可和接受),以及"充足"的资源,以确保其定居点的食物和草料供给。与此同时,英国人拒绝独占他们的农庄,因他们宣称拥有使用权——狩猎、捕鱼与采集——这不仅适用于未设围栏的私人土地,也适用于尚未在他们之间分配的森林和草地,而这些地方很可能被原住民群体视为自己的领地。到 17 世纪中叶,殖民地法律批准了这种安排,要求殖民者用栅栏围住他们的庄稼而不是牲畜,这种做法在北美大部分农村地区一直盛行到 19 世纪末。[38]

事实上,部分最为激烈的殖民者-原住民冲突,并非源自殖民者私人地产的扩张,而是缘于殖民者在未设围栏的土地上饲养猪牛,他们坚称这些牲畜只属于他们。依赖野味而非家畜作为肉食来源的原住民,不会围起他们种植玉米和南瓜的田地,因此他们的粮食作物可能遭到殖民者牲畜的践踏,而如果他们捕捉或杀死这些四处乱窜的动物,又会招致殖民者的敌意。也就是说,17 世纪北美殖民地的遭遇,并不是由两种截然不同的土地使用制度所定义的,其中一种涉及现代的绝对私有财产观念,另一种则是其对立面——集体主义。相反,这些遭遇揭示了对使用权、所有权和义务的复杂理解,这些理解更适合一个仍处于中世纪轨道上的世界,而非一个站在现代性门槛上的世界。[39]

与他们的西班牙和法国同行不同,英国殖民者对向原住民传教、使其皈依基督教兴趣寥寥。马萨诸塞的清教徒在1636年至1637年间的一场血腥战争中，屠杀并奴役了约1 500名佩科特人，并将其中一些人卖到了西印度群岛——迫于这一压力，他们才在17世纪40年代建立了若干"祈祷镇"。在那里，通过对原住民苛刻的拘束和严密的监视，他们试图传播福音，并教导原住民学习英国人的语言、服饰和工作方式。不足为奇的是，只有几百人（其中大部分属于弱小的部落）服从了这样的规训，这进一步证实了大多数原住民实为不可救药的异教徒。无论是在新英格兰还是在切萨皮克湾地区，英国殖民者都出于贸易和安全的考虑而与原住民结盟，同时竭尽全力将原住民群体逼入绝境，也就是说，直到有机会将他们从这片土地上彻底抹除为止。就此而言，17世纪70年代被证明为一个尤其爆炸性与后果严重的10年，因为它恰逢旧英格兰王权复辟，以及大西洋北美地区英国人口激增与原住民人口骤减。[40]

在弗吉尼亚，原住民与殖民者在西部边境持续多年的零星冲突往往因为牲畜觅食问题而愈演愈烈，因为总督伯克利将王权复辟视为推进其新封建主义土地庄园愿景之契机。他招募了英国贵族和乡绅的年轻次子们——这些人在英国的前景黯淡，但可以带来资源和仆役——来建立新的贵族领地。这些初来乍到者有着诸如伯德、杰斐逊、布兰德和卡尔佩珀这样的姓氏，不久他们即开始购买被奴役的非洲人。不用说，那些获得自由的仆役和小地主几乎没有容身之地，伯克利承认他们"两手空空，负债累累，满腹牢骚且荷枪实弹"。当他们对邻近的萨斯奎哈纳人的抱怨被伯克利政权置若罔闻（该政权希望保持贸易关系完好无损，尽量减少冲突）时，他们决定自行其是。在乔治·华盛顿曾祖父约翰·华盛顿的带领下，他们向萨斯奎哈纳人发起攻击，杀害了他们的5位酋长。现在，伯克利得到了他力求避免的战争。不久，1676年，一场由小地主、仆役和部分被奴役者发动的大规模叛乱爆发了。当硝烟最终散去，叛乱被镇压——23名叛乱者被绞死，但原住民看清了现实。波瓦坦酋长国的残部同意接受"英格兰国王"作为他们的"君主"（Soveraigne），并将土地最终归于其名下，以此换取保护，以抵御好战的英国殖民者。决定自力更生的萨斯奎哈纳人则一路向北迁移，扰乱了他们所到之处的地方权力平衡。[41]

同样动荡的一幕几乎同时在新英格兰上演。迫于交出土地和武器的压力，以及牲畜涌入田地的困扰，原住民——尤其是万帕诺亚格人——试图与清教徒殖民者建立外交平衡。万帕诺亚格酋长梅塔科姆及其兄长甚至现身马萨诸塞议会，请求获授英文名字，以示他们在政治上的平等地位，即"英格兰国王的臣民"。由此，梅塔科姆成了"菲利普王"。但实际上并没有平等可言，唯有屈从。1675年，一名皈依基督教的原住民遭谋杀，殖民地官员逮捕并处决了梅塔科姆的三名顾问，梅塔科姆因此发动了一场全面战争。万帕诺亚格人并非孤军奋战：该地区大多数讲阿尔冈昆语的人都与他们同仇敌忾，只有寥寥少数站在英国人一方，比如已遭重创的佩科特人。万帕诺亚格人及其盟友不仅对英国殖民地造成了巨大破坏，还试图摧毁尽可能多的英国文化印记，焚烧并亵渎房屋和教堂，破坏田地和围栏。数月间，新英格兰殖民地危在旦夕，殖民者眼看就要被赶下大海。

事与愿违。英国殖民者受到自身征服精神的驱使,并与阿尔冈昆人的宿敌——西部的莫霍克人结盟,后者以超越梅塔科姆战士的残忍扭转了战局。战争落幕前,梅塔科姆本人被击毙,遭受凌辱并被斩首,其头颅被悬挂于普利茅斯的塔楼之上示众。现在,罗杰·威廉姆斯为"扑灭'菲利普之火'"而得意扬扬:"上帝庇佑我们,使我们得以将万帕诺亚格人连同菲利普逐出其领地,将纳拉甘西特人逐出其领地,且在战斗与追击、饥饿与寒冷中消灭了他们的许多人……上帝助我们将其歼灭殆尽。"英国人蒙受了重大损失,但对于万帕诺亚格人和其他新英格兰地区的原住民来说,所谓的"菲利普王之战"是一场彻头彻尾的灾难。2 000人遭杀戮或处决,另有3 000人死于饥饿、疾病和流离失所。包括梅塔科姆的幼子与妻子在内的1 000人沦为奴隶,被运往西印度群岛。大约有2 000人沦为难民,其中许多人被驱赶到北方,在阿贝纳基人中间定居。总之,大约一半的人口消失了。那些幸存下来并留在原地的人学会了新的秩序。他们要么被遣送到4个祈祷镇之一,要么被迫为殖民者充当苦役。就这样,清教徒的殖民地在进一步的清洗中,开始将原住民从新英格兰的土地上抹去。[42]

四

北美殖民时期的"中部殖民地"体现了许多与自由传统相关的社会结构、政治和价值观特征。与北面的新英格兰和南面的切萨皮克湾地区相比,这些殖民地在种族上显得更为多元,宗教上更加宽容，更有利于家庭农场主的发展，与原住民相处起来也算得上相安无事，而且很快就繁荣起来。早期的宾夕法尼亚被称为"世界上最好的穷人之乡"。[43]

但在这里，我们最好还是从 17 世纪的视角审视，而不是从我们自己的时代回顾，因为在许多方面，塑造殖民计划（从 16 世纪末开始，并在复辟时期获得支持）的"新封建"梦想仍然非常明显。威廉·佩恩皈依了贵格会，他构想出一个可以作为贵格会教友避难所的殖民地，一个宗教自由的地方，同时也是公平对待原住民的典范。但佩恩及其家族早已在英格兰和爱尔兰拥有庄园，他在 1681 年获得的特许状（涵盖了特拉华河以西 4.5 万平方英里①的土地）也充满了庄园制色彩。佩恩成为"宾夕法尼亚"的"省和领地"的"真正且绝对"所有者，②有权"将任何土地划分成庄园"。为实现这一目标，他迅速卖掉了大约 50 万英亩的土地，其中大部分是以 5 000 到 1 万英亩的地块售出，而

---

① 1 平方英里约合 2.59 平方千米。——编者注

② 宾夕法尼亚拼写作 Pensylvania，威廉·佩恩想用拉丁语中的"森林"（silva）一词来冠名他这片森林茂密的殖民地，但英王不顾他的反对，坚持在这个名字前加上"佩恩"（Penn），以纪念威廉的父亲。在美国独立之前，后来组成美国的十三个英属北美殖民地有不同的称谓：王室直属殖民地（royal colony）一般称"省"（Province），带有行政区划色彩，如马萨诸塞、纽约、新泽西、新罕布什尔、南卡罗来纳、北卡罗来纳和佐治亚；地主殖民地（proprietary colony）和特许殖民地（charter colony）称"殖民地"，有较大自主权；例外包括，王室直属殖民地弗吉尼亚一直只称"殖民地"，地主殖民地马里兰有时也称"省"。宾夕法尼亚作为地主殖民地，被称为"省"和"领地"（Seigniorie），表示地主佩恩家族拥有这块殖民地的行政权和封建性世袭领主权力。"省"和"殖民地"的称谓一直沿用至美国独立、十三个殖民地成立州之后，不过在转型过渡时期，仍有地方在官方文献中使用"省"和"殖民地"的称谓（如新泽西，见后文第 107—108 页）。——译者注

且常常赋予买家创建"私人土地"的权力，允许他们"自行或通过管家主持领地法庭、提供十户联保和举行庄园会议"。佩恩更希望看到的是以庄园为中心的"农业村落"，而不是分散的农场，并且他最初计划设立一个由"领主"和"租户"组成的两院制议会。和清教徒一样，他认为"从属和依附"是很自然且不可避免的现象，并建议"服从上级，爱护平辈，帮助和扶持下级"。正如预期的那样，契约奴从一开始就占了很大比例（大约占早期移民的三分之一），其鼓励方式与弗吉尼亚和马萨诸塞州大致相同。被奴役的非洲人也很快投入工作，虽然数量不多，但到了18世纪，无论是在乡村还是在费城，他们的数量都会增加。[44]

泽西岛如同卡罗来纳，以及在较小程度上的宾夕法尼亚一样，都是围绕着贵族地主和付租金的佃农组织起来的；而东泽西岛很快就被苏格兰投资者掌控，他们设想拥有大庄园和他们自己的领主制度，并组建了一个对土地和租约拥有广泛权力的地主委员会。在北方，哈得孙河谷最初是荷兰人与原住民进行毛皮贸易的通道，后来这里出现了由领主所有、由租赁土地的佃农耕种的巨大庄园；在英国夺取荷属新尼德兰和日益壮大的新阿姆斯特丹港后，这种转型加速了。到18世纪早期，当小农开始为土地权而斗争时，新泽西的封建世界将面临考验。哈得孙河谷的庄园世界将再延续一个世纪，直到领主家长制最终崩溃时才会受到挑战。[45]

中大西洋地区的文化多样性无疑具有重要意义。即便是卡罗来纳和泽西岛，也为宗教（新教）自由提供了避风港，这里居住着瑞典人、挪威人、芬兰人、荷兰人、苏格兰-爱尔兰人、爱尔兰人、威尔士人、德意志人、法国人、弗拉芒人和瓦隆人，与多个西非族群以及英国人共同构成了一个"错综复杂的语言、文化和宗教区域拼贴画……可能是世界上种族、民族和宗教最混杂的地方"，历史学家彼得·希尔弗如是观察。但是，如果说这意味着早期的多元文化主义，那么实际情况却大相径庭。这些族群和宗教团体，只要有可能——除了非洲人——都会建立他们自己的社区，像新英格兰的清教徒一样，他们自我管理，有时伴随着斗争，并对外人持戒备心态。他们也像清教徒一样，常常把聚会和礼拜的机会视为神定命运的产物，从而与那些没有这般幸运的人——这些人可能被视为对手乃至敌人——划清界限。"宾夕法尼亚简直就是巴别塔。"一些摩拉维亚人轻蔑地抱怨道。"此地乡间宗教繁多，"一位德意志移民叹曰，"屡次令吾不知所措。"本杰明·富兰克林似已得出结论。他警觉地注意到德意志人"很快……就会超过我们的数量"，称那些在一次选举中涌向投票站的德意志人是"一群来自普法尔茨的粗鄙之徒"。[46]

从卡罗来纳一直到纽约和罗得岛，那些横跨广袤土地的庄园并非仅仅是在朝向更加开放、更加宽容和更加自由的方向发展。它们深深地根植于一个由新封建梦想所构建的世界之中，这个世界充斥着强制劳动制度、社会等级制度以及强烈的文化和宗教忠诚。带着自身的封闭性、自命不凡和可能令人恐惧的姿态，尤其是在对原住民的态度上，它们为未来留下了强大且往往令人不安的遗产。

第三章

教皇、国王与共和国

CHAPTER
THREE

1765年8月14日清晨，波士顿市民醒来后目睹了一幕震慑人心的场景。在城南的执事艾略特角（Deacon Eliot's Corner），一棵被称为"大榆树"的树上挂着一个标有英国官员安德鲁·奥利弗名讳的稻草人，旁边还挂着一只靴子（代表英国的布特伯爵①），里面有一个手拿三叉戟的魔鬼形象，正从靴子里爬出来。波士顿的治安官和他的手下们很快就试图移走这些东西，但发现，如果这么做，他们就将面临"迫在眉睫的生命危险"。这也难怪。据一位目击者说，"几乎全城的人"都涌向执事艾略特角，观看并参与了这场持续数小时的街头剧。夜幕降临时，稻草人被取下，并在一支庞大的队伍——有人嘲讽地称其为"暴徒"，但也有人称其为包括"绅士"在内的"一大群人"——中被抬往波士顿的议事厅，在那里，人们"以挑衅的方式"发出了"三声欢呼"。

---

① 布特伯爵（1713—1792），苏格兰贵族，曾于1762—1763年任英国首相，被视为对当时的英国国王乔治三世有影响力的权臣。在英语中，"靴子"（boot）一词与"布特"谐音。——编者注

接着，游行队伍抵达了安德鲁·奥利弗的码头，这里的一座新建筑在几分钟之内被"夷为平地"。然后，游行队伍来到奥利弗的家，在那里，稻草人被"斩首"，"所有临街的窗户"都被砸碎了。

接着，人群把稻草人抬到附近的福特山，在那里用"从码头建筑上拆下的木材点起的篝火"焚烧了稻草人，然后返回奥利弗的家——在奥利弗及其家人逃离后，他们已经占据了房子。当晚11点左右，马萨诸塞殖民地副总督托马斯·哈钦森和治安官赶到，试图"劝说"人群"解散"，但"头目"的回应令人震惊："总督和治安官来了！拿起你们的武器，小伙子们！"随后，"一排石块"飞来，两位官员"侥幸躲过一劫"。马萨诸塞殖民地总督弗朗西斯·伯纳德试图召集民兵，但得知许多民兵"很可能……就在暴民中"，因此"无能为力"。人群最终在午夜时分"自行散去"，但12天后再次聚集起来，这次他们的目标是海关和海事官员，然后又荡平了副总督哈钦森的家。"这样的废墟在北美从未见过。"哈钦森在谈到这次破坏时说。[1]

这些群体行动和所谓"骚乱"的起因是《印花税法》：英国议会通过的一项对报纸、法律及商业文件和其他大宗印刷品（包括纸牌）征税的法案，目的是为因七年战争（或北美所称的"法国和印第安战争"）而几近耗竭的英国国库增加收入。抗议活动在整个殖民地爆发，尤其是在这些"印刷品"对日常生活影响最大的港口城镇。抗议活动的形式多种多样，人们通过决议，撰写抗议书，举行会议。这些活动大多由商人和地方议会成员组织，他们开始声讨远在伦敦的英国议会在没有纳税人参与的情况下征税的不公正，或者说"无代表，不纳税"，这是一个极具共和精神的观念。帕特里克·亨利推动该殖民地的议会市民院通过了激进的《弗吉尼亚决议案》。然而，抗议活动也为人们了解那个时代的大众政治文化打开了一扇窗，因为工匠、劳工和海运工人走上街头，以他们自己的方式表达不满和报复。尽管波士顿的抗议尤为引人注目，但从新罕布什尔殖民地的朴次茅斯到罗得岛的纽波特，再到马里兰的安纳波利斯和南卡罗来纳的查尔斯顿，许多沿海城镇都发生了类似的抗议活动。[2]

对于波士顿人来说，这场抗议活动的象征意义很容易理解。安德鲁·奥利弗是一位成功且人脉广泛的城市商人，被任命为印花税的征税官；当英国议会决定从北美殖民地榨取税收并在那里驻军时，布特伯爵正担任英国首相。8月14日当天，抗议活动的组织者让奥利弗的稻草人在农民和商贩运往市场的货物上"盖印花"。奥利弗在码头上的建筑被宣布为"印花税办公室"，随后被"夷为平地"，木头也被"盖印花"。随后，奥利弗的住宅遭到"袭击和破坏"，他的稻草人则被"处决"，然后付之一炬。海关和海事官员负责监督受税收直接影响的殖民地贸易，而哈钦森的房子"被彻底洗劫一空"，他担任公职多年，积累了大量的财富和权力。他起初还叫来了治安官，后来又陪同治安官前往奥利弗的家，试图平息骚乱。不巧的是，奥利弗是哈钦森的姻亲，所以尽管哈钦森认为征收印花税是不明智的，但众人仍然将他视为帮凶。"人民对印花税的怨恨如此之深，"哈钦森反思道，"以至于不能依靠殖民地议会采取任何措施来强制或建议缴纳这项税赋。"迫于公众的愤怒，奥利弗很快辞去了职务，其他殖民地负责征税的官员也纷纷辞职，不久之后，英国议会本身也屈服了，废除了

这一令人憎恶的法案。³

"暴徒"们抗议《印花税法》的"头目"之一是埃比尼泽·麦金托什。他是一名鞋匠，此前他最为人熟知的角色，是在每年喧闹异常的"教皇节"庆祝活动中担任"城南帮"的首领。为纪念1605年天主教徒炸毁英国议会大厦威斯敏斯特宫的"火药阴谋"失败，"教皇节"（在英国被称为"盖伊·福克斯节"）主要是一场平民和年轻男性的盛会，活动中会有教皇、恶魔以及觊觎英国王位的斯图亚特家族成员（天主教徒）的稻草人，这些稻草人被放在带轮的平台上，在城镇中游行，接受公众的嘲笑和鄙视，最后被投入篝火中焚烧。在波士顿，相互敌对的"城南帮"和"城北帮"都会搭建自己的马车舞台，上面摆放着被装扮得花枝招展的巨大教皇人偶，以及通常涂满沥青并粘上羽毛的恶魔（有时还有恶魔的"小鬼"）。帮派之间会互相攻击、斗殴，争夺对方的稻草人。最终，胜出的一方将点燃马车和人偶。一年一度的仪式总是伴随着大量的暴力和破坏。⁴

历史学家对"教皇节"的主要兴趣在于，它与英裔美国人，尤其是那些地位卑微的英裔美国人在美国革命前夕的激进化有关。他们记录下诸如"教皇节"这样的民间传统与习俗，是如何轻易顺应更强烈政治性目的与表达形式的。我们可以从抗议《印花税法》时的稻草人和篝火中看到很好的例子，这些抗议活动通过多种不同方式调动公众情绪，惩罚强权英国侵犯殖民者权利的行为。埃比尼泽·麦金托什，一位曾参加过法国和印第安战争的老兵，在几年后或许参与了波士顿倾茶事件，并在美国革命期间为大陆军效力了一段时间。"在《印花税法》颁布期间，一位苏格兰鞋匠是我们所有暴民的领袖，"一位波士顿人写道，"此后他一直是我们中的佼佼者。"然而，在历史评估中经常被忽视或低估的，是贯穿这一切的、强烈的反天主教非自由主义情绪。[5]

一

英属北美地区的反天主教情绪源自新教改革、亨利八世与罗马教会的决裂，以及英国与天主教国家西班牙和法国的帝国竞争。更重要的是，到了18世纪，天主教与"教皇制"成为专制与压迫的代名词，因而它们成为共和主义及英格兰民族认同的敌人。尽管约翰·温斯洛普与罗杰·威廉姆斯等人在诸多方面存在分歧，但他们都不约而同地逃离了旧英格兰的"教皇遗风"，并在新英格兰寻求远离"反基督"的影响。从17世纪20年代起，英国议会与国王查理一世之间的裂痕不断加深，这清楚地反映了双方对主权和特权的不同看法，以及部分乡绅和城市商人阶层的抱负。但这种裂痕因议会议员中的清教徒的能量而进一步加深，他们对查理一世及其主教威廉·劳德试图迁就天主教徒的行为深恶痛绝。17世纪40年代那场血腥的英国内战使得激进的政治意识浮出水面，并在某些情况下蓬勃发展，但正如平等派在他们著名的普特尼辩论（Putney Debates，1647年）中所揭示的那样，这些激进思想实则包裹在一种英格兰本土主义（及反天主教）的情感之中。奥利弗·克伦威尔对天主教徒及其"异教习俗和异端礼仪"的本能反感，在英格兰和爱尔兰表现得淋漓尽致；而1688年的光荣革命则确保了君主制免受天主教的威胁,这对大西洋两岸都产生了影响。[6]

17世纪的共和思想正是在这种议会斗争、政治革命和"反教皇"的氛围中扎根的。事实上,使得共和主义理论家如阿尔杰农·西德尼、詹姆斯·哈林顿、约翰·洛克和约翰·弥尔顿的思想成为可能的,正是英国议会下议院中的清教徒和长老会教徒、新模范军中的平等派和独立派(Independents),以及更为激进的贵格会派(Quakers)、掘地派(Diggers)和狂热派(Ranters)的咆哮,他们不仅质疑私有财产和王国中现行的社会关系,还质疑天主教和神权统治思想中至关重要的精神等级制度。他们共同构想了一个人人平等的自然状态,一个建立在人民同意和代议制治理机构基础上的政治共同体,以及一种体现了完成任务所必需"美德"的"公共的善"(public good)之概念。"人民同意"是一个既有力又模糊的概念,围绕它存在着大量的争论。究竟哪些"人民"有权表示同意并被代表?大多数实际参与者和知名思想家认为,必须以财产所有权——尤其是土地所有权——作为政治参与的前提条件,独立且持有武器的公民群体是共和国抵御内部和外部敌人的最佳保障。他们中的激进派反对财产资格要求,认为这是一种不可接受的等级制度和压迫形式,尽管只有最激进的激进派才能将仆役、贫民、妇女或其他依附者视为政治实体的一部分。然而,似乎存在一种持久的观念,即一个共和国,即使是那种很少有"共和主义者"能够接受的民主共和国,也需要一种文化黏合剂,它或明或暗地由新教来提供。[7]

反天主教情绪并非源于天主教徒人数众多或不断增加。17

世纪中叶的英格兰大约有 12 万天主教徒，约占总人口的 6%（当然，考虑到当时整体的压抑气氛，实际人数很可能更多），而在魁北克之外的英属北美，天主教徒的占比不到 1%，主要集中在纽约、宾夕法尼亚和马里兰等地。相反，反天主教情绪是由社会和政治紧张局势，以及对阴谋、颠覆力量和腐败的恐惧所推动的，这一切都在"教皇节"中得到了体现。整个 18 世纪，尤其是在 18 世纪中叶以后，北美沿海地区的经济发展导致了日益加剧的社会阶层分化，尤其是当英国政府试图压制违背帝国法令的贸易关系时。波士顿、纽约和费城建立了第一批济贫院，殖民地精英控制的财富份额不断增加。《印花税法》的抗议者可能关注的是议会征税的潜在后果，对那些似乎准备执行该法案的官员进行象征性的惩罚，但对奥利弗和哈钦森家的洗劫、打碎玻璃窗（只有富人才买得起）、破坏精美的家具以及闯入他们的酒窖等行为，则充满了阶级怨恨。"教皇节"的象征——打扮华丽的教皇稻草人，表明了反天主教和反贵族的情绪是如何相互激发的。[8]

腐败议题及其与天主教的直接关联对殖民地领袖和抗议者特别具有吸引力，因为它们有助于阐明他们对英国统治的日益反感。在共和派的字典里，"腐败"意味着追求自身利益而非公共利益，意味着以牺牲民众为代价积累权力，意味着操纵人民谋取私利。简言之，就是权力不受约束。教皇及其所代表的天主教世界正是这一形象的典型代表。教皇拥有无限制的权力，剥夺人们的自由，并要求人们服从。威廉·布莱克斯通并非唯一认为天主教与自由相对立的人，他认为"天主教神职人员"犯有"欺诈和滥用职权"的罪行，并警告说，没有一个正常的社会可以由天主教徒来管理。在抗议《印花税法》之后的某个时期，波士顿激进分子塞缪尔·亚当斯坚持认为，"天主教在美洲的传播，比《印花税法》或其他任何破坏人民公民权利的行为都更令人担忧"，他还担心天主教徒可能会形成一个"国中之国"（imperium in imperio）。[9]

几年后，大陆会议的成员对《魁北克条例》（1774年）做出了反应，该条例允许信奉天主教，允许耶稣会传教士返回，并将魁北克省的领土范围大幅扩展至五大湖区和俄亥俄殖民地。他们担心乔治三世打算在整个北美"建立罗马天主教和偶像崇拜"。同年，《纽约日报》报道："昨晚，一个吊着三个人像的绞刑架，据说分别代表诺斯勋爵、哈钦森总督和韦德伯恩检察官，还有一个代表魔鬼的人像，在几千人的簇拥下，被抬着穿过城市的主要街道，最后在咖啡馆门前被烧毁。"就这样，"教皇节"为大众批判大英帝国的统治提供了一个剧本——一个带有非自由主义色彩的剧本。[10]

二

反教皇的象征图像，很容易被转化用来反君主。那个身着华美服饰、佩戴璀璨珠宝的教皇稻草人，可以轻而易举地被替换为一个坐在高台宝座上的国王，而国王则处于魔鬼——那个"大欺骗者"的注视和影响之下。波士顿及其他地方的《印花税法》抗议活动运用了"教皇节"的仪式元素来表达民众对税收的强烈反感，其他政治意识强烈的殖民地居民也以此来表达对英国政府强加给他们的各种苛捐杂税的不满。然而，在1776年之前，国王很少成为人们不满和愤怒的对象；抗议的目标通常是英国的殖民地官员（如奥利弗和哈钦森）、内阁大臣以及军官。例如，当义愤填膺的纽约人发起受到"教皇节"启发的抗议活动，反对英国的1774年《不可容忍法》时，被悬挂在假绞刑架上的稻草人是王室总督、军事指挥官和首相，而不是国王乔治三世。国王仍然被视为殖民地人民的保护者，不仅对抗着腐败的议会和大臣，还对抗着无处不在的教皇的威胁。[11]

在北美殖民地，对英王的忠诚广泛而深厚，尤其是在光荣革命之后。尽管我们尽力寻找反君主主义的早期迹象（它在美国革命期间爆发，并影响了《邦联条例》和《联邦宪法》的制定），但在18世纪的前75年里，英属殖民地的政治文化是围绕对王权的赞颂和服从而组织的。无论是在内陆乡村还是在海港城镇，殖民地的政治日历都充满了王室的纪念活动，无论是国王（或女王）的生日、加冕周年纪念，还是其他各式各样的帝国盛事。王室总督的到来，即使是那些土生土长的总督，也会吸引大批人群，并伴随着盛大的游行、鸣放礼炮，还会有民兵部队的大阅兵。尽管新英格兰清教徒通常蔑视公共仪式，但他们还是会将反对意见抛在一边，前来欢迎王权的化身。1730年，新任命的马萨诸塞总督乔纳森·贝尔彻发现，整个波士顿都在"为迎接他的到来做准备"。"塔楼和阳台上都挂满了地毯，几乎所有的船只都张灯结彩……广大观众齐声欢呼，表达了不寻常的喜悦，同时各步兵团以三轮齐射履行职责，夜晚则以篝火和灯光庆典结束。""教皇节"本身调动了民众的反天主教情绪，同时也重新强化了英国的新教帝国，正如一位日记作者在 1758 年所写的那样，"新教徒在 11 月 5 日获得了奇妙的拯救"。[12]

尽管君主制和共和制通常被视为对立面，是根本不同、相互对立的治理形式，但这更多是由建国叙事创造的观点，而不是 18 世纪大部分时期人们的共识。在英国内战期间，托马斯·霍布斯解释了一个绝对统治者——"利维坦"——如何能够代表人民的意志，而约翰·洛克虽然设想人民的同意会产生一种议会形式的政府，但后来坚持认为，一个管理良好的社会需要一个拥有自由裁量权的行政机构，而且这种权力与其臣民的自由并不冲突。洛克欢迎光荣革命，认为英国的"古老宪法"和混合君主制是历史上最好的政府形式。北美殖民者可能会小心翼翼地守护他们选举产生的殖民地议会的特权，但随着 18 世纪 60 年代和 70 年代帝国内部紧张局势的加剧，越来越多的殖民地领导人谴责英国议会的越权行为，并强调国王的主权。事实上，政治学家埃里克·尼尔森提出的"自治领理论"（dominion theory）在那些阐述爱国者诉求的人当中获得了越来越多的支持：这种理论认为威斯敏斯特宫的权力和管辖权止于英国海岸线，英国议会无权为北美殖民地立法，只有国王才能将殖民地和宗主国联系起来。[13]

马萨诸塞的忠诚派丹尼尔·伦纳德不无嘲讽地解释说："在《印花税法》出台时，英国议会的内税征收权被否定了，但它的外税征收权……却被承认了。"然而，随着其他税种的实施，"我们只须再迈出一步，就可以彻底摆脱束缚……断然否认英国议会有权制定任何对殖民地具有约束力的法律"。与此相反，正如后来签署《独立宣言》并在制宪会议上担任要职的宾夕法尼亚人詹姆斯·威尔逊所述:"国王被赋予管理政府这台庞大机器的责任。因此,他是调整不同齿轮并调节其运转的最佳人选……大不列颠与我们之间的联系与和谐……将通过王冠的合法特权得以更好地维持,而非通过议会行使无边的权力。"因此,人们要求的并不是英国议会重新定位并进行改革(因为他们认为该机构已经腐败得无可救药),而是希望国王能收回议会及大臣们攫取的权力。爱国作家认为,北美实际上处于"王国之外"。在这场斗争中,议会是敌人,而国王是盟友。[14]

拥抱君主权力与代议制机构在18世纪的世界里并不矛盾。这是17世纪革命所奠定的英国制度安排,与北美的社会政治环境极为契合。尽管"人民主权"被视为政治组织的基本原则,但大西洋两岸的代表机构通常都被相对少数的精英群体所掌控,这些精英往往来自相互关联的家族。权力以具体且个性化的方式被理解和呈现,而庇护制度不仅是权威的载体,也是穷人和中产阶级获得安全感乃至一定程度社会流动性的途径。垂直效忠与互惠观念既是城乡社会的架构,又是联结城乡社会的纽带,"自由"与"平等"的观念并非抽象的普遍概念,而是指能够监督或参与这种庇护体系的能力。对小农阶层(杰斐逊所称的"土地耕耘者",他们是"最有价值的公民",也是"最坚定于自由的人")的赞美,并非对建立生产者共和国或民主政体的呼吁。它表达了乡村中大小地主之间可能形成的团结:一种基于财产所有权、父权制以及对劳动力(以家庭或其他形式呈现)支配的团结,进而支持着土地精英所期望得到的尊敬。这种尊敬通过参与民兵组织时授予富人的军衔、在选举投票时提供的"款待"(酒水)、在教堂中预留的座位,以及富人在经济生活中所享有的服务等方式,在表面上"独立"的男性中得到了强化。[15]

面对大英帝国体系中不断发展的冲突,君主制的力量和尊崇文化催生了一种学者所称的"天真君主制"。当权利遭到践踏、互惠遭到拒绝、共识遭到破坏时,国王就会被当作"保护神"来顶礼膜拜,因为他的意愿未被履行或是被彻底违背。这中间有着强大而复杂的逻辑在起作用。许多基于君主制或领主制的社会都有一个共同点,那就是努力将统治者塑造成怀有善意的样子,这既增强了统治者的权威,又对地方精英的权势提出了挑战,对那些没有什么权力的人来说是一种赋权。事实证明,被奴役者尤其善于构建另一种权力结构,在残酷的斗争中寻找盟友。18世纪70年代,南卡罗来纳一位被奴役的传教士向他的追随者们讲述了一段有关王位继承的历史。他说乔治二世"从我们的主那里得到了一本书,他应根据这本书改变世界",并且解放奴隶,但他没有做到,结果"下了地狱"。而现在,"年轻的国王(乔治三世)"将会执行上帝的旨意并"解放黑人"。这位传教士并非孤例。在整个18世纪乃至19世纪初,英属殖民地和其他地方的奴隶起义常常伴随着这样的传言:国王已经决定解放奴隶,但他的旨意却遭到了奴隶主的阻挠。在美国独立战争初期,弗吉尼亚的王室总督邓莫尔伯爵向逃离主人加入英军的奴隶许诺给予其自由,这种说法因此获得了一定程度的可信性。奴隶们,就像他们的主人以及北美大多数自由人一样,已经熟悉了帝国的文化与政治,并试图利用这些知识来为自己谋取利益。[16]

值得注意的是,当乔治三世拒绝第二届大陆会议的呼吁(后者请求他出面掌控事态发展并使帝国重回正轨）时，王权最终崩溃，《独立宣言》也随之诞生。那是 1775 年的 7 月，距离列克星敦、康科德、邦克山和布里德山的第一批战斗发生已有数月之久，然而大陆会议仍以"陛下忠实的臣民"自称，并谈到了"公正温和的政府"以及"母国与这些殖民地之间的联合"所带来的"极为重要的……益处"。他们将"虚假的借口、徒劳的恐吓和无效的严厉措施"归咎于"陛下的大臣们"，并"以最大的谦卑……恳求陛下，陛下尊贵的权威和影响力能仁慈地介入以求为我们争取救济"。这就是著名的《橄榄枝请愿书》。但乔治三世拒绝扮演大陆会议和爱国领袖们为他编写的角色，他不仅拒绝了请愿书，还宣布殖民地"公然叛逆"并"对我们发动战争"。[17]

这段文字，连同托马斯·潘恩广为流传且明确反对君主制的小册子《常识》——它本身就是君主制政治和大众文化的见证——成为压垮骆驼的最后一根稻草。自 18 世纪 60 年代以来逐渐形成的对立阵营如今已变得清晰可见。不仅英国官员，就连效忠派和保王党，即那些选择支持大英帝国的人，也遭受了骚扰和仪式性的惩罚。他们可能会因为拒绝爱国者誓言而被罚款，被禁止教学、传教或从事法律职业，甚至被迫离开他们生活多年的社区。他们会遭遇民间私刑，可能会被涂上沥青并粘上羽毛、被迫骑木杠、被抽鞭子，或在模仿"教皇节"的惩罚中，被推着绕城镇游街示众。在这场表现为迫害、性侵犯和公然暴行的内战中，一些人被杀害。在弗吉尼亚，爱国者执法官查尔斯·林奇上校因其迅速绞杀疑似效忠派人士的行为，使得"林奇"一词成为一种骇人的法外处决方式的代名词。作为波士顿的一位爱国领袖，约翰·亚当斯承认大多数殖民地居民要么支持英国,要么保持中立,但他坚持说,如果自己的兄弟站在效忠派一边,他就会亲手绞死他(幸运的是,他的兄弟并未那么做)。[18]

然而,纽约市发生的一幕具有特殊的政治意义。1776年7月9日晚,在新的《独立宣言》被宣读给乔治·华盛顿麾下的士兵及在场的男女老少后,一群人在自称的"自由之子"带领下,向曼哈顿南端的鲍灵格林进发,那里自1770年以来就矗立着一尊乔治三世骑马的威严铅像——在《印花税法》抗议之后。在一场象征性的弑君行动中,人群用绳索将雕像拉倒,并砍下头颅插在一根长矛上,这是对待叛徒的惩罚。雕像的其余部分随后被运往康涅狄格的利奇菲尔德,在那里,铅被熔化并重铸成了4万多发子弹。就像安德鲁·奥利弗一样,乔治三世国王现在也被宣布死亡。但某种形式的君主权威是否会在未来的治理构想中继续存在,还有待观察。[19]

三

1764年初,大约250名男子——主要是爱尔兰血统的长老会教徒,在宾夕法尼亚的兰开斯特县和坎伯兰县山区务农,他们手持武器,向费城进发。他们被称为"帕克斯顿小子"(得名于这些人出身的一个城镇帕克斯唐),对贵格会派主导的地方政府未能充分保护他们及其家人感到恼怒,对政府漠视他们所处的危险境地感到不满,并对建立在贵格会派地主权力上的代表性不平等感到愤慨。他们的态度如此坚决,威胁如此之大,以至于通常奉行和平主义的贵格会教徒都不得不动员起来进行自卫,新任总督约翰·佩恩呼吁本杰明·富兰克林(他本人并非贵格会教徒)组织一支民兵,并尝试与这些武装人员进行谈判。"帕克斯顿小子"们在附近的日耳曼敦停下脚步,起草了一份《宣言和抗议书》,陈述了他们的不满并要求得到解决。当时同情他们的人,以及此后很长一段时间的历史解释者,都把他们描绘成美国革命和美利坚共和国所代表的一切的化身:拥有土地的小市民与寡头统治做斗争。

这些同情者和解释者可能是歪打正着。与宾夕法尼亚边境的其他定居者一样,"帕克斯顿小子"们在法国和印第安战争中遭到了原住民的猛烈攻击。虽然英法之间已经签署了正式的和平条约,但包括特拉华人、肖尼人、温达特人、塞内卡人和卡尤加人在内的原住民联盟仍在继续战斗,这就是所谓的"庞蒂亚克战争"。他们的袭击从宾夕法尼亚向南延伸到弗吉尼亚和北卡罗来纳,造成数百名定居者死亡,数以千计的人匆忙逃难。"帕克斯顿小子"们不仅抱怨地方政府未能充分保护他们免受原住民的攻击,而且抱怨政府反而支持了他们所谓的"野蛮敌人"。他们决心不再"允许任何印第安人生活在该地区有人居住的地方,无论其属于哪个部落",并袭击了地方政府划定的一个名为印第安镇的地方,屠杀了20名和平生活在那里的科内斯托加人(曾经叱咤风云的萨斯奎哈纳人的后裔),并正向费城附近特拉华河上的普罗文斯岛进发,准备杀死居住在那里的印第安人。他们宣称自己是"最优秀的国王、我们的合法君主乔治三世的忠实臣民,坚定地拥护他的王室地位、利益和政府",并且"同样反对与他的王位和尊严为敌的人"。他们高呼:"上帝保佑国王。"[20]

帕克斯顿事件仅是自 18 世纪 40 年代以来,在英属北美的边疆地带(所谓的"偏远地区")爆发的诸多事件之一,这些事件至少延续到了 18 世纪末。从卡罗来纳到马萨诸塞的缅因地区,这些事件普遍涉及力图确保其土地所有权的白人定居者,他们对土地投机者与地方政府以及后来的州政府之间赤裸裸的勾结感到愤慨,并谴责那些导致他们易受剥夺或攻击的政治权力不平衡。他们常常猛烈抨击富人及其在政府中的支持者,组织起来反抗那些企图驱逐他们或因欠债未偿而没收其财产的官员。他们阐述了一种基于劳动与占有的财产理论,并将自己塑造为捍卫"社区"生存与完整的英雄,抵抗那些可能摧毁它们的力量。同"帕克斯顿小子"一般,他们也将原住民视为野蛮人,认为这些原住民无权在其社会边界内占据任何土地,因此必须将其驱逐或消灭。出于维持贸易或避免战争的目的,地方政府和帝国政府可能会为原住民说项,在极少数情况下甚至会承认原住民为英国臣民。这些都只会激怒定居者,正如"帕克斯顿小子"们那骇人的行动与言论所表明的那样。[21]

对于理解早期民主话语如何在这片土地上萌芽,18 世纪边疆地区的反抗运动具有极其重要的意义。这些运动也有助于我们看到将被传承下来的政治和文化包袱。毫无疑问,定居者对众多地主的新封建梦想或土地精英的投机计划的抵制,塑造了英属北美及早期美利坚共和国的经济面貌和政治观念。关于财产权的本质、代议制政府的合法性以及"人民主权"的理念,在前述充满暴力冲突的过程中得以发展，正如它们在英国内战时期所经历的一样。然而，这些反抗运动也留下了令人痛苦且非自由的遗产，特别是在构建所谓的"野蛮威胁"以及对社区自治的看法方面，这对未来几十年产生了深远的影响。

历史学家们常常将边疆地区的动荡与反抗视为地理区域主义（即沿海与内陆地区之间的对立）以及社会阶层分化（沿海精英与边疆农民之间的巨大差距）的一种表现。这种说法不无道理，但它掩盖的东西和揭示的东西一样多。18世纪，英属北美的内陆殖民地经历了快速扩张，并在美国革命之后继续迅猛发展。据估计，在1760年至1800年间，向边疆地区迁移引发的人口增长主要集中在那些原本几乎没有任何欧洲裔定居的地区，这一人口现象在北美历史上是前所未有的。这些社会边缘地带吸引着那些寻求土地的移民，他们往往因民族和宗教信仰而紧密相连，并面临着各种挑战，这些挑战可能激发不满情绪并最终引发反抗。在某些情况下，边疆的反抗者是渴望成为奴隶主的人（南卡罗来纳），而在其他情况下，则是庄园的长租佃户（纽约）。他们有的自称为"监管者"，有的则被称为"自由民"（缅因）、"绿山男孩"（佛蒙特）或"狂野的北方佬"（宾夕法尼亚）。几乎在所有地方，他们都运用传统的社区正义来恐吓和惩罚敌人；而且几乎在所有地方，他们都是土地所有者、渴望成为土地所有者的人，或是认为自己拥有土地使用权的耕作者。[22]

主要的冲突确实涉及较为贫困的边疆移民，与东部或中部的精英（控制着地方/州政府）之间的斗争。反抗者的诉求反映了土地所有权的不稳定性（或难以确定）、信贷成本、租金负担、税收征收、投机者的为所欲为以及当地官员的腐败等问题。他们组织起来阻止治安官拍卖和剥夺自己的财产，阻止可能威胁到他们财产的法庭程序，并打砸法官和税务人员的住所或象征其权力的建筑物。在这个过程中，他们阐述了关于公正与不公正做法的观点。他们赞扬那些在土地上劳作的人，坚持认为他们有权（甚至可以说是上帝赋予的权利）占有通过劳动改良的土地。他们谴责投机敛财，尤其是以牺牲小农利益为代价的敛财行为。他们怒斥"有钱人"和地主，以及赋予他们权力的法律和政治体制。他们抗议各种形式的寡头统治（这本身就是非自由的），抗议他们在立法机构或议会中缺乏足够的代表权。有些人呼吁限制财富和土地的积累，有些人建议采取再分配措施。他们似乎正在成为共和主义者，有时甚至是具有民主倾向的共和主义者：他们是17世纪平等派的继承人，可能是新型政治的先驱。[23]

然而，边疆内部的冲突不仅仅局限于小农与地主之间的斗争，同样牵涉到小农与当地以渔猎为生者之间的对立。当地以渔猎为生的这些人占据土地却不从事耕种，并时常被指控偷盗马匹和家畜。从南卡罗来纳和北卡罗来纳到弗吉尼亚和宾夕法尼亚，边疆地区的定居者们都抱怨那些"游荡"的猎人，他们看起来"几乎就像是白种的印第安人"，生育的孩子多得照顾不过来，"游手好闲，不守规矩"，"没有固定的居所，无法通过勤劳或诚实的职业来维持生活"，"在乡间四处游荡，居无定所"。宾夕法尼亚的本杰明·拉什是《独立宣言》的签署者之一，他回望18世纪的边疆——那里到处都是"几乎算得上与印第安人有血缘关系的定居者"，他们建造"简陋的小屋"，以"印第安玉米、野味和鱼鲜"

养家糊口。在拉什看来，他们会与农夫——"征服者"——展开一种"战争"，而农夫的"武器正是农具"。[24]

因此，边疆地区的"监管者"以及类似的组织呼吁，在尚未设立法庭的地方建立本地法庭，修建渡口、道路，发行货币，并要求确保土地所有权、调整税收和杜绝投机腐败。与此同时，他们可能会惩罚那些"无赖和麻烦"，就像1769年在南卡罗来纳边疆对待不幸的约翰·哈维那样，将他捆绑在树上，一边敲锣打鼓、拉弦奏乐，一边抽打他足足500鞭。本杰明·拉什描述的这场"战争"既包含了被剥削者对剥削者的反抗，也包括了定居农业者对猎人和其他拒绝从事定居生产活动的人的斗争。这是一场旨在保护边疆小产权者权益的战争，在某些情况下还包括了保护奴隶主的权益。这场战斗有时是由"乔治国王陛下的忠实臣民"发动的，他们坚信，如果不是"受到冤屈或压迫"，他们绝不会反抗国王的法令。[25]

"监管者"们也诋毁猎人，因为猎人们在森林中的狩猎和其他生计活动实实在在地可能引发印第安人对农耕定居点的袭击——无论这些猎人在何种程度上被比作"印第安人"。事实上，与"帕克斯顿小子"们一样，"监管者"及其盟友也试图通过间歇性暴力或制造恐惧，将原住民排除在他们建立的社区边界之外。虽然地方一级官员通常承认原住民是政治社会的一部分，并希望避免爆发战争，但这一观点并不为边疆定居者所接受。对边疆定居者来说，印第安人在他们的社会秩序中没有位置，即使是作为下属也不行。没有交流与合作的文化需要建立，也没有贸易或外交关系需要保护。边疆定居者只需要将印第安人从自己的定居点

第三章　教皇、国王与共和国

周围和自己珍视的西部土地上赶走,必要时可以使用武力。宾夕法尼亚西部有一群"黑小子",他们涂黑面孔,穿上原住民的服装,攻击与原住民交易或提供物资的地方政府官员。他们虽然无意杀害原住民,但仍然认为这片土地上只该有白人。[26]

边疆地区的反抗和抵抗运动对美国独立战争及之后的政治斗争产生了重大影响。不断升级的冲突、土地暴动和对帝国官员的骚扰在许多殖民地造成了秩序危机,威胁到当地的乡绅阶层,并最终迫使其中许多原本犹豫不决的人投身于独立事业,哪怕只是为了重新夺回他们的社会与政治控制权。对于那些成为"监管者"的农民和小种植园主来说,从1774年开始的革命动员为他们提供了机会,使他们能够重组压迫他们的政府并增强自身力量,对抗他们身边的敌人。乡绅阶层中的一些人,包括像托马斯·杰斐逊这样后来成为革命领袖的人物,他们的迟疑态度被英国人争取奴隶支持的努力以及愤怒的小农们建立一个更加公正政治体系的愿望所改变,这种愿望在很大程度上受到了托马斯·潘恩的《常识》一书的鼓舞。[27]

然而,支持爱国者的边疆农民接受的愿景明显具有地方主义色彩。正如历史学家迈克尔·麦克唐纳所写的那样:"他们始终如一地展现了对自己农场、家庭和邻里的忠诚,并将对这些的保护置于对本地方和大陆事务的关切之上。"南卡罗来纳的"监管者"、宾夕法尼亚的"帕克斯顿小子"、佛蒙特的"绿山男孩"以及缅因的"自由民"虽然站在了爱国者的一边,但这样主要是为了在他们自己的斗争中占据上风——无论是为土地和安全而战,还是为了反抗投机者、地方精英、帝国腐败以及政府权力的不平衡。事实证明,"保卫社区"是加入任何一方或保持中立的强大动力。北卡罗来纳的"监管者"中,有不少人搬到了更远的西部或后来成为东田纳西州的地方,他们希望在那里建立"富农州"(State of Franklin)。还有更多的边疆农民在民兵队伍中与英国人作战,而不是参加大陆军,他们往往在短暂服役后就返回了家乡。"冬日的士兵和春日的农民",一位历史学家如此称呼他们。曾经有很短一段时间,美国独立战争的军事重担主要由穷人、无地者和流浪者扛起——这些人没有社区需要保卫。[28]

越向西部边境推进,"保卫社区"与对原住民的致命敌意就越难以区分。在一定程度上,这是因为大多数印第安人,如同大多数猎人和"惹麻烦"的边疆居民一样,支持英国。在殖民地的西部地区,尤其是在俄亥俄(成千上万白人定居者不顾1763年的宣告令而迁徙至此),无论从何种意图和目的来看,独立战争都是一场针对印第安人的战争,是七年战争期间爆发的、从未真正平息的残酷战斗的延续:正如历史学家科林·卡拉韦所说,这是一场"二十年战争"。1778年,第二届大陆会议认定,塞内卡人、卡尤加人、温达特人和奥农多加人,以及一些渥太华人、奇珀瓦人、肖尼人和特拉华人,站在了敌人一边,而原住民好战分子,即他们的"叛变"战士,则一心想要挽回之前的损失。爱国者军队深入印第安人的领地,竭尽所能阻止这种情况发生。军队切断了原住民的贸易路线,阻断了货物供应,摧毁了原住民的村庄,烧毁了他们的庄稼,以确保他们有来无回。乔治·华盛顿作为大陆军总司令,下令对易洛魁联盟,特别是塞内卡人和卡尤加人实施焦土政策。尽管如此,原住民在阿巴拉契亚山脉以西并未遭遇丧师失地：印第安人不仅守住了自己的领土，还取得了一些胜利。实际上，美国人与英国人之间的和平才是灾难性的，它使北美原住民失去了一个强大的盟友，并放出了一拨又一拨的农民、种植园主和投机者——这些人一心想把印第安人赶走并占据他们的土地。[29]

四

1776年纽约下城区对乔治三世雕像的破坏和仪式性斩首，标志着支持爱国者一方的殖民者的政治情绪发生了翻天覆地的变化。正如托马斯·潘恩所呼吁的那样，他们似乎彻底摒弃了君主制，并且由于他们在选举殖民地议会方面的长期经验，所以转而拥抱共和政体作为他们的治理形式。在革命战争的特殊背景下，各殖民地转型为州的速度惊人地快，新的宪法得以起草，基于直接或间接代表的立法机构被置于独立政府的核心位置，州长（或在三个州被称为"总统"的首席行政长官）的权力受到普遍限制。州长由立法机构选举产生，通常任期也有限制。大部分立法机构实行两院制，由民众投票选出（通常是每年一次），并且规模得到扩大以增加代表人数，从而使代表们更接近选民以及解决边疆反抗运动想要解决的问题。

共和制的试验还可以走得更远。有三个州拥有一院制的民选立法机构，其中的宾夕法尼亚州——那里的旧精英阶层实际上已经被推翻——取消了州长职位，限制代表只能在7年内任职4年，并制定了一份特别强有力的"权利宣言",其中的权利被视为"自然、固有和不可剥夺的"。尽管所有州都规定了投票和担任公职的财产资格限制,但宾夕法尼亚州只要求"自由民"居住一年并缴纳"公共税款"即可行使选举权。这一番"大干快上"不仅令该州的保守派,甚至还让不少革命领袖都对这种被称为"暴民政府"的做法表示震惊。约翰·亚当斯仍然认为英国宪法是"人类发明中最伟大的造物",他对宾夕法尼亚州的一院制嗤之以鼻,因为普通民众"不公、专横、残暴、野蛮又无情,就像任何国王或议会上院掌握无可抗衡的权力时一样"。[30]

在这一最为共和的时刻,这些宪法所设计的政府在其结构、选举资格要求、代表基础和行政形式上各不相同,这表明共和主义在实际运作中并没有固定的模式。尽管许多宪法都以权利法案或宣言开篇,像弗吉尼亚州的宪法那样宣布"所有人生而自由平等,并拥有某些固有的权利",这些权利是不可剥夺或剥离的,但只有佛蒙特州的宪法限制了蓄奴和奴役的范围,而且也算不上清晰明确。[31]

虽然普遍扩大了选举权和公职任职资格,但选民需证明其在社区中有"永久的共同利益",而公职人员则需要拥有更为实质性的物质基础,以此证明他们的美德和智慧,且能不受任何"外国君主、个人、教士、政府或权势"(例如天主教教皇)的影响。总体而言,新成立各州设想的政治共同体由拥有财产的或纳税的欧洲血统男性组成,他们都有基督教信仰,大多数情况下是新教徒,而共同体的主权通过在治理中的代表性来体现。新泽西州的宪法规定,"本省不得建立任何宗教教派",但紧接着又宣布,

"本殖民地的任何新教徒居民不得被剥夺任何公民权利……所有信仰任何新教教派的人……都有资格被选为任何有报酬或受托的公职……或成为立法机构任何部门的成员"。天主教徒被剥夺在该州担任公职权利的状况,还将持续近一个世纪。[32]

第一批州宪法的重要性不容小觑,因为它们确立了归属与排斥、治理与参与的理念,以及那些固有且可行使的内在权利。它们之所以重要,还在于它们是在一个"友好联盟"的邦联中制定的,这实际上是一份旨在赢得独立战争的条约,缔约各方皆为主权独立的州。《邦联条例》由第二届大陆会议于1777年起草,直到1781年才得到各州的完全批准,其中规定设立一个国会,它能够代表各州处理外交事务、宣战、组建军队、解决州之间的争端以及征调必要的资金。但国会没有征税权,这一权力完全留给了各州;对所有事务的监督权或治安权也都留给了各州,除了那些涉及原住民的事务——这类事务发生在州界内或事涉该州公民及其受供养人(指奴隶、仆役及家庭成员)。

从今时今日的角度来看,《邦联条例》似乎只是一种临时安排,等待着一个更为合理、更为精细的体系的构建。其缺陷似乎显而易见,至少如果最终目标是要建立一个中央集权且统一的国家的话。但从18世纪80年代初的角度看,情况未必如此。反对英国统治的叛乱是建立在对集中且遥远的权力日益增长的怀疑之上的,许多领导人的政治视野也并未超出他们所在的州和地方。正是在这里,有意义的权力关系得以被构建、部署和争夺;正是在这里,庇护网络得以编织;正是在这里,权利的边界被定义。我们还必须记住,西半球对西班牙帝国统治的成功反抗——如玻利维亚、智利、委内瑞拉和墨西哥的反抗——造就的是一系列共和国而非一个大型共和国；我们也必须记住，在北美大陆上，离心的力量仍然强大且具有政治影响力。

独立战争后的时期无论在何种情况下都注定充满挑战与复杂性。新独立的各州必须在相互竞争的帝国与全球战争制造者之间建立起对外联盟，必须维持军事防御以保护这个新生的独立群体，必须确保边界线和通航权（比如密西西比河上的航行权）从而促进商业活动，必须解决潜在的州际冲突，还必须建立一套金融机制，以偿还与战争相关的债务，并为邦联提供处理事务所需的资源。这些任务都很艰巨。但如果独立之后头 5 年的主要问题仅限于外交事务、州际关系的调整或财政管理，那么《邦联条例》或许还能维持一段时间，比如通过修正案的方式得以延续。然而，《邦联条例》中所称的"美利坚合众国"却遭遇了一系列麻烦，并陷入了一场危机，这场危机让人回想起 18 世纪 60 年代和 70 年代最为黑暗的日子。由此引发的经济萧条可能是 20 世纪 30 年代之前美国最严重的一次，带来了爆炸性和威胁性的后果。

这场危机产生了多米诺骨牌效应，将政治、经济和社会因素联系在一起，重新点燃了一些独立战争前的边疆叛乱。虽然独立让各州从大英帝国体制的束缚中解放出来，但最初却导致了原本繁荣的贸易活动的中断，并剥夺了各州进入英属西印度群岛这一非常有利可图的市场的机会。随后，《巴黎条约》一经签署，英国的工业制品便涌入美国港口，耗尽了各州的硬通货，同时也阻断了之前与西印度群岛贸易带来的现金流。这次冲击对美国港口城市的商人、工匠和工人造成了沉重打击（工资水平下降了超过

25%），并迅速蔓延到了农村。在农村，缺乏信贷的农民和种植园主发现城市和出口市场的需求萎缩，他们的农产品和主要作物的价格也随之下跌。[33]

随着负债水平的攀升，土地和牲畜沦为死当的情况成为家常便饭。弗吉尼亚州的圣乔治·塔克尔是一位著名的律师、革命军官和法官，他估计"20个滨海地区的种植园主中就没有一个"能偿还债务。小规模的耕作者更是处境艰难。然而，由于邦联和各州在进行独立战争所承担的债务，危机进一步恶化。他们的债权人从外国贷款人到美国投机者，再到革命战争的老兵，不一而足。由于邦联国会无权征税，它不得不向各州征调资金。各州自身也有战争债务需要偿还，于是转向征收高度累退的个人税（即人头税）和土地税。到18世纪80年代中期，各州的税收负担远远超过了英国政府在宣布独立前数年所要求的那些税款，而这些税金还必须用极其稀缺的黄金或白银货币（也就是硬通货）来支付。许多农民与商业市场的接触十分有限，他们的债务通常是地方性的，可以用实物或劳务的形式偿还，他们无法逃避州政府的税收要求和后果。[34]

许多新州的宪法规定为代议制立法机构增员扩权，这开辟了一条可能的补救途径。当然，州议会本可以拒绝邦联的要求，援引其主权，减轻自身的财政负担，并明确界定联盟的权限，如果不是使其彻底瘫痪的话。除了两个例外，这种情况并未发生，因为商人和债权人在立法机构中有足够的代表，并认为邦联和州政府的生存能力可能会受到威胁，更不用说他们自己的财富和社会地位了。但是，立法机构也更容易受到来自民众的压力，尤其是来自农村县和偏远地区的压力，这些地区的债务人开始要求关闭法院、暂停止赎、调整税收和重新为债务估值，他们常常组织抗议活动并攻击政府官员。一些人质疑革命的意义已被抛弃，因为投机者和其他金融利益集团以极低的价格买入债券和期票，却期望全额获取利息。在宾夕法尼亚州的坎伯兰县和富兰克林县，愤怒的农民在1786年制订了"计划"，要求减少公共和私人债务，对未开发或闲置的土地征税，并限制投机性土地的持有规模。还有人坚持认为州税应接受纸币或实物支付。"美国自由的保障，"一位纽约州的农民宣称，"需要比现在更平等的财产分配。"[35]

随着每年一次的选举成为常态，州立法机构的代表可能会出现大规模更替，针对债务危机的议案迅速得以通过。超过一半的州发行了纸币，通常数额巨大，这些纸币可作为法定货币用于缴税和市场交易。在其他地方，不同形式的债务减免要么获得通过，要么遭到代表精英的州参议院的阻挠。民众的压力与日俱增，立法机构意识到必须做出适当的回应，否则就会面临基层的动荡。同病相怜的自耕农和种植园主可能会联起手来，尽管自耕农最有可能带头抵制收税、法院传唤和治安官拍卖。[36]

立法不作为的后果在马萨诸塞州表现得最为明显。在那里，波士顿的商业利益集团继续主导着该州立法机构，不仅保留了高额累退的税收制度，还在1786年提高了税率以应对邦联国会的新一轮征调。要求减免债务的请愿被傲慢地置之不理，到了1786年夏天，马萨诸塞州中部的农民动员起来试图关闭法院，阻止没收欠税的财产，抗议活动由此升级。为向前辈致敬，他们自称"监管者"，很快这场骚乱就蔓延到了西部。"我们正处于无政府状态和混乱边缘，接近内战状态。"一位与约翰·亚当斯有通信的人当时焦虑地向他写道。州长希望采取强硬措施，但难以找到军事支持，直到富商们资助了一支私人民兵。1787年1月下旬，当这支现在由革命老兵、负债累累的农民丹尼尔·谢斯领导的"监管者"队伍向斯普林菲尔德的军械库进军时，暴力冲突似乎已不可避免。

结果这却是一场不对等的较量。面对一支由革命战争时期的将军指挥的3 000多人的武装力量，谢斯的队伍瓦解了，包括谢斯在内的许多领导者都逃走了。现在，包括亚当斯在内的部分精英呼吁对他们实施血腥报复。当局宣布了戒严令，数百名参与者被起诉，18人被判有罪且是死刑，其中两人最终被执行。随后，冷静的头脑占了上风。在被俘或被指控的人中，有4 000人签署了认罪书并获得赦免，而立法机构也改邪归正，采取行动缓解了本州债务人的困境。至于谢斯，他的名字将永远与这一事件联系在一起。一年后，他被赦免，但回到州内后却被打上了无政府主义者和叛徒的标签。谢斯被敌意所累，搬到了纽约州西部的一个小镇，在贫困中度过了余生，直到1825年去世。[37]

谢斯事件成了动荡的18世纪80年代的象征，尽管若非全美范围内遍地开花的民众反抗与叛乱，其影响或许远不及此。几乎所有地方的债务人都在反抗治安官、副治安官和税吏，有时"用武力"阻止他们，有时"千方百计"地向他们发难。1786年，在宾夕法尼亚州的华盛顿县，一位税务官被抓住并遭受羞辱：他"被剪掉了一半头发，另一半的头发被梳在一侧，帽子也被剪破，被迫顶着这种显眼的发型示众"。在弗吉尼亚州，数座法院遭到焚毁；而在西部的格林布赖尔县，法官们无法开庭审案。当新泽西州议会拒绝认可纸币时，那里的法院被钉死了大门。在其中一处法院外，一群农民将州长的稻草人钉在了木桩上，因为州长也是纸币的反对者。在新罕布什尔州，大约200名抗议者甚至包围了州议会，要求"发行纸币"，并给议员们"半小时"的时间做出答复。议员们的回应是拉来了一门加农炮。"民众的愤怒情绪并非局限于某个州或某个州的部分地区，而是弥漫在整个国家之中。"乔治·华盛顿对此深感失望。的确，谢斯事件如亚历山大·汉密尔顿所言，其影响"如同野火般迅速蔓延"。[38]

不断扩大的动荡、对贪婪投机者和立法者的抗议、对征税和治安官拍卖的抵制，以及对政府官员及其权力象征的攻击，吓坏了政治和经济精英。精英们担心的与其说是另一场谢斯式的事件，不如说是州议员屈服于民众的要求。在精英们看来，民众的要求放纵了债务人的过激行为并危及金融稳定。共和主义显然孕育了民主精神，而民主已经变得无法控制。这股力量需要被约束，或许需要通过采用更具强制性的政治体制来实现。乡绅批评家及其在公共领域的盟友质疑民众有足够的美德来维护共和国，是否需要一种"不同形式的政府"，"军政府是否会比无政府更好"。詹姆斯·麦迪逊、亚历山大·汉密尔顿、约翰·杰伊和乔治·华盛顿等人都曾私下考虑过，如果找不到"共和政体的补救措施"，拥立一位国王是否能更好地保护富人和财产。令人震惊的是，时任大陆会议主席、马萨诸塞州的内森·戈勒姆间接接触了普鲁士的海因里希亲王，询问他是否愿意成为美利坚合众国的国王。[39]

第三章　教皇、国王与共和国

五

到了 18 世纪 80 年代中期，邦联国会的成员们认识到了《邦联条例》的一些缺陷，并开始寻求改革，但未能成功。随着国会无法找到前进的道路，日益动摇的精英们开始认为，可能需要召开某种超议会性质的大会，至少是为了修改《邦联条例》并巩固各州的联盟。在马里兰州安纳波利斯举行预备会议奠定基础之后，该大会于 1787 年春季在费城召开。

关于美国宪法制定过程中涉及的各种计划、妥协和分歧，已有大量的研究，以至于很容易忽视最初促使代表们前往费城的动力。13 个州中有 12 个州派出了代表，只有罗得岛州无人出席。大多数代表在独立战争期间与大陆军有过联系，或者曾是邦联国会的成员，或者是两者兼而有之。他们大多腰缠万贯，受过良好教育，是精英的圣公会教徒。也就是说，这些代表具备了建立和维护团结以实现和捍卫独立的关键经验。大多数代表的共同利益不仅在于建立一个更强大、更有效的联盟，还在于限制州立法机构对财产所有者、债权人和富有投资者造成的损害。他们从周围爆发的"起义"中看到了一个偏离正轨的共和国结出的苦果，并认为他们面临的挑战是将权力——尤其是财政权——从各州转移到中央，驯服草根民主的过度行为，并赋予中央镇压国内叛乱以及抵御外来威胁的能力。很少有人认同托马斯·杰斐逊对谢斯事件的看法（杰斐逊当时正在巴黎），即"时不时出现小叛乱是件好事"，尤其是詹姆斯·麦迪逊，杰斐逊当时正是在写给麦迪逊的信中提到这一点的。[40]

在讨论小州与大州、蓄奴州与非蓄奴州、对民主和政府各分支权力分配关注程度有高有低的各州之间的斗争时，在《联邦宪法》应授权的共和国类型方面的广泛共识常常被忽略了。代表们一致同意：设立两院制的国会作为代议机构，代表区的规模要足够大，以限制民众影响力；上议院成员由州议会任命，且任期较长；国会将有权征税。作为对动荡的回应，他们禁止州铸造货币、发行"信用票据"或"损害契约义务"。代表们一致认为，应该设立一名总统作为"首席行政长官"（chief magistrate），他可以对外交和内政事务行使相当大的权力，不应直接由民众选举产生（因此有了"选举人团"），并可以行使所谓的"有条件的否决权"，即对国会的法案行使否决权。他们还同意，联邦司法机构的成员将在"表现良好"的前提下任职，或任期不受限制。为数不少的代表（以亚历山大·汉密尔顿为首）主张总统任期应为终身制，大会中这一倡议的支持者包括4个州的代表团（新泽西州、特拉华州、宾夕法尼亚州和弗吉尼亚州），以及麦迪逊和华盛顿。虽然约翰·亚当斯没有参加大会，但他支持汉密尔顿的观点，并进一步提出美国最终将演变为"世袭君主制"，作为"抵御纷争、叛乱和内战的避难所"。最终，总统的任期定为4年，但可以"无限期连任"（re-eligibility）。亚当斯事后承认，"除了英格兰和纳沙泰尔（瑞士的一个州），我不知道任何共和政府的头号行政长官拥有能与他相媲美的宪法赋予的尊严、权威和权力"。[41]

人们担心联邦政府是否有能力遏制各州不负责任的行为，或在压力和困难之下可能出现的叛乱。《联邦宪法》首先将"保障国内安宁"列为"更完善的联邦"的目标之一（《序言》），国会被赋予"征召民兵……镇压叛乱"以及"执行联邦法律"和"击退入侵"的权力①（第一条第八款）。麦迪逊希望联邦"明显高于"各州，他希望国会有权否决令人反感的州法律，以此来防止潜在的多数人暴政。毋庸赘言，许多代表所担心的"叛乱"不仅仅来自愤怒的"自由民"。在加勒比海地区和大陆上奴隶骚乱和叛乱频发的时代，尤其是考虑到革命战争期间成千上万的奴隶逃往英国的情况，他们还担心非洲裔奴隶的"叛乱"。整个宪法对奴隶制度的承认、联邦政府对将奴隶作为财产加以保护的承诺（如逃奴条款）以及奴隶主赢得的政治回报（如联邦比例，即众所周知的"五分之三条款"，以及推迟对跨大西洋奴隶贸易的清算），都表明了新的联邦共和国旨在为谁的利益服务。42

难怪费城大会的代表们很快就为他们的会议记录蒙上了一层保密的面纱，而我们对《联邦宪法》主旨的大部分了解既来自其文本，也来自《联邦党人文集》中宪法的强大拥护者们（最早发表时他们集体署名为"普布利乌斯"）的论述。在一系列非凡的文章中，约翰·杰伊以及（特别是）詹姆斯·麦迪逊和亚历山大·汉密尔顿阐述了批准《联邦宪法》的理由，强调了它的优势（当然是与《邦联条例》相比），并对一些迅速涌现的批评者进行了驳斥，其中包括在大会结束时拒绝在文件上签字的16位代表。他们坚持认为，《联邦宪法》构建了一个能够保护美国免受外国阴谋侵扰、减少州与州之间发生严重冲突的可能性、为国民提供直接和间接代表、使有智慧和品德的人能够担任公职，并赋予中

---

① 原文作"为征召民兵提供用度，以执行联邦法律、镇压叛乱和击退入侵"，与作者引述略有差异。——编者注

央在不侵犯各州主权的情况下确保金融稳定和国内秩序的责任的共和国。麦迪逊非常精辟地解释了为什么广袤的领土和多元的"利益"最适合维持共和国。即便是汉密尔顿（他曾支持总统终身制，并强调共和国需要拥有压制性权力）也不厌其烦地论证总统与"英国国王完全不同"，并将总统的权力比作"纽约州州长"的权力。[43]

《联邦宪法》需要得到13个州中至少9个州的批准，其支持者在这场辩论中拥有许多重要优势。他们被称为"联邦党人"，大多数富人，尤其是沿海城市的富人，都站在他们一边。他们调动了大量资源和传播网络，在各州推广他们的论点和策略。而且他们还控制着大多数报纸。这一切都转化为各州批准《联邦宪法》会议上的席位，以及快速推进程序的能力。反对批准《联邦宪法》的人被联邦党人讥讽为"反联邦党人"，这些人面临着艰巨的挑战。他们分散在各州，根基主要在村镇，那里很少有报纸出版或发行，很难召集选民参与迅速展开的批准程序。他们还面临联邦党人的一些强硬手段和赤裸裸的欺凌。"为大义行小恶。"一位联邦党人对此承认道。即便如此，反联邦党人还是进行了令人印象深刻的抗争，他们提出的论点有助于我们理解双方的意识形态潮流，以及美国共和制形成过程中的一些非自由倾向。[44]

美国的起源故事与《联邦宪法》的撰写和批准紧密相连，以至于我们往往忽视了反对《联邦宪法》的程度和这种反对的实质。相反，我们关注的是如何解读《联邦宪法》的含义、开国元勋们的意图，以及后来的修正案如何从根本上重塑了这部宪法。至多，我们会承认，反联邦党人在要求加入《权利法案》（并非《联邦宪法》原稿的一部分）方面内容所发挥的作用，他们成功地做到了这一点，有效地将自己与《联邦宪法》绑定，从而使他们成为忠诚的反对派。事实上，许多州的宪法都包含《权利法案》，但《联邦宪法》中却没有，这确实引起了许多人的不满，他们纷纷撰文要求废除宪法或对其进行修改。

由于只有少数几家报纸与反联邦党人结盟，因此很难全面了解他们的观点或他们所代表的政治与社会地理分布。但我们所掌握的信息提供了重要的视角。反联邦主义主要集中在以下区域的乡村地区：新英格兰北部和西部、纽约州的哈得孙河谷、宾夕法尼亚州西部、弗吉尼亚州和卡罗来纳州。反联邦主义也可能在更接近大西洋沿岸的种植园地区突然兴起。这些地区曾经被迅速拓殖开垦，与印第安人进行过长期的战争，常常抵制殖民地和州政府的政策和腐败。这些地区还受到第一次大觉醒（主要是在18世纪30年代和40年代）的基督教福音主义以及浸礼会和卫理公会兴起的影响。在较小程度上，这些地区还是那些珍视自己特权的奴隶主的领地。奴隶主们往往受到18世纪80年代经济灾难的负面影响，试图通过削弱债权人和法院的力量来保护自己，并要求州政府采取补救措施。尽管他们愿意服从地方领袖（或他们本身就是地方领袖），但他们对外来精英和这些精英可能犯下的掠夺行为感到警惕。他们以自己的社区习俗和纪律为荣，很容易觉得自己受到了不认识或与他们不同的人的威胁。许多人，尤其是在偏远地区的人，仍然对天主教和他们认为属于天主教的权力阶层保持着深深的敌意。正如缅因州地区的一位定居者所说，他们希望"消除所有的教皇制度，杀死恶魔，并通过阻止恶棍和骗子得逞，帮助每个人享有自己的权利、特权和自由，从而给人类世界带来一些好处"。[45]

因此，反联邦党人的论点揭示了制宪者的政治目标，以及那些成为制宪者反对者的人的政治意识。虽然反联邦党人的思想不能被简单归类，而且因这些思想的文字阐发者所处的社会阶层和地理位置不同而各异，但他们中的大多数对《联邦宪法》及其治理结构所带来的威胁有着共同的解读。反联邦党人对《联邦宪法》以牺牲各州为代价而进行的权力整合提出了警告。他们警告说，新政府与大多数选民的距离都太远了。他们警告说，由于国会选区的大小和参议员的选举方法，《联邦宪法》所提供的代表性极为有限。他们警告说，《联邦宪法》没有规定年度选举和职位轮换制，因而鼓励了精英和贵族倾向。他们对国会的征税权、司法专制的可能性以及对陪审团审判的威胁提出了警告。他们还对总统的潜在权力提出警告，特别是将这种潜在权力归因于总统与代表精英的参议院之间的相互依存关系。"联邦统治机构将由一个新的行政机构、一个小参议院和一个很小的众议院组成，""联邦农民"写道，"与这些机构所在地相距 300 英里①以上的公民较多，而离这些机构较近的公民较少，因此这些机构中的法官和官员不可能非常多，否则我们的统治就会非常昂贵……至于权力，联邦将拥有所有必要的权力……而各州的权力将微不足道。"[46]

反联邦党人写作者可能会在各自的文章中特别强调前述的一

---

① 1 英里约合 1.6 千米。——编者注

个或几个问题，也可能会在多篇文章中构建出反对《联邦宪法》的理由。但综合来看，他们指出了大多数制宪者事实上想要做的事情，以及宪法下的共和政体可能释放出的权力动态。尽管联邦党人试图消除反联邦党人的许多担忧，但他们无法改变反联邦党人的信念，即宪法建立了一个新的共和国和一套新的中央统治，而这与反联邦党人希望捍卫的政治世界关系甚少。当反联邦党人挑战詹姆斯·麦迪逊关于"在一块大的而不是小的领土上更有利于巩固共和国"的论点时，他们尤其担心《联邦宪法》下的美国很可能最终沦为君主国或"民粹之国"（demagoguery）。

革命的领导层以及1787年开始着手的宪法制定者们都是古典世界的学生，尤其熟悉古希腊和古罗马的共和政体。他们也熟知约翰·洛克，熟知共同发展了自然权利、公民和政治社会以及共和主义观念的英国共和主义者们。许多人热衷于阅读孟德斯鸠男爵1748年在法国出版的《论法的精神》，这部著作探讨了不同治理形式的特点。最贴切的是孟德斯鸠的这一观点："一个共和国只拥有一小块领土是很自然的，否则它不可能长久存在。""在一个幅员辽阔的共和国中，"孟德斯鸠警告说，"公共利益会被千百种私利所牺牲；它会受到例外情况的制约，并依赖于偶然事件。"詹姆斯·麦迪逊在《联邦党人文集》第十篇中对此进行了回应，他有效地颠倒了孟德斯鸠的逻辑，认为在一个庞大的共和国中，众多的利益集团将防止任何一方独占鳌头，同时又能使最有资格的人当选为官员。[47]

反联邦党人广泛接受了孟德斯鸠的观点，不仅因为他的逻辑，还因为他的观点与历史记录相吻合。纽约州的"布鲁图斯"告诫道,"历史上没有一个自由共和国的领土像美国这样广大"。其他人则怀疑,"在如此广袤的领土上建立一套符合自由的统治是否可行",或者"庞大而集中的帝国"除了"充满苦难"之外还能有什么。然而,反联邦党人对大型共和国的批判不仅仅基于对古希腊或古罗马成败的理解,或者对更近一点的荷兰和瑞士各州的观察。这种批判经常反映出了一种深刻的地方主义,这种地方主义在边疆小农和蓄奴种植园主同殖民地和州政府的斗争中有所体现。马萨诸塞州的"阿格里帕"预言,"在一个大国中,同样的立法原则并不能适用于所有地区",因此,"为了促进人民的幸福,必须有地方性的法律……而这些法律应该由直接受到它们影响的代表来制定"。"布鲁图斯"坚持认为,"在一个共和国中,人民的风俗习惯、思想感情和利益应该是相似的"。宾夕法尼亚州的"哨兵"进一步阐述说,"共和国……只能存在于人民道德高尚且财产分配相当平等的地方",总之,那里"人民是主权者",有能力抵御"贵族制、君主制或专制"。[48]

因此,反联邦主义特别吸引那些以个人和家族为单位看待权力的人,这些人认为自己是被种族、文化和信仰界定的社区成员,对外来者和遥远的法律与政治体制持谨慎态度,并设想合适的统治应与他们紧密相连,并保护他们的"风俗习惯、思想感情和利益"。如果他们要求在宪法中加入权利法案,那与其说是为了具体说明他们作为自由人和美国人所拥有的自然权利或公民权利,不如说是为了抵御中央可能的侵扰,并保护他们理解的地方权利和权限。这些权利和义务通常涉及父权制、信仰、道德共识、经济互惠以及社区正义的理念。他们还可能对市场关系和价值观产生矛盾情绪或敌意,尤其是那些他们几乎无法控制的较远的市场;与此相反,他们将共和美德转化为一种有机的社区生活形象,这种生活拥有自己的等级制度和强制措施。通过这些方式,奴隶主和土地贵族可以与小农乃至一些佃户共享对地方权力和庇护的重视,而这种地方权力和庇护可能正面临威胁。[49]

在大多数情况下,反联邦党人依靠小册子、报纸和批准会议上的辩论来表达他们对《联邦宪法》的反对。但有时候,事情会变得暴力起来,特别是在他们发现《联邦宪法》以极快的速度获得批准,使得他们无法充分参与其中的时候。1787 年深冬,在宾夕法尼亚州卡莱尔镇举行的一场宪法庆典被一大群反联邦党人破坏,他们使用该州两位联邦党人精英托马斯·基恩和詹姆斯·威尔逊的形象做成稻草人。在一名"宣称自己受到上天启示"的民兵队长带领下,他们游行穿过街道,"高呼口号,恶狠狠地咒骂着",并在法院前焚烧了这两个稻草人。在宾夕法尼亚州西部的其他地方,农民们阻断了通往村庄和社区的道路,将自己与新的政治权力机构隔离开来,而这些机构削弱了地方治安官的权威。不久之后,新的中央统治机构决定偿还投机者持有的战争债务,这在该地区以及马里兰州、弗吉尼亚州和肯塔基州的偏远地区引发了大规模的武装抗议,卡莱尔镇的同情者也参与其中。1794 年的这场冲突与谢斯事件遥相呼应,动摇了乔治·华盛顿政府的根基,并引发了人们对联邦政府是否准备动用武力对付本国人民的质疑。作为回应,总统从宾夕法尼亚州和邻近各州调集了近 1.3 万名民兵镇压暴力。他翻身上马,亲自率队去迎击那些我们后来称之为"威士忌叛军"的人。[50]

六

《独立宣言》中提及的自然权利和不可剥夺的权利，《联邦宪法》中关于人民主权的基本理念，构成了美国起源故事的两个端点，长期以来一直被视为自由主义和共和主义政治传统得以持久确立的重要时刻，是最终所称的"自由民主"的先驱。许多学者和作家强调了从"洛克式自由主义""联邦共和主义"到创造美国的革命之间直接的联系，并认为《联邦宪法》是自由共和国所需要的明智安排。诚然，也有些人认为基层动员对于实现独立具有重要意义，偏远地区的反抗扩展了共和制的含义及其服务对象的范畴，精英与民众之间的斗争是推动变革的动力。但无论是支持者还是批评者，很少有人怀疑自由共和主义是美国革命时刻的最终产物。

值得指出的是，"自由"一词在18世纪还不是一个政治术语；在使用时，自由更多意味着一种慷慨或世界主义的态度。"自由"和"自由主义"进入政治词汇的词典可能更多是法国大革命的结果，而非美国或英国革命的产物。更重要的是，美国起源的标志必须在其自身的语境中被理解和解释，而这里的情况更为复杂且令人不安。到18世纪中叶，自然平等和不可剥夺的权利的观念已经根植于那些自认为开明的欧美人士的世界观中。正如杰斐逊后来承认的那样，他在《独立宣言》中并没有提出"前所未有的新原则或新论点"，而是阐述了"这一主题的常识"。杰斐逊所主张的并不是某种抽象的普遍主义，而是将美国人置于与英国人平等的政治地位，以证明他们争取独立的正当性。毕竟，仅仅几年后，杰斐逊就在口诛笔伐黑人的低劣性，并解释为什么黑人的低劣性使得他们不可能在自由的条件下与白人共同生活。[51]

至于人民主权，其历史可追溯到《大宪章》，尽管更确切地讲，它起源于17世纪的议会斗争。历史上，这一理念取代了君权神授，成为组织治理的核心原则，也是直接或间接代议制合法性的基石。然而，正如埃德蒙·S.摩根所揭示的，人民主权与君权神授一样，本身也是一个被构建出来的、虚构的概念，它们赋予了权力结构合法性，并且通常来说为精英统治提供了依据，不管这种统治是被视为"自然的"、基于财富的，还是任人唯贤的。托马斯·杰斐逊以帮助消除贵族社会的重要特征（如长子继承制、封地和贵族头衔）为傲，但他依然认为共和国将依赖于一个自然形成的贵族阶层，少数"天才"将从"废物"中脱颖而出，为这个阶层输入新鲜血液。考虑到对民主的恐惧促成了《联邦宪法》的起草，《联邦宪法》的获批在18世纪90年代催生了所谓的"君主共和制"，在这种共和制中，君主制的一些框架被保留下来或重新组合。尽管乔治·华盛顿表达了对帝王式权威的抗拒，但许多向他提出建议或在其政府中任职的人，都希望他能为总统一职带来适当的尊严和威严，当然是以熟悉的欧洲宫廷为蓝本。甚至有人认为他会终身担任总统。费城的本杰明·拉什将新建立的美国政府描绘成一种"集君主制的活力和贵族制的稳定于一身，同时又具备了简朴共和国的所有自由"的政府。[52]

在美国出现某种形式的君主制的可能（或许是拉什所暗示的

那种混合君主制），不仅被精英圈子所接受，而且其来源比我们想象的要广泛得多。"人类天生就有建立王权政府的倾向。"本杰明·富兰克林在制宪会议上说。偏远地区的反抗者们抨击贵族的腐败，要求殖民地立法机构民主化，但很少质疑国王的合法性。事实上，一个保护性的君主完全契合他们自己关于社区生活的构想，这种生活基于父权、获取财产独立的机会、文化同质性以及作为调节不平等手段的庇护。这样的君主形象也符合他们排斥或消灭具有威胁性的外来者（无论是原住民还是"白种印第安人"）的决心。反叛者和监管者可以对投机财富、贵族式的傲慢和精英的剥削进行有力的批判。他们还可以呼吁扩大代表权，制定更有利于小生产者的政策，以及防范政府的侵犯。在很多方面，他们为独立铺平了道路，构建了人民治理的新模式，并为18世纪80年代后期的保守主义回潮设置了防波堤。但更多的时候，他们努力捍卫的世界是一个"权利"受到性别、年龄、信仰和种族限制的世界，这些"权利"是由地方来界定和实施的。这些社区，以及它们所属的州，被赋予了监督家庭、劳动和政治行为的责任。这将对未来的社会和政治产生重大影响。[53]

在独立后的美国，那些最受奴役、剥削和压迫的人最明确地认识到了《独立宣言》中普遍主义的可能性。1777年初，8名非洲裔被奴役者向马萨诸塞州议会递交了一份请愿书。他们代表"众多被囚禁在自由与基督教国家腹地的黑人"发声，表明"他们与其他所有人一样，天生且不可剥夺地享有自由，这是宇宙的伟大造物主赋予全人类的平等权利，他们从未因任何契约或协议而放弃过这种权利"。按照他们的叙述，他们被"残忍的强权不公正地拖离了挚爱亲朋,有些人甚至被从亲人的怀抱中撕扯出来……被带到这里,如同牲畜一般被贩卖,并像牲畜一样被判处终身为奴"。他们已经"向本州的立法机构呈递了一份又一份请愿书",但这些请愿书"从未被理睬过",他们对此"只能表达惊讶之情",尽管"美利坚在与大不列颠的不幸冲突中所遵循的每一个原则,都比千百个理由更有力地支持着他们的请求"。因此,他们请求"阁下们给予这份请愿书应有的重视与考量,并促使立法机构通过一项法令,以便他们能够恢复享受作为人生来就拥有的权利——以及他们的孩子,这些出生在自由之地的孩子的天赋权利"。8名请愿者中,有3人使用的签名是自己的"烙记"。[54]

据我们所知,这份请愿书并未比他们之前的请愿书更成功,它被议员们置之不理或弃若敝屣。但这一次,政治局势正在发生变化,而他们可以加快这一进程。4年之后,一位名叫郭克·沃克的非洲裔被奴役男子向伍斯特县法院提起诉讼,要求获得自由。沃克于1753年出生于马萨诸塞州,他的父母曾在西非的奴隶海岸或黄金海岸沦为奴隶,他们通过可怕的"中央航路"被贩卖至北美殖民地,加入了那里已有的近5 000名被奴役的男人、女人和儿童的行列。出于不明原因,沃克的一位主人曾承诺在他21岁时给予其自由,但在这位主人去世后,这一承诺被撕毁。沃克随后逃离了被奴役的生活,但被抓了回来,并遭到毒打。

沃克在法庭上辩护说,奴隶制不仅违背了《圣经》,也违背了马萨诸塞州最近制定并通过的宪法,该宪法第一条宣布:"人人生而自由平等,并享有某些自然的、基本的和不可剥夺的权利,包括享有生命和自由的权利。"陪审团接受了沃克的逻辑和道德主张，判他获得自由并赔偿他50英镑。这样一来，马萨诸塞州的奴隶制就走上了漫长的消亡之路。被奴役者将美国建国时所阐述的一些崇高原则发挥得远超建国者的本意——这并不是最后一次。[55]

第四章

托克维尔、林肯与好排异己的19世纪30年代

CHAPTER
FOUR

1835年，阿历克西·德·托克维尔出版了他的名著《论美国的民主》的第一卷。1831年，他偕同挚友及同胞古斯塔夫·德·博蒙从法国来到美国。虽然他们此行的主要目的是考察美国的监狱和感化院，但他们四处旅行，广泛游历，深入观察了这片新兴共和国土地上的各种现象，并以此为视角，探讨当时法国乃至整个欧洲发生的变化。尽管两人都未曾亲历法国大革命，但他们目睹了1830年的七月革命以及随之而来的七月王朝的建立，正是这一王朝资助了他们的美国之行。托克维尔敏锐地察觉到，旧有的封建和贵族秩序正在瓦解，取而代之的是一个基于全新原则与关系的新秩序。"贵族阶层在社会等级中下滑，而平民阶层则在上升。"在他看来，这是一场"双重革命"，其发展势不可当。因此，从一开始，托克维尔便决定将他的研究视野扩大到监狱之外，撰写一部更为宏大的著作。[1]

这一抉择证明了托克维尔的远见卓识。《论美国的民主》被公认为关于美国政治史与文化史的一部经典之作，时至今日，它仍是大众和学术界理解与诠释美国政治文化和独特性所不可或缺的文献。托克维尔对于美国各地普遍存在的"平等状态"感到惊叹，对他观察到的生机勃勃的民主实践（尤其是在地方和社团层面）印象深刻，同时也注意到了社会生活的流动性以及在国家规模如此之大的条件下仍有能力的共和体制。该书的第二卷于1840年问世，其评估更为冷静，但并没有改变第一卷中对美国整体面貌的描绘。事实上，在许多方面，《论美国的民主》都证实了后世所称的"林肯的美国"或者"林肯的理想国"：这是一个由小生产者（如工匠、自耕农和小制造商）所组成的充满活力的社会，这些生产者由经济独立和社会流动性的前景所驱动；这也是一个由基于白人成年男性选举权（以19世纪的标准来看，这近乎普选权）的政治民主体系组织起来的社会。这是一个为美国例外主义思想提供依据的社会，也是一个成千上万的人在林肯本人的领导下，不惜一切代价誓死捍卫的社会。

亚伯拉罕·林肯当时对于美国的看法迥异于托克维尔。1838年1月，就在《论美国的民主》第一卷出版的3年后，28岁的亚伯拉罕·林肯在斯普林菲尔德的青年学会发表了演说（没有任何迹象表明林肯读过或熟悉托克维尔的新作），当时他已是伊利诺伊州的州议员。林肯演讲的题目是《我们的政治制度永世长存》，他在其中发出了一个令人震惊且忧郁的警告。在表达了对"我们的先辈"所留下来的政治遗产的感激之情后，林肯谈及了自己的国家及其制度面临的种种危险。这些危险并不像他的诸多先辈所想象的那样，来自国外的列强和军队，而是"必定从我们内部滋生"。林肯指出："我们之中存在着某种不祥之兆。"他所指的是"蔓延全国的对法律的日益蔑视，人们越来越倾向于用狂热与激情取代法庭的冷静判决，以及比野蛮的暴民更为恶劣的群体，这些人充当着正义执行者的角色"。林肯接着说："这种倾向在任何社群中都是极其可怕的；在我们的社会中就存在这种倾向。尽管承认这一点会让我们心情沉重，但否认这一点则是对事实的亵渎，也是对我们智慧的侮辱。暴民所犯暴行的报道，是我们这个时代的日常新闻。从新英格兰到路易斯安那，暴民的暴行无处不在——它们既不为新英格兰的皑皑白雪所独有，也不为路易斯安那的烈日炎炎所专属……它们既不局限于蓄奴州，也不局限于非蓄奴州。无论是在以狩猎为乐的南方奴隶主，还是在习惯严守秩序的公民中间，这些暴行都处处可见。"林肯担心，除非一种基于"对法律的敬畏"和"冷酷、精于算计、克制激情的理性"的新"政治宗教"占据上风，否则这些激情会为暴政埋下隐患。[2]

林肯的观点尤为引人注目，不仅因为这些观点与托克维尔的观点形成鲜明对比，还因为这些观点似乎与人们对19世纪30年代美国状况的通常理解大相径庭。按照许多人的理解，这是杰克逊民主时代，也是市场革命的时代，在这个时代，选举权得到了扩展和深化，经济机遇唾手可得，社会和个人的地域流动性显著增强，法律制度保护财产权并促进发展，社会改革成为时代的潮流，废奴主义抬头。19世纪30年代是自由主义的个人主义的奠基时期，确立了私有财产神圣不可侵犯的地位，并践行了民主，也是美国例外主义和自由主义民主理想的巩固时期。那么，林肯为何会看到美国的制度如此岌岌可危？法治为何面临如此巨大的风险？开国元勋们的遗产为何似乎陷入了如此黑暗的沉寂之中？林肯和托克维尔这两位似乎为大众对 19 世纪 30 年代的普遍看法提供了大量素材的思想家，其观点为何会有如此大的分歧？林肯看到了什么托克维尔显然未曾注意到的东西？他们是否以不同的方式理解了美国历史的发展？抑或是时间因素导致的差异——托克维尔于 1831 年至 1832 年间游历美国，而林肯则是在 1838 年发表了演讲？

事实证明，这个问题并不像乍看之下那样扑朔迷离。仔细研读托克维尔的著作可以发现，他表达了许多林肯后来提到的关切。两人之间的差异更多在于表达方式而非实质内容，在于选取的例子而非核心观点。将托克维尔和林肯的观点结合起来，有助于揭示这样一个时代：在这个 10 年里，自由主义的价值观、情感和行为至多只能算是跌跌撞撞，而非自由主义的思潮却汹涌澎湃，不断威胁着要将前者淹没。事实证明，这些思潮中最令人憎恶的莫过于大张旗鼓的驱逐主义。

一

当亚伯拉罕·林肯伫立于斯普林菲尔德青年学会的讲坛之上，对美国政治体制的命运发出警告时，他并非在空谈理论，也不是仅仅根据报纸上的信息发表见解。他是在回应就在近旁发生的、尤为残忍的事件。1836 年，一个名叫弗朗西斯·麦金托什的自由黑人（他在密西西比河的一艘蒸汽船上工作），在泊岸圣路易斯时被指控谋杀，并被一大群愤怒的白人暴徒活活烧死。此事震惊四邻，其中，伊莱贾·洛夫乔伊——一位兼具牧师、废奴主义者与当地报纸编辑多重身份之士——起而发声，强烈谴责针对麦金托什的私刑暴行。不久，洛夫乔伊的印刷厂便被支持奴隶制的人捣毁，洛夫乔伊被迫逃至密西西比河对岸的伊利诺伊州奥尔顿，在那里另起炉灶，希望他的报社在这里能更安全。然而，尽管奥尔顿所在的州已经宣布奴隶制为非法，其民间情绪却仍对废奴主张充满敌意。1837年11月，洛夫乔伊的印刷厂再次遭到破坏。在随后发生的暴力冲突中，洛夫乔伊本人惨遭杀害。[3]

尽管这些践踏法治原则与宪法保护的行径就发生在眼前，林肯却深知，其背后有更为广阔的时代脉络。洛夫乔伊只是19世纪30年代遭受暴民戕害的众多废奴斗士之一，而麦金托什的悲剧，亦不过是非洲裔群体在白人恐怖主义阴影下无数苦难者的一个缩影。从乡野到城市，从宁静小镇到喧嚣都会，从南方腹地到东北边陲，再到广袤的中西部，成千上万的美国人，或举火把，或挥刀剑，或设绞架，或持枪械，捍卫着他们心中的权力、特权与社群利益，对抗着一切被视为威胁的事物。纵然投票箱与教派多样性长期以来一直被誉为美国民主与文化的核心元素，政见歧异与信仰冲突所引发的暴力仍此起彼伏。但最为激烈的动荡之源，莫过于奴隶制与种族议题，它们如同沉睡的火山，一旦苏醒，后果不堪设想。

自美国革命时期起，废奴主义便在这片土地上不断壮大，这主要归功于非洲裔美国人——无论他们是身陷枷锁还是享有自由——所秉持的坚定主张及其不懈努力。他们一直在为自由请愿，推动马萨诸塞州等州的立法机构颁布解放法案，并谴责遣返主义者的怯懦，后者虽倡导解放奴隶，却意图将获释的黑人统统驱逐出美国。到 19 世纪 20 年代，非洲裔已经博取了所能赢得的最大同情，接近了白人反奴隶制情绪的最高限度。进入 30 年代，非洲裔美国人在《独立宣言》和基督教道德原则的基础上建立的废奴主义开始在基层蓬勃发展，吸引了富有同情心的白人男女加入其行列。1831 年，威廉·劳埃德·加里森开始出版《解放者》，并组织了新英格兰反奴隶制协会。很快，废奴协会如雨后春笋般涌现，先是在大城市，然后扩展至人口多得多的广大乡村。到林肯在青年学会发表演讲时，美国东北部、中大西洋和中西部地区可能已经有上千个反奴隶制协会，会员超过 10 万人。[4]

自 18 世纪中叶以来，尤其是 19 世纪初第二次大觉醒期间，废奴主义从新教内部经历的深刻精神变革中汲取了巨大能量。基于普世的慈善观念以及所有人不论世俗地位皆具价值的理念，宗教复兴运动倡导者们笔下的人不再是加尔文教派口中命中注定的罪人，而是道德上的自由行动者，他们能够在善恶间自主抉择、力争获得救赎，并能携手广大的福音传道者大军，共赴消除罪恶的征途。多数杰出的白人废奴主义者，无论是男性还是女性，要么是在第二次大觉醒期间投身此项事业，要么是贵格会信徒，长期受到内心之光的指引并致力于非暴力。因此，废奴主义者不仅视奴隶制为道德或政治上的错误，更视其为一种罪孽，而蓄奴者则是罪人。然而，宗教戒律仅仅是废奴主义所体现之威力的一部分。废奴斗士们穿梭巷陌，挨门拜访，力图感召邻里共襄义举，由此开辟了政治动员的崭新模式。他们策动声势浩大的请愿运动，女性常常担纲主导，迫使州立法机构乃至联邦国会正视奴隶制的罪恶。他们抵制奴隶制造的产品，意在钳制奴隶主扩张市场的企图。此外，他们还含蓄地对其他形态的尊卑序列与权力格局——性别角色、阶级划分及种族界限——提出疑问，这些不平等关系长久以来被视作社会稳定的基石。[5]

废奴主义基于道德与神学的论证，同样成为构建所谓"自由的自我"（liberal self）的核心要素：这一关于自我占有或自我所有权的概念，源自霍布斯与洛克在其自然状态理论中的构想，是政治共识、私有财产主张以及公民社会与政治共同体形成的基础。诚然，霍布斯与洛克亦阐述了自我所有权与共识机制如何参与塑造绝对主权、财产的不平等分配，乃至形成奴役。而自马基雅维里以来的政治思想家一直坚持认为，理想的政体——共和国——唯有在公共利益的集体意识得到培养的氛围中方能长青，而此意识被广泛认为根植于财产（尤其是土地财产）的所有权之上。共和政体中备受推崇的"自由"，其获取与维系须以经济独立为前提；而自由和积极地参与政治生活，本质上与生活自立、不依赖他人谋生的能力密不可分。

废奴主义，凭借着基督教阿民念主义（即通过个人意志就可赢得救赎的理念）的道德支撑撼动了共和主义的传统范式，将自我所有权树立为自由与独立的基石，并将公共福祉转化为良知的呼唤（以及潜在的对个人利益的追求）。相较于共同体的智慧与正直（尽管他们也依赖于自身信仰与良知的共同体），废奴主义者更多展现的是对个体道德力量的坚定信念。至少在家族范畴之外，废奴主义者看到的是奴隶制与自由的二元对立，而不是一张张错综复杂的依赖与义务之网。他们将洛克的理论推演至其中一个逻辑结论。[6]

从一开始，废奴主义就依赖于非洲裔美国人的经济支援及不懈努力。他们是废奴主义报纸的主要订阅者，并承担着保护北方脆弱的黑人聚落以及南方逃奴的重任。鉴于仅有寥寥数位白人加入废奴主义者的行列，废奴运动的开展别无他法。因此，主流叙事关注的是废奴主义如何扩大其白人追随者队伍，并最终激发起一场更广泛、足以掌握国家权力的反奴隶制度运动。

然而，还存在另一段常常被忽视的故事——关于那些反对废奴的力量。这有助于我们理解废奴主义所要面对的挑战是什么，以及这些反对力量令人不安的历史意义究竟是什么。事实上，尽管我们倾向于强调东北部和中西部诸州逐步摆脱奴隶制的历史进程，但直至19世纪，对奴隶主的同情和对奴隶制的支持在这些地区仍然很普遍。一些最具影响力的早期拥护奴隶制的小册子，就出自新英格兰地区的神职人员之手（新英格兰本地人也会继续撰写），不久之后，这些观点便得到了联邦党人影响的保守主义思想的背书。这些写手开始摒弃普遍平等的理念，拒绝穷人和弱势群体的权利诉求，并抛弃与杰斐逊相关的原则，转而拥抱埃德蒙·伯克的保守主义智慧。公理宗坚决反对任何形式的废奴主义，耶鲁大学和普林斯顿大学则培育了一代又一代保守派的牧师和神学家。权威、秩序与服从成了亟待重建的基石。[7]

尽管遣返主义通常被视为一种较为温和的反奴隶制形式，但更确切地说，它是19世纪初遍布全美大部分地区的非自由主义倾向的一种表现。正如托马斯·杰斐逊本人一样，遣返主义者们对于废除奴隶制的兴趣也仅停留在口头上：他们充其量只是想象，在遥远的将来，有一天奴隶制或许会消失，非洲裔人口也会随之消失。他们将废奴主义视为社会动荡的根源，认为这会颠覆永恒的社会层级、威胁私有财产，并且导致种族"混血"（或融合）。他们希望开辟一条道路，在确保奴隶制所带来的经济和政治利益（以及维护精英阶层的统治地位）的同时，对奴隶制的罪恶做出谴责。这条道路涉及一个极其漫长的过渡期，并不是从奴隶制过渡到自由（因为被奴役的人在美国不会享有自由），而是从一个依赖黑奴劳力的社会转变为纯粹的白人共和国：这是其中一种排外主义行为，与针对原住民和被视为宗教异端者的排外是同步的。[8]

遣返主义者的特点及其政治倾向，或许最能从他们在19世纪30年代针对越发暴力的反废奴运动而采取的行动中体现出来。面对废奴协会的兴起，特别是废奴主义者对遣返主义道德沦丧的谴责，遣返主义者先是召开公开集会，发布决议、传单和新闻稿，警告废奴主义者如果不停止他们的"活动"将会面临的后果：骚扰、逮捕、驱逐，或受到"私刑法官"的制裁。遣返主义者和其他反废奴主义同盟者宣称，他们不允许"煽动分子"在其管辖范围内聚集，以免危及他们所控制的繁荣和社会秩序。他们怒斥废奴主义者意图"煽动民众的情绪，包括妇女和儿童、寄宿学校女生以及工厂女工"，让女性"将自己的缝纫聚会变成废奴俱乐部"，并推动种族融合，使英裔美国人的血统与黑人的"劣等"血统"杂交"。[9]

但真正煽动民众情绪的并非废奴主义者，而是他们的敌人——反废奴主义者。每当废奴组织和报纸在一个城市或乡镇建立起来之后,反废奴主义者便会企图破坏他们的集会,打断他们的演说,捣毁他们的印刷设备,洗劫废奴领袖们的住宅,有时甚至迫使他们落荒而逃。在这10年的中间几年,各地爆发了大规模的反废奴"暴乱"和"骚乱",总数超过了100起,不仅发生在纽约、波士顿、费城和辛辛那提等大城市,也发生在新泽西州纽瓦克、新罕布什尔州康科德和纽约州尤蒂卡这样的小城市,乃至坎特伯雷(康涅狄格州)和柏林(俄亥俄州)这样的乡间小镇。尽管死亡的人数不多,但破坏和恐怖却广泛存在且影响深远。前文提到的威廉·劳埃德·加里森曾被拖着穿过波士顿的大街小巷,而费城新建的宾夕法尼亚厅——废奴主义者和其他改革者的重要集会场所——则被付之一炬。作为公认的废奴主义同盟者,那些位于或靠近城市边缘地带的小型黑人聚居区遭受的恐怖袭击和破坏最为惨重:最容易受到致命暴力伤害的是黑人,而不是白人。[10]

反废奴主义暴力的组织模式意义尤为重大,因为它表明所谓的"暴民"和"暴乱"实际上掩盖了更古老的政治表达方式。尽管一些暴乱者来自社会底层,意图借此宣泄不满和敌意,但领导者主要来自商人、银行家、律师和公职人员等群体,他们的家族都属于老一辈的、保守的新教教派。许多人是圣公会教徒。总的来说,他们与18世纪和19世纪初的沿海商业经济(而非新兴的制造业经济)以及当地的政治体制有着密切的联系。他们是传统意义上的旧精英,是"北方的贵族",是"显赫而受人尊敬的绅士",是"有财产、有地位的绅士"。他们在政治上可能是联邦党人，在奴隶制问题上可能是遣返主义者。并非偶然的是，他们的行动往往伴随着嘈杂的喊叫声、铁皮喇叭声、锅碗瓢盆的敲打声和口哨声，让人联想到长期以来社区对那些被指控违反其规范的人所施加的粗暴审判仪式。废奴主义者可能会被投掷石块和臭鸡蛋，被涂上沥青、粘上羽毛，或以其他方式被公开羞辱，这既是一种排斥，也是一种惩罚。历史学家伦纳德·理查兹写道："反废奴主义者视他们的对手为挑战其基本特权的先锋，蔑视移民与居民的权利以强加自己的行为模式……威胁到父亲和丈夫的权威……绕过城市管理者，挑战地方精英的主宰地位。"这是"大众"政治动态的展现，或由精英领导，或由精英纵容。[11]

暴力反废奴主义的爆发不仅提醒我们废奴主义者所面临的挑战，它还表明，废奴主义不仅仅关乎解放奴隶和彻底根除奴隶制本身，还关乎解放后世界的性质，关乎构建一个后奴隶制时代的社会形态。19世纪30年代，在美国东北部、中大西洋和中西部地区仍可发现处于奴隶状态的黑人，尽管人数相对较少。他们要么是从奴隶制仍然合法的各州逃亡而来，要么仍被18世纪末开始的渐进式解放进程所束缚，尚未完全解放。但在当时，所有位于俄亥俄河或梅逊-狄克逊分界线以北的州都已经承诺要终结奴隶制，即便这需要不止一次的立法行动才能实现。废奴主义是在一个正面临奴隶制终结及其后果的世界中发展起来的，斗争的焦点是解放后的社会将是什么样子，什么样的关系和等级制度将决定新解放奴隶的生活和前景。自由意味着什么？"自由的自我"能够在多大程度上得到普及？[12]

这幅画面令人沮丧，并对未来产生了深远的影响。废奴主义面临的障碍是双重的：奴隶被视为私有财产，奴隶主希望在解放奴隶时得到某种补偿；但是由于奴隶本身被视为无财产、无地位、贫困潦倒的存在，解放奴隶会扩大依赖性人口，很可能引发混乱，成为地方政府的负担，甚至沦为罪犯。除了极少数例外，当时的美国白人普遍认为黑人——无论是奴隶还是自由身——处于社会和文化阶梯的最底层，无法向上攀爬。许多人像杰斐逊一样，认为非洲裔美国人天生劣于白人，没有能力承担自由所需的责任。即使是废奴主义者也担心，长期的暴力、剥削和强迫服从是否会导致奴隶们无法为自由做好准备，以至于他们在被完全接受为平等的公民之前，必须接受严格的管理和指导。作家、加里森主义者莉迪娅·玛丽亚·柴尔德认为，奴隶制助长了"背叛、欺诈和暴力"，使奴隶只能"悲惨地流浪"。"他们被当作畜生对待，"她警告说，"周遭的一切影响都在合谋使他们变成畜生。"难怪遣返主义方案（将黑人迁离美国）如此具有吸引力。[13]

虽然联邦政府没有组织过驱逐行动，但各州和地方都采取了一系列惩罚性措施来禁锢曾经的奴隶，限制他们的流动性，剥夺他们受教育和参与政治的权利，并将他们置于一种半强制状态之中。许多设法摆脱奴隶身份的男女发现自己陷入了短期或长期的奴役，而法院在很多情况下对此予以许可。获得自由的人通常都被剥夺了选举权，或是在曾享有选举权的情况下被取消资格；他们在法庭上提起诉讼或做证的能力也受到了极大限制，更不用说担任陪审员了。市政当局往往禁止他们使用公共设施，包括新设立的公立学校，或在使用这些设施时对他们进行隔离。像俄亥俄、印第安纳和伊利诺伊这样的中西部州，虽然从建州之初就禁止奴隶制，但仍颁布了"黑人法"，要求非洲裔美国人登记、缴纳保证金、限制停留时间，并找到白人保人为其担保。加利福尼亚州的白人在制定首部宪法时虽然加入了禁止奴隶制的条款，但也试图将所有黑人排除在该州之外。俄勒冈领地的白人不仅禁止所有黑人进入其领土边界内，还规定对于决定留下的黑人可处以"不少于 20 下、不超过 39 下的鞭笞"，并有可能重新沦为奴隶。吉姆·克劳式的歧视最早出现在战前的北方，而非战后的南方。[14]

正是在这种背景下，关于种族和白人至上的新思想应运而生。它们从跨大西洋的思想潮流中汲取养分，并主要在美国东北部与中大西洋地区萌芽生根。当欧美思想家试图将启蒙运动的人类平等和理性的理想与他们身边的明显异质性相调和时，围绕文化和宗教差异而形成的等级观念被转化为种族优劣论。如此一来，新兴的自由主义世界观实际上被自己的社会发明所绊倒，反而助长了种族主义理论的滋生。从 19 世纪 30 年代起，南方支持奴隶制的思想家就欣然将这些种族主义理论与一种明确拒斥启蒙原则的观点结合在一起，并排斥激进的新教福音派所蕴含的革新可能性。[15]

然而，事情远不止于此。那些在反对奴隶制的各州层出不穷的"黑人法"不仅仅是新种族主义的表现形式，它们建立在更为古老的"定居法"和"济贫法"基础之上（这些法律属于地方公认的"治安权"范畴，旨在保护地方免受对其安全、健康和福祉的威胁，而这些威胁来自被认定为贫民、流浪汉、无业游民和罪犯的人群——他们是流动人口和依赖者，是经济上的负担，可能会传播疾病，并违反维持社会秩序的规则）。历史学家凯特·马苏尔写道："无论他们对种族本身的性质有何看法，基于种族的法律的正当性，已成为政治和法律思想中的重要潮流，从而增强了这些法律的力量。从殖民时期直到南北战争期间，北方的白人经常将自由的非洲裔美国人作为一个群体，将其描绘为依赖者、流浪汉或罪犯，拉低了社区的道德水平。"美国白人普遍认为，政府的职责保护的不是个人权利，而是社区的完整性，包括他们所设计的等级制度、社会规范、正义观念以及驱逐手段，即保护在全美各地泛滥的非自由世界。[16]

二

1834年8月11日晚，就在一群由几百名年轻白人（其中许多是爱尔兰裔）组成的暴徒摧毁了费城郊外莫亚明辛的一个黑人定居点仅仅一天之后，大批新教徒向位于马萨诸塞州查尔斯顿的乌尔苏拉女修道院进发，那里正对着著名的邦克山。这座修道院于1828年迁至该地，专门用来教育年轻女性，包括一些贫困的天主教徒，以及许多来自富裕家庭、能够负担学费的新教徒（主要为上帝一位论派）。尽管当时波士顿乃至整个新英格兰地区的反天主教情绪日益加剧，但修道院与其新教邻居之间的关系总体上还算和睦。然而到了1834年的夏天，开始有传言说：一名年轻女子，即玛丽·约翰修女，被强制扣留在修道院里。8月11日晚8点左右，人群聚集在修道院前，高喊"不要教皇"和"打倒十字架",并要求释放约翰修女。院长拒绝了他们的要求,并让他们散开,还警告说如果他们坚持不退,就会面对"两万名爱尔兰人"的反击。被激怒的人群(估计约有几百人)很快闯入修道院,亵渎了里面的物品,并点燃了整个建筑。赶到现场的消防队和多达两千名旁观者一起,眼睁睁地看着修道院化为灰烬。所有修女都设法逃了出来。[17]

在这场大火发生的前几周,一本关于一名女子在修道院生活的、文辞尖锐的回忆录被公之于众,其中强调了她近乎被囚禁和遭受精神压迫的经历,这绝非偶然;8月11日前一天,狂热的福音传道者莱曼·比彻还在波士顿猛烈抨击天主教徒、天主教信仰及其学校的激增,这也绝非偶然。同样并非偶然的,是此前几年出版的一些书刊和报纸文章将修道院描绘成性犯罪和杀害婴儿的窝点,将修道院学校描绘成转化新教徒和推进天主教统治的手段。自18世纪90年代以来,随着美国东北地区天主教徒,特别是爱尔兰裔天主教徒人口的增长,第二次大觉醒运动的复兴如野火般席卷城市与乡村,为新教徒提供了共同的文化体验,同时也加剧了他们对身边被视为"反基督者"的负面看法。波士顿已经发生了因福音传道者的煽动而针对爱尔兰人聚居区的袭击事件。[18]

我们通常将这一时期的福音传道同个人与上帝的关系、救赎、自我完善以及促成善行和改革的内心驱动力联系起来。这是事实。然而,同时也存在着一种强大的倾向(有时与前述倾向并行不悖,有时则彼此交织,有时又彼此对立),那就是维护秩序、社会等级制度和基督教的托管责任。这种理念对那些害怕周围世界迅速变化的基督徒，以及那些因被称为罪人而恼羞成怒的奴隶主来说有着极大的吸引力。自封为先知的罗伯特·马蒂亚斯宣扬严格的父权制以及女性和儿童的从属地位，并试图建立一个神权王国，凭此在纽约赢得了一批忠实的追随者，其中包括后来我们所熟知的黑人女性索杰纳·特鲁思。南方最坚定支持奴隶制的人当中就包括新教福音派牧师和奴隶主，他们希望改变奴隶的信仰，而不是解放奴隶，他们还对奋兴主义在其他地方产生的腐蚀性影响感到担忧。[19]

焚烧修道院事件触动了人们对于混乱世界的恐惧，这个世界充满了市场经济带来的新危险，权力关系似乎也正在发生变化。修女毕竟是单身女性，她们摒弃家庭和家庭生活，选择在牧师的权威下生活，而牧师的独身誓言很容易受到怀疑。她们是天主教会的基础，而在许多人看来，这个教会本身就是一个外国的、反共和阴谋的一部分。而且，作为教师，她们是天主教在美国扩张势力的手段。她们还体现了一种更为普遍的过程，即女性越来越多地参与公共生活、改革和政治活动（即便她们没有选举权），这也可能伴随着一定程度的无序状态。与反废奴主义一样，反天主教主义现在也转向了驱逐这一方向。

1835 年，先知马蒂亚斯为躲避纽约州的一系列法律纠纷，辗转来到俄亥俄州东北部的城镇柯特兰，在那里他遇到了另一位自封的先知约瑟夫·史密斯。史密斯出生于 19 世纪初期的佛蒙特州乡间，1810 年之前与家人一起搬到了纽约州西部，这一时期正是福音运动最为炽烈之时，这个地区后来被称为"炽然地区"。在这里，史密斯不仅经历了灵性的觉醒，还声称自己看到了异象，一位名叫摩罗尼的天使指引他找到了两块埋藏在地下的金板，它们的年代比《圣经》还要早。到 1830 年，史密斯已将金板上的文字翻译并出版为《摩门经》，开始吸引了一批信徒，并成立了基督教会（后改称为耶稣基督后期圣徒教会）。根据金板上的预言，锡安或新耶路撒冷将位于北美洲，而原住民则是以色列失散部落之一的后裔。[20]

一如彼时其他诸多先知及之前的清教徒，史密斯亦力图恢复一个早期的、纯洁的基督教会。《摩门经》描绘了一位由人性升华而成的上帝，耶稣是上帝的亲生儿子，还描绘了神国在世间的千年盛世景象；它倡导个人与上帝直接交流，强调父权制度下的秩序，以及祭司权威的概念。不出所料，史密斯最初的信众多为移居西部的新英格兰人。与同时期的其他灵性追求者（如坎贝尔派、震颤派、米勒派等）不同，史密斯领导的教会，很快被称为摩门教，吸引了众多的追随者。1831 年，史密斯搬到了俄亥俄州的柯特兰，并派遣部分门徒前往密苏里州，期望在那里建立真正的锡安。柯特兰本就宗教气氛浓厚，故而迅速接纳了史密斯的事业，短时间内便又有数百人前来加入。在密苏里州，史密斯打算把杰克逊县及其县治下的独立城作为摩门教世界的中心。之后，他们从那里迁移到伊利诺伊州密西西比河畔的诺伍，随着 2 000 名跨洋而来的移民的加入，诺伍的人口很快就超过了 1.2 万人，数量甚至比当时的芝加哥还多。[21]

然而，尽管这一切看似是一个成功的故事，但早在史密斯及其摩门教徒迁至柯特兰之前，诸多迹象就表明麻烦即将来临。史密斯的纽约州邻里对他的新兴教会及其新近受洗的信徒心存疑虑，针对他们的暴力威胁很快就弥漫开来。此时，史密斯只是作为"扰乱公共秩序者"遭到逮捕和指控，然后被无罪释放。但他已意识到局势严峻，遂转赴俄亥俄州。在那里，事情开始变得更糟。由于害怕史密斯和他越来越多的追随者，1832年初，大约50名愤怒的当地人闯进史密斯的家，把他拖了出来，给他涂上沥青、粘上羽毛，这是当时对违反社区规范者进行驱逐的惯常惩罚。下一站是密苏里州，也是致命的一站。杰克逊县的摩门教徒聚居地很快就遭到了袭击。房屋和农场被付之一炬，印刷厂被捣毁，1200余名摩门教徒被迫越过密苏里河，逃往邻近的克莱县及其周边地区。1838年，那里爆发了全面冲突，一批摩门教徒惨遭屠杀，史密斯被捕入狱，摩门教徒被州长勒令离开该州，否则将面临严惩。相对偏远的诺伍似乎提供了一线生机；史密斯逃至此地，以求躲避在密苏里州可能面临的起诉乃至私刑，并希望能重建一个信仰坚定的社群。问题在于，随着摩门教势力的增长，非摩门教徒的敌意也随之加剧。[22]

可以想象，摩门教对一夫多妻制的接受引发了敌对情绪，因为它威胁到了长期以来被新教徒视为社会秩序基石的家庭理想。不过，虽然早在1830年就有关于一夫多妻制的传言，但在史密斯于1840年后开始在诺伍构建相关神学体系之前，这些传言并没有什么实质内容。实际上，当一夫多妻制真正被接纳（也在教内引发了争议）时，摩门教徒已经因为许多其他原因被视作了异端。许多人视摩门教为一种"虚假"且狂热的信仰，认为它背离了正统的新教传统。摩门教徒试图向原住民传教，虽然成效有限，但仍因此被指责煽动了后者的好斗性。摩门教在奴隶制问题上立场模糊，似乎乐于接受自由的有色人种入教，并且主要从东北部和中大西洋地区吸引信徒——这些地区的奴隶制日渐式微，这一点尤其让密苏里州的白人感到不安。此外，摩门教徒人数众多，政治影响力显著，并随时准备以武力自卫。多疑的观察家视摩门教徒为异类，后者对约瑟夫·史密斯这样的神职领袖的服从，被视为对美国共和主义的颠覆，不论这种共和主义本身多么非自由，其维护要求有多么严苛。一些人将摩门教同天主教和伊斯兰教相提并论，并因此担心可能存在外国干预和阴谋。[23]

1838年发生在密苏里州的血腥"摩门战争"，是由当年8月选举日的一场争执引发的，当时非摩门教徒试图阻止摩门教徒投票。"摩门教徒没有投票的权利，就像黑人一样。"一位愤怒的密苏里人如此吼道。接下来几个月内发生了几场激烈的战斗，包括在豪恩磨坊营地杀害17名摩门教男女老少的事件。一名杀害了一个10岁男孩的袭击者得意扬扬地说："小虱子会长成大虱子，如果让他活着，他就会变成摩门教徒。"史密斯和其他领导人被逮捕，并被指控犯有纵火、谋杀和叛国罪，州长颁布了驱逐和剿灭令。"必须将摩门教徒视为敌人，"他宣布，"必要时为了公共安全，必须将他们消灭或赶出本州。他们的暴行无法言表。"[24]

约瑟夫·史密斯设法逃脱了起诉，并效法先他一步的伊莱贾·洛夫乔伊，逃离密苏里州前往伊利诺伊州，在那里，他和他的追随者最初受到了热情的欢迎，包括斯蒂芬·道格拉斯和亚伯拉罕·林肯在内的诸多人士均伸出援手。他们获得了700英亩的土地，并从州立法机构那里为他们新建的城市诺伍（这一名字源自希伯来语）取得了特许状。鉴于过往的遭遇，史密斯和其他摩门教领袖追求政治自治,并很高兴地获得了控制地方政权、法院以及组织民兵的权利。他们坚持认为这份特许状就是他们的"大宪章"。然而,与伊莱贾·洛夫乔伊的经历相似,伊利诺伊州很快也变成对摩门教充满敌意的旋涡。尽管诺伍力求保持相对隔绝的状态,但关于史密斯所积聚的力量、他建立神权统治的努力、与附近原住民的潜在"联盟"关系、摩门教徒对于种族混合的开放态度,以及他们内部盛行一夫多妻制等消息依然不胫而走;而这些消息主要来自那些与史密斯决裂的、心怀不满的摩门教徒。然而,最令人侧目的是,诺伍有意挑动民主党和辉格党之间的互斗,自身则成为一个摇摆的投票集团。史密斯甚至在1844年宣布竞选美国总统,并在面对外界的法律骚扰时在诺伍实行戒严。很快,史密斯和他的兄弟因叛国和暴动罪的指控而被捕,并于同年6月在沃索镇被羁押以待审判。然而,迅速组织起来的沃索安全委员会认为,正义将由社区来执行。他们闯入监狱,杀害了史密斯兄弟。数月之后,伊利诺伊州立法机构撤销了诺伍的特许状,实际上将摩门教徒撵了出去。密苏里州州长曾以驱逐或消灭摩门教徒相威胁;在密苏里州和伊利诺伊州,对摩门教徒而言,他们都是先被接纳,后遭驱逐的。史密斯的继任者杨百翰因此将目光投向了西部仍被墨西哥宣称拥有主权的领土,并前往大盆地,因为那里"不会被其他人群觊觎"。然而,当杨百翰和他饱受折磨的追随者穿过瓦萨奇山脉,开始在大盐湖谷定居时,美墨战争已经结束,该地区已被美国控制。更多的斗争还在后头。[25]

三

从表面上看，使用"暴民"和"暴动"这类术语来描述种族与文化暴力事件，旨在将它们与当时的政治活动和实践区分开来，这样做似乎有充分的理由。尽管在美国建国早期的许多地方，地方选举似乎吸引了相当高的选民参与度，但人们普遍认为，19世纪20年代和30年代才是美国政治民主化的时代，也是通常所说的自由民主制度的奠定时期。大多数州取消或修改了对投票和担任公职的财产要求。州和地方一级的更多公职由任命产生变为选举产生。大众政党首次出现，民主党和辉格党取代了共和党和联邦党。大多数州开始将总统选举人团的选择交给普选票来决定，而非由州议会决定，这一做法一直延续至今。除了城市化和工业化程度最高的罗得岛州之外，所有这些变化都是通过获得广泛支持的立法行动和平实现的。到1840年，大多数成年白人男子都获得了完全的选举权，选举投票率，尤其是全国性选举的投票率，飙升到接近80%的合格选民参与的水平，这种状况在整个19世纪得以持续。一个新的选举舞台已经建成，它显得生机勃勃且更具包容性。[26]

然而，正式选举政治的舞台与恐吓、驱逐的场景之间的联系，比我们想象的更为紧密，因此传统的政治表达和实践方式往往在政治民主化过程中得到了强化，而不是被削弱。在城市和较大的市镇中，竞选活动大量借鉴了长期以来作为街头示威和纪念活动象征的符号和节奏。火炬、横幅、喧闹的叫喊声、身着盛装的男人和男孩、军鼓和号角声，这些都是游行和巡游的标志，新兴政党试图以此展示自己的实力和民众的支持。他们的做法显然吸收了当地居民熟悉的合法化和认可的仪式，这些仪式早已在美国建国早期形成的政治文化中展现出来。事实上，竞选活动经常将政治描绘成对立双方之间的一种战争形式，在这场战争中，城市空间成为争夺的对象，而掌握地方权力将有助于击败政治对手。[27]

不出所料，选举日投票现场的斗争氛围十分激烈，各党派和候选人的代表相互推搡，大声叫嚣、侮辱和谩骂（这一切都伴随着选举活动中不可或缺的酒精），试图以此拉拢自己的支持者，并震慑对手。"每个人都高声疾呼，语速极快，"一位参加1838年圣路易斯市政选举的人士回忆道，"告诉选民该投谁的票，盘问那些他们认为最有可能改变主意的人；分发选票，划掉名字，正反双方争执不下……一些人模仿狗叫，一些人模仿牛吼，所有人都在竭力制造噪声。"斗殴和冲突时有发生，当地的小混混被雇用来维持党派纪律，并驱赶对手的支持者。"咒骂，酗酒，时而打架，脸上带着瘀青和鼻血……回家时衣服被扯破，有时连帽子也不见了踪影"，这似乎成了选举日的常态景象。而当种族或宗教的对立情绪被注入这种混乱之中时（这种情况在19世纪30年代尤为常见），政治阵营的坚定支持者可能就会对另一方施以不同程度的身体惩罚。有时，潜在的选民可能会被杀害——枪杀、刀杀或殴打致死。据估计，这一时期的选举"骚乱"可能夺去了近90条生命，还有更多的人身受重伤。用《新奥尔良公报》编辑的话来说，选举就是"一个充斥着醉酒、伪誓且棍棒横飞的地狱般的节日"。[28]

投票行为本身也可能深陷被胁迫的阴霾之中。《联邦宪法》将决定投票方式和选民资格的权力留给了各州，结果不出所料，各地的做法五花八门。但无论在哪里，投票都是一个完全公开的过程。到19世纪30年代，印刷选票已被普遍采用，由党派的忠实拥护者在投票站派发；而在殖民时期广泛使用的口头投票形式，在5个州依然存在。无论采取哪种方式，雇主、商人和工匠师傅都能站在一旁，看着他们的雇员和职员走上前去投下选票，或是宣布自己的选择。骚扰、羞辱以及与此相关的种种打击报复，与其他许多事情一样，都是政治生态的一部分。[29]

在乡间和农村，民主化进程往往会加强，而非削弱庇护关系的政治体系以及围绕它存在的尚武风气。新政党在围绕一系列理念和政策组织大众选区的过程中，往往会利用对立的宗族和亲属网络，而豪门世家则披着不同的外衣继续追求权力和权威。如果说有什么不同的话，那就是选举职位的增多——尤其是在地方层级——为精英阶层提供了更多机会来扩大他们的庇护网络，他们可以赞助地位较低的人作为候选人，竞选诸如治安官、税务官、测量员、法官等职位——这些职位不仅可以带来薪俸或酬金，在政治上也是前途远大。大地主可能会将投票站设在自己的地产上，举办政党聚餐和会议，并在选举日为有权投票的受庇护者提供酒水。例如，在伊利诺伊州的糖溪，约翰·德伦南的大草地（位于他的大片土地上）就充当了投票地点、集会场所和驿站。有一种说法是，选民们聚集在那里，听完最后几位候选人的演说之后便"开始喝酒"。"早在天黑之前，许多选民便已酩酊大醉，踉跄着步子，咒骂、宣誓、大声喧哗，为他们心仪的候选人欢呼"，随后"挥舞手臂，威胁争斗，甚至真刀实枪地动起手来"。像德伦南这样的宗主——在此例中他是一名民主党人——可以利用自己的影响力为未来的候选人提供好处，帮助承担竞选活动的费用；如果他们的受庇护者赢得了选举并需要缴纳数额不菲的官员保证金，他们还可以充当担保人。毕竟，这只是垂直效忠和互惠义务世界中的一个侧面（即以庇护、职位、信贷、贷款以及在困难时期的援助，换取忠诚、选票、特定技能及愿意恐吓政敌的决心），这种关系长期以来一直充斥着乡村生活，并将持续下去，直到新的社会关系将其打破。[30]

这些场景在美国那些拥有大量被奴役人口的州和地区最为显著，也最为军事化。尽管历史学家习惯于将那里的选举制与奴隶制分开来看待，并经常将其描述为一种强有力的"优等种族民主"，即居于统治地位的种族内部的民主，但实际上选举制与奴隶制之间并非毫无瓜葛。在各级政府中，政治的核心要务始终是保持对被奴役劳工的控制，以及维持种植园、农场和被奴役者可能试图穿越的广大农村地区的治安。[31]

因此，民兵队伍和奴隶巡逻队常常紧密相连，成为奴隶主们施展权力和调动白人居民精力的工具，无论这些白人居民是否拥有奴隶，他们都必须在民兵中服役，在19世纪30年代，不服役就不能投票或担任公职。民兵集结既是政治活动，也是公民和社会活动，其目的不仅仅是操练、游行和发射火枪。它们通常是每年规模最大的社区集会，往往在仪式庆典和纪念活动中举行，男女老少和被奴役者都会前来，见证威廉·福克纳所称的"或多或少"的公民士兵们展示社会秩序的军事基础，以及构成这种秩序的社会等级制度。在这些集会上,当地名门望族的成员们一呼百应,他们很可能为支持者提供了制服,并借此展示自己追随者的数量以及自己的权力和影响力。在那里,通过赞助大型烧烤活动(通常将集会推向高潮),他们展示了自己的财富、慷慨和庇护能力。同时,他们还在集会上竞逐民兵军官的选举或任命,要么为自己的竞选奠定基础,要么为他们青睐的候选人提供发表演讲的场地。在许多地区,新成立的政党从未完全摆脱长期以来构成政治认同基础的家族和血缘联盟的束缚,也从未摆脱将政治分歧视为个人侮辱和需要报复的诽谤的观念。鉴于以上场景,选举政治中最基本的单位被称为"民兵区",是十分恰当的。[32]

这种对手枪、街头帮派、警棍和拳头的倚重,丝毫不亚于集会、大会和基层动员的政治文化,并非仅限于地方政治的领域。它同样充斥于立法机构的大厅之中。1856 年,南卡罗来纳州联邦众议员普雷斯顿·布鲁克斯冲进美国参议院,差点用手杖打死马萨诸塞州联邦参议员查尔斯·萨姆纳。这一臭名昭著的事件通常被视为奴隶制冲突加剧的象征,因此在正式的政治体制世界中属于例外。但事实并非如此。州议会中经常充斥着人身威胁和拳脚相向,这些行为很容易升级为更致命的暴力。1837 年,阿肯色州众议院议长因认为另一名代表侮辱了他,便拔出短剑将那位口头攻击者刺死——看来后者拔刀的速度稍慢了一点。美国国会,尤其是联邦众议院,即便是在其因奴隶制问题而分裂之前,情况也没有好到哪里去。在最为血腥的一幕中,缅因州联邦众议员乔纳森·西利在一场因贿赂指控而引发的决斗中被马里兰州联邦众议员威廉·格雷夫斯杀死,这场决斗更多涉及党派立场而非个人恩怨；但议员们还是经常携带武器进入会场。国会中有一些众所周知的打手或"恶霸"，他们通常是南方人而非北方人。正如宾夕法尼亚州联邦众议员加卢沙·A.格罗后来所说的那样："在一个下午或晚上，把几百个人聚集在一起，激发他们的党派热情，使他们对投票结果可能带来的个人得失感到困惑，让他们对同伴心生嫉妒或恶意，这样你就有了充足的制造混乱的素材。所需要的只是一个借口，而这个借口往往很容易找到。"1839年，美国国会设法在哥伦比亚特区取缔了决斗，但效果有限，而且令人瞩目的是，普雷斯顿·布鲁克斯提议，国会议员在进入议事厅前应将火器存放在衣帽间，不过刀具除外。布鲁克斯似乎认为，一个真正的男子汉无须火器也能完成荣誉之事。[33]

政治活动，毋庸置疑，是一场粗鲁、喧闹且几乎完全由男性主导的公共权力舞台剧；事实上，它是一种对性别排斥的狂热庆祝，将女性和其他依附者排除在外。城镇和乡村中投票地点（如酒馆、马厩、法院和民兵营地）的选择、例行的饮酒、普遍的酗酒、脏话和肢体暴力，不仅仅是为了奖励忠实的拥护者，也是为了恐吓那些原则上可以参加投票的反对者。这些行为旨在创建政治归属与无归属的场所，向那些不受欢迎的人发出警告，必要时甚至将他们驱逐出去。在整个19世纪，各种旨在改革政治实践的运动，包括要求赋予女性选举权的运动，都明确揭示了选举政治中似乎根深蒂固的胁迫、骚扰、恐吓和欺诈现象。

由于人们普遍相信存在威胁共和国的各种阴谋，并认为驱逐或以其他方式镇压这些威胁者是必需的，因此，这些因素就成了政党之所以形成（尤其是形成之初）的重点。其中一个建设目标就是共济会,该组织最初于18世纪30年代通过英国传入英属北美,并于革命时代在美国大陆军军官中广泛传播。乔治·华盛顿和本杰明·富兰克林都可以算作其成员。因此,共济会的两个标志——金字塔和眼睛——出现在了美国国徽上,并至今印在美元上。共济会成员视自己为启蒙运动的化身,是理性、科学和伦理的倡导者,也是在一个快速变化的世界中的世界主义者。因此,共济会倾向于吸引中上阶层的男性,他们倾向于城市或大都市生活,并寻求有助于实现其文化和职业抱负的社会环境。不出所料,共济会吸引了大量圣公会教徒、一位论派和普救派信徒,尽管基督教是其重要的灵感来源,但该组织并未排斥非基督徒,总体上也对各基督教派采取包容的态度。[34]

问题不仅在于共济会在性别和阶级上的排他性(它要求不菲的会费,准成员也很容易被拒之门外),还在于其秘密仪式和誓言,这些将共济会成员紧密联系在一起,但也引起了外界人士的怀疑。临界点在1826年出现,当时纽约州西部一名心怀不满的共济会成员扬言要揭露共济会的秘密,不久后突然失踪,人们猜测他可能已被谋害。至少,他再也没有出现过。此事立即引起了轩然大波。自称为"反共济会党"的团体扰乱了共济会的会议,并破坏了他们的财产。共济会最初以牙还牙。不久之后,反共济会党转向政治方向,希望清除共济会对地方和州政府的影响(实际上,许多职位都由共济会成员担任),以此来铲除该组织。他们使用了驱逐和逐出教会的语言,成立了一个政党来推进这一目标,并在新英格兰和中大西洋地区进行了声势浩大的动员。他们的意图是利用国家工具来推进其目标,特别是要求废除共济会会所章程和取缔共济会宣誓。[35]

反共济会党一般被认为是美国的第一个"第三党",他们也确实在1831年举行了第一次全国性政治会议。颇具讽刺意味的是,考虑到美国的革命领袖中不乏共济会成员,反共济会党却将这些人描绘为反对共和主义的人,并指责他们受到等级制度和贵族精神的熏染——他们被视为一个封闭的国际阴谋组织,意图掌控美国社会,并玷污地方民主与新教福音派——这种描述在某种程度上与对天主教徒的描述相类似,甚至有时会被直接与之相提并论。尽管反共济会党的支持者之间存在一定程度的交集,但他们最为活跃的地方是东北部的村镇,这些地区深受当时市场变革的影响,特别是经历了第二次大觉醒复兴运动的洗礼。事实上,对地方主义的忠诚、新教福音派信仰的经验以及与新兴市场经济的碰撞,似乎构成了反共济会党支持者的特点。许多人相信共济会败坏了基督教。反共济会党让人们感受到了他们的存在。到19世纪30年代初,该党已成为佛蒙特州最大的政党,在宾夕法尼亚州几乎也处于同样的地位,在马萨诸塞州则是第二大势力,在罗得岛州和纽约州也很有影响力。[36]

反共济会党,就像后来的很多第三党一样,都是昙花一现,也许我们会因此而低估他们的意义,但他们的后续政治轨迹却表明情况并非如此。到19世纪30年代末期,反共济会党在取得了巨大的成功后便淡出了政治舞台。他们使共济会陷入了一次惊人的衰退,直到南北战争后才得以恢复元气。然而,反共济会党成员并未就此退出政坛。对他们中的许多人而言,下一站是辉格党,随后又转向新生的共和党,这或许是历史学家常常指出的一种迹象,即反共济会党可能激发了改革的热情以及废除奴隶制的决心。这可能是事实。然而,这一轨迹同样提醒我们,反共济会党的后继者们,尤其是那些通过本土主义的"一无所知派"(Know Nothings)转入共和党的人,带来了本土主义、反天主教和反摩门教的包袱,这在东北部尤其普遍。因此,当共和党在1856年首次竞选国家公职时,它精心制定了一份纲领,呼吁国会履行其"当务之急"的宪法职责,"在各领土领地上禁止野蛮主义的孪生遗物:一夫多妻制和奴隶制"。[37]

四

1832年春,23岁的亚伯拉罕·林肯志愿加入了伊利诺伊州民兵队,响应州长的号召,配合联邦军队打击一个由索克人、梅斯夸基人及基卡普人组成的部落,统称为"英国部落"。该部落大约有2 000人,其中约四分之三是妇女和儿童,他们重新占据了自己的家园,此前,由于一项有争议的条约和白人定居者的殖民压力,这些原住民被逐出了故土。他们的首领是索克勇士"黑鹰",当一支民兵部队向他们开火时,他们进行了反击。战斗随后蔓延到伊利诺伊州北部和现在的威斯康星州南部,持续了近4个月。虽然他们成功地给一些民兵连造成了损失(这些民兵连还遭受了霍乱疫情的肆虐),并怂恿邻近的霍昌克人和波托瓦托米人袭击无防备的堡垒和定居点,但"黑鹰"的队伍还是在当年8月的巴德阿克斯战役中惨败,被击退到密西西比河对岸。"黑鹰"

本人最初侥幸逃脱了追捕,但不久后又被拘押,并在圣路易斯被关押了一段时间。此后,他在密西西比河以西的部落土地上度过了他时日不多、一败涂地的余生。[38]

尽管林肯确实目睹了"黑鹰部落"给部分士兵造成的伤亡,他在所谓的"黑鹰战争"期间却并未参与实际战斗。相反,林肯很高兴被选为新塞勒姆民兵连的连长,并利用这段民兵服役经历来达到政治目的,主要是嘲笑民主党竞争对手吹嘘自己的军事功绩。6年后,当林肯在斯普林菲尔德青年学会就他认为威胁到国家的暴民暴力和对法治的蔑视提出警告时,他只字未提州和联邦法律如何被利用而导致了美国历史上规模最大的驱逐。"黑鹰战争"爆发的背景是杰克逊政府决心清除密西西比河以东原住民的土地要求,并强迫他们迁往密西西比河以西——普拉特河和红河以及新建的阿肯色州和密苏里州之间的土地。原住民被驱逐到的土地将被称为"印第安"或者"西部"领地,由印第安事务专员和军事基地指挥官负责监管。[39]

驱逐,或人们习惯上所说的"遣返",代表着延续和改变。从最早的定居开始,许多美国殖民者就怀疑他们是否能与周围的原住民和平共处,因为殖民者渴望获得更多的土地。尽管贸易关系从一开始就很活跃且重要,但驱逐的冲动始终存在,特别是在边疆地区,即便这种冲动有时会受到商人的调解或殖民政府的限制。美国独立战争在当时仍被视为"印第安人领地"的地区引发的血腥战争,证明了这种驱逐的冲动,而美国的独立以及大量白人定居者涌入阿巴拉契亚山脉以西的地区只会进一步加剧这种冲动。《联邦宪法》虽然承认了印第安人的存在,但并未得到完全澄清。它将"未被征税的印第安人"排除在国会席位分配的计算之外，并在"商业条款"中授权联邦政府"管理同外国的、各州之间的和同各印第安部落的贸易"。[40]

从美国建国初期到19世纪20年代，联邦官员承认原住民的领土权利，并像之前的英国人一样，将条约和正式交流视为调整这些权利的机制。然而，对于如何协调白人定居者和原住民的利益和生活方式，人们几乎没有共识。他们在财产、生存方式和性别关系方面截然不同的观念不仅导致了冲突，也让许多定居者认为原住民社会落后且野蛮，是文明进步主义道路上的障碍。但在联邦层面似乎仍然存在一定的灵活性。作为乔治·华盛顿内阁中的战争部长，亨利·诺克斯并非唯一一个希望原住民能够被"文明化"的政策制定者：他鼓励原住民放弃狩猎和掠夺，从事农业，认字，组成核心家庭，皈依基督教，并采用欧美人风格的着装。当然，这是一个陈旧的想法，可以追溯到清教徒的"祈祷镇"，这种想法被重新包装，以便让原住民更容易出售他们的"多余"土地，并在美国的土地上去找一个不起眼的位置。新教传教士愿意为实现这一想法而效劳。[41]

切罗基人将文化调和作为一个主要目标，尽管这带来了内部的分裂。在与欧洲裔美国人通婚的部落成员领导下，他们从事起定居农业，奴役非洲裔美国人，进行市场生产，采用父系家庭制度，并接受了基督教。他们还建立了拥有两院制立法机构、选举代表和司法系统的治理机构，采用了书面语言和宪法，同时还创办了一份报纸《切罗基凤凰报》，该报在他们现今的首府——佐治亚州北部的新埃科塔出版。随着时间的推移，在社会分化之下形成了这样一个切罗基社会：上层是由种植园主和奴隶主组成的小规模精英阶层，下层是规模大得多的农民和狩猎采集者阶层。到19世纪20年代，横跨佐治亚州北部和北卡罗来纳州西部的切罗基社会已经变得与周围的美国白人社会非常相似。[42]

切罗基人并非唯一尝试走妥协之路的族群。克里克人和奇卡索人也成了奴隶主。居住在俄亥俄河流域的肖尼人调整了他们的经济行为，并在鼓励下接受了学校教育和传教活动。但这种妥协并未引起什么变化。即使是同情原住民的美国白人在描述原住民的未来时，也使用了"不可避免的衰落和毁灭"这样的语言，这是一种不可抗拒的自然法则，它预示着白人文明的胜利和那些试图反抗者的厄运。即使美国最高法院做出了相反的裁决，新的文化倾向也无法阻止佐治亚州和亚拉巴马州政府无视部落主权，将其管辖范围扩大到原住民的土地上。唯一能够维持密西西比河以东原住民家园的，是国会中特别是白宫内持同情态度的声音，他们可能会对此做出回应。[43]

但在19世纪30年代，对于非洲裔美国人、天主教徒、摩门教徒、共济会成员和原住民，乃至任何有能力挑战白人基督教共和国霸权的群体所造成的社会"问题"，驱逐主义都被证明是一种受欢迎的解决方案。恰在此时，一位总统当选，他赋予了阿巴拉契亚山脉以西和南方的白人定居者权力，并且数十年来一直在练习自己的驱逐技能：他就是安德鲁·杰克逊。杰克逊因在新奥尔良战役（1815年）中击败英军而一举成名，但他因对原住民及其黑人盟友的灭绝式攻击而声名狼藉。这些攻击始于他在佛罗里达州黑人堡对塞米诺尔人和逃奴的屠杀，以及在马蹄弯战役

（1814年）中对克里克人的屠杀。马蹄弯战役还迫使克里克人交出了他们在佐治亚州和亚拉巴马州的2 300万英亩土地。尽管他会用文明和人道的语言来为其行为辩护，但作为总统，杰克逊极力要求国会将所有原住民从密西西比河以东的美国领土驱逐出去。这项法案就是1830年的《印第安人迁移法》（全称是《一项为居住在任何州或领地内的印第安人提供土地交换并使其迁移至密西西比河以西地区的法案》），尽管这一立法遭到了来自东北部和中大西洋地区的强烈反对，包括由女性活动家（这些活动家后来成为废奴主义者）组织的大规模请愿活动，但该法案还是在经过参众两院的激烈投票后，于当年春天获得通过。[44]

表面上，杰克逊政府声称将与原住民部落进行协商，让这些部落用他们的家园交换位于印第安领地内的土地，为他们所做的一切改良支付费用，拨付搬迁资金，给予部落领导人年金，并在原住民抵达西部目的地后的第一年内提供支持。事实上，这一过程是强制性的，所提供的资源也完全不足。印第安领地尚未被充分勘探，而且已经有平原上的原住民在此安家落户，迁移问题在每个受影响的部落内部都引发了深层次的冲突。"黑鹰"本人只是代表了少数试图夺回他们被赶出的土地的索克人；大部分索克人在基奥库克的领导下仍留在密西西比河西岸。在佛罗里达州，塞米诺尔人在黑人逃奴的带领下固守家园，与美军作战长达6年（第二次塞米诺尔战争，这是越南战争之前美国最长的战争），直到1842年才被镇压。[45]

联邦政府指挥的驱逐行动所播下的部落分裂和猜疑，一直伴随着那些在艰难旅程（即"血泪之路"）中幸存下来的难民，当他们最终到达印第安领地时,这些分裂和猜疑仍将影响他们今后多年的社会和政治生活。很多人都未能活下来,无论是老人还是年轻人,女性还是男性,成人还是儿童——大约有四分之一的人未能挺过来。他们在途中死于恶劣环境、疾病和饥饿。但是,在国家更大的地缘政治格局中,那些忍受驱逐来到西部指定土地的人的目的地是什么?那些土地是怎样的?理论上,美国承诺"永远"为这些被驱逐的原住民"确保并保障"这些土地,并保护他们在土地上的居住权,尽管这些土地并未以不限定继承的完全所有权的形式转让。然而,随着时间的推移,这片领地的命运完全不明朗。虽然自1787年《西北条例》颁布以来,国会创建的其他领地都被视为潜在的州,但对于新设立的印第安领地却没有类似的设想。无论出于何种意图和目的,它都是一个内部保护地,其特点是边界不固定、管辖权相互冲突、治理结构模糊不清,在美国具有截然不同的地位,既孤立又身处美国之内。它既是一个边缘空间,也是这个国家帝国主义未来的预兆。[46]

亚伯拉罕·林肯将以一种出乎意料的方式面对原住民地位和归属问题的挑战。作为决心镇压1860—1861年南方邦联叛乱的总统和总司令,他必须决定如何处理印第安人领地。毕竟,在萨姆特堡事件后,林肯号召各州提供志愿军,从而加速了上南部地区原本停滞不前的分裂进程,而南方邦联则与蓄奴的切罗基人、克里克人、奇卡索人、乔克托人和塞米诺尔人结成了同盟,承认了印第安人的主权,并招募了他们的部队。林肯没有采取相似的行动。与他早期拒绝非洲裔美国人入伍的做法相似,他拒绝了招募原住民士兵的想法,停止向部落支付年金,并从该地区撤出了所有联邦军队。他后来对此有所反思，但很快就遇到了更大的问题。就在林肯于 1862 年 8 月初步起草《解放奴隶宣言》时，明尼苏达州的桑提苏族人发动了叛乱，目的是夺回他们在胁迫下交出的土地。[47]

尽管兵力不足，还在东部和中部战场上连吃败仗，林肯仍然派遣约翰·波普将军前往明尼苏达州平叛。波普发誓称，"如果我有能力的话，一定要彻底消灭苏族人"，并"像对付疯子和野兽一样对付他们"。他在接下来的十个月里致力于这一任务，在此过程中，他杀死了苏族首领"小乌鸦"并剥掉了他的头皮，抓住了近 2 000 名苏族人战俘，由一个 5 人军事委员会对他们进行审判，"因为他们与最近发生的可怕暴行有关"。委员会判处 303 名俘虏绞刑，并将判决书送交林肯批准。林肯不仅对惩罚的规模和严厉程度感到震惊，也对定罪证据的薄弱和委员会成员的极端情绪感到不安。尽管如此，他最终还是同意对 38 名原住民男子执行死刑。1862 年 12 月 26 日，也就是《解放奴隶宣言》签署前的几天，这些人在明尼苏达州的曼卡托被绞死，这是美国历史上最大规模的官方集体处决。此外，只有一名南方邦联叛军，即佐治亚州安德森维尔战俘营的指挥官，而不是邦联政治和军事领导层的任何成员，会遭受这样的命运。至于剩下的苏族人，以及被怀疑参与起义的约 2 000 名霍昌克人，国会采取行动废除了与他们的所有条约，将他们驱逐出保留地和明尼苏达州，终止了年金支付，实际上是把他们赶到了茫茫平原上。[48]

林肯不仅仅是个驱逐主义者。他对明尼苏达州圣公会主教亨利·B. 惠普尔这样的改革者表示同情，惠普尔希望根除印第安人代理人中的腐败行为，并有效地将原住民置于联邦政府的监护之下，将他们纳入文明的怀抱。"如果我们打完这场战争时我还活着，"林肯在白宫会见惠普尔时说，"这套印第安人的制度就会得到改革。"然而，林肯也将原住民视为"野蛮人"，几乎无法将他们想象成"美利坚合众国人民"的一部分。因此，当总统在1863年3月邀请平原部落首领代表团与他会面，希望劝阻他们不要支持南方邦联时，林肯谈到了"白种人与其红种人兄弟在人口和生活方式上的巨大差异"。"白种人数量众多且生活富裕，"林肯高谈阔论道，"因为他们耕种土地，生产粮食，并依赖土地的产出而不是野味维生。"[49]

这种说法让人不安。7个月前，林肯会见了一群非洲裔美国人领袖，讨论他们的未来前景，并一开始就坚持认为"你们和我们属于不同的种族。我们之间的差异比任何两个种族之间的差异都要大"。"无论对错，"他继续说道，"这种生理差异对我们双方都是巨大的不利因素……我们都在承受痛苦……这至少提供了一个理由，说明我们应当分开。"虽然承认他们遭受了虐待和羞辱，但林肯仍将国家的战乱归咎于"有色种族"以及"奴隶制度"，并解释说他支持将有色人种遣返到美国以外的地方，也许是利比里亚或"离我们更近的中美洲"。林肯认为，"遣返"，即一种流放和驱逐的形式，是解决黑人和白人之间困境的恰当办法。同样，对于困扰着"白种人"和他们的"红种人兄弟"的问题，类似的方法也将是合适的解决方案——"将印第安人集中起来，并限制在保留地内的计划"，就是将他们从"我国新开辟和未开发地区的稳定扩张"中移除并驱逐出去。这将为"印第安人提供一个妥善的治理体系",并使西部"对不断前进的定居者来说是安全的"。林肯以一种新的、非常非自由主义的方式重新诠释了"分裂之家"的概念,他在1862年告诉国会:"一个国家可以说是由其领土、人民和法律组成的……美国人民所拥有和居住的那一部分地球表面,非常适合作为一个民族大家庭的家园;而不太适合两个或更多个民族共同居住。它幅员辽阔,气候多样,物产丰富,无论过往如何,在这个时代,这对于单一民族来说就是优势所在,不管它们在过去的时代可能意味着什么。"[50]

五

《论美国的民主》一共75章,托克维尔只在其中一章中探讨了美国的原住民和被奴役的黑人问题,但这却是整部书中篇幅最长、最令人担忧美国未来的一章。"这些议题对我而言如同旁枝末节,它们关乎美国国情,与民主无关,"他写道,"因此起初我不得不将它们搁置一旁,然而现在,在第一卷的结尾处,我必须回到这些问题上来。"在托克维尔眼中,原住民是"野蛮"和"未开化"的,他们大多对文明开化不感兴趣,尽管他知道切罗基人明确展示了接受文明的能力。与许多白人美国人一样,托克维尔认为"印第安人这个种族注定要消亡",同时他也承认原住民遭受了"强制迁徙",而贪婪的殖民者又在其中加入了"政府的暴政"。立法机构尤其是南部各州立法机构采取的"暴虐措施"使他确信,"将印第安人彻底驱逐出这片土地是他们所有努力的

最终目标"。⁵¹

然而，尽管原住民的存在揭示了美国白人的驱逐意图，但对托克维尔来说，奴隶制和"黑人在这片土地上的存在"构成了"威胁美国未来的最可怕的邪恶"。奴役他人无疑是一种"邪恶"；托克维尔很快就成为法国废奴协会的创始成员之一。但是，正如托马斯·杰斐逊的观点一样，托克维尔认为这种"邪恶"也源自奴隶制对主人的影响——"渗透进他的灵魂"——以及"黑人在这片土地上的存在"，这使得废除奴隶制"几乎成为不可能之事"。尽管他在南方停留的时间很短，但托克维尔仍坚持认为"北方人和南方人性格上的几乎所有显著差异皆源自奴隶制"，尤其是"排斥黑人的偏见似乎随着他们的解放而加剧，不平等深深地渗透进习俗之中，尽管它已从法律中消失"。托克维尔观察到："和仍旧保留着奴隶制的州相比，在奴隶制已被废除的州，种族偏见更浓烈；而且种族偏见程度最高的州，就是那些从未有过奴隶制的州。"⁵²

尽管托克维尔运用了遣返主义的语言，并且无疑知晓美国殖民协会的存在，但他并不认为哪怕只将自然繁衍出的黑人送往利比里亚是可行之举。这些人口增长得实在太快了。因此，国家的命运与奴隶制将不可避免地交织在一起。当被问到"美国联邦能否长存"时，他似乎并不特别乐观。当一些美国人抱怨联邦政府的"集权化倾向"时，托克维尔却认为它"正日渐显露出衰弱之态"。每当州政府与联邦政府陷入冲突的"角斗场"时，他断言，联邦政府总是被迫让步，即便在宪法解释这样的核心议题上也不例外。而奴隶制的未来则显得异常棘手。"在这个民主自由与开明的时代",奴隶制不可能长久,但其终结也将带来"巨大的不幸"。"要么是奴隶,要么是主人,总有一方将会终结它……如果拒绝给予南方的黑人自由,终有一日他们将自行夺取;如果给予他们自由,他们则会毫不犹豫地加以滥用。"[53]

在一些重要方面,托克维尔所描绘的 19 世纪 30 年代初的美国,正是反联邦主义者所设想的:一个强大的人民主权,使社区的意志得以施展,同时抵御联邦政府的侵犯。但在他粗线条的笔触下,呈现出的是一幅令人不安的拼贴画。对许多读者而言,托克维尔的著作是对美国平等状况、民主冲动、政治活力、结社倾向以及蓬勃发展的地方主义的颂扬。事实上,当今的一些政治理论家在托克维尔的作品中看到了社群主义的元素,以及复兴集体公共生活的可能性。然而,围绕奴隶制和原住民的问题应当引起我们的警惕,托克维尔并不忌讳揭示美国黑暗的一面。像美国这样的民主国家特别容易受到"多数人的暴政"或"多数人无所不能"的影响,这很容易使绝对君主曾经实行过的那种专制主义死灰复燃。"我认为美国最令人厌恶的不是那里的极端自由,"他宣称,"而是缺乏防止暴政的保障。当一个人或一个政党在美国受到不公正对待时,他可以求助于谁?公众舆论吗?那就是形成多数派的东西。立法机构吗?它代表着多数派,并盲目服从多数派。"[54]

尽管托克维尔将"地方社群"描绘为民主与共和政体的基石,但也正是在这些社群之中,公众舆论和多数人的暴政才得以最直接地展现,并发挥破坏性的作用。他谈到,县里的居民在发生重大犯罪时如何"自发地组成委员会……以捉拿罪犯并将其交给法院",以及"西南诸新州的民众……几乎总是自行伸张正义"。他担心,虽然贵族制度不可能在这个世界上重新建立,但"普通公民组成的团体却能够构成极其富裕、颇具影响力和强大的实体——换言之,即贵族集团"。他还指出,"从出生开始……南方的美国人便被赋予了一种家庭内的独裁权力……他养成的第一个习惯便是无须费力即可支配他人"。托克维尔认为,没有哪个国家"比美国更缺乏思想独立和真正的言论自由"。托克维尔预言,如果美国人放弃共和政体,"他们将迅速走向专制主义,而不会有很长的有限君主制过渡期"。事实上,他认为"在未来某一天",美国人或许会"限制政治权利的范围,剥夺其中一些权利,以便将其交予一人之手"。这种新型的专制统治将"贬损人们的尊严",而非"摧残他们",使他们"仅仅为了选择自己的主宰而暂时脱离依附状态,随后便再次陷入其中"。[55]

托克维尔在美国逗留的时间不长,没有目睹林肯在斯普林菲尔德警告的那种暴民暴力,但没有理由认为他会对此感到意外。阅读《论美国的民主》,我们可以感受到托克维尔的好奇心与惊叹之情,他对周遭不断发生的运动、辩论与公民活动的着迷,他辨识出的几乎无穷无尽的联系和矛盾,还有他对"这场势不可当、朝着平等前进的革命——历经数个世纪、跨越所有障碍,甚至现在仍在它自己造成的废墟上前行"的忧虑。托克维尔笔下的美国——喧嚣无序掩盖着思想和精神上令人不安的一致性,民主冲动包裹着残酷镇压和驱逐,政治理论家谢尔登·沃林所称的"激烈的地方忠诚"与广袤的联邦相连,强烈的地方公民意识与分散的权力相结合,与之相伴的是薄弱的中央权威,以及"去中心化的法团主义"和"封建化"——似乎更像是一枚随时可能引爆的定时炸弹,而非稳固政治命运的典范。在托克维尔的妙笔之下,我们看到的不是自由民主的例外主义轮廓,而是不同形式的非自由民主。[56]

第 五 章

束缚的方式

CHAPTER
FIVE

联邦众议院的旁听区座无虚席，观众满怀期待。那是1865年1月31日的傍晚时分，当所有的辩论"停止"之后，议长打破了"令人窒息的静默"，宣布将就"悬而未决的提案"进行投票。这份提案就是美国宪法第十三修正案。就在几个月前，这项修正案还曾被众议院否决，但此时，在1864年的选举加强了共和党的力量后，此次表决的结果注定将有所不同。该修正案需要得到出席议员三分之二的赞同方能通过，最终，"119票支持，56票反对"，刚好达到了所需票数。当"主持官员"宣读表决结果时，"在场所有人的情绪高涨至极点"。据《纽约时报》记者所言："有那么几个瞬间，场面壮观得难以言表……所有人都深切地感受到，这一时刻值得最热烈的掌声与欢腾。"在这一年结束之前，该修正案即获得了足够数量的州的批准，并被庄重地载入美国的建国纲领。[1]

第十三修正案的措辞简洁明了，这与美国内战期间（当时尚在进行）颁布的种种复杂冗长的解放奴隶法令和公告形成了鲜明对照。尽管曾有人提议采用其他方案，包括一种让人联想起18世纪90年代法国大革命并将解放奴隶与赋予奴隶公民身份相结合的方案，但参议院司法委员会——修正案正是由该委员会负责起草的——最终选择了沿用1787年《西北条例》第六条的文字①。同样，一些从西北领地划分出来的州自成立之初便在其疆域内禁止奴隶制，正如大卫·威尔莫特在他著名的1846年但书②中所说的那样："在合众国或受其管辖的任何地方，除作为对依法判决之罪行的惩罚外，不得存在奴隶制或非自愿劳役。"随后的授权条款赋予了国会通过"适当的立法"来强制执行该修正案的权力。2

在许多方面，这无疑是伟大的自由时刻。奴隶制在剩余13个州中被一蹴而就地废除，奴隶们不再面临奴隶主的任何索赔、遣返威胁，或是像东北部及中大西洋各州那样漫长的、渐进式解放措施——这种安排不久前还被亚伯拉罕·林肯总统提出过。在接下来的两年里，国会确立了出生公民权，并禁止了债务奴役制。一个新的民族国家正在自我所有权、自由劳动、法律平等，以及不受种族或族裔局限的公民身份这些自由的基础之上建立起来。

然而，修正案中提及的"非自愿劳役"，以及长期以来被学术界与政论家忽视但如今因大规模监禁而重新引起关注的"例外条款"，却引发了人们对哪些强制性关系和行为能够存续的严肃质

---

① "在该地域内不得有奴隶制度或强迫奴役，但因犯罪而依法判决之受惩者不在此列；兹规定，倘任何人逃入该地域，而原来之十三州内任何州对该逃亡者之工作及劳役有合法之权益，则应依法将该逃亡者交还，并且交给对于该逃亡者前述之工作及劳役享有权益者。"——译者注
② 但书，指法律条文的例外或限制条款。——编者注

疑。托马斯·杰斐逊在他为组织西北领地而起草的1784年法令中加入了"非自愿劳役"的措辞及例外条款（尽管邦联国会从最终版本中删除了这部分），那时他已对刑罚改革产生了浓厚的兴趣。来自马萨诸塞州的纳撒尼尔·戴恩将其加入后来成为《西北条例》第六条的内容，不过他这样做的原因并不完全清楚。或许，他对著名的郭克·沃克案中所使用的司法语言有所借鉴，该案推动他所在的州走上了废奴之路。有些学者认为，例外条款实际上只是"样板文件"。另有观点指出，鉴于大量因罪获刑的英国契约奴被流放到殖民地，例外条款对于当时劳工制度的运作及移民向西北领地的迁移是必要的。至于第十三修正案，尽管查尔斯·萨姆纳后来对允许将例外条款纳入其中感到遗憾，但在国会的辩论过程中，这一条款并未引起多少注意。[3]

有充分的理由认为，第十三修正案中的例外条款为后来南部各州将曾经被奴役的黑人群体视为罪犯并予以镇压提供了合法依据。历史学家早已认识到，各州和市政当局的法规中出现了大量明显针对黑人群体的新罪名，使他们面临各种惩罚和监禁的风险。将黑人囚犯出租给私营企业（特别是铁路与矿产公司）的做法广泛存在且声名狼藉，但它与其他形式的刑事惩罚并存——后者迫使成千上万的黑人负债累累，几乎沦为奴隶。由于法院经常援引例外条款驳回声称某些做法违反第十三修正案的指控，因此从奴隶制到这种新型压迫形式的过渡似乎比想象中更为直接。[4]

即便如此，仍须考量一个更为宏大的背景。总体而言，18世纪末到19世纪的核心"议题"通常被认为是"奴隶制"与"自由"。那么，数千年来深深根植于人类历史并自17世纪起在北美兴盛一时的奴隶制,是如何逐渐被认定为道德上与政治上的异端的?继之而来的问题是,对于那些开辟废奴之路并以武力捍卫自由的人来说,奴隶制之后的自由又意味着什么呢?就此而言,历史学家与其他学者实质上接受了自由主义思想长久以来所构想的"奴隶制"与"自由"概念的二元对立。奴隶制与自由之间有着千丝万缕的联系;它们既是矛盾对立的,又是彼此定义的。它们构成了许多人所认知的自由现代性的框架。[5]

然而,若我们细察"非自愿劳役"这一概念,并将其与第十三修正案中的例外条款结合起来思考,若我们能够洞见那些在广泛社会关系中探索的制宪者如何将修正案的各个部分融为一体,那么我们或许会认识到,奴隶制与自由的二元对立在某种程度上是人为构建的,它掩盖了一个更深层次的问题:"强制"的问题——在一个废除奴隶制的、现代化的世界中,哪些形式的强制会被视为正当合法的,哪些则不会。换言之,我们可能会察觉到,在自由主义的辉煌时刻,那些非自由的音符正在鸣响。

一

19世纪30年代初,阿历克西·德·托克维尔与古斯塔夫·德·博蒙来到美国,对正在兴建的新型监狱进行考察。他们期望能够发现一些可以弥补法国刑事处罚体系不足之处的模式,并且对美国那种由"可敬之士"与"将慈善视为使命"的人士所引领的"单向度"(*monomonie*)刑罚改革热情有着深刻的印象。在托克维尔与博蒙看来，这些贤达之人"在矫正体系中寻得了对这种崇高情怀的滋养"，以及"治疗社会一切弊病的良方"。回顾他们在费城、纽约州的奥本和辛辛以及巴尔的摩等地监狱中的所见所闻，他们虽对监狱内所存在的严苛及"专制"表示忧虑，但对于惩戒性监禁的逻辑和目标则持肯定态度。在法国，囚犯混杂在一起，出狱时往往比入狱时显得更加腐化堕落；而美国与法国的情况不同，监狱体系似乎致力于为囚犯提供改过自新与自我提升的机会。

托克维尔和博蒙在文章中对单独隔离囚犯的做法表示赞许，尽管各监狱的具体规章不尽相同。他们对大多数囚犯被要求从事劳动一事印象尤为深刻。尽管质疑剥夺囚犯劳动报酬的普遍做法，但他们依然认为，这既是对抗可能导致犯罪的懒惰行为的一种有效手段，也是教会每个囚犯"一项出狱后足以谋生的手艺"的方式。在这些方面，托克维尔和博蒙认为，美国的监狱实现了"在囚犯之间杜绝一切道德污染"的目标，"彻底"消除了困扰法国监狱的腐败问题，并使囚犯们"养成了服从和勤劳的习惯，从而使他们成为有用的公民"。[6]

托克维尔与博蒙报告的译者弗朗西斯·利伯将报告献给了罗伯茨·沃克斯，这彰显了刑罚改革事业跨大西洋性质的重要性。沃克斯出身于费城一个显赫的贵格会家族，是费城监狱协会的领袖人物，也是坚定倡导将监狱作为惩罚形式的人。他为东部州立监狱的建设倾注了大量心力，该监狱于1829年投入使用，不仅为美国，也为欧洲树立了改革的典范。在这方面，沃克斯追随了本杰明·拉什的脚步。拉什是一位费城医生、受到启蒙思想影响的思想家，同时也是《独立宣言》的签署者之一，他认为监狱是一种比当时盛行的肉体惩罚和公开处刑更为人道的选择。1787年，拉什创立了费城缓解公共监狱苦难协会，并发表了《关于公开惩罚对罪犯和社会的影响的探究》一文。

拉什深受孟德斯鸠、英国的约翰·霍华德，特别是意大利的切萨雷·贝卡里亚等人著述的影响，他将肉体惩罚与公开处决——当时大西洋两岸普遍存在的现象——视为君主专制与暴政的标志，认为这是对罪犯身体施加统治者意志并警示在场民众的拙劣之举。拉什对于宾夕法尼亚州议会在1786年设立的公开劳役制度（作为鞭刑和枷号示众的替代方案）同样不以为然，因为这在罪犯通常工作的街道上招致了混乱，并可能给旁观者带来恶劣的影响。相反，他主张罪犯应被隔离于社群之外，安置在一个"位于州内适当地点的大型建筑"中，以促进悔改与自我改造，同时避免他们受到外界目光与不良影响的干扰。事实上，拉什建议这座建筑"绝不应被称为监狱或任何与世人观念中不名誉之事相关的名字"，并应由"以正直、审慎与仁慈著称的人士"来管理。

然而，拉什的远见卓识不仅在于以私密惩罚取代公开惩罚。他还呼吁将这些"建筑"划分为单人牢房，用于单独监禁犯人，并且推行"只需最少的指导或先前的知识即可进行的生产活动"。拉什建议惩罚应"适应罪犯的体质与性情，以及他们犯罪的特殊性质"，他坚持认为惩罚应包括"肉体痛苦、劳作、警醒、孤独和沉默"，并且"劳作……应被规划和指导，使之对国家有益"。也就是说，这一制度应将隔离与有益的劳动结合起来，既使社会免受污染，也让囚犯摆脱无所事事的状态。[7]

拉什的思想不仅在宾夕法尼亚州，而且在整个东北部、中大西洋乃至中西部地区都产生了深远的影响。1790年，费城在核桃街监狱旁建造了一座监狱，这是欧美世界首座此类监狱。到了19世纪初，北方8个州以及马里兰州和弗吉尼亚州都建立了监狱。从组织结构上看，这些监狱分为两种类型，两者均体现了拉什的建议：第一种被称为"宾夕法尼亚体系"，日夜将囚犯单独监禁；另一种被称为"奥本体系"，允许囚犯白天安静地聚集在一起，晚上则恢复单独监禁。无论哪种方式，犯人的日间时间都被用于劳作，而且犯人之间均不得相互交流。[8]

奥本体系最终成了主流模式，这或许是因为核桃街监狱的囚犯在1820年发生了暴动，但更有可能是由于这种类型的监狱可以利用囚犯的劳动。几乎在所有地方，囚犯的劳作都被承包给了私人雇主和制造商，为此他们需要向监狱支付一定的费用。在某些情况下，囚犯在雇主的工厂内工作，但更常见的做法是，雇主将所有设备和材料带入监狱，囚犯则在看守的严密监视下干活。对于这些惩教机构而言，这种安排对其经济状况至关重要；而对于囚犯来说，这就变成了历史学家丽贝卡·麦克伦南所描述的"契约性刑事劳役"。1842年游历美国并参观了监狱的查尔斯·狄更斯，将奥本体系的监狱与纺织厂的空间布局和工作强度相提并论。在费城的东部州立监狱，囚犯日夜皆处于孤立状态，狄更斯感受到了"折磨与痛苦"，但仍对劳作场景评论道："偶尔，某个孤零零的织工的梭子，或鞋匠的鞋楦会发出令人昏昏欲睡的声音，但这些声音都被厚厚的墙壁所吞噬。"[9]

第五章 束缚的方式

当狄更斯游历美国之际，绝大多数监狱都已采用了这种契约劳役制度，尽管遭到多方抗议。一些批评者呼吁恢复公开惩罚或公共劳役制度，坚称犯罪和纪律问题应继续作为社区事务处理。另一些人则质疑改造罪犯的可能性，尤其是当他们认为犯罪行为是与生俱来的罪恶的表现时。然而，最持久的反对力量来自19世纪二三十年代兴起的劳工运动、城市行业协会以及工人阶级政党，他们对囚犯劳动带来的竞争感到愤懑，并谴责这种做法贬低了工匠的职业尊严。许多工匠和手艺人已经感受到了当时市场竞争加剧和职业技能贬值所带来的压力，在他们看来，囚犯劳工几乎与某种形式的奴役和奴隶制无异，既玷污了自由劳动，也玷污了自由劳动者。[10]

监狱的倡导者承认，"监禁、孤立、强制劳动"确实等同于非自愿劳役，尽管他们不会将其比作奴隶制。实际上，许多倡导者本身就是奴隶制的批评者，并且是反奴隶制团体的积极成员。对他们而言，公开体罚和奴隶制是一体的，是旧制度下暴政与专制的标志，必须被一种更为开明和人道的新秩序所取代。托克维尔与博蒙的著作所献给的人——罗伯茨·沃克斯，不仅是一位令人钦佩的刑罚改革者，而且像当时的许多贵格会教徒一样，公开反对奴隶制，还是宾夕法尼亚废奴协会的一员。他并非孤例。在19世纪初的美国东北部和中大西洋地区，以及大西洋彼岸，几乎所有的刑罚改革者都参与了有组织的废奴运动。托克维尔本人在1835年，也就是《论美国的民主》第一卷出版的那一年，帮助创立了法国废奴协会。[11]

既抨击奴隶制，又拥护监狱，这在道德和思想上看似相当矛盾，却恰恰体现了 18 世纪末至 19 世纪初精英改革主义的特质。这些欧美世界的改革者自视为崇尚进步主义与文明的启蒙人道主义者，他们反对奴隶制和传统刑罚所代表的个人权力滥用、肉体虐待和专制统治。鞭笞与绞刑架不仅是这些做法的象征，也是旧制度野蛮性的标志。毫不意外，改革者中有不少是贵格会教徒，尤其是在美国，他们认识到暴力是这些惩戒领域的核心，而暴力不仅玷污了施暴者，也同样污染了受害者。[12]

然而，废奴运动与监狱制度的交织表明，这些改革者，无论是贵格会教徒还是其他人，都对奴隶解放可能带来的社会失序深感忧虑。与杰斐逊不同，大多数改革者并不认为非洲裔人天生就不如欧洲裔白人。但他们确实相信，被奴役的经历在黑人的道德、性格和性情上留下了深深的烙印，使他们堕落，并助长了懒惰、依赖性和犯罪倾向。几乎所有的改革者都认为，某种渐进式的解放过程是必要的，许多人开始看好遣返，认为这是解决日益增长的黑人解放人口可能带来的问题的一种方式，或许还能使曾经的被奴役者受益。然而，无论是否支持遣返，他们都坚持认为解放黑人需要一系列社会和文化的支撑——包括教育、经济和精神层面——并需要制定新的法律规范和惯例。就如同遣返一样，刑罚改革和监狱制度代表了一种清算，不是针对奴隶制本身，而是针对后解放时代奴隶制残余的清算。[13]

因此，解放法令的颁布时间与东北地区新法典和监狱的建设时间相重叠，这并非巧合：奴隶制的终结使得支撑奴隶制度的法典失去效力，并削弱了奴隶主的个人惩戒权力，但这是一个漫长的过程。响应革命与启蒙时代的理念，以及被奴役的黑人和自由有色人种的请愿，宾夕法尼亚州于1780年通过了第一部废奴法案，随后佛蒙特州和马萨诸塞州分别于1777年和1780年通过宪法制定和司法判决开启了废奴之路。康涅狄格州和罗得岛州于1784年跟进，新罕布什尔州于1785年，纽约州于1799年，新泽西州则于1804年加入废奴行列。几乎所有的解放过程都是逐步的，通常规定被奴役者的子女将在年满21岁、25岁或28岁时获得自由，具体取决于他们的性别和所处的州。即使各州宪法或法院宣布奴隶制为非法，也很少有奴隶能很快获得自由。相反，他们常常陷入一种模棱两可的被胁迫状态，在这种状态下，奴隶制实际上被长期或短期的劳役取代。对他们以及东北地区的大多数被奴役者而言，解放是一段漫长而晦暗的隧道，前方并无明确的目的地。[14]

废奴与刑罚改革联系最为紧密的地方是纽约州。该州拥有切萨皮克湾以北最多的奴隶人口（1790年时超过2万人），自18世纪80年代中期纽约州解放奴隶协会成立之时起，该州的立法者便一直在回避解放问题。然而，随着1796年立法者授权修订刑法典并修建一座新的监狱，他们的犹豫和担忧似乎得到了缓解。三年后，立法机关通过了《逐步废除奴隶制法案》，效仿宾夕法尼亚州的法律，规定当年（1799年）7月4日后出生的奴隶子女将在成年后获得自由。在其他地方，刑罚改革与废奴的关系虽不那么直接，但在启蒙改革主义的氛围下，二者无疑是密切相关的。1785年，马萨诸塞州开始在波士顿港的城堡岛上收押全州的罪犯。18世纪90年代，当地开始兴建可以单独监禁的设施，1805年，该州开设了查尔斯敦监狱，可容纳300名囚犯。佛蒙特州的第一所监狱于 1807 年投入使用，新罕布什尔州于 1812 年，新泽西州于 1798 年，纽约州则于 1804 年开设监狱，提前为 1804 年通过的废奴法案做好了准备。[15]

问题的关键既不在于奴隶制的废除催生了监狱系统，也不在于监狱系统促进了奴隶制的废除，而在于废奴主义与刑罚改革都汲取了同一股文化和智识潮流的力量。这股潮流一方面力求打破长期束缚受压迫者的沉重枷锁——奴隶制与肉刑，并转而涵育其心灵，另一方面却又激发了对混乱与妄为的担忧，而混乱与妄为需要借助强制手段来加以约束。非自愿劳役，如同奴隶制一样，在道德层面与政治层面受到了质疑，但如果那些被视为社区威胁的人能够被驱逐，并通过文明社会方式的艰辛训练——其中最重要的莫过于持续的生产劳动——来接受严格教诲，那就不会有问题了。

在南北战争之前，非自愿的刑事劳役已成为美国北部和西部地区的标准做法，远早于战后南方出现的囚犯劳役制度。颇具讽刺意味的是，尽管这一做法与自由主义理念背道而驰，但随着战争的爆发，一些监狱制造商从联邦政府那里获得了利润丰厚的合同，囚犯的劳动被用于生产战争物资和士兵装备，这就与南方邦联的情况颇为相似了——在那里，奴隶和一些囚犯也在从事类似的工作。丽贝卡·麦克伦南写道："正如南北战争普遍推动了北方的工业化，战争动员从长远来看使监狱及其囚犯更加深入地参与到了生产劳动和营利性活动中去。"因此，参议院司法委员会遵循先例，将囚犯排除在第十三修正案所禁止的奴隶制或非自愿劳役范围之外，也就不足为奇了。在所谓"自由劳动"的北方，刑事劳役已成为一种被广泛接受的做法，并为击败南方叛军、实现自由劳动在美国全境的胜利做出了贡献。[16]

然而，尽管监狱制度的兴起与对刑事劳役的积极接纳主要发生在北方各州，监禁制度却带有明显的种族色彩，正如废奴思想家们所预料的那样。无论是在马萨诸塞州还是纽约州，也无论是在宾夕法尼亚州还是俄亥俄州，非洲裔的男女，其中一些人仍然处于被奴役的状态，在监狱人口中所占的比例异常之高：在黑人总数极少的州，这一比例达到了四分之一到二分之一。他们与同样贫困、遭遇种族化①的囚犯（其中越来越多的是爱尔兰人）一起，在不断扩张但越发分化的市场经济中挣扎求生。因此，监狱标志着一个新兴工业社会将会逐渐熟悉的新的阶级形成过程。但是，在对旧制度的野蛮行径进行抨击的同时，改革者也对曾被奴役的黑人的命运投以怀疑的目光，从中我们可以看到，"黑人犯罪"的观念正在形成。[17]

二

当亚伯拉罕·林肯总统及其政府决定镇压南方邦联的叛乱时，他们尚未就奴隶制在南方的命运做出决定。实际上，林肯希望将奴隶制和奴隶排除在冲突之外，并命令军事指挥官在奴隶趁机起义时予以强力镇压。

---

① 种族化，是指将某一群体或个体归类为特定种族的过程，通常涉及对该群体或个体的歧视或做出带有刻板印象的判断。——编者注

林肯是以一个致力于阻止奴隶制和奴隶主进入密西西比河以西联邦领土的政党的领袖身份赢得总统职位的。他对这一立场如此坚定，以至于拒绝为和平解决分裂危机做出任何改变或妥协。然而，与他所在的新共和党的大多数成员一样，他认为解放奴隶的权力属于各州，解放进程将是渐次而行的，最好伴以将被解放的人口遣返。林肯不断试图向邦联成员和其他南方白人保证，他无意干涉"国内体制"；他承认，宪法并未赋予联邦政府这样的权力。倘若战争迅速结束或达成停战协议，奴隶制就将会经历一个漫长的消亡过程，而我们所熟知的与战争及重建相关的宪法修正案——第十三、十四和十五修正案——也不会被颁布。是否会保留某种形式的战前联邦并不清楚，但考虑到奴隶制对国家政治和经济生活的重要性，以及维持奴隶制所需的镇压手段（1860年，南方民主党人在竞选总统时的政纲是要求制定一部联邦奴隶法典，以执行1857年的德雷德·斯科特案判决），战后的局势对于黑人，甚至所有劳动者来说，都将极为艰难。[18]

第十三修正案之所以能够实现解放奴隶，是因为被奴役者们的坚定意志，以及联邦军队——其中包括武装起来的奴隶——取得无条件胜利的能力。随着战争的推进，被奴役者们展开了自己的反抗：他们在斗争中辨识盟友与敌人，违抗各种留在原地的命令，逃离种植园和农场，奔向联邦军队的阵线，逼迫林肯政府正视奴隶制问题，参军对抗邦联叛军，并且要求获得公民权利和政治权利以及自由。逐渐地，奴隶制的大厦被一点点削弱，直至崩塌。逃亡的奴隶被接纳进入北军，如果他们的主人与南方邦联结盟，他们就会被宣告为自由人。国会废除了所有联邦领土和联邦首都内的奴隶制（"除非作为对犯罪的惩罚"），并给予了奴隶主补偿。林肯宣布解放所有处于邦联控制区域内的奴隶，不给予奴隶主任何补偿，并鼓励其他仍然合法存在奴隶制的州在其境内废除奴隶制（效果好坏参半）。北军招募了被奴役的男子，并很快将他们派上前线，使他们不仅能为自己，还能为家人争取自由。1865年4月2日，黑人士兵与白人战友一道，开进了南方邦联的"首都"里士满。[19]

然而，问题在于，自1861年以来展开的解放进程涉及被视为战争行为的国会法令和公告，因此其长期存续性和合宪性都成了问题。共和党人及其黑人盟友担心，如果不进一步采取措施，敌对的民主党人可能会推翻废奴立法，或者最高法院可能会裁定解放宣言在战争结束后没有效力。越来越多的共和党人开始相信，确保废除奴隶制的最佳途径是通过宪法修正案——自1804年以来，还没有一部宪法修正案获得批准，也没有哪部修正案被废止过，而他们的努力得到了废奴主义女性发起的大规模请愿运动的支持。[20]

即便如此，这也并非易事。解放应如何界定？被奴役者的新地位将是什么？解放是否会带来公民权或美国白人早已享有的其他权利？鉴于许多人认为经济独立乃是真正自由的基石，解放是否应赋予被奴役者土地和其他资源？考虑到奴隶主多年来为了保持对黑人的绝对控制而斗争不止，联邦政府应该拥有多大的权力来推行解放？围绕这些问题的讨论与争论，加之许多北方民主党人的敌意，以及需获得四分之三州的支持，这一切都表明，最有可能成功的方式是一个强有力的但范围有限的方案。由于《西北条例》的措辞众所周知,并已在州和联邦层面得到应用——而且它不会损害支撑了监狱系统运作,并为战争做出贡献的劳役和强制手段——这似乎是最易被接受的选择。毕竟,可以援引杰斐逊的观点来证明这一措施的合理性。该修正案没有给奴隶主带来任何好处,也没有对被奴役者施加任何惩罚,而是赋予联邦政府通过"适当的立法"来执行它的权利,激进共和党人认为这将需要扩展民权,乃至可能的政治权利给新近获得自由的人们。[21]

正如密歇根州共和党籍联邦参议员雅各布·霍华德所说的那样,解放黑人(将黑人变为"奴隶的对立面……一个自由人")和第十三修正案的试验场来到南方各州,在那里,奴役是合法的,是社会和政治秩序的基础。在那里,奴隶制与自由就是"对立面"的观念很快被打破,而解放主义者本身常常引领了这一转变。在整个欧美世界,反奴隶制活动家们——即使是那些帮助构建奴隶制和自由二元对立的激进废奴主义者——普遍认为,曾经被奴役的人必须先接受自由的教育,然后才能成为自由社会中具有生产力且遵纪守法的一员。这种信念为美国东北部的逐步解放和大英帝国废除奴隶制奠定了基础,后者规定,在完全解放奴隶之前,必须经过多年的"学徒期"。欧洲和美国的废奴倡导者担心,被奴役者因暴力和压迫而过于堕落,无法自立,缺乏对私有财产和家庭生活的正确认识,持有粗俗的性观念,缺少个人责任意识,并且不会对市场的激励做出回应。就像他们看待身边的穷人、"贫民与流浪汉"一样,许多废奴主义者担心,一旦获得解放,奴隶们将变得游手好闲、不懂节俭,成为社会的负担。[22]

事实上,需要接受辅导的是曾经的奴役者,而不是曾经的被奴役者。经年累月地支配、胁迫、骚扰和惩罚奴隶的经历，让奴隶主们坚信黑人的劳动必须是"命令"出来的。他们认为，黑人无知且懒惰，如果放任不管，便会变得挥霍无度且不可靠。如果允许任何形式的自由黑人劳动力存在，田地里就会杂草丛生，经济也会毁于一旦。因此，当安德鲁·约翰逊总统推行宽容的重建政策，使前奴隶主得以重获政治权力时，他们迅速行动，建立了一套法律体系，使黑人重新回到近乎卑躬屈膝的状态。这套法律体系被称为"黑人法"。尽管各州的具体条款有所不同，但总体上它们都限制了黑人的流动性，限制了他们购置土地或从事技术工作的能力，强迫他们签订劳动合同，规定对不服从者施行体罚，限制他们在法庭上的权利，将被视为孤儿的黑人儿童还押劳役（被称为"学徒训练"），同时将大量对黑人自给自足至关重要的活动定为犯罪行为。[23]

联邦政府认清了这是一种企图重新奴役黑人的集体行动，因此废除了许多此类法律，并显然要通过自由民事务局这一机构寻求将合同而非胁迫作为解放后劳动关系的基础。自由民事务局主要由美军军官组成，负责监督从奴隶制向自由劳动的过渡，要求白人雇主提交合同以供审批，并要求黑人工人遵守合同条款，只要报酬被认为足够且禁止体罚即可。然而，实际执行这一政策异常艰难。白人地主采取了一系列被事务局官员称为"暴行"的人身暴力和私刑行为，以压制黑人可能表现出的任何独立倾向。而黑人们则害怕回到从前的奴隶主手下工作，因为他们深知等待自己的是什么，于是他们试图摆脱奴隶主的掌控——最好是通过获取土地的方式，但更直接的是寻求自由民事务局的支持来制约白人。结果可以说是好坏参半。

土地改革本可以成为黑人迈向广泛且基于经济的自由的重要一步。由共和党主导的联邦政府在战争期间已经朝这个方向迈出了步伐,控制了近 100 万英亩的南方土地,并允许威廉·T. 谢尔曼将军划拨南卡罗来纳州、佐治亚州和佛罗里达州沿海地区约 40 万英亩的优质种植园土地,专供黑人定居,同时委任新设立的自由民事务局监督潜在的土地重新分配。但这种激进的解放措施很快就失败了,因为此举不仅威胁到了私有财产的总体安全,还动摇了一个长久以来以种植园农业为支柱的经济体系的根基。给予黑人男子公民身份、基本的公民权利和选举权——考虑到此前充斥全美的德雷德·斯科特案件所体现的世界观,这已是激进主义所能达到的极限了。[24]

由于 1867 年的《重建法案》,黑人在政治上的赋权使得解放后的美国南方在整个西半球鹤立鸡群,除海地外再无其他国家可以比拟。尤其是在深南部地区,黑人能够竞选并获得地方和州一级的公职(在某些地方甚至是国会职位),并且能够组织自己的社区进行政治活动。他们可以担任陪审员、地方法官和治安官,对抗那些可能遭受的不公与压迫。根据各方面的记载,他们对民主和民主实践的投入在南方都是前所未有的,他们的坚韧与政治智慧使他们在面对种种的白人颠覆活动时,依然能够在选举政治中发挥影响力,在某些地方,一直到 19 世纪 90 年代他们都掌握着一定的实权。[25]

然而,即使在重建时期尚未结束时,一系列强制性措施就已经被实施或延续下来了,这些措施加强了白人地主和雇主的地位,压缩了黑人工人的回旋空间，并使黑人男女面临被捕入狱的风险。《流浪法》要求黑人必须在某一特定日期前找到"正当职业"，否则就有可能被捕。《诱惑法》禁止雇主用更高的工资和更好的工作条件来吸引劳工跳槽。《围栏和狩猎法》取消了原本共同享有的狩猎、捕鱼和喂养牲畜的权利。种植园主协会的成立则旨在解决"劳工问题"，即如何管束黑人工人的问题。"需要大量的严格立法来迫使黑人从事他们应做的劳动"，弗吉尼亚州拥护奴隶制的理论家乔治·菲茨休早已得出这一结论。[26]

《流浪法》和《诱惑法》旨在强迫获得自由的黑人工人接受地主和其他雇主提供的劳动合同，并防止在雇用他们时出现竞争。这两项措施在美国和英属北美地区都有悠久的历史，在那些直到美国内战期间仍保持奴隶制合法性的州里，《流浪法》曾被用来对付较贫穷的白人，尤其是有色人种的自由人。事实上，将流浪定为刑事犯罪的做法至少可以追溯到14世纪中叶英格兰颁布的《工匠法规》，该法令旨在管束日益增多的"无主之人"。很明显，早在美利坚共和国建立之前，流浪就被视为一个需要国家和地方通过警察权力来解决的"问题"。但是，正如其他地方一样，在解放后的南方，《流浪法》规定应逮捕、处罚、监禁流浪者，并且在许多情况下，将这些罪犯出租给私人雇主，让他们与因其他轻微罪行而被定罪的黑人囚犯一起工作，这些囚犯无力支付罚款和诉讼费用，只能被迫以劳动抵债。在某些情况下，当地治安官会将囚犯公开"拍卖"给出价最高的私人买家；无论如何，黑人男女被迫再次陷入非自愿的劳役。[27]

将流浪者及其他囚犯租赁出去的做法，为后来的"囚犯租赁制度"奠定了基础。这一制度成为奴隶解放后南方黑人生活中最令人发指的特征之一，尽管其最初的萌芽出现在共和党掌控下的重建政府时期。由于财政拮据，又致力于重建与扩展南方的交通运输设施，而且深谙北方各州私营领域使用囚犯劳动之实情，共和党州长与立法机构批准了各县乃至各州将整个囚犯群体租赁出去的做法，而不仅仅是租赁因轻罪获刑的个人。主要受益者包括铁路公司（其中一些公司曾依赖奴役劳工），以及寻求从煤炭、磷矿石及其他矿物开采中牟利的矿业企业；大规模的棉花种植园以及松脂和木材营也通过这种方式获得了劳动力。[28]

一些南方共和党政府试图对这一制度进行改革，但当他们败选下台后，重建后的民主党人继续并扩大了囚犯租赁的规模，享受了由此带来的财政收益，从而得以大幅度削减重建时期的税率。在许多南方州，这些租赁所得成了年度预算的主要来源。然而，这不应被视为仅仅是向奴隶制经济模式的倒退。囚犯租赁制度为南方经济中最为先进和现代化的部门提供了劳动力，生动地展示了非自愿劳役与经济发展是如何相辅相成的。铁路建设将南部各州与中西部和东北部、南部港口，以及亚特兰大等新兴商业中心日益紧密地联系在一起，而矿山和劳工营则为快速工业化的国家，以及支撑这些国家发展的交通网络提供了动力。不出所料，新兴的劳工组织和政治激进派——诸如劳工骑士团、绿背劳工党、农民联盟，最终还有平民党——纷纷呼吁废止囚犯劳动及囚犯租赁制度。[29]

囚犯租赁制度之所以声名狼藉，并且在南方之外逐渐引起广泛关注，原因在于它不仅极大地推动了黑人监禁人数的增长，还使囚犯劳工处境悲惨。从 1865 年到 20 世纪之交，从卡罗来纳州到得克萨斯州的黑人囚犯人数增加了 10 倍以上——重建时期之后的增幅最大——一些主要的采掘和工业企业，如田纳西煤铁公司（其矿山位于伯明翰郊外），开始严重依赖囚犯劳动力。租赁方需承担起囚犯的工作、衣着、住房、饮食乃至医疗的责任（州立监狱官员则放弃了所有的监督与管理）。鉴于各县和各州提供的囚犯劳动力几乎源源不断，因此租赁方完全有动力去尽可能地压榨囚犯，并以极端手段惩罚任何敢于抗争的人。尽管确切的死亡率难以统计，但有学者估计，这一时期的年死亡率可能高达 25%，远超大西洋奴隶贸易中央航路的平均死亡率。在 19 世纪 80 年代的密西西比州，有证据表明，10 年的刑期往往意味着死刑。那些设法熬过较短刑期或成功逃脱（这种情况时有发生）的人，通常已是身心俱损，难以恢复。[30]

第十三修正案通过后不久，前南方邦联将军约翰·T. 摩根就认识到了它为南方白人提供的潜在漏洞，这些白人一心想将黑人重新贬至他们熟悉的卑贱地位。"既然美国宪法赋予了以劳役作为犯罪惩罚的权力，那么州司法机关就应制定相应的法律，以便将那些被判犯有特定罪行的黑人重新卖为奴隶。"尽管国会在辩论过程中对这一例外条款语焉不详，但这正是某些共和党议员所忧虑的，特别是当他们从诸多前叛乱州所通过的"黑人法"中看到直接证据时。明尼苏达州联邦参议员伊格内修斯·唐纳利警示道："拒绝有偿劳动的黑人会被视为游民遭到拘捕，其劳动也将被出售用于服劳役，劳役量等值于其 3 个月可得的最高报酬；倘若逃逸，则须额外无偿劳作一个月，并且戴上镣铐。"第十三修正案的许多共和党起草者原本设想，这一例外情况只能以极为有限的方式适用，即仅当罪犯被明确判处"苦役"时才能启用，而非针对各种轻微的违法行为。[31]

然而，没有任何证据表明，曾有人对囚犯租赁制度提起过法律挑战，指控其违反了第十三修正案关于"奴隶制或非自愿劳役"的禁令。事实上，直到20世纪初，债务劳役案件才在联邦法院中得到成功裁决，认定其违反了第十三修正案及1867年的《反债务劳役法》。那些从囚犯及债务劳役者的非自愿劳动中获利的势力实在太过强大：无论这些做法多么背离自由主义的理想，它们在政治和法律实践中已根深蒂固且广为人知。其后果至今仍在困扰我们。[32]

三

南方解放之后，特别是重建时代终结后，南方的法律和劳动体制呈现出一种高压且带有种族压迫性的特质，这表明，面对南北战争及第十三修正案预示的"自由劳工"全国化趋势，南方一直是例外之区。毕竟，自19世纪50年代初创建伊始，共和党就宣称其秉持"自由的土地、自由的劳动、自由的人[①]"的自由主义理想，并致力于对抗"奴隶势力"的专制图谋。然而，东北部地区的奴隶逐步被解放及非自愿劳役的历史提醒我们，不要轻易

---

① "人"原文作men，首要含义是"（成年）男性"。——译者注

假设存在清晰的区域差异，尤其是不应简单地认为，奴隶制与自由劳动在全美各地都被视为截然对立的概念。随着雇佣劳动变得愈加普遍，人们对自由劳动社会所需的维稳法律框架的关注，促使许多南方以外的州和城市采纳了各种各样的强制性措施。而其中一些最有力的倡导者恰恰是那些曾经的废奴改革者，他们对任何"身体健全"却无正当职业的（成年）男性都毫无耐心。[33]

与解放后的南方一样，北方的主要手段也是《流浪法》和监禁。1866年5月，正当国会共和党人与南方的"黑人法"及其针对新解放黑人所使用的强制手段进行斗争之际，由共和党主导的马萨诸塞州议会通过了《关于流浪者与游民的法案》。该法案规定，"所有没有明显生计来源且无正当职业的闲散人员"均可能被当地警察逮捕，并在经过治安法官或警察法庭判决后，被送入县级教养院或劳役所，服役时间最长为6个月。虽然在该法实施的第一年，逮捕和定罪的情况相对较少，但马萨诸塞州慈善委员会注意到，该法案"已在洛厄尔、劳伦斯以及其他城市得到了严格执行"，并认为"乡村地区同样需要严格执行"。委员会保证，"当这项法律在全州范围内得到贯彻时，我们将在很大程度上摆脱这一令人头疼的群体"。委员会成员包括富兰克林·B. 桑伯恩(委员会秘书)，以及塞缪尔·格里德利·豪，二人都是废奴主义者，同时也是支持废奴起义领袖约翰·布朗的"秘密六人帮"成员。[34]

马萨诸塞州并非特例。在19世纪70年代，东北部和中西部地区的许多州都将目光投向了乞丐和其他被划归为"流浪汉"的群体，这些人都被收容，并被带到地方当局面前，一经定罪（通常无须太多证据），便会被判处强制劳动，这往往使私人获利。实际上，在1873年金融恐慌及其引发的严重经济萧条之后，从新英格兰地区到纽约州，从宾夕法尼亚州到伊利诺伊州，严苛的《流浪法》立法数量成倍增加。成千上万的人因失业或长期处于半失业状态而显得无所事事或漂泊不定，甚至不得不靠乞讨度日，这一切并非出于他们的过错，但流浪定罪的情况还是发生了。正如在马萨诸塞州一样，仁慈的改革者们——其中许多人是废奴运动的老将——成了这些政策的设计者。[35]

尽管19世纪70年代的经济萧条加剧了这些问题，但对许多改革者来说，更普遍的问题是雇佣劳动的重要性日益增加，这才是危机所在。改革者和许多其他具有自由主义思想的观察家认为，自由劳动同个人权利、责任以及自我完善的机会密切相关，是对非人性化奴役的道德替代，但他们并未考虑到19世纪中后期的雇佣劳动所固有的依赖性和脆弱性。雇佣劳动不再像林肯曾经夸耀的那样是迈向经济独立的阶梯，而是一种日益固化的状态，主要由移民或第一代美国人占据，他们的机械操作技能有限，财产不多，并且信仰天主教或非福音派新教。[36]

19世纪40年代和50年代，随着成千上万的爱尔兰天主教移民涌入美国，并在社会底层充当劳工、运河挖掘工、家庭佣工和城市建筑工人，这种针对外来者的反弹已经初露端倪。排外暴动在多个城市爆发——尤其在费城、波士顿和纽约，到19世纪50年代初，一系列排外的政治运动已经在东北部地区蔚然成风。排外主义者们自称"美国党"或"一无所知派"，利用美国根深蒂固的反天主教情绪以及新教福音派倡导的社会改革热情，将爱尔兰天主教徒描绘成沉溺于"恶魔之酒"、受远方教皇支配、听命于政治头目且深陷贫穷与怠惰的人群。然而,排外主义者并未要求限制移民(除了穷人)或驱逐他们,而是试图通过将入籍期限从 5 年延长至 21 年,剥夺外国出生者的投票权和担任公职的权利,以此削弱他们潜在的政治力量——以及那些正争取移民支持的民主党。利用辉格党因奴隶制问题而分崩离析的机会,排外主义者从新英格兰到中大西洋,再到中西部乃至远西部的部分地区——特别是在加利福尼亚州北部和俄勒冈州——发起了一场场引人注目的政治运动,那里的敌意主要集中在华人(被视为异教徒)和西班牙裔(天主教徒)身上。在马萨诸塞州、罗得岛州、康涅狄格州和新罕布什尔州,排外主义者乘着民意的巨浪,掌控了州政府。事实上,有一段时间,"美国党"似乎有可能取代辉格党,成为美国两大主流政党之一。然而,当该党在奴隶制问题上陷入困境时,其大部分成员转投了共和党,后者融合了新教改革主义、反摩门教和反天主教的态度,以及禁止奴隶制扩张的反奴隶制立场和遣返主张。[37]

反奴隶制与反天主教的交织不仅是美国政治文化中的一种现象,阶级与政治经济因素亦在其间扮演了重要角色。19 世纪二三十年代,选举权的民主化推进正值美国白人绝大多数为新教徒的时代,雇佣劳动尚未占据重要地位,即便市场经济已经扩展到了内陆地区;因此,赋予贫困及经济上依附他人的男性以完全政治权利的问题依然未引起广泛关注。正如林肯所言,人们期待那些起初资源匮乏、靠工资谋生的人能够最终获得生产资料(土地、技能与工具),并由此获得独立自主。

有组织的排外主义标志着一个重要转变：美国工人阶级中出现了一个法律上自由但实际上无产且文化上具有威胁性的群体。制造业中劳动分工的日益细化、手工业商店的衰落、交通运输网络的发展，以及大西洋移民流动的变化，都标志着从基于家庭生产的经济向以资本主义社会关系为基础的经济的转变，其中雇佣劳动是最主要的形式之一。这一转变引发了重大反响。许多白人新教徒试图将外国出生的人，特别是外国出生的天主教徒排除在政治舞台之外，或大幅提高他们进入政坛的门槛。他们借鉴了剥夺贫民、罪犯和流浪者政治权利的传统，开始将天主教移民描绘成贫穷、挥霍、酗酒、无根无基和犯罪的象征：实质上，是将其种族化。也就是说，从一开始，美国工人阶级在种族、民族和文化上并不仅仅是多元混杂的；它的核心是种族化的，并且除了20世纪中叶的一个短暂时期外，这种状态一直延续至今。

针对雇佣工人的政治攻势并未随着排外主义和"一无所知派"的衰落而结束，也没有因南北战争与解放奴隶而终止。相反，在战争结束后，这种攻击甚至有所升级，尽管此时曾被奴役的人们正在获得公民权利和政治权利。随着新的工业经济形态的形成（部分得益于战时政策的推动），多达三分之二的有收入的就业者为了工资劳动，劳动改革的呼声愈发高涨。政治精英们，其中包括许多共和党人和曾经的反奴隶制斗士，开始质疑男性普选权是否明智。他们担心政治过程正被无知、堕落、欺诈和激进主义腐蚀，昔日稳健的共和国遭到了破坏。历史学家弗朗西斯·帕克曼在1878年写道："旧时代（大约40前年）的新英格兰乡村，本可以通过每个人的投票来实现安全、良好的治理。但现在，这个村庄已经发展成为一座人口稠密的城市，拥有……成千上万不安分的工人，其中大部分是外国人，对他们而言，自由意味着放纵，政治意味着掠夺，公共利益无足轻重……普选权变成了一种值得怀疑的福泽。"约翰·昆西·亚当斯总统之子查尔斯·弗朗西斯·亚当斯，也是美国内战前的废奴主义者，是从大陆视角看待这一问题的。"普选权在直白的英语中只能意味着无知与恶习的统治，"早在1869年他就嗤之以鼻地说道，"与之相关联的是大西洋沿岸的欧洲裔（尤其是凯尔特人）无产阶级、墨西哥湾沿岸的非洲裔无产阶级以及太平洋沿岸的华人无产阶级。"[38]

第十五修正案，作为重建时期修宪三部曲的终章，确立了"投票权"不得因"种族、肤色或之前的奴隶身份"而被剥夺的原则，并于1870年获得通过。然而，修正案墨迹未干，北方各州和地方政府就开始策划限制选民资格、削弱工人阶级社区政治影响力的种种措施。他们的想法五花八门，但都避开了修正案的规定。这些策略包括：将涉及预算和税收的选举单独分离出来，并将此类选举的投票权仅限于财产所有者（即他们眼中的利益相关者）；设立读写能力测试和制定更为严格的居住年限要求；实行全域选举，而不是以区和选区为基础的选举；减少选举次数，并将更多的地方官职改为任命而非选举产生；推进文官制度改革，以减少政党忠实追随者所获得的利益。他们对城市政治机器①尤为反感，视其为随移民选民涌入而膨胀的政治民主的化身，并郑重宣告要通过法律途径和改革立法将其

---

① 政治机器（political machine）是指一个组织强大、有影响力的政治团体，通常通过操纵选举和控制政府职位来维持和扩大其权力。——译者注

捣毁。在19世纪80年代之前，独立劳工党在许多城市和州开展了成功的竞选活动，但大多未能达到目标，因为仍有大量利益集团和选区支持扩张性（男性）政治民主。然而，他们为选民压制和选举权限制奠定了基础，这一基础在重建后的南方和镀金时代晚期的北方以及西部地区得到了进一步的强化和发展。[39]

加利福尼亚州是拒绝批准第十五修正案的几个州之一。该州于1850年带着一部禁止奴隶制的宪法加入联邦，然而在19世纪50年代，它却被同情南方的势力所主宰。州议员们以微弱多数否决了脱离联邦的企图，限制了黑人的公民权利，并将印第安人和华人都框定在高度强制性的劳动关系之中。到1870年，有关黑人出庭做证的歧视性法律已被废除，在共和党立法者的努力下，一种导致数百名印第安人（主要是妇女和儿童）沦为白人家庭奴仆的学徒制度也被取缔。然而，即使在共和党人看来，印第安人现在也是能够自由地去工作了，而非自由地不用工作了：严厉的《流浪法》会迫使印第安人从事数月的强制劳动，而在联邦监管下的保留地中，一种强制性的、通常为农业性质的劳动制度也被确立起来了，同时流动性也受到了限制。"锄头和斧头比拼字课本和《圣经》更能使人文明和基督教化。"一位共和党的联邦印第安事务专员预言道。他还指出，儿童尤其应该工作，直到"通过系统的劳动实现人性化"。在此，刑罚改革与自由劳动力市场的逻辑在转向强制劳动的过程中合流。[40]

令许多加利福尼亚白人感到愤怒的，并非原住民（根据第十四修正案被剥夺了出生公民权）或非洲裔美国人（人数很少）

第五章 束缚的方式

可能获得选举权的问题。真正触动他们神经的是华人的潜在选举权，华人已占该州劳动力的 10% 以上，他们遍布城镇乡村、矿山田间以及铁路建设工地之上。实际上，这一时期的解放运动对奴隶制和非自愿劳役的挑战，并未推动华工减轻生存重担，而是助长了一种驱逐主义，让人想起 19 世纪 30 年代，以及长期以来贯穿反奴隶制思想的遣返冲动。加利福尼亚州民主党人将华人称为"苦力"，他们将苦力视为奴隶，并虚伪地利用反奴隶制原则，企图将华人男女排除在州境之外：1870 年 2 月，第十五修正案获得批准后仅几周，他们就通过了一项名为"防止输入华人罪犯及防止建立苦力奴隶制"的法案。虽然一些共和党人当时提出了抗议，但越来越多的共和党人开始将排斥华人视为另一项反奴隶制措施：他们在国会的投票支持了极具非自由主义色彩的 1882 年《排华法案》。[41]

南北战争后制定的《流浪法》不仅对那些游手好闲、似乎抗拒参与劳动力市场的人采取了更为严厉和惩罚性的立场，还特别针对工业化进程中产生的新人群——迁徙劳工，这些人越来越多地被称为"流浪汉"，最终被称作"无业游民"。他们往来于城市与乡村之间，往往追随季节性的收获而移动，反映出资本主义雇佣关系本身的季节性特征。尤其是在大平原和远西部地区，随着大型且高度机械化的农场（有时被称为"丰收农场"）的出现，迁徙劳工如潮水般涌入农田，随后又流向伐木场、矿井、铁路建设工地以及那些可能找到工作的城市地带。[42]

因此，从 19 世纪 70 年代中期开始，北部和西部地区的大多数州都通过了法律，增强了地主迫使迁徙劳工接受其所提供的工资的能力，并将目标对准了那些徒步、乘船或乘火车"流浪"的人——这些人在火车站、轮船码头、酒馆和赌馆，乃至街头巷尾随处可见。一些地方设立了专门的治安官来逮捕他们，另一些地方则让当地警察负责执法，还有一些地方，普通公民也可将流浪者扭送至当局。然而，无论在何处，这些流浪者都面临着监禁，通常会被强制在县农场、公路、劳役所、矿山、采石场以及工厂中劳作。迁徙至洛杉矶的人被称为"冬季游客"，他们几乎占到了该市人口的10%，在洛杉矶监狱中的人数占比也很高。虽然墨西哥人和印第安人曾经在这些人中占多数（1855年该州的《流浪法》被称为"油腻者法"①），但到了19世纪末，流浪者和囚犯的绝大多数已是白人，尽管他们被种族化为"堕落的"、"不可救药的"和"卑鄙的"人。[43]

四

当第十三修正案于1865年赢得国会批准时，激进共和党人所构想的不仅是奴隶制在美国全境的消亡，他们还憧憬着"自由劳动"的胜利，这是他们至少二十年来一直颂扬并力图推广的理想。来自马萨诸塞州纳提克的联邦参议员（一位曾经的鞋匠）亨利·威尔逊坚持认为，"自由劳动"代表的是个人自主与赋权，

---

① "油腻者法"（Greaser Act）中的Greaser本义为"涂油工人"。在19世纪，Greaser是对墨西哥人的蔑称，这可能源于墨西哥人通常从事的最低等职业——给马车车轴上油。——译者注

而不是像奴隶制那样带来依赖与屈辱,这种制度对南方贫困白人造成的压迫,就如同对被奴役的黑人一样严重。自由劳动,即威尔逊反复阐述的"获得劳动成果的权利",将有助于提升穷人的地位,并赋予所有自由人的工作以尊严。自由劳动不仅是没有奴隶制或劳役的状态,更是一种积极正面的标志,承载着平等的地位与体面。它是文明与民主共和国的基石。[44]

然而,考虑到围绕着非洲裔美国人摆脱奴隶制、走向"自由"的过程中所面临的强制措施,以及伴随北方和西部雇佣劳动大规模扩张而来的种种强制手段,"自由劳动"在实践中究竟是什么?那种自由劳动本应体现的自愿精神,及其参与者本应具有的力量究竟体现在哪里呢?事实上,无论威尔逊这样的激进共和党人如何构想,自由劳动与工资关系并没有经历像废奴运动给奴隶制体系带来的那种根本性变革。相反,它们仍然被英国普通法的规定和"非自愿劳役"那有争议的含义所束缚。自由劳动与工资关系并不是自由理想的产物,而是"迟来的封建主义"的遗存,无论是在依旧存在的强制权力方面,还是在法院的司法管辖权上,皆是如此。[45]

这究竟意味着什么呢?美国革命之后,各州采纳了英国普通法,该法将雇佣劳动视为一种奴役形式——"为工资而服务",其管理遵循了主人与仆人间的法律规范。据此,劳动者被认为是"自由的",因为他们并不受法律上的隶属关系束缚,并能自愿地订立雇佣合同。与此同时,雇主则被认为对其雇员的劳动拥有一种财产权,合同存续期间,他们在雇佣关系中享有极大的权力。如果雇员在合同期满前离职或被其他雇主挖走,则可能会面临违约的处罚（这个挖人的雇主也可能因其未能抵御"诱惑"而受到惩罚）。虽然在18世纪的大部分时间里，这些违约责任往往会招致刑事处罚，但到了19世纪，它们大多转变为金钱处罚（实际上就是根据合同法"完全"履约的规定，丧失应得的工资），如若违约者是有色人种，那么他们面临的将依然是刑事处罚。[46]

最受影响的是那些农业劳动者，他们的合同通常是一年一签，从播种到收获都在田间劳作，报酬则要等到作物收割后才能拿到。倘若他们提前辞工，即使是出于对苛刻或虐待性待遇的反抗，他们也会丧失全部工资，除非能够证明合同是被无故终止的：这对于劳动者而言，几乎是一项不可能完成的任务。相比之下，雇主在设定工作条件和解雇工人方面有着极大的自由度，即便是在合同快期满时也不例外。农业雇主常会在季末解雇员工，从而获得相当于无偿劳动的那部分已完成的工作量。尽管机械化逐渐减少了北部和西部地区农业中全年雇员的数量（季节性的收获劳动已足以满足需求），但在南方，获得自由的黑人男女面临的风险尤其大。至少在棉花和烟草产区，他们成功地抵制了重新实行的集体劳役的做法，并努力争取到了分租佃农的身份，耕种由种植园和农场划分而来的地块。这似乎是一种小小的独立。然而，到了19世纪70年代，南方法院裁定，佃农在法律上属于雇佣劳动者：他们对自己种植的作物没有控制权，并且在扣除生活必需品债务后，他们收到的仅是作物的分成，而不是现金工资。佃农识字率低、受教育少，很容易成为无良地主的猎物，他们不仅可能在分成方面遭受欺诈，还可能在分成之前就被赶走。一旦重建时期的政府被赶下台，黑人佃农和其他劳动者便失去了申诉不公的

有效途径。⁴⁷

家仆、帮工以及许多技术工人同样可能同意签订长期（通常是一年期）合同，即使这些合同未以书面形式订立。他们如果中途离职，也会面临工资损失的风险。半熟练工和专业操作工在机械化工厂的人员配备中愈发重要，也面临着相似的问题。他们受制于工头、监工或承包商几乎绝对的权威。这种现象被称为"工头的帝国"，据记载，工头不仅掌控着招聘与解雇的权力，而且决定着工作的节奏与薪酬，他们奖赏那些顺从者，并对那些忤逆者施加惩罚，包括罚款。尽管工头本身出自技术工人的行列，但他们只听命于老板，而不是工人，时常被比喻为奴隶种植园中的监工。"工资奴隶制"这一概念，成为对镀金时代资本主义批判的核心，它涵盖了工作场所中的这种从属关系，以及随之而来的经济依赖和长时间的工作。⁴⁸

无论是主仆法律体系还是工头的帝国，都引发了关于第十三修正案所禁止的非自愿劳役的定义这一根本问题。直至18世纪乃至19世纪初期，法律文化中都承认自愿劳役与非自愿劳役之间的区别——前者是通过契约达成的。尽管东北部各州的立法机关在1780年至1804年间颁布了解放法令，《西北条例》似乎也对中西部的社会组织进行了规范，但并没有对契约奴进行相应的打击。事实上，在新英格兰和中大西洋地区，解放过程往往是由法院批准的、从奴隶制向期限不等的契约劳役的过渡。《西北条例》也是以这种方式规避的。渐渐地，雇员为追讨工资而提起的诉讼迫使各州法院不得不处理这些问题，并开始朝着不同的方向发展。到19世纪中叶，越来越多的人认为，自愿劳役和非自愿劳役是没有区别的,它们是一回事,因此任何形式的劳役都是对自由劳动地位的一种不可接受的侵犯。[49]

尽管如此,强制性劳动的界限依然模糊不清。尽管马萨诸塞州和印第安纳州的法院裁定,自愿劳动的定义在于劳动者有权合法地辞职,即能无须承担罚责地停止劳动;伊利诺伊州和新墨西哥地区的法院则判决,只要劳动协议是自愿订立的,那么合同期限的长短以及带薪离职的要求便与劳役问题无关。认识到这些裁决所确立的契约与劳役的双重结构,国会试图将马萨诸塞州和印第安纳州的观点变为法律,颁布了1867年的《反苦役法》,但这一努力仍未成功。模棱两可的情况依然存在,尤其是当案件涉及南方以外的地区时。直到20世纪初,最高法院才开始接手这一议题,并按照马萨诸塞州和印第安纳州法院所奠定的思路做出裁决。[50]

这些相互矛盾的判决表明,法院在界定雇佣关系的性质及其权力平衡中发挥着核心作用。尽管在制造业和商业领域,法院逐渐偏离了普通法的先例,转而采用一套基于契约自由的理论,但在劳动领域,它们大多仍然固守普通法,常常使用基于主仆关系的语言。事实上,似乎出现了两种不同的法律体系,各级司法机构的社会构成揭示了这种情况的原因。南北战争后的最高法院主要由来自东北部和中西部地区的共和党大法官主导,他们一般倾向于党内的温和派与保守派。他们在19世纪七八十年代的主要判决,不仅缩小了第十三和第十四修正案,以及1866年和1875年《民权法案》的适用范围,而且因此加强了南方各州黑人劳工雇主的力量,这些雇主希望使用强制剥削手段和准军事手段来镇压罢工和其他黑人的政治动员。其他被任命的联邦司法人员几乎清一色具有共和党背景和资产阶级出身背景,他们的观点是由商业、制造业或金融业的世界所塑造的,他们所受的教育使他们熟悉社会达尔文主义、普通法以及美国内战前法院的经济工具主义。[51]

在州一级,情况也许有所不同,因为法官可能是通过选举而非任命产生,并且这些职位由民主党和共和党人士共同担任。然而,实际情况是,当我们从地方法庭和其他基层法院转向更高层级时,法官们的社交背景和法律倾向却惊人地一致。他们要么出身于特权阶层,要么得到这些阶层的支持,热衷于扩大自己的司法权力,拥护契约自由,并普遍认为工人应对其对抗雇主要求的行为负责。结果,为了"自由劳动"和劳工权利——按照劳动人民的理解——的斗争,发生在两个截然不同且权力极不对等的领域。一个领域是立法层面(市政和州级),在这里,由农村和城市生产者组成的工人阶级选区可以选出同情他们的代表,这些代表可能会提出与工时、工资和工作条件相关的改革法案。八小时工作制是当时的重大议题(当时的标准是十小时或更长时间),是大规模动员的源泉,并因此取得了一些突破。而另一个领域则是法庭,在这里,主仆逻辑和契约自由占了上风,当雇主对改革立法提出异议时,劳动人民往往会遭受重挫。在司法审查的最终权力中,"迟来的封建主义"显而易见。[52]

在 19 世纪早期的几十年里,学徒和熟练工人曾试图组织起来捍卫自身行业和他们所面临的新型剥削,但法院长期以来一直使他们步履维艰。在南北战争后的时代,法院很快就发布了针对罢工者及其工会的禁令,并允许使用联邦军队、州民兵或新组建的国民警卫队来镇压劳资纠纷，以维护雇主的利益。尤金·V. 德布斯，美国铁路工会主席，在1894年普尔曼罢工期间因违抗这样的禁令而被捕入狱，他对法院的权力如何发挥作用体会深刻。"当工人们发现我们被捕并被带离现场时，"德布斯在面对联邦罢工调查委员会做证时说，"他们立刻失去了斗志，罢工也就此结束。终结罢工的并不是士兵，也不是工会，而是美国的法院。"实际上，法院不仅代表了雇主的利益，还赋予了他们所需的警察权力——雇佣枪手、义警团体和私人武装——以击败罢工工人，并强化雇佣关系中的强制边界。不久之后，企业形式的雇主将根据第十四修正案获得实质性正当程序的保护，建立起自己的小王国（有时相互勾结），当市议会和州立法机构试图对他们加以限制时，就会有顺从的法院来执行他们的计划。[53]

五

一些学者和政治观察家迅速地通过同质化处理，简化了19世纪社会发展的复杂性：他们坚持认为，奴隶制在南方以其他形式延续；认为囚犯租赁及相关的监禁压迫便是这些形式之一；认为第十三修正案只是个脆弱的屏障，其"例外条款"不足以防止重新奴役；认为囚犯劳工可以被视为"国家的奴隶"；还认为吉姆·克劳法紧随重建时期而来，并通过将黑人排斥于南方正式的公民和政治生活之外，为重新奴役黑人提供了法律支撑，就像奴隶制时期一样。毋庸赘言，这种观点有其证据支持，黑人也可以将解放后南方的一些权力结构（尤其是囚犯租赁制度）描述为"比奴隶制更糟糕"。

然而，通过简化这段复杂的历史，我们回避了对席卷欧美世界的各种强制形式的讨论，也回避了反对其中最恶劣的形式——奴隶制和非自愿劳役——的努力，最终回避了如何为其他形式的强制提供了道德许可的问题。我们应予关注的历史人物并非那些从未真正放弃奴役观念的奴隶主及其继承者，他们始终认为奴役是上帝为非洲裔人乃至欧洲裔和亚洲裔穷人所规定的适当地位。他们长期以来坚持认为，不平等和差异决定了人类的境况，各种形式的强制对于任何社会的秩序与繁荣都是必要的。相反，我们应当关注的是那些自认为是启蒙人文主义者的人：他们逐渐发现奴隶制和劳役令人憎恶；他们相信法律面前人人平等，能够进行改革和自我完善；他们在权利、政治实践、经济活动和进步主义方面最契合自由主义理念；他们满怀希望地展望未来，而不是怀着恐惧或怀旧之情回顾过去。我们应当关注他们，因为他们正在创建和塑造旨在驾驭瞬息万变的世界的制度，虽然他们对人类的效能充满信心，但他们也可能对权力的实际运用及其意义视而不见。

他们中的许多人认为解放与惩戒监禁不仅是必要的，而且是互为补充的；他们将自由劳动与严苛的《流浪法》视为同一社会现实的两面；他们虽憎恶奴隶制，却认为囚犯劳动是可取的，即使在工作场所可能产生近乎奴役的情况下也赞美契约自由——这些并不仅仅是术语上的矛盾，而是连贯的思想与阶级意识的一部分，其中，自由乐观主义与对社会秩序的构想交织在一起，在这种秩序中，权力可以在被行使的同时被否认。作为刑罚改革的倡导者，他们很快就接受了刑罚奴役；作为奴隶解放的拥护者，他们力主制定《流浪法》；他们构想了一个发扬人类潜能与能动性的世界，同时设定了文化和行为标准，而工人阶级和穷人、有色人种的男人和女人往往难以达到这些标准。在每一种情形下，某种形式的排斥与强制管教都被视为正当且必需的补救措施。对于自由主义者所发现的问题，非自由的解决方案似乎总是首选。因此，19世纪与其说是奴隶制向自由的过渡，不如说是强制做法的边界发生了变化，其中一些是旧有的且持续存在的，另一些则是新的且可能隐晦难明的，它们大多数都保留了非自由的成分——即使它们是由自称的自由主义倡导者提出的。我们至今仍然生活在他们留给我们的东西之中。

第六章

非自由主义的现代化

CHAPTER
SIX

当玛格丽特·桑格在1921年创立美国节育联盟时，她热切希望欧文·费雪能加入其董事会。费雪是一位在耶鲁大学受过严格训练的经济学家，亦是威廉·格雷厄姆·萨姆纳的得意门生。在新古典经济学这一新兴领域，费雪贡献卓著，以至于约瑟夫·熊彼特评价他是"美国有史以来最杰出的经济学家"，这一评价后来也得到了詹姆斯·托宾与米尔顿·弗里德曼的认同。然而，在桑格看来，费雪的重要性不止于此，其在另一领域——优生学也做出了开创性贡献。1913年，费雪出版了一本小书《优生学》，并很快成为优生学理念的热情传播者。在1915年召开的第二届全美种族改良大会上，费雪就当时所谓的"种族退化"现象进行了反思，并向听众表达了他的信念："倘若人生可以重来，我将更加坚定地投身于优生学的研究"，因为它"是救赎人类的最重要、最有希望的手段"。在首届美国节育会议召开前两个月（正是在这次会议上美国节育联盟成立了），费雪不仅协助桑格筹备了此次盛会，还在随后举行的第二届国际优生学大会上扮演了关键角色，这场大会恰如其分地选在了纽约自然历史博物馆举行。[1]

桑格与费雪的密切合作绝非偶然，桑格还邀请了《有色人种崛起：对白人世界霸权的威胁》（1920年）一书的作者洛斯罗普·斯托达德加入联盟董事会。对桑格而言，节育不仅仅是一种为女性赋权的方式，它同样是控制和改善人口状况的工具。"召集此次会议，"桑格阐述道，"并非为了汇聚我们一贯的支持者——那些节育运动的倡导者……而是为了吸引新的面孔……这些人士在社会机构及其他团体中，为了实现与我们相同的目标——构建更美好的国家并消除疾病、苦难、贫困、不良行为及犯罪——而不懈奋斗。"她进一步指出："无论在什么地方，我们都面临着这样的现实：大家庭与贫困总是相伴；我们目睹了国家中最健康、最具适应力的部分正肩负着日益增多的不适应者的重担——不适应者日益增多的趋势若持续下去，有可能使我国体格健壮的人口消失殆尽。"联盟的愿景在于"提升母亲身份的社会价值"，以期"孕育出更加优质的后代"。为此，她呼吁开展"关于无序生育同犯罪、缺陷及依赖性之间关联性的研究"，推动"对精神病患者与智障人士实施绝育手术"，并主张"废除那些促进非优生学生育的州和联邦法规"。[2]

玛格丽特·桑格是通过社会主义和工人阶级女权主义的途径接触到节育和优生学的。她出生在纽约州科宁市的一个工业小镇，是家里11个孩子中的第6个。在完成护理培训后，她搬到纽约市，投身于格林威治村内涌动的社会和政治激进主义思潮。1914年，她创办了名为《女性反抗者》的激进杂志，杂志的标题页上赫然写着"没有神也没有主"（no Gods no Masters）的口号，这与1912年马萨诸塞州劳伦斯市世界产业工人联盟（IWW）的组织者（如同此前的无政府主义者那样）所秉持的理念遥相呼应——桑格当时亦在场。在该杂志中，避孕不仅是一种个人选择，更是对"工资奴役"、"资产阶级道德"和"贪婪富豪"的广泛抗议的一部分。尽管桑格的读者群有限，但她还是引起了美国检察官办公室的注意：她因涉嫌违反恶毒的《康斯托克法》——该法禁止传播"猥亵、淫秽、下流和不道德"的材料——而面临9项指控。为了避免可能的定罪和牢狱之灾，桑格逃离了美国，并在英国遇到了著名的性心理学家哈夫洛克·霭理士，后者的作品对她来说早已不陌生。霭理士向她介绍了优生学的概念及科学生育的思想。当桑格重返美国之时，优生学已成为其节育构想中不可或缺的一部分。[3]

科学生育，也就是后来由查尔斯·达尔文的表亲弗朗西斯·高尔顿命名为"优生学"的概念，其在美国的起源可追溯至19世纪中期的社群主义实验，并逐渐汇聚起一批支持者，其中包括维多利亚·伍德哈尔。伍德霍尔在1891年撰文称："若希冀出现卓越之人，必先施以精心培育。"到了20世纪初，越来越多的州颁布了优生绝育相关法律，1911年，时任新泽西州州长的伍德罗·威尔逊签署了一项此类法案。1910年，卡内基研究所在纽约冷泉港设立了优生学记录办公室，不久之后，西奥多·罗斯福向该办公室负责人表达了这样的观点："社会不应容许堕落者繁衍后代。"第一次世界大战期间的征兵似乎进一步凸显了行动的紧迫性：征兵心理测试〔为后来的智商测试和SAT（学术能力倾向测验）考试奠定了基础〕表明，超过半数的美国人口"智力低下"。[4]

玛格丽特·桑格尤为关切"智力低下者"这一重大议题，她相信这类人群是"堕落、犯罪与贫困"的根源。关于"节育的哲学"，她在1922年写道，"它揭示了一个事实：只要文明社会继续鼓励无节制的生育……它们就将不断面对愈发严峻的智力低下问题。"她坚称，没有任何"文明的威胁"比"不适合生育者"与"适合生育者"之间出生率的失衡更为严重，也没有任何问题比"心智与体魄存缺陷者的过度生育"更为紧迫。因此，首届美国节育会议"标志着我们在应对社会问题方法上的一次转折"，它"清晰地表明……最深邃的思想家"如今视"此问题为美国文明最亟须解决的问题"。他们"正逐渐认识到，在涉及广大民众时，质量因素较之数量因素具有头等重要性"。事实确乎如此。支持并参与节育会议的人物包括《新共和》杂志编辑赫伯特·克罗利、斯坦福大学校长大卫·斯塔尔·乔丹、自然保护主义者吉福德·平肖、历史学家威尔·杜兰特、社区服务组织者莉莲·沃尔德、小说家西奥多·德莱塞，以及未来的英国首相温斯顿·丘吉尔，此外还有哈夫洛克·霭理士、洛思罗普·斯托达德和欧文·费雪。[5]

优生学常被视为进步时代主流趋势的一个注脚，但即使在与进步主义左翼相关的人群中，优生学也被广泛接受，这应该引起我们的警惕。事实上，优生学很好地融入了社会工程这一更大的项目，这一项目自19世纪最后几十年开始吸引科学家、知识分子和政策制定者的关注，并在20世纪的最初20年里对越来越多的现代主义者产生了强烈的吸引力。社会工程承诺解决南北战争后工业化、移民潮及阶级冲突所带来的巨大挑战，并围绕新的制度和情感重构美国的经济与政治生活。事实证明，这一理念是将法团主义、科学管理、政治官僚化、种族隔离及帝国主义联系在一起的纽带。到了20世纪20年代，社会工程推动了禁酒令、移民限制以及"百分百美国主义"的兴起。虽然许多历史学家认为这一时期标志着自由主义国家的形成，但社会工程的广泛实践同样孕育了一种经过重组且更为强大的非自由主义形态，其中社会等级制度得到了科学的支撑，权利变得越来越因人而异，人口依据智力和能力被划分成不同的类别，国家机器则以更具强制性和限制性的方式运作。从国际视角出发，同时结合基层的反激进主义和反移民暴力（下一章节将详细探讨）来看，20世纪20年代初的美国正踏上一条与当时风行欧洲的法西斯主义相似的道路。

一

在纽约举行的第二届国际优生学大会被视为"国际性"大会，这表明助推了优生学思潮的担忧与恐惧有多么广泛。参会者与讨论嘉宾有的来自英国，有的来自欧洲大陆，还有的来自墨西哥，而致力于推广优生政策的社会组织则在太平洋与大西洋两岸蓬勃发展——它们皆由1921年成立的国际优生学联合会统一协调。当时，科学研究获得了新声望，应对现代化社会挑战的需求也应运而生，基于这些，优生学似乎提供了一种能够得到开明精英和受教育公众共同认可的解决方案。优生学吸纳了由格雷戈尔·孟德尔在19世纪开创的遗传学理念（让-巴蒂斯特·拉马克在18世纪也略有贡献），它激发了一种信念：科学与国家政策的联姻能够指引人类摆脱冲突与困苦，迈向进步与完善。不出所料，随着优生学受到越来越多的推崇，新的种族观与"种族关系"理论也随之浮现，其认为种族等级制度是可以管理的，种族之间的互动也是可以精心安排的，这样就可以避免国内和殖民地的动荡。诚然，优生学及相关社会工程项目的发展深受政治环境影响，但几乎在所有地方，它们都体现了人们对启蒙时代及其后19世纪自由主义态度的幻灭。尽管在这一方面，人们的目光常常聚焦于法国、意大利，特别是德国，但美国提供了一个同样令人不安的例子，展示了同样的趋势。[6]

无论是出自左翼还是右翼，镀金时代（约1877年至1896年）的社会批判均针对自由主义思想与自由社会：对个人主义的推崇，市场竞争关系，追求私利，以及代议制政府体系。自称为"生产者"的工人和农民的运动蓬勃发展，他们谴责财富和权力的"垄断"，抨击导致"工资奴隶制"的"工资制度"，并对"有钱人"及其爪牙对政治进程的腐蚀予以严厉批评。"强盗大亨"与"金钱王侯"是他们攻击对手保皇主义和贵族主义的贬称，他们则聚集在"合作共同体"的旗帜下。另一方面，老派上层阶级成员，即那些没落的地区精英，在目睹自身地位和特权不仅被新兴的工业家和银行家阶级取代，而且被鄙俗的城市市民以及大量贫穷移民取代之后，转而反对现代文化及其所预示的一切。他们视自由主义所倡导的"自主的自我"（autonomous self）为一种幻想，认为其关于权威的观念缺乏合法性。一些人渴望回到工业革命前的世界，那里有组织严密的等级制度、充满匠心的手工艺品、田园诗般的俭朴生活，他们甚至怀念中世纪的战斗，寻求那似乎已被现代性排除在外的"真实"体验。[7]

然而，影响最为深远且持久的批判之声，源自自由主义工业化社会自身所孕育的新社会群体。这些群体中的成员许多出生于19世纪中叶，来自新教中产阶级家庭，受益于高等教育，不少人曾赴欧洲游历或求学，并在蓬勃发展的专业领域和改革组织中扮演了关键角色。他们虽出生得晚，未能亲历南北战争，却是在重建时期的挫败感、19世纪70年代与90年代的经济大萧条以及工业资本主义所激起的暴力冲突中成长起来的。他们包括经济学家与社会科学学者、社会改革者与社会福音运动牧师、工程师与化学家、哲学家与教育家、商业巨擘与劳工领袖。他们的见解各不相同，但共同持有这样一种信念：19世纪的价值观已无法满足当下及未来的需要。[8]

他们主张，社会并非由孤立的个体构成，而是由设定并追求共同目标的集体组成。竞争的结果并非社会与经济的进步主义，而是资源的浪费、矛盾的加剧与效率的降低。各级政治领导人行事的动机，并非出于公共福祉的考量，而是对权力、地位和个人利益的追求。尽管他们中的一些人对"联营"（pools）、"托拉斯"以及其他组织形式满是谴责，但大多数人都接受了大型经济机构——诸如集团公司及其他大型企业——的发展趋势，同时寄希望于通过行政国家的有效管理来驾驭这些机构。他们认为科学方法和社会实践经验对于进步主义至关重要，并热衷于接纳社会进化论的思想。他们将合作——有些人称之为"联合"——视为公共生活的目标，认为非政治领域的专家、管理者和创新者是替代腐败政客的关键人物，这些政客只对其贪婪且狭隘的选民负责。

不少人受到了社会主义及社会主义计划的影响，但正如更广泛的社会民主主义者一样，他们并不质疑生产资料的私人所有制，也不希望向那些可能质疑这一所有制的社会群体赋权。[9]

很少有知识分子或专业人士能像赫伯特·克罗利那样深刻而全面地把握这些观念的精髓。克罗利是一位游历广泛的作家兼政治思想家，1915年他成为《新共和》杂志的创始编辑之一。6年前，他出版了《美国生活的承诺》一书，这本书使他在进步主义政策制定者和领导人中声名鹊起，尤其是赢得了西奥多·罗斯福的赞誉。克罗利不仅对19世纪和20世纪之交的美国现状进行了广泛而深入的批判，还勾勒出了一份旨在服务于他所称的"国家使命"的重组蓝图。他意识到，镀金时代（19世纪末美国的工业化时期）的社会动态导致了"财富与金融权力集中于少数不负责任人人手中"。在他看来，这不仅破坏了美国经济的根基，而且"对民主构成了威胁"。然而，他将此归因于"我们政治与经济组织中混乱无序的个人主义的必然结果"，而非经济和政治制度本身的固有问题。在此基础上，他指出了具有深厚基础的杰斐逊传统的影响，并呼吁将"个人"置于"美国国家"的需求之下，因为唯有国家才能实现"在道德和社会层面十分理想的财富分配"。[10]

克罗利代表着一种新型的国家主义者。他的国家主义不仅关乎精神与个人身份，更关乎组织与目标。他不认为"实现我们的国家承诺"是自然而然的事，而是强调这需要基于"一定的纪律……以及较大程度的个人服从与自我牺牲"的"自觉努力"。对国家的忠诚必须通过"积极的服务"来培养，这包括"对商业的监管、对集团公司的控制,以及与财富分配和防止贫困有关的更为激进的问题"。尽管克罗利认为州和市镇政府的地方权力与影响力存在问题,但它们仍可以作为"中央政府的代理人"来提供这些服务。

克罗利承认,很多美国人可能会认为他的"重建政策"是"明目张胆的社会主义",但他对此并不在意,也没有兴趣"回避这个词"。与其他许多进步主义者一样,克罗利将社会主义思想视为社会变革综合方案的一部分,同时坚持"以某种形式保留私有财产制度"。在他心目中,汉密尔顿而非马克思才是这种目标的典范,他赞扬西奥多·罗斯福"复兴了汉密尔顿式的建设性国家立法理念"。凭借"新国家主义",罗斯福"将美国民主从杰斐逊主义的枷锁中解放出来",并赋予"民选政府……更大的权力、更积极的责任感,以及对人类卓越的更强信心"。通过为"具备特殊才能与训练的人……提供更多为公众服务的机会",罗斯福奠定了"一种新的国家民主",而既然这种民主"必须基于人类可能达到的完美性这一平台",那么"改进男女繁衍的方法"就显得尤为重要了。[11]

二

无论赫伯特·克罗利如何嘲笑"目前权力集中于少数不负责任之人手中",他都不是小制造商或小生产者的代言人。在他心中,集团公司才是发展的理想形态。集团公司拥有全国性的视野与影响力，组织结构集中而非分散，"大公司……提升了经济效率"，是"工商业朝着更好的组织方向迈出的重要一步"。事实上，克罗利认为，集团公司"以合作取代了竞争"，这种"工业组织的过程应该让它自己完成"，由"中央"而不是"各州"进行管理监督。集团公司是一种"符合国家利益"的机构，将为"能力出众的人提供从事真正具有建设性的经济工作的机会"。至于"大型公司的小型竞争对手"，如果"无法凭一己之力维持生存"，克罗利嘲讽道，"就应该任其沉没"。[12]

克罗利绝非孤立发声。他实际上融合了20世纪初的众多思想潮流，并与国家中一些由最杰出的工业和金融资本家组成的私人协会、游说团体、非正式网络以及个人联盟（个人联盟在某种意义上可以说是一种社会运动）的活动相结合。这些群体意识到资本主义过度扩张所带来的政治风险，并对来自"民粹主义"和"地方主义"选区的立法压力感到不满，他们寻求推进新政治经济制度下的财产权利、司法规则和阶级关系。尽管在条款和平衡问题上存在分歧，并将继续争论不休，但他们都能团结在一面可以名为"公司资本主义与管理型市场"的旗帜之下。[13]

集团公司这一组织形式相对较新，而"大公司"的出现更晚一些。在19世纪末之前，即使是那些规模逐渐壮大且日益一体化的制造业企业的所有权，也掌握在个人、家庭或合伙企业手中。他们通过动用个人资源、再投资利润或商业借贷来筹集资金，并往往依赖当地商人进行产品分销。他们努力扩大市场影响力，促成了在法律上有争议且政治上饱受质疑的"联营"和"托拉斯"的应用，工业资本与金融资本之间的联系日益紧密，这使得制造业及相关行业的私有性质变得越来越不合时宜。集团公司形式由铁路行业率先采用，并得到最高法院判决的支持以及一些州的慷慨政策扶持，这不仅解决了前述许多问题，更标志着一种全新资本主义形态的诞生。[14]

这种新形态创造了一种新的社会关系和财产权利，赋予了集团公司前所未有的权力、特权和保护。所有权在股东之间实现了"社会化"，责任受到限制，董事会不仅获得了法律地位，而且由于新泽西和特拉华等州有利的公司注册法（当时联邦层面还没有公司注册法），它们可以持有其他集团公司的股票，从而拥有这些公司的所有权。因此，到了20世纪初，不论其主营业务位于何处，绝大多数大型集团公司都选择在新泽西州注册，而所谓的"控股公司"（即专门为获取其他公司所有权而设立的公司）一度获得了法律上的认可。当需要筹集资金时，公司经理们将目光投向了新的机构，这些机构要么诞生于南北战争时期，要么在战时财政紧急的状况下得到壮大。这些机构是股票和债券市场、经纪公司和投资银行，而非个人或公司的小金库。公司的资产总额可以远超其实物资产——工厂与设备的价值。[15]

集团公司权力的基石，是由美国最高法院在涉及政治责任与经济垄断的案件中奠定的。在1886年一起涉及税收的案件（圣克拉拉县诉南太平洋铁路公司案）中，最高法院宣布，根据第五修正案和第十四修正案，公司享有与"自然人"相同的正当程序权利。国会迅速响应这一指导原则，在制定《谢尔曼反托拉斯法案》（1890年）时明确规定："本法中所使用的'人'或'人们'一词，应理解为包括公司和协会。"由此，公司将享受保护，免受各州施加的侵略性法规和税收的袭扰（因为它们不针对个人），同时还享有"自然人"无法拥有的、特定类型的财产地位。进一步地，在解释反托拉斯立法的关键概念"贸易限制"时，最高法院采用了"合理性规则"，区分了"合理"与"不合理"的限制。自此，公司规模或市场份额本身不再构成非法合并的直接证据。因此，1897 年至 1904 年间席卷全美的公司合并浪潮（使美国一半的制造业资本落入了最大的 300 家公司掌控之下）并未遭遇法律诉讼与立法的实质性障碍。当合并热潮退去时，美国钢铁公司、通用电气、标准石油、杜邦和美国烟草等巨头脱颖而出，成为新时期的代表。[16]

集团公司的愿景远不止于董事会和股东，更深入到了工作场所，这里社会工程的概念展现出了尤为强大的生命力。19 世纪末的劳资斗争与激烈竞争促使管理者提升生产流程的效率，并在多个层面上挑战了工厂车间中熟练工人和工匠的权力，而这些工人和工匠掌握着组织工作所必需的技术知识。机械化、专业化与同质化成为前行的方向，使得半熟练的操作员取代了熟练工人。然而，更具吸引力的是"科学化"或"系统化"管理，这反映了科学与工业之间日益加深的联系，以及人们对于在制造过程中引入秩序与效率的兴趣。在这方面，机械师出身的工程师弗雷德里克·温斯洛·泰勒通过对时间与动作的研究、方法的标准化以及强制性的合作（通常称为"泰勒制"）指明了道路，助推生产的控制权从车间工人手中转移到监督他们的管理者手中。[17]

然而，公司面临的"劳工问题"不仅仅关乎谁掌握了运营所需的知识，还关乎劳工与资本之间相对权力的较量。企业对新生的工会怀有深深的敌意，并得到了法院的支持，后者普遍将工会和集体谈判视为对合同自由的侵犯和对贸易的非法限制。为此，公司一直在通过削减工资、发布禁令、解雇员工、雇用破坏罢工者以及部署准军事人员等手段来保护其财产和利益。但是，一些企业领导者萌生了新的想法，他们设想与劳工之间的一种合作关系，而不是对立关系。赫伯特·克罗利对此进行了精辟的阐述。

尽管克罗利对那些"言谈之间仿佛与现存社会和政治秩序为敌"的"激进工会主义者"进行了严厉批评，他对"非工会劳工"也持有几乎同等程度的鄙视，称其为"工业弃儿"，认为这些人"迷失了方向……宁愿追求个人利益而非与共事伙伴共享利益"。对于克罗利而言，集体谈判和工会组织的权利对于构建高效的经济秩序至关重要，工人们对于最低工资和工作时长的要求必须得到满足。"工会理应受到支持，"他写道，"因为它们是最有效的机制……用于改善劳工阶层的经济和社会状况。"承认工会的存在完全"合情合理"，工会是按照公司集体主义原则组织起来的经济体系的关键部分，也是对抗"不合理的诉求"（如"最大限度的工作量和薪酬"）的唯一途径。然而，克罗利对一些工人的工团主义（即将工作场所视为社会和政治组织的基础）倾向表达了某种程度的同情，同时也区分了"好"工会和"坏"工会，并支持雇主"拒绝承认那些制定有害于适度的个人经济差异和独立的劳动条件与规则的工会"。在这些情形下，雇主组建克罗利所说的"反工会"——实质上是公司联合会——将是明智之举，这样就能逐步将劳资双方的组织"融入国家化的经济体系之中"。[18]

第六章 非自由主义的现代化

克罗利的部分理念在1900年成立的美国全国公民联合会（NCF）中早有体现，该联合会旨在汇聚商业、劳工及"公众"领域的领导者，共同应对美国工业资本主义所面临的危机。联合会成员包括诸如塞缪尔·冈珀斯（美国劳工联合会）、约翰·米切尔（美国矿工联合会）和丹尼尔·基夫（国际码头工人联合会）等工会领袖，以及来自新闻界、教会、教育界和政界的杰出人物，例如威廉·霍华德·塔夫脱、格罗弗·克利夫兰、哥伦比亚大学的尼古拉斯·默里·巴特勒和哈佛大学的查尔斯·W. 艾略特。然而，美国全国公民联合会主要由一些大公司的实业家和银行家主导——如奥古斯特·贝尔蒙特、安德鲁·卡内基、查尔斯·弗朗西斯·亚当斯二世、赛勒斯·麦考密克、J. P. 摩根投资公司的多位合伙人等，并由俄亥俄州联邦参议员、政治操盘手及商业巨擘马克·汉纳领导（克罗利在1912年为其撰写了传记）。该联合会希望通过务实的方式尝试新方法并调动国家力量进行改革与重构，一边是左翼的劳工激进分子和社会主义者，一边是右翼的、以美国全国制造商协会为代表的小型工业家（偶尔被讥讽为"无政府主义者"），它想在两者之间找到一条中间道路。与克罗利一样，该联合会对反托拉斯和公司监管问题持"国家"视角，并致力于向立法者和公众普及其观点和看法。有时，美国全国公民联合会还会起草法案范本，并最终促成了《克莱顿反托拉斯法》（1914年）、《联邦贸易委员会法》（1914年）和《联邦储备体系法》（1913年）的制定。[19]

即便如此，美国全国公民联合会最关心的仍然是劳工问题。与克罗利一样，该联合会的部分成员开始认识到保守工会主义的必要性，或者至少接受非正式的纠纷调解方法。汉纳希望能够"以最好的方式让有组织的工会劳工美国化，并充分教育他们理解自身责任"，从而使工会劳工能够成为资本家的"盟友"而非"对手"。为此，美国全国公民联合会成立了"工业部"，以促进集体谈判，并着手处理工伤补偿、童工的使用、全行业合同以及企业对工人的责任等议题，力图通过这些措施鼓励劳资合作和统一监管立法。1902年，西奥多·罗斯福总统对美国矿工联合会在宾夕法尼亚州东部发起的无烟煤矿工大罢工进行了干预，迫使煤矿经营者坐到谈判桌前，这一行动得到了汉纳的热烈支持，似乎为未来树立了一个榜样。虽然当时还很少有工业家愿意接受任何形式的集体谈判或对工会的承认，但一种法团主义的愿景（即大规模的工业社会工程）的轮廓已清晰可见，正逐渐成形。[20]

三

赫伯特·克罗利自视为现代民主的捍卫者，推崇一种充满活力、覆盖全美的民主模式，由大型机构、受过良好教育的男女以及一种体现为"集体目标"的人民主权所驱动。同时，他也是19世纪盛行的杰斐逊式民主的大力批评者，认为这种民主向个人和地方赋权过多，导致了狭隘主义和腐败现象。对于诸如澳大利亚式（无记名）投票、直接初选和文官制度改革等政治改革措施，克罗利持怀疑态度，他想象的是一个由有能力、无党派的行政官僚管理，并以民众的忠诚为后盾的国家政府。在腐败现象最为严重的地方（市镇）层面，他相信解决方案可能在于一位"任期较长的"民选行政长官，"由其任命"的行政委员会，以及"从大选区选出……并通过某种累积投票制度产生的"立法委员会。[21]

克罗利抓住了进步主义政治改革派的主要特点，即从类似于公司的角度看待民主：强调效率、专业知识、良好的管理和制度忠诚，同时谴责腐败、欺诈和无能的现象。当那些对国家目标有着深刻认识的公民挑选出训练有素、胜任治理任务的公职候选人时，真正的民主就得到了最好的体现。由于这并不符合美国任何层级政治体系的运作方式，因此进步主义改革者寻求建立无党派委员会、实行全域选举、建立高层集中的行政机构，并削减选民基数，从而剥夺那些没有受过教育、不负责任和不忠诚之人的选举权。

可以肯定的是，精英阶层对大众民主潜在风险的担忧在共和国诞生之初就显而易见了。尽管在19世纪的头几十年，随着几乎所有成年白人男性获得了选举权，这种担忧一度减弱，但到了19世纪四五十年代，随着成千上万贫穷的爱尔兰天主教移民涌入无技能工人阶级行列，并向民主党靠拢，这些担忧再度升温。由辉格党和"一无所知派"率先发起的本土主义立法（特别是在东北部地区），为爱尔兰天主教移民的政治参与设置了障碍，并为南北战争结束后，以及黑人在南北两地革命性政治赋权的浪潮平息后的新一轮反民主骚动奠定了基础。

最响亮的警钟是由新教精英敲响的，他们为自己所失去的那个政治世界哀悼，同时也对似乎即将继承的令人不安的新世界忧心忡忡。在这个新世界里，"成千上万不安分的工人，大部分是外国人"正在侵占这个国家。南方的前奴隶主、西部的土地大亨、开发商乃至白人工人都加入了这些精英的行列，他们对周围的黑人和不同种族的群体，尤其是墨西哥和中国劳工投以敌视的目光，认为这些群体污染了选票，进而玷污了政治体制。他们这样做是在质疑19世纪美国人所理解的"普选权"概念，认为这种权利受到了无知和恶习的威胁。他们认为，选民需要"净化"，投票箱需要"净化"，这样"有教养的人"才能在治理中恢复其应有的地位。[22]

尽管拥有财富与地位，这些精英，包括所谓的"自由派改革者"（即那些对政府过度支持各族裔工人阶级感到不满的共和党人）依然面临重重困难。在工业城市和城镇中，工人阶级的政治力量（有时是借助城市机器的动员）通过民主党、绿背劳工党或独立劳工党，已经在政治舞台上站稳脚跟，展示了他们赢得公职并实施有利于选民政策的能力：这是早期的"煤气与水社会主义"实践，主张市政当局对公共设施的所有权。在前奴隶制时代的南方，获得选举权的自由黑人在工会联盟和重建时期共和党的帮助下，改变了种植园地区的权力平衡，在与大地主的较量中也不落下风，并在一些地方经受住了白人准军事组织的冲击，保持了政治上的积极性和影响力。即使重建政府被推翻，第十四和第十五修正案也通过保障法律的平等保护和禁止基于"种族、肤色或先前的奴隶身份"剥夺选举权，使白人摧毁黑人权力的努力变得没那么简单。至少在国会议员中的共和党人准备采取行动的情况下是这样。[23]

一个旨在使获得投票权和公民身份更为困难的试验时期开始了，尽管成果毁誉参半。正是19世纪八九十年代在国际范围内发生的社会和政治动荡，为政治"改革"提供了决定性的推动力。实际上，不仅是19世纪80年代的大罢工或八九十年代的政治起义（有时涉及跨种族联盟的民粹主义）发挥了关键作用；对起义的残酷镇压（常常伴随着致命的军事和准军事暴力）也促成了更多的成功。尽管最残酷的镇压和大规模剥夺选举权的行为发生在南方（人头税、识字测试、理解条款以及赋权给白人登记员，所有这些都是针对黑人的"习惯与弱点"设计的），但新的政治"重建"是全国性的。到19世纪末，黑人的选举权在南方以外的地区也遭到了攻击，首先来自自由派改革者，随后来自诸如劳动经济学家约翰·R.康芒斯、社会学家爱德华·A.罗斯和年轻的伍德罗·威尔逊等新兴的进步主义者，他们都认为黑人尚未准备好行使选举权，因此成为选举腐败的主要来源。威尔逊在《大西洋月刊》（1901年）上写道，黑人"未经历自由的洗礼，未经自我控制的磨砺，未曾因自立的纪律而清醒，未曾养成任何审慎的习惯"。1898年，由北方法官主导的最高法院在威廉姆斯诉密西西比州一案中支持了南方政府的做法，确认了人头税、识字要求及其他剥夺种族选举权手段的合法性。[24]

然而，政治改革者的反民主愿景远不止于此。早期自由主义者对西奥多·罗斯福所称的"激进民主"的恐惧，已经从进步主义的技术官僚和现代主义潮流中获得了日益增长的思想合法性。普选权和大众民主政治越来越被视为不仅危险，而且烦琐、低效。它们迎合了选民的情绪和狭隘的私利，让没有受过教育和缺乏经验的人掌握了权力的杠杆。正如克罗利所言，贪赃枉法和管理不善横行，公共利益或"国家目标"被忽视，冲突而非合作成为常态。作为19世纪政治文化的主要特征之一和高投票率的来源，政党政治本身也成为人们怀疑的对象，成为贪婪和腐败倾向驱动下的大众政治闹剧。与自由派改革者一样，许多进步主义者也怀疑大众民主是否有助于大规模政体的有效管理。但他们并没有召唤老一辈的统治精英，而是寻求一种类似于克罗利所倡导的专家统治，这些人受过处理社会和政治事务的训练，不受特定选区的约束，能够在党派和庇护政治的纷争中独善其身。[25]

毫不奇怪，尤其是在北方的工业地带，他们利用了一些南方精英正在使用、自由派改革者早前提议，以及19世纪50年代的本土主义者曾经公之于众的剥夺选举权的手段。这些手段包括：识字测试和居住要求，排除贫民、外国人和重罪犯，以及行使市政选举权的纳税门槛。其他举措则显得更现代、更合理，更可能促进政治独立、打击舞弊，更符合善治的需要。因此，南北战争后的几十年间，几乎所有地方都制定了选民登记制（具体细节因州而异），名义上是为了防止无资格的人投票、减少投票站的混乱，但实际上是为了增加投票过程的难度。在大城市，特别是那些移民能够选举自己的候选人进入市议会或市长办公室的地方，改革者力主重新划分选区和实行全域选举，以削弱政治机器的力量，增强那些能够代表"整个"城市，而非其中较小选区的竞选者的胜算。一些改革者走得更远，主张采用"城市经理"制度，这些城市经理由任命而非选举产生，以取代那些需要竞选连任的市长，理论上他们不会依赖任何一个政党或社会群体。澳大利亚式（无记名）投票制度于1888年（在路易斯维尔）首次登场，随即就被广泛采用，旨在让选民能够自主做出选择，防止党派代理人的干扰或雇主的强迫,尽管它也妨碍了那些在投票箱前需要帮助的不识字选民。[26]

至20世纪20年代,这场政治重建或社会工程确立了美国政治的许多特性。这些特性贯穿整个20世纪并延续至今,包括:党派身份认同的重要性逐渐减弱,政府机构与政党的官僚化,非民选官员在政策制定过程中的地位日益上升,以及歧视性的选民注册程序的应用。因此,各级选举中的民众参与度大幅下降。这种下降在深南部最为显著。非洲裔美国人被彻底赶出了公共政治舞台,而许多白人选民要么未能满足注册条件,要么选择逃避注册可能带来的羞辱。无论如何,一位学者所说的"专制飞地",尤其是种植园地带和小城镇中的"专制飞地"得到了加强。即便在北部和西部,选民投票率的下降也非常明显:总统选举投票率从1896年的超过80%下降到1916年的约65%,再到1924年的约58%;在非大选年选举和地方选举中,这一数字更低。尽管代议制机构依旧存在,从市长到州长再到总统的大多数行政职位仍由选举产生,但政治体系的官僚化以及缩减选民规模的努力却削弱了人民主权的意义。权力正从基层选区转移出去,而在美国内战后的几十年里,基层选区曾是与地方精英抗争的重要阵地。尽管经过近一个世纪的斗争,女性选举权终于在1920年通过第十九修正案在全美范围内得以实现,但黑人女性的政治权利却被忽视,而白人女性的投票率也并未超越白人男性。现代化的"非自由民主"框架正在逐步成形。[27]

这一转变还具备法团主义的特质。此类重塑美国政治的政治工程,如同更广泛的社会工程一样,要求政府承担全新的角色。

"净化"选票箱与政治过程，须借鉴优生学的理念，通过州和地方政府的立法，以及建立新的官僚机构来管理政党和公众事务。这将包括设立调查委员会、选举委员会、直接党内初选（在南方则是白人初选），以及负责选举监督的州级官员（通常是州务卿）。这一切都是更大范围政治转型的一部分，该转型将目光投向国家，尤其是联邦政府，将其作为新的行政与监管权力中心。

这一转型的动力源于多个方面，当然，在 1900 年之前，主要来自小生产者和反垄断运动的阵营。绿背劳工党要求联邦政府控制货币供应。亨利·乔治的追随者要求对土地租金征收"单一税"。民粹主义者要求建立由联邦政府支持的用于合作营销和信贷的"副国库制度"，甚至要求联邦政府接管铁路和电报。面对这些诉求，企业资本家的社会运动随之形成，但它们并未全盘否定这些诉求，而是试图将其引导至新的政府管理政策中，既能以公共利益之名约束企业的不当行为，又能为企业活动提供稳定、安全和法律统一的环境。这正是赫伯特·克罗利所设想的"国家目标"的一个方面。

《州际商务法》（1887 年）与《谢尔曼反托拉斯法》（1890 年）标志着对监管的早期探索，尽管这些尝试总体上不尽如人意，因为它们旨在打击铁路及其他企业的垄断行为，却缺乏有效的执行手段。然而，到了 20 世纪初，随着激进的民众起义被平息，大规模的企业合并潮兴起，政治与企业领导人的观念开始发生变化。企业形态和其他大型机构的发展逐渐被视为社会自然演化的一部分，问题不再在于联邦政府是否应建立监管体系，而在于如何构建这一体系，以及监管权力应归属何方。共和党在经过

25 年的激烈角逐后，于 1896 年在全美政治中取得了胜利，这与民主党的地方农业派遭到重创一样，都具有极其重要的意义，因为共和党的著名领导人都赞同企业的观点，而且像 1901 年登上总统宝座的西奥多·罗斯福一样，他们认为"联邦政府的权力要么根本没有行使，要么行使起来效率极低"。[28]

罗斯福决心改变这一局面。一段时间内，他试图在维护联邦对企业的权威与利用行政手段惩治企业违法行为之间寻找平衡，同时为企业提供了一个更加便捷的全国性运营平台。他与美国全国公民联合会保持着密切联系。之后，罗斯福转向了国家主义的方向，在承认私有制的同时，将企业更多地视为需要严格问责并服从联邦监管的公共事业。他像克罗利在《美国生活的承诺》中所做的那样，颂扬偶像亚伯拉罕·林肯的智慧和政治才能，并提出了一种克罗利式的"新国家主义"，作为"使国家一分为二"的政党对立以及可能随之而来的"极端和激进民主"的替代方案。罗斯福构想了一个管理型政府和一个主要按照企业原则组织的社会。到 1912 年他建立进步主义党（又称"公牛麋鹿党"，有些人称之为"反对党"）时，民主党自身也做出了调整。他们抛弃了农业派，转而支持企业与国际派，并提名伍德罗·威尔逊为总统候选人。与长期的旗帜性人物威廉·詹宁斯·布赖恩不同，威尔逊认为"商业是其他一切关系的基础"，并承认企业是现代社会的基本组成部分。关于罗斯福的"新国家主义"与威尔逊的"新自由"之间的较量，人们已有大量论述，但正如政治理论家杰弗里·勒斯蒂格所强调的，真正的对比"并非在罗斯福与威尔逊之间，而是在他们二人与之前的时代之间"。[29]

事实上，威尔逊政府在为公司资本主义奠定坚实的制度基础，并勾勒出政治法团主义的轮廓方面扮演了至关重要的角色。考虑到与民主党结盟的劳工和农业团体对大资本持有的敌意，这些成就显得尤为令人印象深刻。在威尔逊的第一个任期内，国会大幅度下调了关税税率（这是面向国际的企业利益集团的重大胜利），通过了所得税法案（通过宪法修正案得以保障），为联邦政府提供了额外的收入来源，创建了一个主要由银行家和实业家组成的联邦储备系统（该系统有权调整贴现率和积累储备金），并通过了《克莱顿反托拉斯法》和《联邦贸易委员会法》，这两项法案共同体现了市场由企业和私营部门直接管理并间接受到政府监管的愿景。[30]

美国为参加第一次世界大战而进行了动员（威尔逊在竞选连任时曾强烈反对参战），这将带有公司色彩的行政国家推向了一个新的高度。以非党派的、由专家组成的委员会为模板，威尔逊建立了一系列新的联邦机构，旨在监督战时经济。其中最具影响力的可能是由华尔街金融家伯纳德·巴鲁克领导的战时工业委员会，该委员会的任务是通过行业协议最大限度地提高产量，调整价格，促进资源节约，并协调军事采购。为了避免不必要的冲突或骚乱，该委员会还鼓励雇主（正如美国全国公民联合会所建议的那样）照顾劳工的利益，特别是在组织方面。其中一些活动是通过美国战时物资定价委员会、全国战时劳工委员会以及食品管理局（由矿业工程师赫伯特·胡佛领导）、战时贸易委员会、战时金融公司和燃料管理局来进行的。毫不矛盾的是，国防委员会的负责人格罗夫纳·克拉克森将战时工业委员会描述为"一个无与伦比的工业独裁机构"和"美国工业的乡镇会议,自我约束、自我监管并致力于国家事业"。[31]

除了前述新设立的联邦机构之外,还有兵役登记局。这是一个委婉的说法,实质上是自南北战争以来首次实施了征兵制度,不仅为军队提供了战争所需的人力资源,还为那些地方征兵委员会认为是关键工人或需要直接监督的人(例如南方的黑人男性)提供了延期服役的机会。在此过程中,由具有优生学倾向的心理学家设计的智力测试被应用于数百万新兵。这些被称为"陆军阿尔法"和"陆军贝塔"的测试,旨在筛查"智力缺陷、心理病态倾向、神经系统不稳定性和自控力不足"等问题,并促进了后来被广泛使用的智商测试的发展。没有什么比这更能说明社会工程学的冲动是如何得到巩固和发展的了。[32]

令许多参与者失望的是,威尔逊总统在1919年11月停战后不久便解散了战时工业委员会。然而,国防委员会的格罗夫纳·克拉克森为战时工业委员会写下了一篇恰如其分的讣告。他认为,战时工业委员会"实实在在地将商业引入了政府的业务之中。如果我们有一位政府业务经理,能够自由地管理政府的诸种业务,我们就会有一个成功的商业政府"。或许,正如他在《世界大战中的美国工业史》(1923年)一书中所设想的那样,"某位总统可能会想到将战时工业委员会的组织模式应用于政府"。在不到10年后的"大萧条"时期,这一设想就成了现实。[33]

四

此时出现的吉姆·克劳体制——伴有种族隔离、种族压迫、剥夺公民权——很容易被视为对旧奴隶制秩序的复辟，是奴隶制历史所滋养并要求的白人至上主义的胜利，当个人权力不足以维持时，州和地方政府再次强加了这一制度。在奴隶解放后的岁月里，黑人遭受了骇人听闻的暴力袭击，受害者包括宗教领袖、政治组织者、不愿屈服的男女以及路过他们从未到过的地方的年轻移民。黑人们普遍认为，这是为了重新奴役他们，重新确立白人，尤其是南方白人男性的特权。事实上，从 19 世纪 80 年代到 20 世纪 30 年代，夺去了成千上万黑人男女生命的私刑，也表现出了许多这样的特征，展现了致命的"社区意志"。

私刑往往发生在白人和黑人人口数量大致相等的棉花种植县，这些地区的人口流动性较大。私刑的目标是那些没有当地白人作保的外来黑人，通常是由所谓的违反社区生活准则的行为所引发。控诉强奸和种族通婚成为私刑话语的核心（而这不仅仅是南方的现象），这表明了私刑参与者所认为的关键所在。他们试图重新划定他们认为正在被逾越的界限，弹压他们认为会削弱其权威的冒犯行为，并拒绝接受所有人都应服从法治而非社区直接统治的观念。当他们从监狱中被拖出来时，许多私刑受害者已被逮捕和指控，有些甚至被定罪并判处即决处罚（往往有警长在场），然后被"送走"或"送入永恒"。这种实际上是集体处决的做法经常吸引成百上千的人围观，并伴有嗜血以及性意味的肢解仪式。[34]

然而，种族暴力的激增并非南方独有的现象。自 19 世纪初起，居住在南方以外的黑人就频繁遭受城市地区（不论是大都会还是小镇里）的白人或少数族裔暴民的驱逐，乃至致命攻击。1863 年 7 月，持续三天的纽约市征兵骚乱——由土生土长的白人和爱尔兰工人阶层引发——夺去了超过 100 名纽约黑人居民的生命，并使有色人种孤儿院及众多黑人家庭和企业化为灰烬。美国内战后的几十年间，费城、芝加哥以及俄亥俄州的阿克伦和伊利诺伊州的斯普林菲尔德等地，也不时爆发其他种族骚乱和出于政治动机的袭击，因为这些地方的黑人人口在 20 世纪初的大移民之前就已经开始增长。其中一些最恶劣的事件发生于第一次世界大战后不久，在东圣路易斯、芝加哥、休斯敦和底特律，往往针对退伍归来的黑人军人。1921 年，白人的怒火在俄克拉何马州的塔尔萨爆发，那里繁荣的黑人社区格林伍德沦为了牺牲品。[35]

在西北太平洋地区，致命的驱逐之手转向了华人劳工，他们早在 1882 年就已被禁止移民美国。19 世纪 80 年代，由担心自身经济安全的工人组成的白人暴徒，试图将中国人赶出加利福尼亚州、华盛顿州和怀俄明州的几个城镇。怀俄明州的石泉镇有 25 名中国男子丧生，他们的社区被付之一炬，留下一片焦土，这预示了塔尔萨的悲剧。在得克萨斯州与墨西哥交界处，墨西哥革命（1910—1920 年）的爆发以及英裔地主和牧场主的涌入造成了混乱，摧毁了曾经种族界限模糊的地区（努埃西斯"地带"），导致涉嫌越境的革命者被私刑处死，以及对德哈诺人（得克萨斯／墨西哥）的普遍恐吓：这些行动是由盎格鲁义警和得克萨斯骑警联手实施的，后者历史悠久，一直活跃在执法和对抗印第安人的行动中。[36]

即便如此，在关于遗传和先天种族差异的新科学理论的支持下，那些思想更进步的人还是朝着社会隔离的方向越走越远。反对跨种族性行为和婚姻的法律在北美由来已久，南北战争后，这些法律以更全面的方式重新颁布，尤其是在南部和西部。在南部各州，这些法律禁止白人与黑人通婚，从而帮助定义了"一滴血"（即任何黑人血统）的种族划定规则，这是一种试图澄清本质上模糊的概念的人为方法。在西部，尤其是远西地区，与异族通婚相关的法律范围要大得多，包括中国人、日本人、卡纳卡人（夏威夷人）、马来人、蒙古人和原住民，以及黑人。尽管所有这些法律都违反了第十四修正案中的平等保护条款，更不用说契约自由了，但法官们通常都会以"自然法则"和"州警察权力"为由予以维持。赫伯特·克罗利展现出一种优生学心态，对"犯罪和精神病的持续增加"表达了更深的忧虑，他质疑："一个重生的州政府……是否有胆量探究现行婚姻法……是否与这些问题有所关联？"他建议："对遗传性犯罪者和早期精神病患者实行强制独身，将有利于个人和社会的进步。"[37]

作为组织和调节不同种族群体互动的努力的一部分，"种族关系"这一概念进入了人们的话语体系。"种族关系"主要关注白人和黑人，意在以冷静而非暴力的方式解决所谓的"黑人问题"：这不仅涉及他们在美国的存在（正如杰斐逊所理解的"问题"），更关乎他们对有意义的自由的持续追求。在奴隶制时期的顺从礼节和期望已不复存在，而创造新礼节和期望的斗争变得越发激烈的背景下，眼下的目标便是"编排"种族领域。在这里，分类、分离或"隔离"对于居住在不断扩张的城市中心，自认为对时代趋势和"黑人习俗"十分了解的南方白人来说，显得特别具有吸引力。事实上，隔离似乎是一种非常"现代"的选择，一方面可以避免暴力冲突，另一方面还可以给那些被视为"劣等"或"落后"的人赋权。[38]

　　隔离亦成为重组后国家形成过程中的核心要素。美国南方和南非几乎同时出现的国家强制种族隔离就很能说明问题。尽管政策的具体内容有所不同，但两地的种族隔离措施都是在新兴的城市中发展得最为彻底，与新兴的产业紧密相连，而新兴的州也试图在这些地方扩大其影响力。在南非，隔离法令紧随南非联邦的成立（1910年）而出台，主要集中在德兰士瓦的金矿和钻石矿区，以满足日益增长的劳动力需求，同时调解黑人工人与阿非利坎人工人之间的潜在冲突。在美国南部，种族隔离政策紧随民主党"地方自治"的恢复而至，其最激进的表现形式并非出现在大西洋沿岸和墨西哥湾沿岸的老城，而是出现在内陆正在工业化和商业化的城镇——如夏洛特、达勒姆、斯帕坦堡、亚特兰大、伯明翰和纳什维尔——以及这些城镇之间和内部的交通线上。相应地，法定隔离制度最初涉及两种机构，这两种机构是南方向现代化"突进"的典型代表，也是现代化催生的"放荡不羁"（男女近距离接触）的典型社交场所：重建政府建立的公立学校，以及19世纪八九十年代逐步覆盖该地区的铁路和有轨电车。随着黑人男性被剥夺选举权，以及美国最高法院在"普莱西诉弗格森案"（1896年）中做出了"隔离但平等"的裁决，种族隔离法令随即蔓延到几乎所有公共生活领域，在19世纪90年代末期和20世纪最初10年如滚雪球般发展。[39]

正如赫伯特·克罗利关于婚姻政策如何限制犯罪和精神病的言论所暗示的那样，进步主义改革者普遍以积极，甚至热情洋溢的态度欢迎种族隔离。毕竟，种族隔离代表着社会工程和科学思维在政治上的大规模运用。它是一种理性的、由国家强制实施的替代方案，旨在取代恐怖统治，它能使黑人达到其能力所允许的文明水平。亚拉巴马州牧师埃德加·加德纳·墨菲深感南方乡村和小镇的种族暴力之苦，帮助塑造了面向南方和非南方受众的观点。尽管他视黑人为一个需要引导的孩子般的种族，但他反对用恐怖手段达到顺从的目的。墨菲认为，黑人在面对白人的权力时，表现出一种"宽恕"的倾向和"自我保护"的本能。种族隔离不仅明确了他们的前景边界，还激发了种族自豪感，特别是当这种隔离伴随有促进友谊和合作的待遇与教育时。

不出所料，墨菲将布克·T. 华盛顿视为黑人领导力与远见卓识的典范（"除了李将军之外，南方百年来诞生的最伟大人物"），这一观点赢得了北方进步主义人士的赞赏，他们正在寻找处理"种族关系"的新路径。有人将墨菲誉为"先知、改革者、历史学家"，视他为对抗南方"地域偏见"的声音。进步主义刊物和报纸刊登了他的文章，并给予高度评价。社会福音运动的领军人物沃尔特·劳申布施曾认为"黑人问题……既悲惨又无法解决"，现在则认为白人有责任"牵起我们黑人兄弟的手，鼓励他走上稳定而明智的劳动之路，维护财产权、家庭忠诚……并对种族成就感到自豪和喜悦"。西奥多·罗斯福总统曾邀请布克·T. 华盛顿到白宫共进晚餐，并任命几位黑人担任庇护职位，因而引发了争议。1904 年，他与墨菲进行了磋商，不久便称赞他是"在解决黑人问题方面值得追随的人之一"。[40]

当然，法律上的种族隔离总是通过对异议者或不服从者实施的暴力威胁来加强的，而南方以外的趋势进一步表明，法律上的种族隔离和事实上的种族隔离之间的界限往好了说是模糊不清的，可能大部分是具有误导性的。东北部和中西部的种族隔离主义虽然不像南部那样在法律上激流勇进，但也变得包罗万象、铁腕强硬。几十年来，民族和种族飞地遍布工业化城市，在此基础上，是邻里保护协会、保险公司、银行和房地产利益集团，而不是州和地方法规，构建了一个种族隔离的住房、教育和社会生活环境。它们利用人们对房价下跌、犯罪和疾病传播的担忧，制定了总是以人身暴力威胁为后盾的限制性契约。它们也在学校留下了自己的印记，这些学校的隔离程度与南方的学校相当，而根据法庭裁决不受第十四修正案约束的餐馆、剧院和酒店，则干脆拒绝为黑人提供服务。到20世纪第二个10年，即南方出身的进步主义者威尔逊总统执政期间，联邦官僚机构对侥幸避免被解雇的非洲裔美国人实行了种族隔离。除了那些直接受影响的人之外，很少有人对现代性带来的新的种族关系组织方式提出异议。[41]

五

1906年秋，西奥多·罗斯福乘船前往巴拿马运河区，成为第一位在任期间访问"外国"的美国总统。他迫不及待地登上了蒸汽船，连续数日焦急地在甲板上踱步。尽管抵达时正下着倾盆大雨，但他还是满怀激情地踏上了码头，很快就被眼前的景象深深震撼——这是一项"史诗般的壮举"，法国和英国此前的尝试在无数的丑闻与失误后均以失败告终，而今，美国人却以其非凡的创造力和技术优势，展现了征服自然最严峻挑战的能力。这条正在建设中的运河结合了大型的机械与不懈的人力，罗斯福将其视为机械工程与物理工程的无与伦比之作。难怪他会抓住机会，第一个爬上重达 95 吨的蒸汽铲车的驾驶舱，摆出一副亲自指挥作业、挖掘运河的姿势，留下诸多照片。[42]

然而，罗斯福在视察运河区时，他对所见到的社会工程几乎同样印象深刻。"人和机器都精力充沛地投入工作，"他观察到，"白人负责监督事务和操作机器，而数以万计的黑人则从事粗重的体力劳动，因为这些工作使用机器并不划算。"他很快发现，基于种族和民族血统的复杂社会等级制度已经形成，并为他所赞美的效率做出了贡献。大约 6 000 名白人员工主要来自美国：他们"年轻力壮，干劲十足"，主要担任工程师和列车员、机械师和木匠、计时员、监工和工头。许多人携家带口，而"单身汉"则常常彼此同住一室。无论何种情况，"住宿条件都很好"，房间"整洁干净，通常都有书籍、杂志和小装饰品"，而且都是免费提供的。

这之下是近 2 万名非熟练和半熟练工人，其中部分是"几百名西班牙人"和"一些意大利人"，他们主要受雇于钻孔工作。然而，绝大多数劳工是来自牙买加、巴巴多斯"及其他英国属地"的西印度群岛人，他们"表现尚可，但仅限于此"。少数人得以晋升为工头、熟练技工或警察，许多"普通日工表现也不错"。但是，成千上万"根据合同招募过来"的人却生活在丛林中,游荡于城镇,工作表现极差。罗斯福认为提供给黑人劳工的住房和食物是足够的,也许比他们在家乡所期望的还要好,但他只是间接提到了充斥运河区社会的种族隔离问题。他只字未提强化了劳工和种族等级制度的工资制度。美国白人工人和管理人员领到的是金币,而非洲裔加勒比人和其他"外籍"非熟练工人拿到的则是贬值的巴拿马银币。相对较少的非洲裔美国人,主要来自美国南方农村,他们虽然被视为美国公民,但也被列入"银币"工资名单。[43]

然而,这片土地到底有多"外国",运河区的组织结构在多大程度上反映了那个时代的倾向,尤其是在其帝国主义的形式上?在罗斯福政府的大力协助下,巴拿马不久前才从哥伦比亚获得独立,并立即以1 000万美元(以金币支付)外加每年25万美元的价码,授予美国对运河修建区的完全和永久控制权,"就像是其君主一样"。与美国领土一样,这里一位总督将得到认命,但这次是为了领导地峡运河委员会,他将被赋予众多权力。乔治·华盛顿·戈塔尔斯,一位工程师兼退伍老兵,被选中承担此任。他崇尚铁腕统治,对民主形式漠不关心,对劳工不满也毫不容忍。与美国领土不同,运河区拥有独立的司法系统,与总督紧密相连,不设陪审团审判或司法审查。事实上,运河区的法律文化是哥伦比亚、巴拿马和美国程序与惯例的大杂烩。因各种违法行为而被捕的工人通常会被关进运河区内的监狱服苦役,他们只能向其祖国的大使馆提出上诉,但成功的希望渺茫。运河区并非位于一个主权国家内的美国领土,而是美国向巴拿马扩张权力的有效跳板。[44]

在一些重要方面,巴拿马运河区与最高法院在20世纪最初10年勾画出的新地位相吻合。它是一块"岛域"(insular)领土,"没有被合并",由国会管辖。在最高法院迂回曲折的措辞中,这意味着该区不是"国际意义上"的"外国",但仍然是"美国国内意义上的外国……仅仅是附属于美国的属地"。也就是说,该区域在治理上被视为"岛域",不受任何领土先例的约束,但仍处于美国的主权之下。在实践中,非美国居民享有某些"基本"权利(不过并无明文规定),但远不及美国宪法赋予的公民权利。在最高法院的一次"岛域"裁决后,当被问及"宪法是否会随国旗一同前行"时,战争部长伊莱休·罗特巧妙地回答说:"宪法确实会随国旗前行,但它并没有完全跟上。"[45]

这些"岛域"案件是针对美国在所谓的美西战争(更准确地说,是美国与西班牙、古巴和菲律宾的战争)期间征服和吞并所引发的问题而提出的,由1896年裁决普莱西诉弗格森案的同一批最高法院大法官裁决。实际上,这些裁决意味着,"岛域"既要与美国政治体制分离,又要在联邦司法管辖权方面承认自身的民事地位低下。然而,"岛域"案件的逻辑和巴拿马运河区的地位,是几十年来美国正式疆界内进行的实验的结果,这些实验旨在界定那些权利主张被部分或全部拒绝的种族和民族群体的地位和前景:主要涉及原住民、非洲裔、墨西哥裔和华裔。这些实验可以追溯到19世纪初,随着时间的推移,涵盖了驱逐、排斥、递解出境、扩大联邦领土化、建立国内家园(保留地)、种族隔离、文明提升以及限制参与正式的政治生活,所有这些都以经常不为人知的暴力为后盾。可以说,这是一种高度压制性和非自由的混合体。

这些实验主要在西部和南部开展，它们为 1898 年美国政治领导人对西班牙殖民者，以及古巴和菲律宾的民族主义起义军发动战争提供了论据。当然，在经历了 19 世纪 70 年代和 90 年代严重的经济萧条，以及由此引发的美国国内广泛的社会动荡之后，进入亚洲市场和保护在西半球的投资就显得更加必要。然而，政策制定者们还为自己设想了一项使命，要对那些不能自食其力、不能自我管理、不尊重私有财产或行为不"文明"的人进行训导。曾撰写过多卷本《美国西部史》的罗斯福认为，古巴以及（尤其是）菲律宾的人民是"野蛮和半野蛮的"。他很容易将他们比作叛逆的美洲原住民，并在菲律宾起义军领袖埃米利奥·阿奎纳多身上看到了印第安酋长"坐牛"的影子。罗斯福坚持认为，"让阿奎纳多领导下的吕宋岛自治，就好比让某个当地酋长领导下的阿帕奇保留地自治"。驻菲律宾的许多军官都是参加过美国西部印第安战争的老兵，而大部分地面部队则是从西部各州和领地招募来的。和罗斯福一样，他们很快做出了同样的比较。根据一篇报道，少将阿德纳·查菲曾在平原和西南部与原住民战斗多年，他"把印第安战争带到了菲律宾，并想用对待亚利桑那州阿帕奇人的方式，对待顽抗的菲律宾人——把他们赶到保留地"。[46]

当罗斯福将目光转向西半球，提出著名的门罗主义"推论"时，他阐述了一个在美国严密监控下的种族化保护国的愿景。他否认对领土"扩张"有任何兴趣，但他警告新独立的国家，尤其是加勒比海盆地的国家，要警惕"长期不当行为"和"与文明社会的纽带普遍松弛"带来的后果。这些国家将被允许自治，其公民将享有其政府赋予的权利。但是，"不稳定"和"无能"将"最终需要某个文明国家进行干预"，而在西半球，出于门罗主义，美国将被迫"行使国际警察权力"。⁴⁷

罗斯福关于美国扩张与帝国崛起的愿景，即延展文明的疆界并重塑美国海岸附近与远方的世界格局，是他更为宏大的社会工程蓝图的一部分。他还着眼于鼓励那些来自他自己阶级背景的人——那些因鄙视现代生活方式的地区性精英和贵族精英，以便应对现代性本身带来的挑战以及在变化世界中美国力量的需求，从而重塑新一代国家统治阶层的观念和情感。"我愿宣扬，"1899年春，时任纽约州州长的罗斯福在向芝加哥一家男士俱乐部发表演讲时说，"艰苦生活的信条……最高形式的成功属于那些不畏危险、困苦或辛勤地劳作，从而赢得辉煌的终极胜利之人。""胆怯的人、懒惰的人、不信任自己国家的人、过度文明化而丧失了伟大的战斗性和主人翁美德的人……其灵魂无法感知那强大的生命力，这种生命力激励着胸怀帝国梦想的刚毅之人心潮澎湃"，他警告说，这些人"不愿看到我们在混沌中建立秩序、为世界尽自己的一份力量"。罗斯福恳求那些"富裕且有价值的人"，必须"教导你们的儿子，让他们知道：他们可以有闲暇，但闲暇不是用来无所事事的"，而是用来锻炼"在现实生活的严酷斗争中获胜所必需的阳刚品质"。⁴⁸

"现实生活的严酷斗争"并非空谈。罗斯福借此机会强调了"我们在夏威夷、古巴、波多黎各和菲律宾面临的责任"，并斥责那些"害怕正义战争"的人。他渴望战争，认为"国家需要一场战争"，并在1898年担任海军部副部长时，未经总统授权便命令海军上将乔治·杜威一有机会就攻击马尼拉。接着，罗斯福贬低那些"混血儿和原住民基督徒、好战的穆斯林和未开化的异教徒"，认为他们"完全不适合自治，也没有迹象表明会变得适合自治"，他支持吞并菲律宾，将其视为"确立我国国旗至高无上地位"的一步。[49]

在美国，那些反对罗斯福扩张计划的人（通常被称为"反帝国主义者"，尽管实际上不过是"反吞并主义者"），正是罗斯福意图重新塑造并激发其文化和政治倾向的阶层成员。他轻蔑地称他们为"遗老"，而这一称呼背后的含义远比字面意义更加深远。反吞并主义者，尤其是国会中的成员，形成了一个奇特的联盟，成员包括新英格兰的名门望族（其中一些人具有强烈的反奴隶制倾向）、南方白人地主，以及中西部的地方精英。其中一些人成为自由派改革者，更多的人则是民主党人。他们共同的特点是狭隘的地方观念，而且与正被迅速取代的农业商业经济残余有着紧密联系。相比之下，支持吞并的一方不仅集中在共和党，还代表了国家日益壮大的都市中心，这些中心拥有雄厚的工业和金融基础。许多人，如西奥多·罗斯福和亨利·卡伯特·洛奇，本身就是从地方精英中"叛逃"出来的年轻人，他们精力充沛、追求进步主义，对于美国在世界上扮演的新角色感到满意，并热衷于输出他们认为更为优越的文化与制度。[50]

一些具有进步主义倾向的反吞并主义者，如简·亚当斯，质疑吞并是否有宪法依据，并认为"武力征服一个民族是对美国政府独特原则的公然背叛"。他们担心，美国会变成一个"以武力为基础的粗俗、平庸的帝国"。威廉·詹宁斯·布赖恩援引林肯的

"分裂之家"演说，在1900年坚称"没有哪个国家能够长期维持一半共和、一半帝国的局面"。然而，即使是他们也赞同吞并主义者的观点，认为即将被征服的民族是"生活在黑暗中的人民"，是"一团糟的亚洲杂烩"，是"永远无法融合"的种族，当然也永远无法承担美国公民的责任。他们的斗争将以多种形式延续至20世纪下半叶，点缀着美帝国主义看似不可阻挡的胜利。[51]

巴拿马运河的建设及其政治地位并没有带来这样的问题。运河几乎成了进步主义理想的象征，连进步主义的左翼人士都在关注运河的建设，他们纵然不是满含钦佩，也饶有兴致。显然，运河正是他们在美国力求推广的项目类型和合作模式的典范，它将积极进取的国家、科学与管理的专业知识以及技术实力和效率完美结合，向全世界展示了美国的卓越。运河区内的种族与劳动等级制度（它使得运河于1914年提前竣工）几乎没有引起工人们的困扰：大多数人已经接受了种族隔离，认为这是合理且必要的，是现代性的公共建构。事实上，进步主义的左翼人士将运河区视为美利坚帝国的象征，这个帝国既未威胁到共和国的根基，也未玷污宪法的光辉，而是将国内外紧密相连，生动地体现了他们热切追求的社会实验与工程。

六

西奥多·罗斯福对海外战争的痴迷以及对战争所要求的阳刚之气，与他对国内社会堕落和"种族自杀"的担忧息息相关。两者作为警示和可能的解决方案，共同呼唤着美利坚民族国家的重构。与赫伯特·克罗利一样，罗斯福看到了在一个日益壮大且日趋复杂的社会中实现国家目标的必要性，并相信国家可以在这一过程中发挥关键作用。在他看来，战争不仅是强大的凝聚公众的力量，更是实力与自信的体现，是国际雄心与决心的标志，也是将漫无目的转变为掌控主宰的方式。当与帝国主义行动相结合时，战争有望将文明之光带给那些深陷落后、无知、无能与黑暗的人。

与此同时，科学与优生学的结合让罗斯福及其他政治领导人认为，面对犯罪、动荡和文化摩擦，文明可以在国内得到推进。他尤为忧虑新移民群体的高生育率、本土出生白人的生育率下降趋势，以及这些趋势对美国命运构成的威胁。"任何一个国家的最大福祉，"他后来主张，"就是让自己的子孙后代继承这片土地。（但）所有危机中最大的就是不育，而所有谴责中最严厉的应该是对故意不育的谴责。"让那些能够同化的人"美国化"，排斥那些不能同化的人并监督社会繁衍，这似乎是恰当的策略组合，所有这些都需要国家的参与。罗斯福本人在1903年和1907年签署了法律，禁止精神病患者、贫困者、妓女和无政府主义者进入美国。像克罗利和玛格丽特·桑格这样具有优生学思想的人士，则希望规范婚姻与生育。[52]

国家构建与文明主义撒下了一张更大的网。那些致力于国家目标和中央集权的人，利用科学和医学来整合和协调一个幅员辽阔的国家，他们把目光投向了那些似乎落后的地区，这些地区需要经济和文化上的提升，其人口呈现出与外国殖民地相似的落后和不文明特征。特别是在1880年后的半个世纪里，南方逐渐被描绘成国家的一个蒙昧地带，饱受经济停滞、耗人的疾病、文盲和文化病态的困扰。而贫穷的白人，或许比非洲裔美国人更能体现这种困境。"黑人问题"与"白人问题"交织在一起，两者共同构成了"问题南方"的组成部分。[53]

像亚特兰大的亨利·格雷迪这样的南方倡导者，试图发现美国内战后南方社会与经济的进步主义迹象及其新兴的城市活力，但北方观察家和知识分子更倾向于看到一个与殖民地和殖民主义相关联的、急需帮助的世界。对科学农业感兴趣的改革者常将南方纳入其考察路线，这些路线可能延伸至波多黎各、夏威夷、菲律宾和南非，因为他们关注的是单一作物（如棉花）经济所带来的社会后果。1895年，美国国会就棉花种植户的状况举行了听证会，美国农业部派遣人员向他们传授作物多样化的技术和优势。受到优生学话语和种族"堕落"恐惧影响的慈善基金会，将重点放在钩虫病和糙皮病等疾病以及文盲比比皆是、缺乏基本卫生设施等问题上，特别关注贫困白人群体中的这些问题，认为它们是维护整个国家的公共福利所必须解决的挑战。在某种意义上，他们摒弃了废奴主义者对奴隶制下的南方的描绘，就充满活力、健康的工业北方与落后、病态的乡村南方进行了一系列新的对比。[54]

"问题南方"的概念，因其背后的社会科学研究和社会工程的魅力而强化，为不断扩张的联邦政府设定了议程，并将地区主义转变为民族国家发展的助力而非障碍。即便是在大萧条的阴影下，富兰克林·罗斯福总统仍能将南方称为"美国首要的经济问题"，希望制定联邦政策来推动南方经济发展，用新的城市和商业精英取代旧的种植园主，这些精英的现代视野或许能够代表美国内战后半个世纪都未能实现的那种和解。[55] 然而，在罗斯福对现代化南方的构想中，完全看不到拥有完全公民权和政治权利（更不必提经济机会了）的非洲裔美国人的身影。

第七章

法西斯主义的脉动

CHAPTER SEVEN

1919年7月，伍德罗·威尔逊总统结束了长达6个月的凡尔赛和平会议之旅，重返美国，其形象已俨然是一位自由国际主义者的典范。早在美国投身战争之前，威尔逊便已发出"没有胜利的和平"的呼声；随后，他进一步阐述了"十四点计划"，作为美国参与战争和追求公正和平的理论基石。威尔逊设想了这样一个世界：公开外交，（公海）航行自由，减少国际贸易壁垒，大规模裁军，殖民地的诉求得到公正处理（即"相关人口享有平等权益"），同盟国侵略者撤出所占领土，依据"既定的民族归属与忠诚"重划领土边界，给予苏俄"不受阻碍且不尴尬地"决定其政治走向及国家政策的机会，并建立一个"国家间的普遍联盟"以"保障政治独立和领土完整"。这将是一个以人民主权和民族自决为基础，进而通过自由贸易和和平共处联系起来的世界。即便是在全球各地受殖民统治或无国家归属的人民，也能视威尔逊为他们梦想的支持者。在埃及、印度、中国和朝鲜，他的原则帮助点燃了反殖民主义和民族主义斗争的火焰。[1]

归国后，威尔逊几乎立即向参议院呈交了带有争议性国际联盟条款的《凡尔赛和约》，寄希望于获得参议院的批准。他提醒参议员们，美国之所以宣战，完全是因为"我们看到权利的至高无上——甚至合法性——在任何地方都岌岌可危，自由政体也几乎在各地面临危难"。他将和约描绘成"不啻一次世界秩序的重新安排"。随之，威尔逊踏上了为期22天、行程达8000英里的全美巡回演说之旅，旨在向美国公众推销和约与国际联盟的理念。在其最后的一次演讲——科罗拉多州普韦布洛的讲坛上，威尔逊不仅颂扬了美国长久以来对"自治民族平等"的坚定支持，而且力陈和约是"一份伟大的国际劳工权利宪章"。"面对今日之劳工议题，我们所应做的，便是将其置于光明之下……（使之）直面劳工对正义的呼唤，"威尔逊庄严地说道，"劳工将拥有一个前所未有的论坛，世界各地的人们都将看到，劳工问题的实质就是提高人类地位的问题。"[2]

威尔逊关于自决权的豪言壮语很快便显得异常空洞，轻易地就遭到忽视，被一系列非自由主义的冲动掩盖。1914年与1916年，他两度授权对墨西哥动用军事力量，那里曾因波菲里奥·迪亚斯独裁统治下对美国资本的大力吸引而繁荣，但随着一场越发激进的革命的兴起，这些投资受到了威胁。美国海军先是炮击了韦拉克鲁斯，然后在约翰·潘兴将军（一位参加过西部印第安战争和镇压菲律宾起义的老兵）的率领下，美军在墨西哥北部地区追击潘乔·比利亚长达10个月，最后无功而返。由于战功卓著，潘兴获得了在战火纷飞的欧洲指挥美国远征军的殊荣。1915年，威尔逊开始了对海地长达20年的占领，以在该国总统遇刺之后寻求"稳定"——这是向西奥多·罗斯福相关理论的一种致敬。而且，似乎是为了证明自己的自决原则并非仅适用于欧洲，威尔逊于1918年7月批准向苏俄派遣了1.3万名美国士兵，并在第一次世界大战结束后将大部分部队留在那里，①主要是为了支持反对布尔什维克的力量寻求所谓的"自治或自卫"。在威尔逊眼中，布尔什维克主义与他希望推进的世界新秩序格格不入。³

关于劳工问题，身为民主党人的威尔逊曾积极争取工人阶级的支持，并签署了《克莱顿反托拉斯法》，此法案为有组织的劳工提供了某种程度的保护，使其免受早先的《谢尔曼法》所引发的反垄断诉讼的影响。战争期间，为了促进工业生产，威尔逊政府似乎表现出对劳工组织及其正当诉求的同情态度。美国劳工联合会主席塞缪尔·冈珀斯等人看到了机会，认为可以通过支持威尔逊来加强劳工地位。然而，劳工的回旋余地是有限的，尤其是在工会倾向于独立或采取激进立场时。早在1915年，威尔逊就对国会说，世界产业工人联盟"是对我们国家和平与安全的最严重威胁"，并鼓励对其进行广泛的镇压。这一行动在1917年联邦《反间谍法》通过后全面展开，该法律将妨碍战争努力或帮助敌人的行为定为犯罪。随后，1万多名美国士兵接管了太平洋西北地区的树林和锯木厂，这些地方曾是世界产业工人联盟的势力范围，他们组成了4L（即 Loyal Legion of Loggers and Lumbermen，

---

① 1918年夏秋季节，美国派兵两路，分别在苏俄西伯利亚地区的符拉迪沃斯托克（海参崴）和北部地区的阿尔汉格尔斯克登陆（第一次世界大战结束于1918年11月），后于1919年6月从苏俄北部地区撤军，1920年4月从西伯利亚地区撤军。——编者注

第七章　法西斯主义的脉动

意为"伐木工忠诚军团")的核心,实际上成为世界上最大的公司(美国战争部)的工会。事实上,威尔逊的战时劳工委员会显然将公司工会视为组织工人的最合意的机构,而这正是高效的战时生产所需要的。到20世纪20年代末,开放车间和公司工会已经在整个工业领域占据了主导地位。[4]

世界产业工人联盟绝非孤军奋战。1917年至1920年间,前所未有的罢工浪潮席卷美国,从铜矿和煤矿到钢铁厂和纺织厂,再到造船厂和制糖厂,甚至是波士顿的警察局。这些罢工不仅围绕着工资和工作条件的问题,还涉及维护工会存在及集体谈判的权利。在西雅图(世界产业工人联盟的重要立足点),美国劳工联合会的立场远比冈珀斯更为左倾,社会主义思想在当地获得了显著的影响力。1919年2月初,为了声援造船厂罢工工人的斗争,西雅图爆发了一次大罢工。在这座人口刚刚超过30万的城市中,超过6万名工会成员参与了罢工。虽然随着警察和军队的介入,罢工在5天后就告一段落,但罢工委员会已经着手建立了餐饮站,分发牛奶和食物,提供医疗,并维持城市治安;也就是说,他们开始承担起城市治理的责任,重启当地经济,保障公众健康。一贯以保守闻名的铁路兄弟会,此时呼吁政府接管铁路;而联合矿工工会则要求实现矿山国有化、组建劳工党以及提供医疗保险。[5]

那是一个激进主义与革命风起云涌的时代,风暴席卷了欧洲大陆、西半球和亚洲,其高潮出现在俄国,那里的沙皇政权轰然倒塌,布尔什维克迅速夺权。1919年,第三国际(即共产国际)宣告成立,不仅点燃了匈牙利和德国的共产主义起义火花,还在意大利引发了"红色两年"(Biennio Rosso),在此期间,都灵的工厂被占领,工人委员会纷纷建立。然而,政治镇压的铁蹄迅速在世界各地降临,美国更是借政府之手加大了对社会主义者、无政府主义者及所谓"外国人"的战时打击力度,指控他们不忠且有颠覆行为:许多人因此被捕,一些人被驱逐出境。第一次世界大战结束后,镇压变本加厉。威尔逊的新任司法部长 A. 米切尔·帕尔默于 1919 年夏季在司法部成立了总情报处(由年轻的 J. 埃德加·胡佛领导),并在同年 11 月和次年 1 月发起了突袭行动(常常是在没有逮捕令的情况下),目标直指全美超过 40 个城市和乡镇中的俄国工人联盟及新生的共产党组织。3 000 多名男女被拘捕,往往是在惨遭殴打之后;至少有 250 人被驱逐出境。[6]

这些事件广为人知,被称为"红色恐慌"和"帕尔默突袭",它们是高度非自由主义的行动,由战争期间对团结的迫切需求和战后遗留的"歇斯底里"情绪引发,但随着 20 世纪 20 年代"常态"的回归而逐渐平息。实际上,战争及战后初期的镇压行动必须被置于一个更为深远的背景下考量,这一背景始于 19 世纪末对劳工激进主义的回应,并随着美国在菲律宾等地殖民扩张而逐渐成形。司法部调查局,即后来的联邦调查局,于 1908 年在西奥多·罗斯福总统的命令下成立。到 1919 年,该局已收集了 8 万张档案卡,详细记录了"极端无政府主义者"和"温和激进分子"的活动。成立于南北战争前的平克顿侦探社等私人安保公司,以破坏罢工和骚扰激进分子著称,在 20 世纪初迅速扩张,到 1920 年,已拥有至少 1 万个办事处和 13.5 万名雇员。1894 年成立的移民限制联盟主要针对欧洲移民。1905 年，亚洲排斥联盟成立，其目标首先是日本人，继而是菲律宾人。在为欧洲被占领地区建立宪兵队以及为美国建立陆军军事情报处以进行国内监控的过程中，在菲律宾拥有丰富执法经验的美国老兵扮演了关键角色。在战争和劳工激进主义的催化下，早在 19 世纪 80 年代便已活跃的众多义警团体和爱国组织如虎添翼，它们经常与联邦政府机构合作，将目标对准社会主义者、工会领袖和移民工人阶级社区。[7]

这一切在 20 世纪 20 年代达到了顶峰，伴随而来的是禁酒令、移民限制、三 K 党的急剧膨胀、新教基要主义的兴起，以及追求"百分百美国主义"的运动：这些社会工程举措旨在巩固一个由白人新教徒组成的国家，同时压制那些被认为不适合加入这个国家的人。非自由主义，乃至原始法西斯主义（protofascism）的脉动得到释放，欧洲的法西斯主义者对这些成果表现出了极大的兴趣，急切地从中汲取灵感。或许可以说，构成意大利和德国法西斯主义基础的种种因素，最早是在美国出现的。

一

据少将拉尔夫·H. 范德曼与埃默森·霍夫所述，在美国参加第一次世界大战之初，"美国各地涌现了数十个组织"，其中，美国保护联盟（APL）尤为突出。该机构由芝加哥商人艾伯特·布里格斯于 1917 年创立，"从未隶属于任何州或国家机构、服务部门或局","（主要）致力于打击间谍"。但它赢得了足够的政府认可，可以在其信笺上自豪地宣称："经美国司法部（和）情报局批准成立，并在其指导下运作。"美国保护联盟具有全国性的规模，迅速在华盛顿特区设立了总部，成员人数最终达到了 25 万之众，广泛分布于美国各地，以至于在"任何具有一定规模的重要社区都能找到该组织的分部"。这支"超过 25 万人的隐秘无名之师"可以说是"有史以来最庞大的侦探集团"。[8]

美国保护联盟主要通过金融和企业精英的网络招募成员，其成员普遍为男性、白人，且大多数为新教徒，他们因强烈的反德情绪，以及显著的反天主教和反犹太主义倾向而团结在一起。但地方自治普遍占上风，撰写美国保护联盟历史的埃默森·霍夫将该组织置于以社区为基础的法律-秩序志愿主义的悠久传统之中。"在国家危难之际，何以救国？忠诚之士，志愿之人。"他断言道，"1850 年，在暴乱和无序的日子里，是什么拯救了旧金山？正是维护法律与秩序的志愿者。1863 年，当罪犯横行霸道之时，是什么给阿尔德沟（蒙大拿州，发现金矿的地方）带来了和平？依然是维护法律与秩序的志愿者……正式成文法与自然法之间的界限极其模糊。"[9]

不忠的迹象和对征兵的抵制激发了美国保护联盟的行动热情。"逃兵搜捕"行动让军事当局注意到了成千上万的"逃兵"，多达 300 万件不忠于政府的案件被上报给官员。然而，尽管其全国领导人坚称美国保护联盟反对私刑或暴力，但实际情况大相径庭。"如今在艾奥瓦州，出现了名副其实的恐怖统治，"一家州农业期刊报道说，"由个人擅自行使权力所造成的伤害，比整个州所有的亲德宣传，或真正不忠行为带来的伤害还要严重……这种缺乏约束的激情的统治已经导致了暴民暴力的泛滥，（因为）那些身处领导和责任岗位上的人正在煽动和助长这种暴民统治和恐怖气氛。"实际上，美国保护联盟利用战时维持治安的机会，不仅对疑似德国人的人和其他"外国人"采取行动，还打击工会、社会主义者，特别是世界产业工人联盟。在许多地方，美国保护联盟与当地的治安维持会——如南达科他州的家乡卫队（被一位美国检察官称为"草原上的三K党"）和亚利桑那州比斯比的公民保护联盟——联手，将工会成员（通常也是世界产业工人联盟成员）赶出麦田和铜矿。在纽约市，一名美国保护联盟的特工组建了一个"由前警察组成的私人自由职业情报局"，且惯于采用强硬手段。在圣路易斯，一个分会要求在没有人身保护令的情况下拘留嫌疑人，并公开为附近科林斯维尔（伊利诺伊州）私刑处决一名疑似颠覆分子的行为辩护，理由是政府未能遏制"亲德言论"。自始至终，美国保护联盟都在要求对公民自由施加更严厉的限制。"随着战争的号角响起，"霍夫自豪地宣称，"数百名危险的外国人立刻被羁押。他们仿佛人间蒸发……被关进集中营或监狱的高墙之内。""我们没有杀死任何一个间谍，任何一个叛徒，我们没有枪杀已知的间谍，"他补充道，"但在黑暗中，我们确实对他们施以绞索，并迅速将他们送进了监狱。"[10]

怀疑的目光很快投向了非洲裔美国人，他们被认为是特别容易受到德国宣传和政治激进主义影响的群体。威尔逊本人认为，黑人可能成为"向美国传播布尔什维主义的最大媒介"，早在1917年秋天，陆军军事情报处的范德曼少将就报告称，"两名极为能干且可靠的黑人男子"被派往"黑人人口中出现骚乱的各个社区",以进行煽动活动。战争期间,私刑事件激增,而归国的黑人退伍士兵,特别是那些仍穿着军装的,更是成为种族主义暴力的主要目标。密西西比州联邦参议员詹姆斯·K. 瓦达曼,一位直言不讳的白人至上主义者,警告说黑人参军很危险,黑人军人将不可避免地给南方带来"灾难"。瓦达曼在参议院的会场上大声疾呼:"如果让黑人明白他是在捍卫国旗,用军人的气概去填充他那未经教化的灵魂,那么他很快就会要求'尊重他的政治权利'。"在某些场合,白人退伍军人甚至直接挑起了针对黑人退伍战友的致命暴力。[11]

1919 年的"红色之夏",正如黑人作家兼活动家詹姆斯·韦尔登·约翰逊所描述的,不仅仅是美国各大城市、城镇及乡村爆发的近 40 起"种族骚乱",更是一场排外的白人民族主义治安维持会掀起的狂潮,他们一心想要摧毁黑人社区与企业,惩罚黑人,尤其是那些被指控逾越种族界限或为自身权利抗争的人。其中最为血腥与残忍的一幕发生在阿肯色州的伊莱恩,当时一群黑人佃农与分成租地农组成的联盟遭到了白人种植园主的残酷镇压,数百名黑人在该州州长宣布"美国爱国主义不容许任何灰色地带"之后不久便惨遭杀害。这类事件与 19 世纪 30 年代的反废奴主义暴民或 1863 年的纽约征兵暴动相似,武装齐备的白人男性对整个黑人居住区和商业区发动了袭击。这些袭击始于 1917 年的东圣路易斯,1919 年席卷了华盛顿特区、芝加哥、纽约、诺福克、费城、孟菲斯以及众多其他城市中心。直至 1921 年俄克拉何马州塔尔萨的格林伍德黑人社区以及 1923 年佛罗里达州的罗斯伍德黑人小镇（这两个地方都是黑人独立、富足与自豪的象征，同时也是白人至上主义者的眼中钉）沦为燃烧的废墟，这一系列袭击与屠杀才达到顶峰。[12]

正如诸多反黑人暴力事件的发生地点所揭示的，非洲裔美国人离开南部的大迁徙，其在初期阶段就已经开始撼动全美范围内紧张的"种族关系"边界，并为黑人社区建设和政治力量的崛起奠定了新的基础。白人始终是暴力的始作俑者，动机通常是关于黑人性侵犯的谣言或是对种族"规范"被打破的反应，而黑人进行了反击，在某些地方甚至武装起来自卫。新的组织举措，特别是成立美国全国有色人种协进会（NAACP）和马库斯·加维组建世界黑人进步主义协会（UNIA），以及服兵役的经历激发了黑人的斗志。他们表明，吉姆·克劳体制现在将面临强大而激进的回应。早在1917年，"新黑人"就受到白人和黑人激进分子颂扬，这些激进分子试图捕捉大迁徙所孕育的政治与文化意识。随着主流媒体发出"黑人起义"的警告，总检察长帕尔默对局势的发展毫不怀疑。"黑人气红了眼。"他担忧地说。[13]

黑人的有组织活动与激进性一方面加剧了20世纪第二个10年末期至整个20年代的法西斯倾向，另一方面，随着时间的推移，也帮助限制了这些倾向的政治影响力。世界黑人进步主义协会，以其对黑人集体权利与赋权的强调（即对大众黑人国际主义的强调），成为在影响力与会员数量上最为出众的组织之一，同时也是拥有最广泛民众基础的组织之一。它反映了一种由种族与帝国观念塑造的新的政治语言与逻辑，同时也激起了新兴的美国全国有色人种协进会的愤怒，后者专注于争取民事与政治平等，尽管其部分领导人对社会主义左翼抱有同情。马库斯·加维与 W. E. B. 杜波依斯之间关于黑人政治斗争方向的分歧——几乎与杜波依斯同布克·T. 华盛顿之前的论战一样传奇——似乎划出了一条几乎无法逾越的鸿沟。然而，在现实生活中，这条鸿沟是可以跨越的：当地的活动家通常同时加入世界黑人进步主义协会和美国全国有色人种协进会。他们联手对抗公共生活中的种族隔离，支持租户权利、黑人就业以及跨种族的劳工联盟。在 20 世纪 30 年代初，他们的影响力对于国家的政治命运至关重要。

二

美国保护联盟于 1919 年 2 月，也就是在催生它的那场世界大战结束后不久正式解散，这让许多成员感到遗憾。在他们看来，为了推进"百分百美国主义"，并惩处那些无论基于何种政治或种族理由而对其构成威胁的人，仍然有大量工作亟待完成。当然，诸如麋鹿兄弟会等众多兄弟会组织，早已投身于"美国主义"的事业，这可以吸纳他们的热情，就如同战争期间成立的许多地方爱国社团一样，即便战争结束，它们依然继续集会并策划活动。然而，从许多方面来看，美国保护联盟的议程及其社会构成都被美国退伍军人协会所吸纳，美国退伍军人协会作为战争的直接产物，注定将成为政治右翼的支柱。正如一位历史学家所言，美国退伍军人协会"接过了美国保护联盟的重担，成为国家正统观念的守护者"。[14]

美国退伍军人协会由美国远征军军官于 1919 年 3 月在巴黎组织成立,同年 5 月首次在美国本土的圣路易斯召开大会。作为第一次世界大战退伍军人,乃至最终所有退伍军人的最佳代言人,该协会迅速与战争期间激起的一系列"爱国"议题结盟,同时坚持自己的"无党派"和"非政治性"立场。在圣路易斯通过的一系列决议中,协会谴责"依良心拒服兵役者",呼吁驱逐逃避兵役的外国人,并谴责世界产业工人联盟、无政府主义者、国际社会主义者及其他"红色分子"的违法乱纪行为。据其中一名发言人所述,美国退伍军人协会"代表的无非是'百分百美国主义'",并且"坚决反对布尔什维主义、无政府主义和混乱,以及一切企图破坏我国制度的行为"。[15]

协会在圣路易斯的集会(或称领导班子会)创建了一个全国性的组织,下设各州分部和地方分会,并得到了银行、国家政治领导人和国会特许状的支持。到 1919 年夏天,协会已遍布全美,会员数以千计。尽管各州和各地的情况不尽相同,美国退伍军人协会总体上吸引的是白人中产阶级和中产阶级上层的成员。大约四分之三的成员是专业人士、管理人员、小企业主和领薪雇员,不到五分之一是技术工人,不到十分之一是非技术工人。黑人退伍军人能否加入取决于各州分部的判断,但在允许加入的地区,黑人成员几乎无一例外地被安排在种族隔离的地方分会里,无论其平时身处何地。[16]

尽管美国退伍军人协会的全国领导层将工作重点放在国会及有利于退伍军人的立法上,但是各州分部,特别是地方分会在开展活动时却享有较大的自主权。"分会本身有资格对每一个问题发表意见,"《美国退伍军人周刊》的一位撰稿人特别指出,"这些人的声音理应被听到,也将被听到。"他们确实做到了这一点,常常为了雇主、警方以及他们自己对秩序和美国主义的理解而发声。在加利福尼亚州斯托克顿,一个美国退伍军人协会分会将目标对准了那些以自己无公民身份为由申请并获得兵役豁免的男性。一群曾被派往苏俄的底特律美军士兵自封为"布尔什维克驱逐者",专门破坏激进分子的集会。加利福尼亚州奥克兰的一个分会组织了 200 名退伍军人协助警方对抗世界产业工人联盟,因为他们决心"确保这座城市不受任何违法分子的控制"。蒙大拿州、爱达荷州、俄勒冈州和华盛顿州的"指挥官们"召开了一次为期两天的会议,商讨打击世界产业工人联盟"及其他激进组织"的策略。犹他州的退伍军人协会则"积极对抗当地世界产业工人联盟和类似的赤色分子",并向所有分会通报"非美活动的蔓延情况"。[17]

退伍军人协会分会的反激进主义和私刑执法行为如此普遍,以至于其全国办公室被迫反驳媒体上的报道,并声明协会反对"暴民暴力"。"如果一个煽动者被一群不明智的人围攻,"《美国退伍军人周刊》的一位编辑抱怨道,"那些急于报道的记者往往才看到橄榄绿制服上的几枚退伍军人协会徽章,便将事件归咎于美国退伍军人协会。"在 20 世纪 20 年代中期,另一位退伍军人协会官员抱怨道:"那些对退伍军人协会怀有敌意的人一再将它描绘成一支自封的警察力量,其主要目的是监视激进活动。"尽管承认"存在诸多诱惑……要求限制那些宪法保障的言论自由和新闻自由",但他仍坚持认为,退伍军人协会"仅限于为负责监视激进活动的政府人员提供支持"。[18]

不出所料，美国退伍军人协会与欧洲的盟军退伍军人，尤其是那些意大利的退伍军人有着深厚的情谊，后者团结一致，支持贝尼托·墨索里尼及其法西斯党。1923年，《美国退伍军人周刊》提醒读者，墨索里尼这位"欧洲最受关注的人物"，曾是一名"意大利军队的下士"，他肯定会"以比某些美国国会议员更高的智慧"来处理军队立法问题。就在那一年，美国退伍军人协会全国领导人阿尔文·奥斯利邀请墨索里尼参加在旧金山举行的协会大会。尽管这位独裁者礼貌地婉拒了邀请，但奥斯利仍宣称："若有必要，美国退伍军人协会随时准备像法西斯党对抗威胁意大利的破坏分子那样，保卫我们国家的制度与理想。美国退伍军人协会正在与所有威胁我们民主政府的势力作战——无论是苏维埃、无政府主义者、世界产业工人联盟、革命社会主义者，还是其他一切'赤色分子'。""不要忘记，"奥斯利进一步强调，"法西斯党之于意大利，就如同美国退伍军人协会之于美国。"几年后，一个退伍军人协会代表团在访问罗马时会见了墨索里尼，最终向他授予了荣誉会员资格，并拍摄了他头戴牛仔帽的照片。[19]

奥斯利和其他崇拜意大利法西斯的退伍军人了解他们交谈的内容。与美国退伍军人协会一样，最著名的"黑衫军"也是在1919年组织起来的，成员多为对战时社会主义者及其他激进分子的不忠行为充满愤慨的退伍军人。"黑衫军"向面对激进工人要求的大地主和其他雇主伸出援手，将怒火倾泻于社会党的总部和报社办公室以及该党领导人的住所之上，屡屡将其化为灰烬。他们在诗人兼原始法西斯主义者加布里埃莱·邓南遮1919年9月向亚得里亚海港口阜姆的进军中扮演了重要角色；不久之后，他们占领了整座城市，并在1922年加入了墨索里尼的"向罗马进军"，一举使法西斯在意大利掌权。奥斯利的言行是一个预兆，也是一条线索，它将继续挑战美国军队官方宣称的政治中立立场。"比任何其他团体都更为直接，"历史学家约翰·海厄姆写道，"退伍军人协会延续了战争经历中的集体价值观，那种团结、友谊以及对国家的特殊归属感。"[20]

三

美国保护联盟、美国退伍军人协会以及众多草根"爱国"和"公民"俱乐部所激发的政治与文化脉动，助力三K党成为20世纪20年代规模最大、最具影响力的美国民间组织。三K党于1915年在佐治亚州的石山重获新生，这距离其重建时期前身的解散已有数十年之久。三K党的重生呼应了时势：那时，吉姆·克劳法已得到最高法院的背书，联邦官僚体系已实行种族隔离，电影《一个国家的诞生》在几英里外的亚特兰大首映，"百分百美国主义"正迅速成为社会凝聚力的官方纽带。然而，直到20世纪20年代初，三K党才开始以指数级的速度发展壮大，不仅是在前南方邦联各州，而且是遍及整个美国。事实上，从许多重要方面来看，三K党在南方以外地区的影响力和重要性甚至超过了它在重生之地的地位。在当时的记者斯坦利·弗罗斯特看来，三K党是"除商业之外，美国生活中最活跃、最有力、最有效的力量"。[21]

三K党的飞速发展既得益于其创新的招募技巧，也得益于它善于利用已经在全美流布的反天主教、反犹太主义、反激进主义、反现代主义、仇外心理以及反黑人种族主义的潮流。尤其是在北部和西部，反天主教和反激进主义对三K党的吸引力尤为显著，这或许解释了其成员分布的特点——从南方转向全美各地的城镇和城市。到1921年，三K党的每周新增成员数达到了10万，到20世纪20年代中期，其成员总数至少达到了200万；据某些估计，这一数字甚至可能高达400万或500万。合理推测，大约每30名美国白人中就有一名可能是三K党的成员。40%的三K党成员分布在中西部的印第安纳州、俄亥俄州和伊利诺伊州，另有8%的成员分布在中西部的上游州和平原州，它们加起来几乎占了总数的一半。近三分之一的成员位于西南和远西地区，而南方成员的比例则不足五分之一。在拥有最多三K党成员的10个州中，仅有两个位于南方。印第安纳州、俄亥俄州、得克萨斯州和宾夕法尼亚州的成员数量最多，紧随其后的是伊利诺伊州、俄克拉何马州、纽约州和密歇根州。或许更令人吃惊的是，大约一半的三K党成员居住在人口超过5万的大都市区，约三分之一生活在人口超过10万的地区。一位研究三K党的学者将印第安纳波利斯、代顿、波特兰（俄勒冈州）、扬斯敦（俄亥俄州）、丹佛和达拉斯描述为"全国的罩袍之都"①。芝加哥作为长

---

① 三K党成员通常穿着标志性的白色长袍。——编者注

期以来劳工激进主义的中心、南欧和东欧移民的聚集地，以及非洲裔美国人"大迁徙"的灯塔，拥有全美规模最大的三K党组织，包括20个"地方分部"和5万名成员。[22]

　　由于三K党并未保留正式的成员记录，并通常保持着一层神秘的面纱，因此很难确切了解其规模究竟有多大，或者它与美国保护联盟、美国退伍军人协会或地方爱国协会和兄弟会组织之间的联系有多紧密。但我们所了解的关于其成员和活动的情况表明，它们之间可能存在相当程度的交集。与美国保护联盟一样，三K党成员主要是白人和新教徒；与美国保护联盟和美国退伍军人协会类似，三K党的追随者主要来自中产阶级，其次为技术工人阶层，尽管在许多地方，公认的社区领袖加入其中并发挥着重要作用。包括拥有土地的农民在内的小商人是三K党内最大的职业群体，其次是新教牧师（约4万人）和白领雇员。但是，特别是在大城市之外，土生土长的技术工人和工业操作员（其中一些人可能是工会成员）也加入了三K党，人数还相当可观。此外，还包括成千上万的人，特别是在三K党活跃的地区，即便他们交不起会费（通常为10美元）或不愿交，也会给予三K党支持。不出所料，许多三K党的招募者都是共济会会员，当他们每到在一个地方开始招募活动时，都会首先与兄弟会和新教教堂取得联系，因为在这些地方最容易找到支持者。[23]

　　与美国保护联盟和美国退伍军人协会一样，三K党致力于"百分百美国主义"，这意味着白人新教徒的至上地位和反激进主义；他们称之为"美国优先主义"。唯有土生土长的白人新教徒男性方能成为三K党的成员，该组织将复仇的目光投向了天主教徒、新移民及各种形式的国际主义者。1919年7月4日，一位得克萨斯州的三K党领袖在庆祝活动中宣称："我永远为美国而活，首先是美国，其次是美国，一直都是美国；我绝不允许任何外来势力对我们指手画脚。"三K党的私刑执法行为在全美范围内激增，尤其在中西部下游和远西部地区，黑人、亚洲人、墨西哥人和天主教徒遭受的暴力打击包括：鞭打，浑身涂满柏油并粘上羽毛，财产破坏，纵火和私刑处决。马尔科姆·艾克斯的父亲厄尔·利特尔，一名浸信会牧师和世界黑人进步主义协会活动家，于1926年被赶出了位于内布拉斯加州奥马哈的家。在其他地方，三K党成员穿着白色长袍公然游行（包括在华盛顿特区），并且正如他们在长岛多次所做的那样，在入会仪式上焚烧十字架，以此恐吓天主教徒、犹太人和黑人。[24]

新教牧师在三K党成员和支持者中占有重要地位，这反映出宗教信仰所提供的重要文化支撑。到20世纪20年代初，一种基要主义潮流一改过去的宽容态度（尤其是社会福音和更广泛的自由派新教），打破了教派的和谐关系，并在一段时间内占据了主导地位。作为对19世纪末20世纪初巨大社会变革的有力回应，基要主义对现代性的象征与伦理、理性与科学、城市生活的不道德及世界主义展开了猛烈抨击。取而代之的是，它呼吁回归宗教纯洁和《圣经》真理。基要主义者从1915年出版的一本浸信会文献《基要真理》中汲取身份认同，他们相信《圣经》的绝对正确性、基督重返人间的必然性，以及《创世记》的故事，特别是人类源自亚当和夏娃的说法。基要主义不仅是激烈神学斗争的产物，也源于一场由战争和广泛的社会冲突所预示的更大的文化危机，这种危机感让人们感到神圣文明正遭受多方面的攻击，必须在基督第二次降临之前加以捍卫。这样的意识不仅为三K党成员提供了一个志同道合的信徒共同体，还赋予了他们作为宗教战士的一系列任务。三K党的一把手海勒姆·埃文斯称"新教精神"是"美国主义不可或缺的一部分；没有它，美国不可能被创造出来，没有它，美国也无法前进"。[25]

新教基要主义与三K党之间的紧密联系，揭示了三K党是如何深入普通人的日常生活的。三K党成员被该组织所倡导的男性同志情谊和父权制度吸引，许多人曾在兄弟会组织及相关俱乐部中体验过类似的氛围。然而，他们也认识到那些与他们有着相同美国主义观念的女性的重要性，这些女性因妇女参政权运动而充满活力，而三K党通常对此表示支持：至少支持白人新教徒女性的参政权。这些女性中无疑有许多曾参与基督教妇女禁酒联盟（WCTU，这是三K党所钦佩的组织），以及战争期间蓬勃发展的爱国社团和附属组织。到1923年，三K党妇女组织（WKKK）这一独立组织成立，吸引了成千上万的女性加入，她们的丈夫和父亲并不都是三K党成员，尤其是在三K党势力强大的地区。总体而言，大约有50万女性加入了三K党妇女组织，在某些州，她们几乎占到了三K党总成员数的一半。[26]

许多加入三K党的女性将其视为一把双刃剑，既具有潜在的风险，又能为她们的利益服务。一方面，她们将三K党视为捍卫她们所理解的基督教道德、对抗其诋毁者的工具，并将矛头指向她们认为充斥于政坛的腐败。另一方面，她们想象并经常要求三K党能确保提供男性的保护，这种保护是三K党成员宣誓永远要提供的，有时甚至是针对她们自己酗酒成性的丈夫，因为他们的酗酒"刺痛了家庭，贬低了妻子，伤害了子女，也伤透了母亲的心"。历史学家琳达·戈登所描述的"三K党女权主义"将争取女性权利的主张（包括外出工作），与对传统性别角色和家庭观念的接受相结合。这种理念在长期参与教会、改革和慈善组织的过程中得到了滋养。三K党妇女组织的招募者明确提问："您是否关心国家的福祉？作为拥有投票权的女性，您是否关心更好的政府？您是否希望纯洁的女性得到保护？我们是否应该维护美国家庭的神圣性？我们是否应该为我们的孩子提供更好的教育？我们是否希望美国学校有美国教师？"一位居住在印第安纳州北部的白人新教徒妇女后来回忆说："店主、教师、农民……所有的好人都属于三K党。他们要清理政府，要改进学校的教科书，（这些教科书）充斥着天主教的内容。"她意味深长地补充道，无论如何，三K党都是"一种聚会和享受的方式……一种成长的方式"，是组成社区生活及其防御机制的一部分。[27]

尽管妇女参政权可能为其增添了力量，但三K党从未尝试转型为一个正式的政党。然而，在整个20世纪20年代，它在美国政治舞台上发挥了巨大的影响力。三K党成员当选为地方、州乃至国家级别的公职人员，即便在三K党成员本人未参选的情况下，三K党的支持也常常成为选举胜负的关键。据可靠的评估，有16名三K党成员当选为美国参议员，20名以上当选为美国众议员（三K党自称拥有75名国会议员），另有11名当选为州长。最高法院的两位大法官，雨果·布莱克和爱德华·道格拉斯·怀特，都曾是三K党的成员。传闻称，沃伦·G.哈定总统至少与三K党有过暧昧关系，以至于他觉得有必要公开予以否认，而像大法官布莱克和怀特一样，年轻的哈里·杜鲁门也曾加入过三K党，他声称当时认为那不过是一个"爱国"组织，随后便退出了。在1924年的民主党全国代表大会上，三K党支持伍德罗·威尔逊的财政部长兼女婿威廉·G.麦卡杜竞选总统候选人提名（尽管麦克阿杜起初是领跑者，但最终未能赢得提名）。同时，三K党还成功阻挠了纽约州的天主教徒阿尔·史密斯参选，从而加强了三K党作为不可小觑的政治力量的声誉。[28]

然而，三K党的政治影响力在州和地方层面表现得最为明显。在印第安纳、俄勒冈、得克萨斯、俄克拉何马和科罗拉多等州，三K党的势力极为强大，实际上掌控了达拉斯、沃思堡、波特兰（俄勒冈州）、波特兰（缅因州）和芒西（印第安纳州）等城市的市政权力，同时在得梅因、阿克伦、哥伦布、塔尔萨、堪萨斯城及美国中西部和密西西比河以西的许多其他城市和城镇赢得了选举。在科罗拉多州，据一位观察者所述，三K党"完全可以相信他们拥有这个州"，除了科罗拉多斯普林斯之外，三K党控制着每一个城市。即使不在完全控制之下，三K党成员也成功渗透到了执法部门、刑事司法系统、学校董事会以及城镇和县委员会。他们或他们的支持者被选为市长、警长、地区检察官和法官。在三K党成员在选民中占大头的地方，他们甚至会举行自己的初选，以确定哪些候选人值得支持。因此，三K党不仅拥有庞大的势力范围，还拥有了抵御对手诉求和抵制的保护伞。当美国公民自由联盟就有关鞭刑的报道与俄克拉何马州恩尼市的市长接洽时，市长告诉他们，鉴于镇上有1 500名三K党成员和 10 名支持他们的警察,似乎没有必要进行调查。[29]

三 K 党掌握了俄勒冈州、印第安纳州和得克萨斯州的立法机关和州长职位,并在全美各州拥有相当大的立法影响力,从而得以推动一系列强化其美国主义观念的议程。除了禁酒令和移民限制政策,三 K 党还极力推动反通婚法和优生法,寻求削弱或废除天主教教会学校,并控制公立学校的教育内容。他们还呼吁设立内阁级别的教育部以防止天主教的影响,并继续先前反对国际联盟的态度,主张拒绝美国加入国际法院。尽管成果参差不齐,但在三 K 党取得政治胜利的地方,其理念与许多非三 K 党成员的白人新教徒的观点高度一致。正如历史学家琳达·戈登所言,三 K 党的纲领"被数百万民众……甚至可能是大多数美国人拥护"。[30]

20 世纪 20 年代的三 K 党因其对白人民族主义的信奉,以及对私刑和暴力的频繁诉诸(有时甚至是对私刑的颂扬),显然与欧洲的法西斯运动有相似之处,尤其是在基层。一些三 K 党成员认识到了这种观点和目标的相似性。1922 年,一份在亚特兰大出版的三 K 党报纸《探照灯报》,将贝尼托·墨索里尼夺取政权视为"意大利政治健康的标志,防止苏俄遭受那种疯狂和实验性政府形式的保障"。其他三 K 党的出版物也将墨索里尼粉碎"共产主义和无政府主义"的努力评价为"正义事业",而一位与三 K 党立场一致的加利福尼亚牧师将三 K 党的"民族主义运动"与"意大利的黑衫军和德国的冲锋队"相提并论。另一位牧师则坚持认为,正如阿尔文·奥斯利曾经对美国退伍军人协会的评价一样,"三 K 党是美国的墨索里尼",表达了"对现状不满的广大民众之声"。《巴尔的摩太阳报》甚至报道说，1922年末，三K党宣布了与墨索里尼的法西斯主义者建立"联盟"的意图，作为其"欧洲扩张计划"的一部分。[31]

这种情况不太可能发生。三K党的民族主义立场及其反天主教倾向，似乎限制了其对潜在的欧洲同路人和盟友的兴趣，尤其是在意大利，法西斯主义在那里早早兴起、掌权，并与天主教会达成了和解。然而，对于当时的许多美国人，尤其是那些与三K党斗争的人而言，两者之间的联系显而易见且触目惊心，这也成为衡量三K党所代表的危险的一个重要指标。报纸在试图向读者解释"法西斯分子"时，常常把他们比作三K党。事实上，有些报纸直接将法西斯分子称为"意大利的三K党"，并警告说美国的三K党也在追求"美国的政治权力"。正如《坦帕时报》所言："三K党是美国的法西斯分子，除非被迫对外开放，否则它很容易获得类似的权力。"虽然三K党在组织方面的问题以及在20世纪20年代末的衰落似乎使其有别于欧洲的法西斯运动和其他右翼运动，后者持续时间更长并最终确实获得了政治权力，但批评者正确地看到，三K党的法西斯形象在国际舞台上不断涌现，而且只是部分地由该组织自己主导。曾经的三K党男女成员即使在脱下长袍和头套之后，也依然保持着他们的权力和影响力。[32]

四

三K党最喜欢私刑打击的对象包括私酒贩子、蒸馏酒商以及其他为酒精饮料的生产和销售提供便利的人。在美国通过禁止"制造、销售或运输烈酒"的宪法第十八修正案或是颁布旨在实施禁酒令的《沃尔斯泰得法案》过程中,三K党所起的作用微乎其微,但禁酒令很可能是促使三K党在20世纪20年代初爆发式增长的最主要原因。禁酒令不仅反映了进步主义时代社会工程的冲动,也契合了三K党"百分百美国主义"的理想,似乎标志着联邦政府自身划定了一条清晰的分界线:一边是新教道德和白人民族主义,另一边是移民、天主教徒、激进分子及黑人所带来的威胁——这一分界线很容易被理解为合法与犯罪、美国主义与外来颠覆者之间的鸿沟。三K党对禁酒令的极力捍卫,使其在白人新教徒中赢得了尊重,并在州和地方层面获得了权力,这些地方正是其影响力得以最大化之处。这同样揭示了三K党的目标与美国既有体制之间有着多么紧密的关联,以及多少美国社区接受了为实现政治目的而采取的私刑执法行为。正如当时一位记者所言,三K党是"禁酒运动的极端好战派"。[33]

禁酒令是长达一个世纪的斗争的顶点,尽管它从未想过要得到民众的大力支持。这场旨在限制或终止酒精饮料销售与消费的运动(分别被称为"戒酒运动"和"禁酒运动")始于19世纪20年代和30年代,并在19世纪70年代重新焕发活力,吸引了数以百万计的美国人,主要是白人、新教徒和中产阶级,他们将家庭的贫困、丈夫的虐待行为以及政治生活的污浊归咎于酒精。与19世纪的许多社会改革运动一样,白人中产阶级女性在节制运动中的作用尤为突出,她们集体将目光投向了工人阶级的酒馆和南方的"低级场所",这些地方常有"文盲"白人和"黑人"

光顾。然而，在20世纪到来之前，这些运动主要依赖于州和地方政府，后者要么通过其渴望实现的立法，要么允许各县和乡镇行使"地方选择权"的法律。得益于美国全国性组织基督教妇女禁酒联盟和反酒馆联盟的帮助，大约一半美国人口生活在实行某种形式的酒精限制的区域。

然而，另一半人口的情况则不同。他们更可能生活在拥有大量移民和工人阶级人口的城镇，这些群体多为天主教徒、东正教徒、犹太人或非福音派新教徒，普遍对戒酒或禁酒持反对态度——往往是强烈反对。"如今，异族文盲统治着我们的城市，"1890年，基督教妇女禁酒联盟的弗朗西丝·威拉德抱怨道，"酒馆是他们的宫殿，调酒棒是他们的权杖。"她或许还会补充说，这些人对社会主义者、无政府主义者及其他激进分子持开放态度，这进一步危及了"盎格鲁-撒克逊文明"。到1913年，禁酒主义者显然是看准了进步主义时代的社会风气，开始将注意力转向联邦政府，着眼于美国全国性的禁酒法令。这既合情合理，又迫在眉睫。戒酒和禁酒情绪最为强烈的村镇地区在国会和州立法机构中的代表比例过高（这种情况至今依旧），而1920年的人口普查将首次显示城市人口超过农村人口，这就需要大刀阔斧地重新划分选区。禁酒主义者还进一步利用了美国加入第一次世界大战所激发的民族主义情绪，赢得了国会对宪法第十八修正案的批准，并迅速在各州完成了批准。这是一个影响深远、意义非凡的事件：宪法第一次被用来界定可接受的文化习俗。它是下一个10年趋势的体现与预兆。[34]

这场"禁酒的战争"，正如历史学家丽莎·麦吉尔所描述的那样，是一场规模更大、持续时间更长的"针对移民的战争"的一部分，至少是针对那些并非来自北欧和西欧的白人新教徒移民，或在精神或身体上有残疾的移民。从 19 世纪初对爱尔兰天主教徒的排斥运动，到 19 世纪四五十年代的本土主义运动，再到对非英语使用者投票权及其政治机器的攻击，直至要求驱逐华工的呼声，日益增长的种族民族主义对那些不被视为美国命运一部分的人投去了恐惧的目光。直到 19 世纪末 20 世纪初，真正试图阻止移民潮的努力仍相对较少，至少在联邦层面是如此。人们更多的注意力集中在通过延长归化要求或限制获得选举权和担任公职的机会，来限制那些已经身在美国的移民的权利和政治影响力。毕竟，这些"肤色黝黑"的移民修建了铁路，用他们的辛勤劳动将美国铸造成一个工业巨人。[35]

然而，到了 19 世纪 80 年代末，巨变的迹象已然显现。剧烈的阶级冲突、欧洲移民潮的涌入、科学与社会工程学的新受重视，以及种族意识的提升，为新的方法创造了契机。19 世纪 80 年代初的排华法案利用了人们对"苦力"和"异教徒"的深深敌意，并经常运用反奴隶制的言辞来剥夺华裔的公民身份或任何形式的归属感。然而，正如南方的白人精英出于对宪法第十五修正案下可能的联邦干预的警惕，转而聚焦于非洲裔美国人的社会条件以剥夺其选举权并实施种族隔离一样，移民限制主义者也以贫困、犯罪、精神疾患、疾病和缺乏教育作为关闭国门的理由。1891 年，即埃利斯岛开放的前一年，国会通过了一项法律，赋予联邦政府制定和执行移民政策的权力，批准驱逐非法入境的外国人，并设立了拒绝潜在移民的标准。这些标准包括："所有白痴、精神病患者、贫民或可能成为公共负担者、患有令人厌恶或危险的传染性疾病者、被判犯有重罪或其他不名誉罪或涉及道德败坏的轻罪者,以及多配偶者。"随着1891年《移民法》的颁布,"非法移民"这一概念自排华事件后得到了进一步的发展。[36]

作为国会在移民限制议题上的关键推动者,马萨诸塞州联邦参议员亨利·卡波特·洛奇清晰地阐述了他的目标。"那些对美国的开拓与发展做出贡献的种族之移民正逐渐减少,"他写道,"而与建国先贤在思想、语言和血脉上相去甚远的种族之移民,则日益增多。"他的愿望是"去芜存菁"。为此,他推崇的工具便是读写测试,这一测试此前已被用于剥夺黑人和欧洲移民的选举权。洛奇成功地推动其在国会通过,尽管随后遭遇了格罗弗·克利夫兰总统的否决。在接下来的20年里,尽管面临总统的连续否决,但国会仍不懈坚持,直到战争彻底扫清了所有障碍。[37]

战时民族主义的高涨和对任何可能被视为"不忠"的个人或团体的怀疑,进一步加速了限制移民运动的步伐。除了《间谍法》,一项新的移民法于1917年出台,其中规定进行读写测试(国会推翻了威尔逊总统的否决),征收人头税,设立大规模的"亚洲禁止区",并将酗酒者、无政府主义者、妓女和政治激进分子列入禁止入境者名单。然而,真正为配额制度(该制度既缩小了移民规模,又对特定民族群体进行了严厉限制)奠定了基础的,是1921年的《紧急配额法》,该法重点针对战后可能大量涌入的难民。华盛顿州联邦众议员艾伯特·约翰逊对亚洲和东欧移民可能增加感到忧心忡忡,他担任了众议院移民与归化委员会主席,并领导了这场运动。在优生记录办公室主任哈里·劳夫林的热心协助下，约翰逊的委员会听取了多位优生学家的证词，其中包括洛斯罗普·斯托达德——他的《有色人种崛起：对白人世界霸权的威胁》（1920年）刚刚为他赢得了国际声誉。该法案以压倒性多数获得通过，并于1921年5月由沃伦·G.哈定总统签署成为法律。[38]

尽管哈定总统承诺要回归"常态"，但实际上，他短暂的任期及继任者卡尔文·柯立芝的任期却推动了种族民族主义共识的发展，以及利用联邦政府来确保所谓"北欧日耳曼民族"（Nordic）优势的努力。众议员约翰逊最初支持暂时停止所有战后的移民，后来则转向支持配额制度。现在，立法的车轮已经开始转动，不再是临时或紧急措施，而是从根本上转变了美国的移民政策。在优生学家的热情支持下，在美国劳工联合会、三K党和《纽约时报》（该报以《保护美国种族》为题发表社论以示支持）的强力背书下，《约翰逊-里德法案》顺利在国会通过，并于1924年5月摆上了柯立芝总统的办公桌。《洛杉矶时报》为"北欧日耳曼民族的胜利"而欢呼雀跃；对于参议院多数党领袖亨利·卡伯特·洛奇（彼时他仅剩6个月的寿命）来说，这是"国会通过的最重要，甚至是最重要的法律之一"。[39]

《约翰逊-里德法案》（或称《1924年移民法》）排除了亚洲移民，大幅限制了欧洲移民，更重要的是，基于民族血统设置了配额。受到青睐的国家——英国、德国和斯堪的纳维亚国家——位于西欧和北欧；而受到最严格限制的国家则位于南欧和东欧，这些地区被认为激进主义思想泛滥，从那里来的人难以融入美国社会。同年，建立边境巡逻队的计划也单独得到拨款，目的是安抚因西半球国家未设配额而愤怒的限制主义者。该法案的共同提案人、宾夕法尼亚州联邦参议员大卫·A.里德在《纽约时报》上总结道："大熔炉中的美国走到了尽头。"在种族主义、民族中心主义、反激进主义和"百分百美国主义"的驱使下，《1924年移民法》将在接下来的40年里保持不变，这也表明在20世纪20年代，进步主义人士的理念与三K党和其他右翼组织的理念是多么紧密地交织在一起。社会工程，尤其是通过国家机制打造一个优越的白人新教徒国家的工程，使他们走到了一起。欧洲的法西斯主义者发现了许多值得他们钦佩和学习的地方。[40]

五

对法西斯主义，尤其是对意大利法西斯主义的兴趣与热情，并不仅仅局限于美国退伍军人协会或三K党。在墨索里尼于1922年夺取政权之后、1935年入侵埃塞俄比亚之前的这段时间里，来自许多领域的美国白人都对法西斯意大利抱有好感，对墨索里尼感到敬佩，视其为未来的楷模，认为他是充满实验精神、决心、经济活力及强权统治的典范，同时也是抵御布尔什维主义的强大防线。毋庸置疑，意大利裔美国人的报刊大多对墨索里尼的法西斯政权给予了高度评价，将其视为国家理想的顶点，将墨索里尼视为19世纪民族主义者朱塞佩·马志尼和朱塞佩·加里波第的化身。而到20世纪20年代中期，美国主流媒体也广泛加入了这一行列，用一位观察家的话来说，它们的态度"谨慎友好且充满希望"。《财富》杂志、《星期六晚邮报》乃至《新共和》均对墨索里尼及其政权进行了正面报道。著名的"扒粪者"艾达·塔贝尔于1926年受《麦考尔》杂志派遣前往意大利,他不仅对"法团国家"(corporate state)的新特点给予了高度肯定,还对其所称的墨索里尼"工作世界"中的道德提升表示赞赏。[41]

20世纪20年代初黑衫军暴力行为引发的怀疑与犹豫,似乎随着墨索里尼登上权力之巅而烟消云散。商界领袖们很快对意大利似乎正在取得的"惊人复苏"和"辉煌进展"表示赞赏,并认为墨索里尼是一个能干成事的人。美国钢铁公司的埃尔伯特·加里认为,"整个世界都需要坚强、诚实的人",美国可以"从意大利发生的变化中学到一些东西"。"每个国家都需要像墨索里尼这样的人,"华尔街金融家尤利乌斯·A.巴斯奇写道,"独裁是解决世界问题的唯一出路。"他讽刺地补充道:"当然,前提是我们能确保每位独裁者都会是个好独裁者。"J.P.摩根公司的合伙人托马斯·拉蒙特自称是意大利法西斯主义的"传教士",并成为墨索里尼的商业顾问,为法西斯政权争取到一笔一亿美元的贷款。即使是1926年"法团国家"的出现也没有引起商界精英的不安。《财富》杂志后来甚至用整整一期来探讨这个问题,强调了法团主义与美国经济走向之间的相似之处,特别是在20世纪20年代末贸易协会的兴起以及随后的罗斯福新政时期。在《财富》的编辑们看来,法西斯和类法西斯运动征服了欧洲大部分地区,体现了"纪律、责任、勇气、荣耀与牺牲"这些"古老的美德"。它们还被视为抵御共产主义和社会主义左翼的堡垒。[42]

当然,法团主义对美国的商界和政治精英来说并不陌生。进步主义观点普遍认为公司和其他大型经济机构既合理又高效，许多进步主义者将由国家管理的企业、劳工和公众之间的伙伴关系想象为未来发展的理想模式。泰勒式的科学管理及其在20世纪20年代的福特主义变体，在扩大的管理控制下将大规模生产和大规模消费结合在一起，在许多方面预示了法西斯主义的努力，即通过法团国家所实现的"有机"统一来解决阶级冲突问题。"不论法西斯主义有何危险，"赫伯特·克罗利在1927年写道，"它至少以行动代替了停滞，以目标明确的行为代替了漫无目的的漂泊，以宏伟的未来愿景代替了集体的狭隘与灰心丧气。"43

墨索里尼本人广受推崇，被融入进多种美国价值观与象征。他不仅是一位"伟人"，也是一位"白手起家"的人，是铁匠的儿子。他似乎致力于弘扬"责任""服从""忠诚""爱国主义"等美德。墨索里尼培养的个人崇拜迎合了欣赏他的观众，他深知镜头的魅力和公众对英勇事迹的迷恋，将自己与查尔斯·林德伯格、莱昂内尔·巴里莫尔和杰克·登普西这样的英雄人物相提并论。① 他是一个行胜于言的人，一个解决问题的人，一名战士，以及一位坚定的意大利民族主义者。《堪萨斯城星报》惊叹于意大利"成千上万的年轻人"如何"蜂拥至墨索里尼的旗帜之下"，正如60年前他们涌向加里波第的军队，同样为了拯救意大利。更重要的是，"法西斯主义者的理想是百分之百的民族主义。

---

① 查尔斯·林德伯格，美国飞行员、探险家，于1927年驾驶单翼飞机"圣路易斯精神"号从纽约飞至巴黎，成为历史上首位完成单人不着陆飞行横跨大西洋的人。莱昂内尔·巴里莫尔，美国演员，曾获得奥斯卡最佳男主角奖。杰克·登普西，美国职业拳击手，20世纪20年代的现象级人物。——译者注

他们坚信应以武力践行爱国主义；他们不仅对半心半意的意大利主义没有耐心，而且相信要用武力对付那些半心半意的人"。"他们所追求的，"该报赞许地评论道，"不是通过阶级斗争，而是通过各阶级之间的合作，实现国家的最大福祉和最大繁荣。"⁴⁴

一些自由派知识分子及《国家》杂志从一开始就对意大利法西斯主义表示怀疑和反对，但最有力的抵抗来自劳工阶层。塞缪尔·冈珀斯在第一次世界大战后不久访问意大利时，从美国全国公民联合会的视角出发，认为法西斯主义"能够在国家层面采取果断行动"，并"迅速重建一个由协作单位组成的国家"，但美国劳工联合会（简称"劳联"）却拒绝追随他的立场，谴责法西斯主义是对劳动人民的威胁。在1923年的年度大会上，美国劳联正式"憎恶并谴责法西斯主义的一切表现，并呼吁所有附属工会抵制其传入美国"。相反，劳联"在道义上全力支持北美反法西斯联盟"，认识到"在美国组织法西斯团体的企图"。威廉·格林于次年接替冈珀斯担任美国劳联主席，他也站在反法西斯阵营，号召工人和农民组织起来反对法西斯。至于社会主义和共产主义左翼，在20世纪30年代和人民阵线出现之前，他们对墨索里尼及其法西斯政权的关注相对较少。⁴⁵

对于那些赞赏他的美国人，墨索里尼也积极回应。他盛赞美国的"原创文明"、刻苦耐劳的工作伦理以及对世界"机械与物质"成就的贡献，而这些成就又是由"伟大的精神活动"促成的。他声称自己"想到了威廉·詹姆斯、爱默生、朗费罗、马克·吐温，以及磁力世界的伟大魔术师爱迪生"。事实上，墨索里尼坚持认为自己的思想发展深受威廉·詹姆斯的影响，尽管当时有人对此表示怀疑，但许多美国学者在墨索里尼和意大利法西斯主义身上看到了强烈的实用主义倾向、对科学哲学的兴趣、一种"脚踏实地的实用主义"以及对"经验"的重视。一位普林斯顿大学的教授宣称，"法西斯主义的哲学就是实用主义，它唯一的指导原则就是要在实践中发现工作原则"。[46]

然而，相较于贝尼托·墨索里尼，阿道夫·希特勒及纳粹分子更多地将目光投向美国及其历史，以寻找可能的榜样。1924年，在巴伐利亚的牢房中撰写《我的奋斗》时，希特勒敏锐地注意到了美国新颁布的《1924年移民法》，尤其赞赏其解决方案"单一国家"，即拒绝"身体不健康的人入境，并干脆排除某些种族的移民"。希特勒长期以来一直对西部片情有独钟，他还认为征服美国西部和消灭那里的原住民对于建立一个"北欧"社会至关重要；根据一些说法，希特勒对美国西部历史的理解影响了他对"生存空间"（即德国向东扩展的生存空间）的观点。"美国人有一样东西是我们所缺乏的，"他后来写道，"那就是对广阔空地的感觉。"[47]

希特勒对美国的看法在德国纳粹分子中并非孤例，尤其是在他们的律师和科学家中间。一个人感叹道："第二个千年历史上最重大的事件，就是美利坚合众国的成立"，因为在那里，"雅利安人争夺世界统治权的斗争……获得了最强有力的支持"。纳粹对美国的种族政策给予了特别关注，在起草后来成为1935年《纽伦堡法》的文件（拒绝承认犹太人的公民权并将与犹太人的通婚定为犯罪）时，纳粹官员从美国的反通婚法、移民法和吉姆·克劳法中找到了许多灵感。他们认为，美国是一个真正以种族为公民身份基础的国家，因此为德国树立了榜样。"美国同样实行种族主义政策和措施，"一位纳粹作家解释道，"大多数州都有专门针对黑人的特别法律，限制他们的投票权、行动自由和职业发展机会。""有一段时间，"他补充说，"有一个计划是在南方各州建立一个类似于印第安人保留地的黑人保留地。"他还将"私刑正义"视为"人民对企图占上风的异族的自然抵抗"。值得注意的是，纳粹认为美国的一些种族政策过于苛刻和僵化。[48]

或许，没有什么领域比国际优生学更能促进美国与纳粹德国之间的科学与政策利益共同体的了。早在20世纪初，德国与美国的优生学家便开始了交流，而诸如洛克菲勒基金会等新兴的美国慈善机构，在第一次世界大战后意图"拯救"德国科学，于20世纪二三十年代向从事优生研究的德国机构提供了慷慨的援助。洛克菲勒基金会资助的受益者之一是约瑟夫·门格勒，他后来成为奥斯威辛集中营的医生。纳粹还对美国优生学家哈里·劳夫林协助某些州制定的绝育法进行了细致的研究。"既然我们现在已经掌握了遗传的规律，"希特勒指出，"就有可能在很大程度上防止不健康的和有严重残疾的人来到这个世界上。我饶有兴趣地研究了美国几个州关于防止那些后代很可能没有价值或对种族血统有害的人生育的法律。"为数不少的美国优生学家对纳粹政权在20世纪30年代开展的工作表示钦佩，并对自己可能产生的影响感到极大的满足。加利福尼亚州优生学家、人类改良基金会董事会成员C. M. 歌德曾对一位同事说："您会很想知道，您的工作在塑造那些知识分子群体的意见（他们支持了希特勒这一划时代的计划）方面发挥了何等重要的作用。无论走到哪里，我都

能感觉到他们的观点受到了美国思想的极大启发。"⁴⁹

六

无论法西斯主义在20世纪第二个10年和20年代有怎样的发展，大多数学者都认为，罗斯福新政和20世纪30年代的政治文化与法西斯主义和独裁政权的倾向大相径庭。学者们更倾向于将罗斯福新政视为一种新型自由主义的建设，它结合了国家在经济生活中的积极作用与对公民和政治权利的保护，同时维护了自由民主制度。若要说有什么不同的话，那么20世纪30年代形成并在此后的30年间以各种形式延续下来的"新政秩序"，可以说是美国历史上最接近社会民主主义的一次尝试。然而，直至近期，罗斯福新政尚未被置于国际或比较的视角下审视，20世纪二三十年代政治之间的连续性也未得到充分关注。换言之，我们需更多地从20世纪20年代和30年代初展望未来，而非从当下或此后的大部分时间向过去回溯。如此一来，所得到的结论至少是令人不安的。⁵⁰

20世纪20年代末和30年代初，白人民族主义、基要派新教教义、本土主义和种族主义，这些激发禁酒令、移民限制和三K党的幽灵依旧阴魂不散，即便三K党的组织结构已经开始瓦解。许多三K党成员和支持者通过兄弟会或爱国社团继续活跃，更不用说支持其政治议程的地方管理机构了。在许多地方，他们赢得了这些斗争，有时甚至是大获全胜。其他前三K党成员加入了一些自称为"美国法西斯"的组织，如亚特兰大的黑衫队和高加索十字军白帮，或费城的卡其衫党，以恐吓、伤害，甚至谋杀他们的敌人。[51]

"大萧条"的到来进一步扰乱了政治版图，尤其是当纳粹在德国掌权之后。1933年，亲纳粹的准军事组织"新德国之友"成立，不久改名为"德美同盟"，声称拥有成千上万的成员。没过多久，该组织就在纽约街头游行，在麦迪逊广场花园举行集会，甚至在纽约州、新泽西州、宾夕法尼亚州和威斯康星州设立了军事训练营。与此同时，哥伦比亚广播公司掌门人威廉·达德利·佩利在北卡罗来纳州阿什维尔创建了"银色军团"，也被称为银衫军，效仿希特勒的褐衫军。很快，它的成员就超过了1.5万人，主要活动于中西部和西海岸。除了德美同盟和银色军团外，美国纳粹分子和纳粹支持者遍布全美各地，从北卡罗来纳州和佛罗里达州到加利福尼亚州和俄勒冈州，再到密歇根州和俄亥俄州，通常分布在大大小小的城市中，他们往往团结一致，认为纳粹主义体现了"真正的美国主义"。1939年在纽约麦迪逊广场花园举行的活动吸引了超过2万人参加，舞台后方悬挂着一幅巨大的乔治·华盛顿肖像，他被称为"第一位法西斯主义者"。[52]

美国退伍军人协会继续自诩为"美国主义"的守护者。20世纪30年代，该协会的一些部分成为由大型企业和美国全国制造商协会资助的大众游说团体，并派出义警破坏罢工，攻击工会组织者，特别是在产业工会联合会（CIO）开始扩张之时。实际上，退伍军人协会是众多新旧组织网络的一部分，通过这些网络，法西斯主义思想得以传播并找到共鸣的听众。"今日，我们有无数的衫军、夜衣帮派、黑军团、新德国之友、美国先锋队、百人会、两百人会、百万人大会、女性国家白人种族保护协会。"1938 年,记者本杰明·斯托尔伯格警告道。"此类组织确实有成百上千个。这种精神甚至渗透到了美国革命之女(DAR)、预备役军官训练营(ROTC)、美国退伍军人协会、海外战争退伍军人协会(VFW)、商会、狮子会、麋鹿会、老鹰会、驼鹿会以及各类小市民组织的每一个角落。这一切都非常可怕,只有上帝才知道它将引领我们走向何方。"[53]

"大萧条"的严重性造成了一种极不稳定的政治气氛,不仅催生了新的或改头换面的法西斯及类法西斯网络,还催生了一系列无法简单归类的民众运动。这些运动直面经济苦难与不平等的挑战,以及中产阶级和工人阶级中广泛存在的脆弱性和深深的幻灭感。它们各自提出了旨在调整经济失衡、为弱者提供保护的解决方案。其中一些,如弗朗西斯·汤曾德的"老年保险计划"和厄普顿·辛克莱尔的"结束加州贫困"(EPIC)运动,显然属于左翼,它们主张对富人加税、建立养老金制度,以及建立工人和农民合作社。

另一些运动则将再分配措施与专制倾向相结合。休伊·朗,这位出生于路易斯安那州政治叛逆的温堂区的人物,先是担任州长(1928—1932 年),后又成为联邦参议员(1932—1935 年),以猛烈抨击剥削该州资源的石油和天然气公司著称,并在路易斯安那州的贫苦白人中建立了坚实的民意基础;尽管黑人没有投票权,但他们同样对朗抱有敬意。他大幅提高了公司税,修建了道路、桥梁、医院和学校,制订了公共工程计划,并为学童提供了免费课本。朗以地方社区的捍卫者自居，反对一心想要摧毁地方社区的外部利益集团（如标准石油公司），因此赢得了路易斯安那州普通民众的心，同时也招致了与新奥尔良相关的大地主和商业利益集团的强烈怨恨。他还积累了前所未有的权力。通过强硬手段和庇护制度，他迅速控制了立法机构、司法系统和官僚体系：几乎整个路易斯安那州政府都在他的掌握之中。随后，作为参议员，他将目光瞄准了富兰克林·罗斯福及其新政，制订了一项"分享我们的财富"计划，其雄心壮志着实令人叹为观止。他呼吁保障年收入，为老年人提供养老金，提供免费大学教育和职业培训，推行医疗保健制度，发放退伍军人福利，实施每周30小时工作制，而这些资金将通过提高对个人财富、巨额收入和遗产的征税来筹集。尽管被贴上了社会主义者、法西斯主义者和潜在独裁者的标签，朗依然坚持自己的目标是"让每个人都成为国王"。[54]

在更远的北方，底特律郊外，查尔斯·E.库格林神父发展出了自己的大众政治风格。利用产业工人（其中许多人是天主教徒）的经济困境，以及无线电这一新兴技术，库格林通过每周的广播布道吸引了一大批追随者，布道内容既有对国际银行家的尖锐批评，也有反共言论。1934年，库格林成立了美国全国社会正义联盟，主张重新将银币作为货币、伸张劳工权利和实行一些行业的国有化，同时这些主张中潜藏着逐渐蔓延的反犹主义色彩。该组织吸引了数百万成员，其中一些人在1938年成立了右翼的基督教阵线，发起了对犹太人经营的企业的抵制活动，与德美同盟合作，骚扰激进工会领导人，并参加了麦迪逊广场花园的美国

纳粹集会。⁵⁵

汤曾德的计划、辛克莱尔的"结束加州贫困"运动、朗的"分享我们的财富"计划以及库格林的美国全国社会正义联盟都是在 1933 年末和 1934 年首次亮相，它们表明了美国和罗斯福新政正面临的艰难挑战。事实上，必须记住，无论富兰克林·罗斯福在 1932 年当选总统以及民主党赢得国会控制权的胜利有多声势浩大，但罗斯福的"新政"将朝哪个方向发展完全不明朗。毕竟，罗斯福在竞选过程中曾承诺要平衡预算。1933 年初，世人见证了纳粹在德国上台和罗斯福的就职典礼，当罗斯福通过宣布"我们唯一需要恐惧的，就是恐惧本身"来安抚国民时，他的讲话中也包含了一丝严峻的警示。他认识到"国家要求采取行动，而且是现在就采取行动"，罗斯福宣称，如果国会"未能完成其任务"，而"国家紧急状态"仍然"严峻"，他将"不会回避届时我将面临的明确职责"。换言之，他将被迫采取"暂时偏离常规公共程序"的措施，并"请求国会授予应对危机的唯一手段——广泛的行政权力，以发动一场对抗紧急状态的战争，其权力之大不亚于我们遭到外敌入侵时将授予我的权力"。⁵⁶

在这里，罗斯福只是阐述了多位知识分子和舆论领袖向他提出的想法，这些人本身往往是自由主义者，他们认为需要采取果断的和前所未有的行动。其中有人建议在法西斯主义和共产主义之间建立"第三道路"，同时实行"临时独裁"。另一些人则认为，使用紧急行政权力并削弱国会的权力是必要的。《新共和》杂志的沃尔特·李普曼坚持认为，"需要下猛药"，包括暂停正常的政治进程，并根据对宪法"最宽泛的解读"，授予总统非凡的权力。

"局势十分危急,"李普曼对罗斯福说,"除了行使独裁权力,您可能别无选择。"[57]

罗斯福政府最初 100 天内的立法洪流,得益于总统及其政府权力的高度集中。虽然传统上是先由国会起草并通过法案,然后再送交给总统,但此时的政治动态颠倒了过来。几乎所有早期的罗斯福新政立法都是由行政部门起草,然后提交给国会,由于民主党在参众两院均占多数,两院实际上都成了橡皮图章。此外,通过创建一系列新的联邦机构〔这些机构通常被称为"字母机构",如国家复兴署(NRA)和农业调整署(AAA)〕,并将其纳入与行政分支紧密相连的官僚体系,这些立法进一步增强了总统的权力,而削弱了国会的地位。其变化之快、之惊人,以至于《纽约时报》的一位记者将当时华盛顿的"氛围"描述为"奇怪地让人联想到墨索里尼黑衫军进军罗马后的最初几周,或是苏联第一个五年计划开始时的莫斯科"。一位共和党众议员在抱怨时也使用了类似的比喻,他极为忧虑地说:"赋予总统的权力……让杰出的独裁者墨索里尼看起来如同一具古埃及的木乃伊。"这种政治动态并未逃过德国人的注意。1933 年 5 月,纳粹党的报纸《人民观察家报》认为"罗斯福的独裁式复苏措施"开创了美国政治的新纪元。[58]

这一类比的意义远不止于权力的转移。罗斯福新政头 100 天的标志性立法不仅是为了应对危机,也是为了赢得金融界、大地主和企业巨头的支持,从而维持一个复杂的联盟,这个联盟曾助力民主党赢得选举胜利。《格拉斯–斯蒂格尔银行法》将商业银行与投资银行分离,得到了新兴的投资银行和国际银行的支持,这些银行试图削弱摩根财团的影响力，而后者的力量恰恰建立在商业银行与投资银行这两大支柱上。受20世纪第二个10年战时工业委员会的影响，旨在稳定经济的《国家工业复兴法》(NIRA)暂停了反垄断诉讼，并要求制定全行业的规范，对生产、定价、工资和就业进行控制。这些规范将由有利于各行业（石油、电气、汽车等行业）中最大公司的行业协会制定，从而限制竞争，实质上形成了政府支持的卡特尔。尽管《国家工业复兴法》也赋予了产业工人"通过自己选择的代表组织起来并进行集体谈判的权利"，但在当时，企业领导者和其他大规模商业利益集团还是获得了绝大部分权力。[59]

大地主的情况也是如此，尤其是在南方各州。为了解决农作物生产过剩导致商品价格低迷的问题，《农业调整法》(AAA)补贴商业种植者以使其减少种植面积或完全不种植。但由于南方白人精英在民主党内的影响力，以及罗斯福争取他们支持的需要，补贴由当地种植园主来执行，而佃农和分成租地农（构成主要农作物生产劳动力的大多数）却被排除在外。自南北战争以来，南方白人土地所有者第一次直接从联邦政府的政策中获益，他们利用这笔意外之财驱逐佃农和分成租地农，开始机械化作业，并巩固了他们长期统治的"专制飞地"。实际上，《农业调整法》引发了一场圈地运动，将贫困的黑人和白人农村劳动者赶出了土地，这也证明了保守的种植园主将在未来几十年对联邦政策产生的深远影响。[60]

国会在罗斯福新政初期如此轻易而迅速地响应政府号召，意味着罗斯福无须诉诸他在就职演说中警告过的紧急权力。他没有中止宪法、打压政治对手、侵犯公民自由、推迟选举或动用军事/

警察的铁腕手段。没有发生美国版的国会纵火案或"向罗马进军"。罗斯福显然倾向于遵循宪法原则,他身边的核心团队亦是如此,这就为推动罗斯福新政向左而非向右的社会动员创造了空间。这些动员使得在新成立的产业工会联合会的主持下,大规模生产行业的工会化成为可能,并为社会保障和失业保险铺平了道路,使北方城市的黑人加入了罗斯福新政联盟,开始迫使民主党正视吉姆·克劳法的意义。

然而,在整个20世纪30年代,美国社会和政治生活中挥之不去的阴影并非社会主义或共产主义的前景,而是法西斯主义的威胁。即使罗斯福政府及其新政似乎表明令人担忧的独裁统治并没有到来,但观察家们仍在继续反思,并担心美国已踏上了一条通往法西斯的道路,而且这条道路的进程难以预料,一种独特的、带有民族烙印的法西斯主义形式很可能会出现。一位政治学家在1935年指出,"人们已经注意到美国发生法西斯革命的可能性",他的证据包括国会委员会的证词、新闻报道和电影曝光的内容、"1918—1920年反共精神和反共手段的复活",以及反战和反法西斯联盟的焦虑不安。不过,他认为危险不在于引入"一种外来的法西斯主义,而是披着民主意识形态外衣的本土反动运动"。[61]

1934年,作家兼评论家瓦尔多·弗兰克在探讨"法西斯主义是否会降临美国?"时,同样提出:"国家复兴署标志着美国法西斯主义的开端。但与意大利或德国不同……法西斯主义在美国可能是渐进的,以至于大多数选民不会意识到它的存在。真正的法西斯主义领导人不会是现在模仿德国元首和意大利统帅的那些人……他们将是审慎的黑袍绅士，毕业于顶尖学府，是尼古拉斯·默里·巴特勒和沃尔特·李普曼的门徒。"在《北美评论》上，罗杰·肖坚持认为："奇怪的是，新政派一直在使用法西斯主义的手段来达到自由主义的目的。国家复兴署及其制度体系、经济监管条款以及某些社会改善措施，显然是意大利法团国家模式的美国化。""我确信，"自由派人士莫里茨·霍尔格伦写道，"在这个国家，（法西斯主义）会披上民主的外衣，以免冒犯民众。"或者像休伊·朗所说的那样，"披着美国国旗"。正如辛克莱·刘易斯在1935年的小说《不会发生在这里》中虚构的、即将成为独裁者的巴兹·温德里普所意识到的那样，"就像（温德里普）热烈鼓吹每个人通过投票致富一样，他严厉谴责所有的'法西斯主义'和'纳粹主义'，因此，大多数害怕民主党法西斯主义的共和党人和所有害怕共和党法西斯主义的民主党人都准备投票支持他"。[62]

商界和企业界的部分人士对此有着不同的看法，他们的担忧带来了特殊且长期的后果。在他们看来，罗斯福新政所散发的不是渐进的法西斯主义，而是渐进的社会主义气息，于是他们开始组织起来。在杜邦家族和不再仅仅关注小企业利益的美国全国制造商协会的带领下，他们寻求反击。罗斯福抨击他们是"经济保皇派"，但他们毫不在意。不久之后，他们得到了南方精英的支持，后者担心罗斯福新政会威胁到通过种族隔离和剥夺公民权而巩固起来的种族秩序。1936年，由杜邦家族和少数几位富有的银行家和实业家大力资助的两党美国自由联盟希望共和党候选人阿尔夫·兰登能将罗斯福赶下台，而南方的国会代表团（全部由民主党人组成），则竭尽全力为罗斯福新政的社会和税收立法以及任何有关援助南方黑人的言论踩刹车。[63]

最终，罗斯福巧妙地挫败了他们，保持了他的联盟完整，并赢得了史无前例的第三个任期。然而，到了20世纪30年代末，罗斯福新政的社会推动力似乎耗尽。当罗斯福号召公众援助深陷困境的英国，并为另一场大规模战争做准备时，他的对手——包括保守的商人、南方白人以及新出现的"美国优先"派——开始为战后的政治右翼奠定基础。他们拥有诸多可资凭借的条件。

第八章

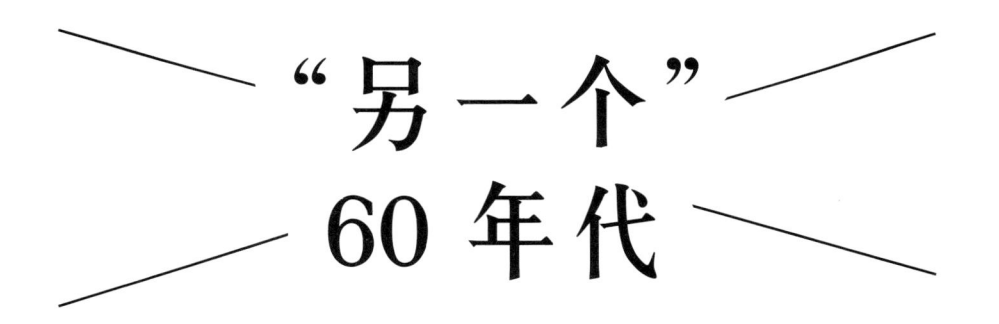

"另一个"60年代

CHAPTER
EIGHT

1964年2月19日，亚拉巴马州州长乔治·C.华莱士飞抵威斯康星州麦迪逊市，准备在州立大学校园内发表演讲。这似乎并不是一个很合适的目的地。一年前，华莱士在一场充满种族火药味的竞选中胜出，在就任州长时宣誓坚定维护种族隔离政策，"今日如此，明日亦然，直至永远"。5个月后，他站在亚拉巴马大学的"校门口"，试图阻止这所大学在联邦政府支持下实现种族融合。尽管他的努力被大肆宣扬，最终却以失败告终。到了1963年夏天，亚拉巴马州最大城市伯明翰发生了一系列激烈的示威活动，其间有数百名黑人民权抗议者因遭到警犬撕咬、被高压水枪冲击而受伤，或是被地方当局逮捕，华莱士也因此成为反对种族平等与捍卫白人至上信念的象征。在马丁·路德·金看来，华莱士"或许是当今美国最危险的种族主义者"。

当华莱士来到威斯康星大学时，他已经在哈佛大学、布朗大学、史密斯学院和达特茅斯学院等高等学府发表过演讲（唯有耶鲁大学将他拒之门外），并在几周后继续他的巡回演讲，足迹遍布中西部、落基山脉及远西地区的高校，总共可能进行了 20 多场。尽管迎接华莱士的通常是各式各样的民权抗议者和活动家，但华莱士的表现让听众大吃一惊，他机智应对挑战者的质问，礼貌回应批评之声，并在演讲中穿插幽默。他并未过多谈论种族或隔离问题，而是将重点放在了州权、宪法界限和联邦权力的无度扩张上。华莱士主张，入学机会、公共设施使用权限或开放住房①等问题，应属州和市的地方政府管辖，而非联邦政府的干预范畴。许多学生因此对华莱士的印象有所改观，认为他深思熟虑、通情达理。正如威斯康星大学的学生报《红衣主教日报》所说："他来，他见，他征服。"

　　不久之后，华莱士重返威斯康星州，直奔共和党势力强大的福克斯河谷，意图争取当地众多保守派的支持。在小城阿普尔顿（"反共猎人"约瑟夫·麦卡锡的故乡），华莱士突然宣布将参与民主党总统候选人提名的竞选，初步目标便是即将举行的威斯康星州初选。除了阿普尔顿，他还访问了其他一些小镇，如马尼托沃克、希博伊根和霍华兹格罗夫等地，但在密尔沃基南区的塞尔维亚族纪念堂，他受到了最为热烈的欢迎。那里的工薪阶层白人族群，因对种族融合和开放住房运动心存不满而聚集一堂。700 多人挤进大厅，还有 300 多人只能留在外面，共同聆听华莱士对最高法院行为的谴责，包括废止学校的祈祷活动，并提议将"上帝"从效忠誓词中删除。同时，他还抨击了国会正在审议的民权法案，声称该法案将"摧毁工会资历制度"，"强加配额制"，并使得"房主无法自由选择

---

① 开放住房（open housing），又称公平住房（fair housing），指在私人住房的出售与出租方面没有歧视性的做法与政策。——编者注

房屋出售对象"。华莱士在雷鸣般的掌声中总结说:"投这位小州长一票,就能让华盛顿的那些人知道,我们希望他们不要打扰我们的家园、学校、工作、生意和农场。"一周后,华莱士在威斯康星州民主党初选中赢得了三分之一的选票,并在印第安纳州和马里兰州取得了类似的辉煌成绩(在马里兰州,他赢得了23个县中的16个,在巴尔的摩市也取得胜利),随后宣布退出竞选。"今天,我们听到的关于州权的议论比过去四分之一个世纪还要多,"华莱士自鸣得意地说,"我的使命已经完成。"[1]

华莱士对于州权、政治分权、地方自治以及个人自由的赞美,与其在亚拉巴马州构建的体制形成了鲜明对比。正如南方其他许多州,尤其是深南部的官员和警察部门一样(这些人试图通过发起"反颠覆"行动,来巩固对抗民权活动的阵线),华莱士迅速行动起来,以捍卫所谓的"南方生活方式"。这一切似乎是对南方精英在重建时期结束后精心打造的、由州建立并强制执行的黑人屈辱与从属状态的一种再现。然而,华莱士走得更远,他企图建立一个类似休伊·朗时代的个人领地,只不过没有后者那样的民粹色彩。他创建了一套由上而下运作的压制性机构网络,基于个人庇护组织起来,奖励追随者,惩罚那些敢于挡他路的人。早在他踏上北方高校演讲之旅前,华莱士便促使亚拉巴马州议会成立了和平委员会(一个类似星室法庭①的机构,用来骚扰和打压

---

① 星室法庭(star chamber),英国历史上的司法机构,1487年创立,1641年关闭。因位于一个屋顶有星形装饰的大厅而得名。曾作为普通法院审判的补充和补救,后因受权管制出版物,在查理一世时期(1625—1649年)沦为宗教迫害与扼制新闻自由的象征。——编者注

异议者)、主权委员会(旨在团结和强化该州对抗民权"联邦巨兽"的斗争)以及公共安全部(负责搜集被视为对政权和隔离秩序构成"威胁"的黑人白人的资料)。1964年支持华莱士竞选的北方白人选民对此毫不在意:他们十分清楚华莱士的观点,并热切地接受了他所传达的信息。[2]

20世纪60年代初期被广泛视为现代自由主义的黄金时代,那时,罗斯福新政的社会民主理念接受了吉姆·克劳法的挑战,协助通过了联邦民权与选举权立法,并促成了"伟大社会"计划的出台——该计划在一定程度上是为了"向贫困开战",特别是城市贫民窟,在这里,数百万非洲裔美国人正在遭受社会所加诸的苦难和孤立。1964年的大选中,民主党人林登·约翰逊打败共和党对手巴里·戈德华特,民主党赢得了参议院的绝对多数席位,这似乎不仅是20世纪30年代打造的自由主义霸权的象征,也代表着除了已被视为反动势力最后堡垒的深南部之外,没有人对自由主义提出严肃的反对意见。实际上,当时一些观察家迅速断定,共和党和保守主义已步入末路。历史学家理查德·霍夫施塔特在大选前对"一个与我们政治生活的基本调性如此格格不入的思想的发展和崛起"表示困惑,并推测"尽管预测我们政治体系中一个主要政党的消亡总是危险的……但戈德华特或许已经给了共和党致命一击"。许多人相信,直到20世纪60年代中后期种族紧张局势引发城市骚乱,以及美国在越南战争中惨败,美国向右转的漫长进程才真正开启。[3]

然而,乔治·华莱士在1963至1964年的北方演讲之旅,以及那年春季他在北方和边界州①初选中获得的出乎意料的支持，都值得我们深思。华莱士汲取了种族隔离主义和白人至上主义话语的精髓，创造出一种政治语言，它将种族问题置于对联邦过度干预和共产主义威胁的更大批评之下，颂扬州权和地方自治，却又设计出了一套镇压的工具。华莱士触及了一条正在跳动的非自由主义血脉。长期以来，"社区意志"及对其的辩护一直被用作排斥和驱逐的理由，现在它们被重新部署和激活，用以加强阶级、种族、族裔和地域间的纽带。从第二次世界大战结束到20世纪60年代初，由于经济和人口结构的变化，对联邦政府、联邦政府领导层及其所谓同盟的反抗情绪已经渗透至美利坚政治生活的表层。没有人比乔治·C.华莱士更能洞察这一切，也没有人比他更积极地加以回应。而且，亦没有人比他更准确地预见到美国的政治走向。

一

华莱士在密尔沃基激发出的工薪阶层白人族裔的愤怒，同样弥漫于众多工业城市，从波士顿、纽约、费城、巴尔的摩，到芝加哥、圣路易斯，直至洛杉矶。第二次世界大战期间及战后，非洲裔美国人从南方向北方和西部城市迁徙的浪潮，进一步加剧了

---

① 边界州（border states）指特拉华州、肯塔基州、马里兰州、密苏里州和西弗吉尼亚州，它们处于美国南北方交界之处，属于广义上的美国南方。在美国内战期间，以上各州虽仍是蓄奴州，但反蓄奴情绪强烈且未脱离联邦。——编者注

因退伍老兵返乡而本已严重的城市住房短缺问题。这股迁徙潮迅速冲击了1915至1930年早期移民浪潮所划定居住区的种族边界。1950至1960年间，非洲裔人口增长率普遍较高，费城达到41%，巴尔的摩达到45%，底特律达到58%，芝加哥达到65%，印第安纳州的加里达到72%，洛杉矶达到112%，而密尔沃基更是达到惊人的187%。与此同时，联邦福利措施提升了白人工薪阶层的房产拥有率，使居民对自身社区及社区内的学校和教堂产生了更为深厚的归属感。[4]

北方和西部工业区的白人工薪阶层社区，大多由第二代和第三代欧洲移民组成，这些移民往往以天主教徒为主，社会观念相对保守，或是来自南方和中西部，信奉福音派新教或受其影响。他们通过教区和堂区的联系、共同的蓝领工作经历、（有时）工会成员身份以及深厚的爱国情感紧密地联系在一起，他们曾是罗斯福新政和战后民主党忠实的支持者。罗斯福和杜鲁门政府推出的一系列计划，为他们提供了低利率的住房贷款和高等教育的机会。冷战催生的左翼恐慌，加上工会的强力动员，促使雇主，尤其是大规模生产行业的雇主接受了集体谈判，并将工资稳定增长、提供医疗保险和支付养老金作为替代方案，以回应左翼产业工会联合会的工人共同管理诉求。中产阶级生活方式的新机遇已出现，尽管对其脆弱性的担忧仍挥之不去。[5]

像许多邻里社区一样，北方和西部的白人工薪阶层及中下阶层邻里社区对外来者的警惕始终存在。黑人家庭搬入独栋住宅、公寓或在附近建设公共住房的可能性，触发了前所未有的敌意与激进主义。很快，白人业主和租户组成了邻里组织，这些组织仿效 19 世纪的"纳税人"和"人民"政党，试图用种族中立的名义掩盖其真实目的。这些组织被冠以"市民协会""业主协会""保护协会""改善协会"之名，致力于巡逻社区并影响市政政治，以阻止正在进行的空间变迁。1945 至 1965 年间，底特律的白人建立了近 200 个这样的协会，这些协会在团结白人群体、表达捍卫社区、家庭、家园、妇女和儿童的共同理念方面发挥了重要作用。可以说，这些协会与南方的种族隔离主义者甚至私刑执行者之间存在着某种亲缘关系，后者自认为是在保护最私密的空间免受嗜血和性欲旺盛的下等人侵犯。不出所料，许多北方白人（特别是在蓝领地区）对种族隔离，尤其是居住区的种族隔离持赞同态度，乔治·华莱士显然敏锐地感知到了这一点。[6]

正如这种非自由主义的地理布局所揭示的，白人社区的活动不仅仅局限于政治动员和游说，往往还伴有准军事性质的成分。试图搬进这些社区的黑人家庭几乎无一例外地遭到了驱逐性的骚扰和暴力。与过去得到社区默许的暴力事件一样，这些行动都是精心策划的。青少年可能会充当哨兵或边界守望者，一旦发现"入侵"迹象，便会迅速通知成年人。成年人随后可能会先通过电话进行威胁，或驾车缓缓驶过新购的房产，勘查现场并隐晦地警告黑人居民即将发生的事情。接着，或许是在当晚或随后几天的夜晚，人群会聚集起来，有时几十人，有时上百人，先是大声辱骂，继而投掷石块和砖头，甚至放火，意在玷污房屋并使黑人家庭蒙羞，这些明确传达出一条信息：无论何种情况，他们都无法在此立足。尽管暴力行为大多针对财物而非人身，但两者之间的界限往往模糊不清。1950 至 1965 年间，洛杉矶发生了超过

第八章　"另一个"60 年代

百起此类事件，其中包括焚烧十字架和炸毁房屋等暴行，有一次甚至导致一个家庭全员遇难。[7]

大多数情况下，就像在吉姆·克劳时期的南方一样，警察要么袖手旁观，要么助纣为虐。这些警察和地方官员往往就出自这些社区本身，他们站在白人暴民一边，很少尝试逮捕嫌疑人；即使实施了逮捕，案件也会很快不了了之。正如一位在芝加哥南迪灵社区的观察者所说，"普通警察对白人暴民的同情达到了极端的程度"，这很好地反映了该地区警察局长的观点。"遗憾的是，"他在一次南迪灵改善协会的会议上表示，"有色人种选择了移居到这里。"难怪 1966 年，当马丁·路德·金在芝加哥发起开放住房运动时，他对所遭遇的反应感到震惊："即使在密西西比州和亚拉巴马州，我也从未见过像在芝加哥见到的这般充满仇恨的暴民。"[8]

尤其能说明问题的是，白人居民经常讨论他们抵制种族融合（即使是小规模的融合）的本质。最常见也是最为生动的话题是"保卫我们的社区"，确保社区内的机构、学校和家庭免受那些可能会威胁他们福祉、降低房产价值的"劣等"外来者的侵扰。他们视自己的社区为权利实现的基础。正如底特律的一位黑人记者所言："白人居民……坚信自己对某些区域享有既定的、排他的、永久的'权利'。"有人进一步阐述，提出了一套"业主权利"，包括"隐私权""财产不受干扰权""集会自由权""结社自由权"，所有这些共同构成了公民权的基本概念。公民权和与之相关的权利并非空洞的概念，而是在邻里关系中通过可识别的方式变得可触可感、有根有据，尤其当它们与象征着产权的房屋所有权相关联时。黑人和其他少数群体的权利——无论是工作权、住房权还是娱乐活动权——都可能得到承认，但前提是他们必须待在自己的社区内，不得越雷池一步。正如我们所看到的那样，这些观念有着非常悠久的渊源，并且随着时间的推移，得到了地方主义和社区自治（通常以种族和族裔身份为界限）的传统的加持，此外，法院的裁决也以限制联邦权力的方式强化了这些观念。[9]

站在邻里防卫第一线的，往往是工薪阶层或中下层家庭的妇女。她们将自己的家庭角色视为家庭和社区生活的基石，利用战后的繁荣和政府项目，通过教会和非正式活动建立起家庭主妇和母亲的社交网络。她们珍视自己的住房安全，对潜伏在自家边界的威胁尤为敏感。通过借鉴对19世纪初期新兴中产阶级至关重要的家庭和性别分工意识形态，她们自视为（也被许多邻里男性视为）当地道德、传统、制度和健康的守护者，随时准备迎接挑战。如果一个黑人家庭试图逾越想象中的邻里边界，妇女们通常是第一批站出来动员和表达不满的人。她们设置纠察线，散发传单，组织婴儿车抗议活动（带着婴幼儿和蹒跚学步的孩子一起参加），在公开会议上发言，给新的黑人业主或促成交易的房产中介打骚扰电话。"我的家就是我的城堡，我将誓死捍卫它""我们不想和他们混住""上帝将种族分开"，这些妇女举着这样的标语牌来表达她们的反抗，并彰显她们为保护自己、孩子和神圣家园所做的努力。她们自称是道德的守护者，展现出一种阶级色彩鲜明的坚韧，这使她们与中上阶层的女性区分开来，尽管在吉姆·克劳时期的南方白人女性中有着她们强大的前辈。[10]

住房与"受保卫的社区"不仅是白人工薪阶层的关切所在。战后郊区的快速扩张,尤其是大规模开发的住宅区亦成为关注的焦点,因为渴望中产阶级生活的白人向往这些地方,这些人在城市中要么买不起房,要么不愿去少数族裔街区买房。几乎没有例外的是,在保险公司、联邦住房管理局以及白人购房者强烈偏好的支持下,开发商在房产销售中加入了限制性条款,将黑人家庭拒之门外。威廉·莱维特,这位在纽约州长岛和宾夕法尼亚州巴克斯县开发独栋住宅的先驱,禁止将他的房产出售给黑人,理由是:"白人不愿意住在一个接纳黑人的社区。"用我们再熟悉不过的语言来说,这是个商业决定:莱维特"不能冒着卖不出去房子的风险而接纳黑人"。有一次,他甚至对莱维特城①的两个白人家庭提起驱逐诉讼,因为这两个家庭竟敢邀请黑人朋友的孩子到他们的院子里玩耍。[11]

莱维特城并非孤例。如果说20世纪40年代末和50年代可以称为"马唐草边疆"②的时代,那么这些杂草几乎只生长在白人拥有的郊区住宅的草坪上。从东海岸到西海岸,无论是新建的还是旧有的郊区都动员起来,不让黑人家庭,乃至黑人中产阶级专业人士家庭有机会买房。伊利诺伊州的西西罗(芝加哥)、密歇根州的迪尔伯恩(底特律)、俄亥俄州的林肯村(哥伦布)和加利福尼亚州的南盖特(洛杉矶)等郊区,都通过各种手段(包

---

① 莱维特城,即莱维敦(Levittown),是威廉·莱维特及其公司建设的无正式城镇地位的城郊社区。——编者注
② 马唐草是一种恶性杂草。美国历史学家肯尼思·杰克逊1985年出版的著作《马唐草边疆》即以马唐草的蔓延性为比喻,详细描述了美国城市的郊区化发展。——编者注

括暴力、焚烧十字架）来维持其白人特性。即便是相对自由、贵格会占主导地位的宾夕法尼亚州斯沃斯莫尔，也通过分区和其他法律的骚扰手段，来阻止"开放入住"的住宅区或独栋住宅向黑人出售。"我们不希望斯沃斯莫尔成为实验场，"斯沃斯莫尔房产业主协会宣称，"用于测试这些或其他没有成功保证的方案。""这是一个冰冷无情的经济学事实，"22位贵格会房主警告说，"黑人搬进社区后，房产价值就会下降。"他们的话是针对另一对贵格会夫妇说的，这对夫妇希望将自己的房子开放出售，以此来促进种族融合。[12]

在住房方面反对种族融合的斗争可能会搅动整个州，伴随着对立和不祥的征兆。1963年，加利福尼亚州议会通过了《公平住房法案》（又称为《拉姆福德法案》，以其非洲裔提案人威廉·拜伦·拉姆福德命名），将住宅买卖或租赁过程中的歧视行为列为非法。该法由时任州长、民主党人埃德蒙·G. 布朗（即帕特·布朗）签署，使加利福尼亚州在开放住房立法方面走在了前列，同时也引发了大规模的反弹。几个月后，旨在修改州宪法，赋予房产所有者绝对权利来选择买家、租客或承租人的第14号提案，获得了足够签名，被印上1964年11月的选票，与州和联邦职位的选举同步举行。选举日当天，民主党总统候选人林登·约翰逊以超过56%的加利福尼亚州选票，轻松战胜共和党对手巴里·戈德华特；然而，同一日，第14号提案却赢得了65%的选票，横扫加利福尼亚州所有县份，仅一县例外，这表明，即使是在自由派民主党选民中，开放住房议题也会引发排外的非自由主义情绪。[13]

二

正如人们所预料的那样，在开放住房斗争中出现的许多态势，也在学校取消种族隔离的问题上浮出水面。虽然最高法院在1954年做出的布朗诉教育委员会案判决通常被认为是对南方吉姆·克劳法的重大打击，但该判决对北方和西部的城市及郊区的许多学校也产生了重要影响，这些学校的高度种族隔离源于长期存在的住房种族歧视。毕竟，布朗诉教育委员会案的核心案例源于堪萨斯州首府托皮卡的一起诉讼，而这只是非洲裔家长（通常与美国全国有色人种协进会联手）在20世纪20年代中期至50年代中期于纽约州、新泽西州、伊利诺伊州、宾夕法尼亚州、俄亥俄州和密歇根州等地发起的众多针对种族隔离学校的诉讼之一。[14]

在此，"邻里"，尤其是"邻里学校"的概念，再次成为某种思想武器，激起对于在城区边缘或近郊取消种族隔离的反对，尤其是在民权运动使得直白的种族言论失宠之时。诚然，在一个地域流动的世界中，邻里关系本身就是一种社会和文化建构，是一个在稳定性和社群感稀缺的时代提出的理想化概念。邻里的边界经常变化，其社会构成也是如此；它们往往具备只有居民才能识别的特征，尤其是当它们与具有种族标志的居住区域相重叠时。但它们确实提供了一种归属感，以及一套深深根植于地方主义的权利话语体系。

南方对布朗诉教育委员会案最明显的反应是"大规模抵抗"，这是一种挑衅式的且带有意识形态色彩的对抗，对抗法院的权威及其判决背后的原则。这可能包括州政府强制废除公立学校，或者停止资助那些取消种族隔离的学校。弗吉尼亚州在这方面尤为臭名昭著，但基层民众对种族隔离的支持在南方各地普遍存在，通常由白人女性动员起来。在其他地方，对布朗诉教育委员会案的反应可以被描述为否认主义或最低限度的屈服。在新扩展的都市郊区，住宅区的种族隔离模式使得学区能够轻易地适应大片住宅开发项目的边界，从而强化了"邻里学校"这一概念，这些学校的生源构成并未引发多少争议。而在那些历史悠久、种族和阶级多样性显著的郊区，只有黑人家长及其白人盟友动员起来，遭受种族隔离且破败不堪的黑人学校问题才能被提上政治议程，这无疑令那些通常较为富裕的白人居民非常不满。例如，1962年，在新泽西州的恩格尔伍德，民权活动家家长们举行了示威、静坐和抵制学校运动，质问："还要允许恩格尔伍德的城市管理者们继续在公立学校实行种族隔离吗？"无论是白人房主还是地方权力机构都毫不让步，相反，他们更加坚定立场，大批加入新成立的"拯救我们的邻里学校"（SONS）组织。经过几个月的抗议，州教育专员出面介入，本地学校董事才被告知要取消种族隔离。[15]

尽管一些民权活动家乃至部分州法官都认识到，一项公平的取消种族隔离方案应当将郊区与城市的学区相连接，重新规划校内种族构成（通常称为"大都会取消种族隔离"），但取消种族隔离的重担往往最沉重地压在工薪阶层的黑人和白人家庭肩上。其后果有时极具争议性。在波士顿，黑人人口在第二次世界大战后的20年间如雨后春笋般增长，黑人聚居区（如罗克斯伯里）的学校条件恶劣且种族隔离严重，这在 20 世纪 60 年代初催生了一场取消种族隔离的运动，最终于 1964 年演变为大规模示威和由黑人领导的抵制波士顿公立学校运动。作为回应，马萨诸塞州立法机构于 1965 年通过了《种族失衡法案》，要求地方学区委员会实施取消种族隔离的计划，否则后者将面临失去州政府拨款的风险。[16]

由白人主导的波士顿学区委员会拒绝听命。从一开始，学区委员会主席、来自南波士顿工薪阶层社区的性格火暴的路易丝·戴·希克斯，就否认黑人所谓的事实上的种族隔离的影响，她既不愿重新划分学区，也不愿在黑人和白人居住区的交界处修建新学校。希克斯蔑视黑人的要求，尤其是有色人种协进会的要求，同时将他们抱怨的问题归咎于黑人学生及其家庭，而不是该市过于拥挤、资金不足、学校实施种族隔离或居住歧视。在白人（尤其是工薪阶层）社区的竭力支持下，波士顿学区委员会顶住了州政府的压力，直到 1974 年，联邦地区法官小威廉·阿瑟·加里蒂裁定该委员会支持种族隔离学校制度的做法有罪，并下令实施由州政府制订的学生跨区接送计划。该计划涉及约 1.7 万至 1.8 万名波士顿学生，将罗克斯伯里与南波士顿学区配对。这项被嘲讽为"为工薪阶层打造的哈佛计划"的跨区接送计划，引发了一场著名的骚乱。[17]

关于那场骚乱以及希克斯领导的声势浩大的反跨区接送学生运动，已有大量文献记载。这场运动延续数年，其间充斥着抵制、种族暴力、威胁与骚扰，主要源于十多年来人们对黑人及认为他们所代表的"贫民窟文化"日益增长的敌意。这种种族主义跨越了阶级界限，但在诸如南波士顿（当地人简称"南区"）这样的社区中尤为猖獗——南区居民的生活资源匮乏，无法像中产阶级白人那样搬迁至郊区，或选择不受州政府管辖的私立学校。然而，同样重要的是要认识到，反学生跨区接送运动者如何表述他们的抗争。希克斯作为众多在抵制运动中扮演关键角色的女性一员（这一模式在其他城市的类似运动中也十分常见），在小加里蒂做出判决后，迅速为自己领导的反学生跨区接送团体起了一个名字：ROAR，即"恢复我们被剥夺的权利"。[18]

希克斯和她的追随者都不需要别人教她们什么是"被剥夺的权利"。与反对开放住房的人一样，他们拒绝接受那些随个人和家庭迁移而来的权利，这些权利可能被视为天赋的，或者至少是由国家授予并保护的。相反，他们认为这些权利是在特定社区背景下孕育、培养并得到捍卫的（不论这个社区是以地理位置、族裔、种族、宗教信仰还是社会阶层为基础），围绕归属与排斥、接纳与驱逐的概念而建立，尤其是由地方自治和世代权威的概念构建而成。最受推崇的"被剥夺的权利"莫过于选择孩子在哪里上学的权利，即父母对其子女生活和教育的决定权：这一观点很容易同一系列与学校相关的争议挂钩，正如最近关于课程内容和学校图书馆藏书的投诉所显示的那样。

社区自治不仅是受委屈的白人（无论是工薪阶层还是中产阶级）的理想追求，也是黑人及其他有色少数族裔的安全与福祉之基。尽管布朗诉教育委员会案的判决在非洲裔美国人中广受赞誉，但仍有相当一部分人对此心存疑虑。由于吉姆·克劳法的压迫性规定，黑人的子弟无法进入白人学生的学校就读，因此他们花费了几十年的时间来建立自己的学校、自己的教师队伍、自己的相关社区机构以及自己对学生的承诺。现在，分校教育被视为违宪，这一切将会发生怎样的变化？那些城镇和社区，那些在这些学校辛勤耕耘的男女教师，那些尽管资源匮乏仍能脱颖而出的学子们，还有那些可能在白人教师的课堂上遭受种族主义蔑视的学生们，他们又将何去何从？[19]

在取消种族隔离的斗争失败后，黑人活动家也开始接受和要求社区自治的理念。纽约市因其根深蒂固的住宅隔离模式、少数族裔社区低下的学校质量，以及对跨区接送作为融合与改革方法的不满，成了一个特别激烈的战场。1968年，黑人与波多黎各人聚居的布鲁克林区大洋山-布朗斯维尔社区选出了新的学区委员会，该委员会寻求利用一项社区学校试点计划并紧密维系了自治和民粹民族主义之间的纽带，方式是向19名表现不佳的白人教师和管理人员重新委派工作——这是对自身有权进行招聘、解雇和预算决策的一种宣示。纽约强大的教师联合会反对重新启动合同谈判，并认为这是对工会的破坏，于是发起了大规模罢工以示抗议，全市超过5万名教师参与。最终，一项介于集中决策与社区自治之间的妥协方案得以达成，实际上巩固了学校的种族隔离状态，同时加深了种族间的猜疑与敌意。白人家庭继续向郊区迁移，进一步削弱了城市的税收基础，为该地几年后的濒临破产和财政紧缩埋下伏笔。[20]

三

1975年春，大约50名ROAR组织女性成员来到波士顿市中心著名的法尼尔厅，那里原计划举行一场支持《平等权利修正案》的集会，该修正案刚刚获得国会通过，正等待各州批准。然而，这场集会胎死腹中。ROAR成员高声抗议《平等权利修正案》，不允许任何该法案的支持者发言。ROAR领导人之一埃尔维拉·"皮克希"·帕拉迪诺宣读了一份声明，猛烈抨击《平等权利修正案》未能代表波士顿的母亲们，并要求为反对跨区接送的女性提供一个发声平台。就在一个月前，大约1200名ROAR成员在华盛顿特区顶着倾盆大雨游行，要求通过该团体自己的宪法修正案，终止法院下令进行的、以实现学校种族融合为目标的跨区接送。"你们是我们的客人，这里是我们的市政厅，"帕拉迪诺对一位要求她们离开的《平等权利修正案》集会组织者说，"没有哪个来自郊区的女士团体会将波士顿的妇女赶出她们自己的市政厅。"[21]

对于ROAR女性成员及许多南波士顿的白人工薪阶层母亲而言，推动《平等权利修正案》的女权主义诉求并不完全令人反感。她们在职场上有经验，在家庭生活中承受着多重压力，因此赞同职场上的同工同酬、更多的托儿服务、更多的经济机会以及与丈夫分担家务等理念。然而，就像对待跨区接送的态度一样，她们也将女权主义和《平等权利修正案》视为阶级特权的产物，以及对她们珍视的家庭和性别关系的威胁。尽管20世纪60年代和70年代初最知名的故事聚焦于解放运动的兴起和权利诉求的扩展，但波士顿的这一事件及《平等权利修正案》的最终失败表明，对女权主义及其带来的新型性表达方式的反对早在20世纪五六十年代就已形成，并已经准备好迎接一场能够取胜的较量。[22]

1972年6月，当众议院与参议院通过《平等权利修正案》，并在短短几个月内就有30个州完成批准时（共需38个州），人们很难想象该法案将面临的困境。两院中仅有寥寥几票反对，共和党和民主党领导层都迅速表达了支持。对修正案的支持如此广泛，以至于乔治·华莱士和斯特罗姆·瑟蒙德都可以算作支持者，至少在一段时间内是这样的。事实上，对修正案的支持自20世纪40年代以来就是共和党和民主党全国纲领的一部分，1960年理查德·尼克松还曾以书面声明的形式表示支持。民权运动所带来的政治动能似乎让《平等权利修正案》的支持者们胜利在望，而修正案本身简洁有力的措辞（让人联想到第十五修正案关于投票权的规定）看起来并无太大争议："合众国或任何一州均不得因性别而剥夺或减损公民在法律面前的平等权利。"①[23]

公众对《平等权利修正案》的反对基本没有引起广泛关注，直到修正案在国会通过看似指日可待，以及尤其是在随后的几个月里。没过多久，批准修正案的势头开始逆转，而推动这一变化的关键人物之一是一位名叫菲莉丝·施拉夫利的保守派共和党人。1972年初，她在自己每月发行的《菲莉斯·施拉夫利报告》中发表了一篇题为《女性权利有何不妥》的文章，并在7月至9月为

---

① 美国宪法第十五修正案第一款："合众国公民的投票权，不得因种族、肤色或曾被强迫服劳役而被合众国或任何一州加以剥夺和限制。"——编者注

她所称的"停止《平等权利修正案》"运动（STOP ERA，STOP 是 Stop Taking Our Privileges 的缩写，意为"停止剥夺我们的特权"）奠定了基础。最初，施拉夫利借助她在参与美国全国共和党妇女联合会的工作时建立起的保守派女性网络，迅速使该组织在全美范围内崭露头角。到 1973 年初，"停止《平等权利修正案》"运动已经在半数以上的州设立了分会，尤其是在那些对批准《平等权利修正案》至关重要的州。其影响力令人震惊。批准进程开始放缓，然后停滞不前，最终只有 35 个州批准了该法案。6 个已批准《平等权利修正案》的州转而投票撤销了之前的批准，这一做法在宪法上存在争议，但也预示了事态的发展方向。最终，修正案未获通过。[24]

施拉夫利与反对《平等权利修正案》及更广泛的女权主义运动紧密相关，以至于人们或许会惊讶地发现她参与这场斗争的时间竟是如此之晚。施拉夫利出生并成长于圣路易斯一个保守的天主教家庭，早年在美国企业研究所担任研究员时便展现出了非凡的热情，并被共和党内的塔夫脱派吸引，该派对德怀特·艾森豪威尔等国际主义者深表怀疑。施拉夫利在 20 世纪 50 年代初和 60 年代末两次竞选国会议员均未成功，她的活动主要集中在反共产主义和国防方面。与共和党右翼的许多同人一样，她相信冷战是可以打赢的，苏联共产主义代表着无神论的集体主义，而强大的国防是取得胜利的必要条件。很少有女性（甚至男性）能像她这样熟知国防，尤其是战略核政策的细节（她与人合著了三本关于该主题的书），而与许多保守派人士一样，施拉夫利对 1964 年巴里·戈德华特的竞选活动感到兴奋不已。事实上，她撰写了《是一种选择，而不是一个回声》一书，尖锐批判了共和党内倾向自由主义的东部建制派（她称之为"秘密造王者"），以此热烈支持戈德华特。这本书的销量超过了 300 万册，她也因此被誉为帮助戈德华特赢得共和党提名的重要推手。[25]

1964 年戈德华特的惨败并未动摇施拉夫利对于美国保守主义能够找到胜利之路的信心，但在 20 世纪 60 年代，她大部分时间都在撰写和发表关于国家安全的文章，抨击自由派民主党对苏联的软弱态度（她谴责民主党"已经变成了叛徒的政党"），并支持理查德·尼克松 1968 年的总统竞选，尽管她对尼克松的保守立场存有疑虑。直到 1971 年 12 月，施拉夫利对女权主义或《平等权利修正案》的兴趣仍然不大，对社会议题的关注也相当有限。但当康涅狄格州的一些保守派人士邀请她就《平等权利修正案》发表演讲时（她更愿意讨论国家安全话题），她阅读了寄给她的资料，由此点燃了投身这场运动的热情。[26]

"停止《平等权利修正案》"运动如同一块磁石，吸引了 20 世纪 60 年代已活跃于右翼组织的女性。许多人是或曾经是成立于 1958 年的约翰·伯奇协会的成员，该协会激烈的反共立场与约瑟夫·麦卡锡之前臭名昭著的阴谋论思想如出一辙。即使是保守派刊物《国家评论》的主编威廉·巴克利，也批评伯奇协会"远离常识"（该组织的领导人罗伯特·韦尔奇曾声称德怀特·艾森豪威尔总统是共产主义代理人）。虽然不清楚施拉夫利及其丈夫弗雷德是否曾加入约翰·伯奇协会，但该协会支持了戈德华特的竞选活动，视民权运动为共产主义的前哨阵地，并反对《平等权利修正案》。倾向于加入"停止《平等权利修正案》"运动的有经验的活动家，也来自另一个受约翰·伯奇协会影响的组织，名为"为宪法政府而奋斗的女性"，该组织以基督教信仰、自由企业和种族自尊为口号，呼吁白人女性为了子女的美好生活而奋斗，于1962年在密西西比州成立——日后成为黑人民权运动标志性人物的詹姆斯·梅雷迪思，当时正试图入读密西西比州立大学并推动在该大学消除种族隔离。然而，对于"停止《平等权利修正案》"运动的活动家和支持者而言，最显著的特征或许是他们的教会成员身份。尽管反对《平等权利修正案》的人士来自广泛的宗教派别，包括南方浸信会、摩门教、犹太教正统派和罗马天主教，但基督教会因其不成比例的影响力而尤为突出。20世纪60年代，保守主义在反共主义和捍卫传统家庭与社区潮流的驱动下兴起，开启了福音派新教徒与天主教徒之间的和解，缓和了长久以来在美国政治文化中占主导地位的反天主教情绪。[27]

日益壮大的反堕胎运动与"停止《平等权利修正案》"运动并驾齐驱，巩固了福音派新教徒与保守天主教徒之间的联盟。在20世纪60年代早期，关于避孕和堕胎的问题引发了不同宗派领袖的各种观点，除了天主教外，其他教派对此鲜少有明确的立场。一些著名神职人员既不反对新出现的避孕药带来的婚内性行为的变化，也不反对妊娠早期的堕胎。神学家们的会议正式讨论了胎儿何时获得上帝保护的问题，但并未将所有的堕胎行为都视为抨击对象。真正促使反堕胎运动兴起的是州级层面堕胎合法化的成功推进，起初正如预期的那样，这一运动的主要推动力来自天主教会。然而，1973年，最高法院在罗诉韦德案中的裁决（基于隐私权来赋予堕胎合法性的宪法保障），点燃了后来自称为"生

命至上"运动的熊熊烈火。²⁸

如同《平等权利修正案》一样，堕胎问题触动了人们对20世纪60年代自由化潮流及随之而来的道德滑坡的深层忧虑。特别是对于天主教徒而言，堕胎引发了关于信仰和生命本质的尖锐个人问题。然而，将这两股力量串联起来的，是一种共同的信念：《平等权利修正案》和堕胎合法化都过分强调了个人，尤其是女性个人的冲动和欲望，是对传统家庭、家庭生活以及对其至关重要的两性关系的正面攻击。反对者坚信，《平等权利修正案》和堕胎合法化都在贬低生育与母性的价值，从而动摇了家庭结构和权威的根基。在《女性权利有何不妥》一文中，菲莉丝·施拉夫利开篇便颂扬了美国女性已经享有的众多"特权"及其"崇高的地位"。接着，她指责"妇女解放分子"企图"打破十诫和家庭的屏障"，并"对婚姻、家庭和儿童发动了全面攻击"。她问道："女性为何还要追求比现有更多的权利和特权？"她解释说，得益于"自由企业制度"带来的繁荣和"骑士精神"的经济实惠，美国女性"从未有过如此美好的时光"。但施拉夫利最为犀利的观点，体现在她谈论女性有幸生活在一个"将家庭视为社会基本单元，这一理念深深根植于我们犹太教-基督教文明的法律与习俗之中"的世界时。不是像自由主义所理解的那样，个体，而是家庭享有权利，它有着等级制度、相互的依赖和义务、明确的性别和年龄角色，以及被简化了的权利和责任形式。施拉夫利和她的坚定支持者们想要捍卫的社会的核心，潜藏着一种反自由的父权制。施拉夫利坚定地指出："我们对家庭作为社会基本单位的尊重，是整个女性权利史上最为辉煌的成就。它确保了女性享有最宝贵的权利——养育自己孩子的权利,以及在享受孩子长大成人的过程中得到支持和保护的权利。"[29]

四

反对《平等权利修正案》和堕胎权的运动通常被视为对20世纪60年代自由化浪潮及新兴权利诉求的反应,这些反动浪潮因70年代的经济危机和自由派民主党人的失败而获得更广泛的支持,并为80年代美国政治生活中保守势力的崛起铺平了道路。当然,这样的解读不无道理。然而,这种观点忽略了20世纪五六十年代非自由主义和激进右翼思想与行动以各种形式呈现的蓬勃发展,这些发展孕育了后续的许多趋势。在此期间,根深蒂固的反共主义、反国家权力主义、私刑主义、地方主义和种族主义思潮,被新近政治化的新教福音派强化。从外部看,巴里·戈德华特在1964年的惨败似乎巩固了现代自由主义的霸权地位,也就是一些人所说的"罗斯福新政秩序";但从内部视角来看,无论大选结果如何,戈德华特的提名都是非自由主义右翼的首次胜利。与理查德·霍夫施塔特宣称的政治讣告相反,这并非最后一次胜利。[30]

20世纪五六十年代的政治右翼在新兴的美国"阳光地带"找到了坚实的支持基础,特别是在西南部和太平洋沿岸南部快速扩张的郊区。这一文化和政治地带从东海岸的北卡罗来纳州延伸至西南部的得克萨斯州和亚利桑那州,再到加利福尼亚州南部,讽刺的是，其形成得益于联邦政府自 20 世纪 30 年代罗斯福新政以来的政策、第二次世界大战期间的军事动员和冷战时期的国防工业及其附属产业。工程师、技术专家、专业人士、中小型制造商及其家人，几乎都是白人新教徒，他们往往成为反共主义运动的热心新成员，并强烈反对共产主义、社会主义乃至现代自由主义所体现的集体主义愿景。尽管他们依赖联邦政府的国防开支以及联邦项目支持的自置居所福利，但他们崇尚个人自由（尽管不一定强调权利）、自由企业精神和地方对社会政治生活的控制。到了 20 世纪 60 年代初期，许多人还转向了新教福音派教会，这些教会唤起了南方和中西部村镇（许多人在战后从这些地方来到西南部和西部）的传统世界观，并很好地适应了更加现代化、私有化和消费导向的生活方式。[31]

加利福尼亚州南部，尤其是奥兰治县，成为社会与政治变迁的缩影。1940 年前，这里仍是一片宁静的农业地带，但随后的 20 年间，人口激增近 6 倍，涌入的移民主要来自临近的南部诸州（如得克萨斯、路易斯安那和阿肯色）及美国中部，他们多数怀揣着追求中产阶级生活的梦想，希望凭借拥有住房与优质工作的机会实现这一目标。将近四分之三的居民搬进了迅速扩张的住宅开发区，而军事基地和与国防相关的电子产业为经济发展注入了活力，提供了大量的白领岗位。尽管许多人来自曾经支持富兰克林·罗斯福及其新政的家庭，但他们的政治倾向要么逐渐右转，要么易于受到右翼观点的影响。

一系列事件和机构助长了这一右倾趋势。1961 年，出生于澳大利亚的医生弗雷德·施瓦茨在邻近的长滩发起了基督教反共十字军运动。他将他的"反共学校"带到奥兰治县,举办了一场为期五天的类似讲习班的活动,吸引了约 7 000 人参加,其中许多是学生。施瓦茨留下了"奥兰治县反共学校"这一遗产,得到了县内一些富裕人士的支持,同时也赢得了众多公立学校的认可,这也是更大规模的草根运动的一部分,旨在对抗教育领域内被认为威胁到"传统美国生活方式"的自由主义思想。像企业主沃尔特·诺特这样的人物(因其诺氏百乐坊乐园而闻名),对推动奥兰治县的右翼保守主义尤为重要。施瓦茨得到了当地浸礼会和《奥兰治县纪事报》的帮助,后者是一家历史悠久的报纸,以反共以及总体的右翼倾向著称。[32]

在加利福尼亚州南部和更广泛的阳光带地区(甚至更远处),右翼活动发展的纽带之一便是约翰·伯奇协会。尽管常被威廉·巴克利等传统保守主义者及其他人士视为边缘极端团体,约翰·伯奇协会却是少数几个能够弥合右翼内部地域与意识形态分歧的组织之一。它提供了一个去中心化的归属框架,给予了地方支持者相当大的自治权。通过发行《约翰·伯奇协会简报》和协会创始人罗伯特·韦尔奇的《美国意见》杂志、建立由区域协调员推动的地方分会、由"月度通报部门"出面邀请会员交流,协会就共产主义的"危害"、国家的暴政以及既有政治体系对抗这些威胁的无能提出警告,同时大力宣扬自由企业与传统家庭的价值。通过这种方式,协会与广泛的右翼组织找到了共同点,吸引了对政治与文化环境变化感到担忧的温和保守派。从南方的公民委员会、美国保守派协会(有意缩写为 CSA,让人联想到南北战争时期南方的美利坚诸州同盟)、比利·哈吉斯的基督教十字军、弗雷德·施瓦茨的"反共学校",到1960年和1964年为巴里·戈德华特开展的竞选活动,协会都处于各种右翼活动的中心。[33]

20世纪60年代初期约翰·伯奇协会的会员人数,估计在5万到10万之间,但毫无疑问,其分会遍布西部和得克萨斯州。仅在奥兰治县,协会就声称拥有38个分会,而在整个加利福尼亚州,这一数字约为300个。在这些地方和其他地区,协会开设了至少100家书店,并成功吸引了约2.7万名读者付费订阅《美国意见》杂志。尽管协会未正式进行政治背书,但它确实尝试发动广泛的运动,例如弹劾联邦最高法院首席大法官厄尔·沃伦的运动——鉴于沃伦在布朗诉教育委员会案及其他扩大权利的司法判决中的作用,他成了右翼的眼中钉。会员们还积极参与政治竞选,如戈德华特的竞选活动。最常见的情况是,分会主要关注本地问题和机构,如提名候选人竞选学区董事会以影响课程设置和教师聘用,或抵制被认为过于自由的报纸或广播电台。根据协会的《领导者手册》,其目标是"为会员提供看到自身努力带来实际成果的机会,这对于保持分会的士气和团队精神至关重要"。[34]

不论约翰·伯奇协会的实际规模如何,其成员都绝非"美国社会的边缘人",更不是人们通常所说的"疯子"。他们多为白人,来自中上阶层,是共和党支持者,信仰新教或天主教。相较于大多数美国人,他们往往居住在人口密度较低的地区和小型社区中。大约三分之一的成员接受过高等教育,尽管很少有人毕业于顶尖学府。大多数大学毕业生主修工程或商科。一项调查发现,"典型的"成员是 41 岁的男性，但女性不仅在地方分会中扮演着重要角色，还经常带动自己的丈夫加入，这与新教福音派教会的情况如出一辙。"当韦尔奇巡回演讲时，"两位观察者记录道，"他吸引了大量听众，大多是中年人，来自中上阶层。他们不是失了业的不满者或疯子，而是充满耐心和热情的男女，愿意排成长队，四人一列，等上一个小时，买票听他的演讲。"采访过他们的记者说，"许多人说话像是受过良好教育的人"，"从他们的着装和社会举止来看，大多数人似乎经济状况良好"。[35]

约翰·伯奇协会对共产主义威胁的念念不忘，在 1960 年成立的美国青年争取自由协会（YAF）中也能找到共鸣。美国青年争取自由协会比左翼组织学生争取民主社会组织（SDS）早成立许多年，两者常被拿来比较。1960 年 9 月，受到 20 世纪 50 年代反共情绪的刺激，并在威廉·巴克利的《国家评论》（1955 年创刊）、1960 年戈德华特的竞选活动以及对忠诚宣誓的鼓动影响下，120 人在巴克利位于康涅狄格州的庄园聚会。会上，他们成立了美国青年争取自由协会，并发布了《沙伦声明》（以庄园所在地沙伦镇命名），阐明了组织的原则与目标。与两年后学生争取民主社会组织的《休伦港宣言》一样，《沙伦声明》开篇就宣称国家面临着一场"道德和政治危机"，需要"美国青年"积极行动起来。随后，声明迅速转向了一个与学生争取民主社会组织迥异的意识形态方向。该声明试图融合美国保守主义中的传统主义和自由意志主义流派，"确认了一些永恒的真理"，包括"个人运用上帝赋予的自由意志"。声明高呼，"没有经济自由，政治自由就难以持久"，政府的宗旨在于"通过维持内部秩序、提供国家安全和实施司法公正来保护这些自由"。根据声明，宪法的主要作用是限制"权力的集中和滥用"，并"将首要地位留给各州或人民"。但若说这只是又一份支持州权的宣言，则未免过于简单，声明进一步宣称，"当前，国际共产主义势力是对这些自由的最大威胁"，"美国应强调战胜这一威胁，而不是与之共存"，这是要求联邦政府采取行动，以建立某种国际秩序的强烈呼吁。[36]

《沙伦声明》形式简约，内容精练，除了强调个人"自由"之外，未涉及任何关于权利承担、民众参与政治和决策、民主、正当程序以及法律平等保护的内容，也未触及倡导不同"自由"观的民权运动所提出的问题——就在几个月前，民权运动刚刚在北卡罗来纳州格林斯伯勒的伍尔沃思百货公司挑战了种族隔离的午餐柜台。起草这份声明的 M. 斯坦顿·埃文斯解释了其中的原因。"保守主义者认为，"他当时写道，"宇宙是以上帝为中心的，因此是一个有序的存在；人的目的就是按照源自生命神圣核心的秩序模式来塑造自己的生活；在追求这一目标时，人类受到有限智识的束缚。"这一观点与拉塞尔·柯克的《保守主义思想》（1953 年）紧密呼应，后者不仅强调了上帝的旨意，还强调了秩序与约束的必要性、财产作为自由基础的重要性，以及对"平等主义"的反对。[37]

然而，无论美国青年争取自由协会及其追随者的意识形态如何回溯到一个更为有序和等级森严的世界（在这个世界中唯一普遍的原则是对神的顺服），他们都不缺乏理想主义和追求权力的决心。他们很快创办了一份名为《新卫士》的月刊，在全美各地的大学校园里建立分会，并开始从保守派那里筹集资金来资助他们的活动。虽然美国青年争取自由协会的政策和相关事务的处理遵循自上而下的等级制度，但其成员仍自视为叛逆者。"我的父母认为富兰克林·D. 罗斯福是有史以来最伟大的英雄之一，"协会主席罗伯特·舒克曼在1961年告诉《时代》杂志，"我正在反抗这种观念。"汤姆·海登，当时密歇根大学的学生，在起草学生争取民主社会组织创始文件《休伦港宣言》的一年前，就已经意识到"新保守派"正在酝酿什么。他警告左翼人士，新保守主义者"并不是那些出于政治惰性而维持现状的冷漠青年……他们形成了一个阵营。他们毫不羞涩，十分大胆，明确地表达了对某些教义的热爱：个人自我利益的主权；极其有限的政府；自由市场经济；战胜共产党，而不是与之共存"。"新保守主义者的新颖之处在于，"海登指出，"他们的好战情绪，以及他们在抗议前线的身影。"美国青年争取自由协会的多位领导人——不只是M. 斯坦顿·埃文斯，还有帕特·布坎南、理查德·维格里、达纳·罗拉巴克尔、特里·多兰、理查德·艾伦、霍华德·菲利普斯和保罗·韦里奇等人——后来不仅在尼克松和里根政府中担任重要职务，还参与创立了两个政治组织，分别是浸信会牧师杰里·福尔韦尔牵头的"道德多数派"（1979年成立）和霍华德·菲利普斯牵头的"保守派核心小组"（1974年成立）。[38]

自诩为右翼大本营的美国青年争取自由协会面临着种种挑战，尤其是来自约翰·伯奇协会的压力。尽管双方都支持自由企业、个人主义、有限政府和反共立场，但约翰·伯奇协会的极端观点让共和党内的建制派感到害怕。早期，当美国青年争取自由协会支持来自洛杉矶东区的共和党籍联邦众议员约翰·鲁斯洛时，这一问题就浮出了水面。鲁斯洛因其将自由主义等同于社会主义的倾向和激进的反共立场著称，他也是约翰·伯奇协会的成员，从未放弃过该组织广泛接受的种族隔离主义和左翼颠覆阴谋论。美国青年争取自由协会的领导层与共和党内的戈德华特派系紧密相连，认同其右翼思想。然而，美国青年争取自由协会内部也有约翰·伯奇协会的支持者，他们渴望发挥更大的影响力，寻求与温和的国际主义者、纽约州州长纳尔逊·洛克菲勒派系中的部分人士结盟，而后者的支持对于向大学生和年轻人传播保守主义至关重要。《国家评论》的威廉·拉舍，作为与美国青年争取自由协会关系最为密切的出版物代表，深刻认识到了这一政治难题。一方面，与巴克利一样，拉舍担心与约翰·伯奇协会扯上关系，并认为应当将这些担忧公之于众；另一方面，用一篇"轻率的社论……将《国家评论》与韦尔奇划清界限"，可能会疏远右翼争取权力所必需的基层力量。"我们的读者、支持者，以及我们可以引导走向任何期望方向的热心人士，"拉舍在1961年春天向《国家评论》的同事坦露道，"大多集中在或多或少有组织的右翼中，该阵营的很大一部分人都比我们更单纯，或者说我们将来可能让他们变单纯，同时他们与约翰·伯奇协会的关系也比我们要紧密得多。"[39]

拉舍知道自己在说什么。1961年民主党人约翰·F.肯尼迪就任总统后，约翰·伯奇协会的成员数量激增，到这一年年底，前民主党籍联邦参议员、纽约州的赫伯特·莱曼警告称，全美有超过2 000个右翼团体，成员可能多达800万，其中约6万人隶属于约翰·伯奇协会。在得克萨斯州的锅柄平原区等地，约翰·伯奇协会不仅迅速壮大，还迅速塑造了地方政治格局。协会成员将目光投向家长教师协会和地方学校董事会，重点关注孩子们所接受的教育价值观。随后，他们全力支持共和党人约翰·托尔的参议员竞选，托尔也成功接替因出任副总统而离职的林登·约翰逊，成为自 1913 年以来首位在国会代表南部州的共和党人。他们赞赏托尔对个人自由、企业家资本主义和传统"社区"价值观的热忱，这种热忱在 1964 年的巴里·戈德华特身上也得到了体现。[40]

20 世纪 60 年代初，众多右翼组织相继成立，其中不乏一些小型民兵组织，它们中的一些人预言，不久的将来美国将被共产主义接管，并誓言要进行武装抵抗。1961 年成立的"民兵"（Minutemen）组织便是其中之一，该组织在加利福尼亚州南部特别活跃，尽管其领导人声称在东海岸和中西部的一些城市也开展了组织活动。除了印刷和散发抨击共产主义和美国政府的宣传品外，他们还成立了小组，每个组都有很大的自主权，并提倡进行准军事武器训练和生存技能的学习，以防范可能由共产主义引发的国内暴政。有时，个别小组甚至策划或实施了针对所谓共产主义目标的爆炸袭击。毫不奇怪，"民兵"组织的创始人罗伯特·迪普最初加入约翰·伯奇协会是为了表达他对不受约束的资本主义、民族主义和基督教传统的兴趣，但很快他就离开了，并抱怨说该组织几乎没有做什么事情来推进这些目标。即便如此，迪普和"民兵"组织并未彻底切断与选举政治的联系。1964 年，他们热烈支持戈德华特的总统竞选；1966 年，在 400 名支持者的见证下，迪普所称的"爱国党"成立了。次年，在于堪萨斯城召开的会议上，几乎同样数量的代表提名乔治·华莱士为该党的总统候选人。[41]

五

　　华莱士再次竞选总统的筹备工作已然展开。1967年初，二十几名他的支持者齐聚亚拉巴马州蒙哥马利县的伍德利乡村俱乐部来制定策略。参会者包括三K党成员、白人公民委员会成员和其他来自南方深处的热心种族隔离主义者，以及来自极右翼团体的代表，如弗雷德·施瓦茨的基督教反共十字军、福音传道者比利·哈吉斯的基督教十字军和约翰·伯奇协会。这一次，华莱士不再寻求民主党和共和党的提名，而是领导新成立的美国独立党，希望赢得足够多的普选票和选举人团票，从而将1968年的总统选举推向众议院裁决，以便在那里胜出或成为左右大局的"造王者"。[42]

　　施瓦茨与哈吉斯组织代表的到场，凸显了基督教基要主义在极右翼政治中日益增强的重要性。早在20世纪70年代末杰里·福尔韦尔的"道德多数派"兴起之前，基要主义者及其教会就开始从政治舞台的边缘走向与右翼保守派的联合，他们对共产主义的威胁和自由主义国家的干预有着共同的担忧，在最高法院于恩格尔诉瓦伊塔尔案（1962年）中裁定学校祈祷违反了宪法第一修正案的建制条款之后更是如此。事实上，反共主义以及对现代自由主义的批判，帮助新教福音派信徒颂扬自由企业和地方自治，将其视为无神论国家暴政的必要替代品。福音派牧师通常来自东南部或得克萨斯州南部附近、俄克拉何马州、路易斯安那州和阿肯色州等地区，他们或是随成千上万的移民和教会成员迁至西海岸，或是在蓬勃发展的阳光地带安家落户。他们迅速建立起或利用不断扩大的福音派学院、出版社，特别是广播和电视网络，以传播信息、筹集资金，并赢得越来越多的听众。对于从20世纪60年代中期就对比利·哈吉斯感兴趣的华莱士来说，基要主义运动为他提供了在这些节目中露面的机会，并帮助他建立了自己的直邮筹款计划。宗教右翼的主题很快就融入了华莱士的演讲中，他批判自由派"精英"，捍卫美国的传统与价值观，并深入探讨了他在1964年民主党初选时提及的学校祈祷议题。[43]

华莱士需要尽可能多的帮助。美国独立党是一个全新的政党，没有任何基层组织，其首要的和最大的任务就是确保在所有50个州都能登上选票，而这并非易事。各州对于选票资格的要求差异极大：从科罗拉多州的几百个签名到加利福尼亚州的近7万个签名，再到俄亥俄州的约50万个签名；在某些州，签名必须在选举前数月收集并验证。右翼媒体，无论是新教福音派的还是其他类型的，都在传播华莱士的信息方面发挥了作用。华莱士的足迹遍布各地，尤其是在加利福尼亚州，他在赛车场、高中足球场、兄弟会、美国退伍军人协会分会和赛车跑道举行集会，有时还有当地的乡村音乐乐队助阵。然而，真正的幕后功臣是那些当地的组织者和积极分子，其中许多人都来自约翰·伯奇协会。令人惊叹的是，华莱士的美国独立党最终在每个州都登上了选票，据估计，在此过程中收集到的签名超过250万个，这表明激进右翼已经变得多么广泛和坚定。[44]

华莱士的参选似乎恰逢其时。1967年夏天——有人称之为"漫长而炎热的夏天"——全美各地发生了150多起黑人起义,其中纽约、纽瓦克和底特律的暴力和破坏性事件尤为严重。尽管约翰逊总统当时设立的克纳委员会(正式的全称是"国家民事骚乱咨询委员会",由伊利诺伊州州长奥托·克纳领导)后来认定,这些动乱主要源于经济不平等、种族歧视、警察暴力及对有色人种社区的社会服务不足,但美国白人断然拒绝接受这一结论。事实上,许多人越来越倾向于华莱士以及芝加哥市市长理查德·戴利和费城警察局长弗兰克·里佐(不久后当选为市长)等大城市领导人的强硬观点,他们清一色是民主党人,得到了大量蓝领和中下层白人选民的支持。接下来的1968年,使1967年的动荡显得只是预热。这一年以灾难性的"春节攻势"拉开帷幕,它宣告了美国越南战争战略的失败。紧随其后的是林登·约翰逊宣布退出总统竞选(3月)、马丁·路德·金遇刺(4月)、罗伯特·肯尼迪遇刺(6月),以及马丁·路德·金遇刺后爆发的城市骚乱。随后是在芝加哥举行的分裂且充满暴力的民主党全国代表大会(8月),约翰逊的副总统休伯特·H.汉弗莱被提名为总统候选人,尽管他在冬季和春季的初选中未曾参选。那些支持罗伯特·肯尼迪或尤金·麦卡锡(迫使约翰逊退出竞选的初选挑战者)的人,对这一结果大为光火。许多人威胁要在秋季的大选中选择不投票。[45]

没有人比理查德·尼克松更能洞察时局的变化。在政治荒野中摸爬滚打近10年后,他轻松赢得了共和党总统候选人提名。这位偏执但以自己的政治敏锐度为荣的人物，在民调中迅速领先15个百分点，但他担忧的不是汉弗莱的逆袭，而是华莱士的威胁。通过调整种族话题的语言，并打磨地方自治与"法律与秩序"的言论（这些一直是约翰·伯奇协会的口号），华莱士有可能轻易席卷深南部地区，并在南部边界和中西部若干竞争激烈的州夺走尼克松的选举人团票，此前华莱士已经在这些地方展现出对民众的广泛吸引力。汉弗莱可能直接险胜，或者如果选举结果须由众议院决定，那里占多数的民主党人将把胜利授予汉弗莱。尼克松曾寄希望于南部郊区的温和白人选民会选择他而非民主党人，从而可能左右几个州的选举结果（这是他的"南方战略"），但现在他意识到华莱士已经改变了游戏规则。[46]

在此情形下，尼克松的担忧绝非无的放矢。10月初的民调显示，华莱士在全美范围内的支持率约为20%，并在深南部地区取得了多数支持，在弗吉尼亚、肯塔基和田纳西等州亦获得接近多数的支持，艾森豪威尔曾在1956年赢得这些州，首次打入了20世纪初因吉姆·克劳法剥夺黑人投票权而形成的"固若金汤的民主党南方"。9月，《生活》、《新闻周刊》和《时代》杂志都对华莱士进行了封面报道，他的集会吸引了与尼克松和汉弗莱人数相当但"热情程度翻倍"的观众。有媒体评论称，"自1912年西奥多·罗斯福的'公麋党'崛起以来，第三党从未如此严峻地挑战过两党体制"。这些评论加剧了人们对自1825年以来首次由众议院决定选举结果的恐惧。[47]

尼克松并未坐以待毙。他的行动展现了华莱士是如何推动共和党及以往支持民主党的白人族裔向右转的，这种转变在1964

年戈德华特败选后几乎是难以想象的。尼克松积极争取斯特罗姆·瑟蒙德（这位前迪克西民主党人、种族隔离主义者现已成为共和党人）的支持，旨在赢得南卡罗来纳州，并向该州及其他南部地区的种族隔离主义者保证，一旦当选总统，他将尽可能少地执行联邦法院的裁决，或"满足某些职业民权团体"的要求。至于"法律与秩序"的问题，尼克松在整个竞选期间几乎持续不断地谈论这一议题——他在提名他的共和党全国代表大会上宣称，"进步主义的首要条件是秩序"——更重要的是，他选择了立场强硬的马里兰州州长斯皮罗·T. 阿格纽作为竞选搭档。在4月马丁·路德·金遇刺后引发的毁灭性骚乱中，阿格纽严厉批评巴尔的摩的黑人领袖沉默不语，"逃避责任"，从而引起了尼克松的注意。阿格纽指责道，"你们被团结的借口蒙蔽，你们因为被暗讽为'查理先生①的走狗'、被起个'汤姆叔叔'之类的绰号而感到刺痛"，并且没有谴责那些"四处游荡、访问河内……煽动骚乱、烧毁美国的领导者"，如斯托克利·卡迈克尔和H. 拉普·布朗——阿格纽将动荡归咎于这些人。黑人领袖们随即退出了会议，为瑟蒙德和尼克松招来了更多的恶名。[48]

　　有一段时间，尼克松包抄华莱士的努力似乎将付诸东流。1968年9月底至10月，华莱士在底特律、匹兹堡、圣迭戈、凤凰城和明尼阿波利斯等地举行的集会上吸引了10万至20万的人群。据某些报道，超过两万人聚集在波士顿公园聆听华莱士的演讲，而在选举前不到两周，又有两万人涌入纽约麦迪逊广场花园

---

① 查理先生（Mister Charlie），黑人对傲慢白人男性的憎称，起源于19世纪黑人对白人男性奴隶主的泛指，现已很少使用。——编者注

参加集会，这是自20世纪30年代亲纳粹组织"德美同盟"在此举行集会以来，该市规模最大的政治集会。在波士顿，一位支持者手持标语牌，上面写着"在你心里，你知道乔治·华莱士是对的"，1964年戈德华特竞选活动中的著名口号也曾使用类似的句式。美国劳工联合会-产业工会联合会政治行动委员会的主任，曾希望能为汉弗莱的竞选助一臂之力，但在该组织内部民调显示每三位成员中就有一位支持华莱士，且根据《芝加哥太阳时报》报道，更有超过十分之四的钢铁工人支持这位亚拉巴马州的候选人后，他抱怨起了所谓的"华莱士效应"。[49]

然而，到了10月中旬，全美民调显示华莱士的支持率开始下滑，并且这一趋势持续不断，主要出现在北方和边界州。华莱士选择强硬派人物、退役空军将领柯蒂斯·李梅作为竞选搭档，也未能挽救颓势。李梅将军对使用核武器持赞成态度〔他由此成为斯坦利·库布里克的电影《奇爱博士：我如何学会停止担忧并爱上炸弹》（1964年）中一个滑稽而危险角色的原型〕，这引发了人们在越南战争问题上对华莱士的判断力和意图的严重怀疑。民主党候选人汉弗莱9月下旬决定在越南战争问题上与约翰逊的立场决裂（汉弗莱宣布将停止对北越的轰炸），试图赢回党内反战派的支持，此举改变了选举的态势，提升了汉弗莱的声望，缩小了与尼克松的差距。华莱士的一些支持者甚至也开始担心，投票给华莱士可能会间接导致汉弗莱入主白宫。[50]

选举日终于到来，尼克松在普选票和选举人团票上均以微弱优势击败汉弗莱，华莱士则远远落后，屈居第三。他赢得了近1 000万张普选票，但这仅占总票数的13.5%，远低于其民调峰值，且仅在 4 个深南部州和阿肯色州赢得了总共 46 张选举人团票。尽管有预测认为他会成为美国历史上最强大的第三党或独立总统候选人，但事实上，他当时仅排在第三位，至今也只位列第四：历史上表现优于他的，有 1856 年"一无所知派"的米勒德·菲尔莫尔、1912 年的公麋党人西奥多·罗斯福以及 1992 年的独立候选人罗斯·佩罗（尽管佩罗未赢得任何选举人团票，而菲尔莫尔仅获得 8 票）。毋庸置疑，选举结果远未达到华莱士的期望，甚至直到竞选活动接近尾声时，这样的结果仍出乎他的意料。尽管如此，华莱士还是在 11 个州赢得了超过 20% 的选票（虽然失利但仍获得超过 20% 选票的州，大多数在南部边境地区），在肯塔基州的得票率也远远超过 15%。此外，田纳西州、北卡罗来纳州、俄亥俄州和新泽西州的选票若有轻微变化，就可能让任何一位候选人无法获得选举人团票多数，进而将选举结果交由众议院决定。[51]

尽管失望，但华莱士意识到自己触动了国内一股深深的不满情绪，他对自由派"知识分子"、反主流文化运动、最高法院的"扭曲"裁决以及城市暴乱的煽动者的批评，在选民中间引发了共鸣。"在亚拉巴马，我们不会有暴乱，"他对一次集会上的观众说道，"他们要是在那里发动暴乱，第一个拿起砖头的人就会吃到子弹。"学术界及自由派媒体也察觉到了这种新的政治倾向，并开始研究所谓的"困顿的美国人"以及愤怒不安的白人工人阶级，这正是尼克松口中所说的"沉默的大多数"。即使努力经营，身为总统的尼克松也没能抢走华莱士的政治风头。通过一场分裂的竞选活动，华莱士在 1970 年重夺亚拉巴马州州长之位，并再次将目光投向总统宝座，这一次，如同 1964 年一样，他将作为民主党人而非独立候选人或第三党候选人参选。有充分证据表明，华莱士与尼克松政府达成了某种交易，后者在 1968 年后对前者的担忧有增无减，交易可能涉及撤销对尼克松的好兄弟杰拉尔德·福特的联邦腐败调查。[52]

尽管如此，华莱士依然乐于向尼克松发起挑战，现在他手中又多了一个能让民主党和共和党都感到不安的新议题——校车接送政策。在尝试树立自己作为公共教育和设施"非歧视"支持者的形象时，校车接送政策让华莱士得以动员起白人对自由派促进社会正义手段的强烈反感。到 1972 年，根据民意调查，这种反感已成为主流。自 1960 年起便成为总统选举权威记录者的西奥多·H. 怀特，以他一贯的居高临下的态度观察到，"系领带穿白衬衫的男士""身着家居服怀抱婴儿的女士""头发染成蓝色的老太太""加油站员工""肌肉发达的工人"一同出现在华莱士的集会上。实际上，校车接送议题使华莱士在民主党候选人中开辟了一条明确的路径，赢得了跨阶层的支持，同时质询了尼克松政府，尤其是针对其在学区整合问题上的摇摆不定。[53]

1972 年春天的选举结果，比 1964 年春天的结果更加引人注目。1972 年 3 月中旬，华莱士在佛罗里达州的初选中赢得了 42% 的选票，击败了选票上的其他 11 名民主党人；他的成功还得益于一项要求通过宪法修正案禁止校车接送和保护社区学校的公投，该公投赢得了佛罗里达州 90% 的白人选民的支持。在威斯康星州，华莱士屈居乔治·麦戈文之后，但领先于汉弗莱和埃德蒙·马斯基，马斯基是 1968 年的副总统候选人，一度被视为党内的领跑者。在印第安纳州,华莱士再次名列第二,这次是输给了汉弗莱;南达科他州亦是如此,在这里麦戈文胜出。到5月,民意调查显示华莱士在即将到来的马里兰州和密歇根州民主党初选中处于领先地位,那里的工会领袖认为他可能会赢得该州近一半的工会选票。"在华莱士这件事上,普通工人根本不听我们的,"一位汽车工人联合会官员抱怨道,"我们只盼望他们在11月能重回民主党阵营。"随后,华莱士在马里兰州郊区的一个小型购物中心竞选,被一名来自威斯康星州的男子开枪打成重伤,该男子已跟踪他和尼克松数月之久。[54]

华莱士在枪击中幸免于难,并如预期般赢得了马里兰州和密歇根州的初选。然而,由于腰部以下瘫痪,他被迫结束了竞选之旅。尽管如此,他仍获得了一次在民主党全国代表大会上发言的机会,坐在轮椅上发表了自己的见解。他在1976年再次参加了初选,并连任四届亚拉巴马州州长,但那起未遂的刺杀似乎终结了他在全国政治舞台上的职业生涯。或者说,未必如此。在亚拉巴马,华莱士似乎有意为自己在20世纪六七十年代的形象和行为做出补偿。他宣布自己已重生为一名基督徒,并寻求宽恕,尤其是美国黑人的宽恕。从1979年意外拜访马丁·路德·金位于蒙哥马利的德克斯特大道浸信会教堂开始,他多次向黑人道歉。[55]

然而,华莱士留下的政治遗产远比他失败的竞选深远得多,其预示性也比几十年来的认知更加令人警醒。先兆不仅出现在亚拉巴马州、佐治亚州或北卡罗来纳州,甚至也不限于威斯康星州、印第安纳州或马里兰州。它们同样出现在密歇根州和纽约州,那里的城市和村镇白人选民(其中许多人是但绝不全是工人阶级和中下层阶级）在华莱士身上看到了一位愿意表达他们观点和需求的政治人物，一位理解他们的地方主义视角和对变革的恐惧的代言人，一个厚颜无耻且可能有效挑战他们眼中的敌人、推进他们心中的国家愿景的工具。在底特律，尤其是在纽约，当1968年的竞选活动接近尾声时，成千上万的支持者为了听他演讲，有时会等上两个小时，然后"起立、尖叫着鼓掌长达20分钟"，这让他"至少8次走到舞台前沿，每次鞠躬都会引发更大的声浪和激情"。与抗议者的冲突总是不可避免，而华莱士乐于警告他的批评者即将发生的事情。"你们最好现在就发表意见，我可以告诉你们。"他教训他们，迎合了那些"在他每次停留时都喜欢这样"的观众，因为"11月5日之后，你们这些无政府主义者在这个国家就没有立足之地了"。

《新共和》杂志的政治记者理查德·斯特劳特（读者们熟知的TRB）对"他在麦迪逊广场花园所见证的奇观"做出了与众不同的类比，称"没有任何准备能够让人应对这样的场面"。"人群热血沸腾的呼喊中蕴含着一股威胁，"他记录道，"你感觉这一切似曾相识，今后再读到20世纪30年代柏林的情景时，你将无法忘记两股非理性力量之间的这场狂野对抗。"斯特劳特坚信，华莱士是"我们这个时代最为狡猾的煽动者，他的声音尖锐毒辣，对支持者的偏见了如指掌"。尽管斯特劳特并不担心华莱士会在选举中胜出，但"人们对他的同情是另一码事"。正如一位眼光独到的传记作者所言，华莱士堪称"现代美国政治中最具影响力的失败者"。时至今日，仍很少有人对这一论断提出异议。[56]

第九章

新自由主义和非自由主义

CHAPTER
NINE

1994年9月13日，比尔·克林顿总统签署了一项惩罚性的犯罪法案，并邀请身着制服的警察们到场见证。在许多媒体看来，这是克林顿试图在长期由共和党人主导的"法律与秩序"议题上包抄对方。此法案不仅包括对攻击性武器的禁令，加强了对家庭暴力的审查力度，还新增了60项可判处联邦死刑的罪名，取消向接受高等教育项目的囚犯提供佩尔助学金支持，鼓励在全美范围内扩建惩教设施，并将加入帮派定为联邦罪行。此外，该法案还引入了强制性最低刑期的规定，特别是对于第三次被定罪的暴力重犯实行终身监禁——所谓的"三振出局"条款，这一条款最初由加利福尼亚、纽约和佛罗里达三州提出。然而，即便该法案措施极其严苛，克林顿在民主党同僚中的立场也并不显得格外激进。他们在国会参众两院给予了克林顿强有力的支持，并与副总统阿尔·戈尔一起，兴高采烈地出席了法案签署仪式。[1]

　　自1980年因"对犯罪问题态度软弱"而错失连任阿肯色州州长之机后，克林顿已在这条道路上行进了十余年。1992年竞选总统时，他呼吁美国人民团结起来，共同应对犯罪问题，并承诺通过"增派10万名新警员上街巡逻"来"夺回我们的社区"。同年1月，甚至在尚未锁定民主党提名之时，克林顿就特意从竞选行程中抽身，飞回阿肯色州，签署了一份对一名严重精神残疾囚犯执行死刑的命令。实际上，民主党与共和党在犯罪问题上的立场渐趋一致，双方的竞争焦点转向了谁更为强硬。两年后，克林顿再度出手抢了共和党的风头，他签署了一项福利改革法案，宣称将终结"现行的福利体系"，具体措施包括将管理权下放到各州，设定福利领取期限，并要求受助者在两年内找到工作。[2]

通过这些犯罪和福利改革法案，克林顿政府似乎继承并深化了里根政府在20世纪80年代开展的一系列行动——"禁毒战争"、社会福利项目的大幅削减，以及对"福利女王"形象的负面刻画。同样，在放松管制方面，这一趋势也表现得十分明显。尽管克林顿未曾像某些人那样直截了当地将政府视为"问题"而非"解决方案"，但他及其民主党同人为了开辟通往权力的道路，逐渐认同了市场的解放作用，特别是在新技术领域的作用，同时他们也意识到过度的政府干预会带来抑制效果。执政第一年尝试医疗改革未果后，在与华尔街有关系的顾问的建议下，克林顿政府在国内推动放松管制进程，同时在国际上倡导全球化。他签署了一系列重要法案，包括《北美自由贸易协定》、1996年的《电信法》（允许企业集团在其多个业务领域内进行整合控制）以及1999年的《格拉姆-里奇-比利雷法案》（废止了罗斯福新政时期的《格拉斯-斯蒂格尔法案》，后者要求商业银行与投资银行必须业务分离）。"纵观其两届任期，"历史学家加里·格斯特尔写道，

"克林顿可能比里根本人在自由市场放松管制方面做得更多。"³

在放松经济管制的同时加强国家的惩罚力度，这在意识形态上似乎是自相矛盾的；但事实上，这两者构成了克林顿政府在20世纪90年代确立的新自由主义政策组合的核心要素。这一理念与政策处方经历了一段漫长而曲折的道路，初期几乎无人问津，更遑论后来占据近乎霸权的地位。"新自由主义"的种子最早播撒在20世纪二三十年代的中欧大地上（尤其是在维也纳和日内瓦），由一小群经济学家和哲学家提出，他们对当时左右翼普遍实行的僵化的、国家管控的经济模式感到不满。新自由主义旨在复兴市场价值，同时倡导与之相伴的个人主义和言论自由。第二次世界大战结束后不久，新自由主义获得了制度上的体现，1947年在瑞士成立的朝圣山学社成为这一思想的摇篮，汇聚了近40位致力于推广此理念的知识分子，包括一些"经济科学"领域未来的巨擘和诺贝尔奖得主：弗里德里希·哈耶克、路德维希·冯·米塞斯、米尔顿·弗里德曼、弗兰克·奈特、卡尔·波普尔和乔治·斯蒂格勒。⁴

然而，从20世纪40年代末到整个50年代，无论是朝圣山学社还是更广泛的新自由主义思潮，前景都显得黯淡无光。无论新自由主义的批评观点与冷战的某些政治潮流多么契合，凯恩斯主义和社会民主主义（或"第三条道路"）的实验在大西洋两岸都是至高无上的。艾森豪威尔政府的政策表明，旨在推动经济增长与繁荣的罗斯福新政式国家积极干预已形成跨党派共识，而新自由主义观点——很像19世纪的古典自由主义观点——只能被视为往昔的回响。巴里·戈德华特在1964年的惨败和林登·约翰逊

"伟大社会"构想的雄心壮志,似乎彻底终结了任何挑战凯恩斯主义国家干预模式的可能性。

然而,在幕后,新自由主义思想正在芝加哥大学这样的顶尖经济学院,以及共和党和激进右翼内部的保守/自由主义潮流中悄然兴起。到了20世纪70年代初,随着企业利润下降和对自由企业未来命运的担忧在商界高层中弥漫,一批致力于推进新自由主义并设计相应政策的新"智库"应运而生。这些智库包括传统基金会、科赫基金会、曼哈顿研究所、卡托研究所和商业圆桌会议,更不用说国际主义色彩浓厚的三边委员会,这是大卫·洛克菲勒等人于1973年创立的,旨在促进私营企业和全球贸易。[5]

然而,20世纪70年代的经济危机,尤其是"滞胀"带来的新负担,为短短几年前还难以想象的变革打开了大门。一方面,过去几十年中所采用的凯恩斯主义在面对当时的经济挑战时显得力不从心,这种国家主导和高度监管的经济体系的承诺正遭受严重质疑;另一方面,新自由主义者有了一个更好的立足点,他们可以据此论证,持续的滞胀是政府干预经济的必然结果,而不仅仅是一个令人费解的现象。在妖魔化工会组织、政府过度干预和积极司法的同时,他们也大力宣扬新自由主义改革和观点所带来的解放作用。

到20世纪70年代末,经济思想和权力的潮流已经开始转向。纽约市的金融危机几乎将其推向破产边缘,这场危机不仅让自20世纪30年代以来支撑纽约市民的社会民主主义经济体系和慷慨的社会安全网声誉扫地,也使得银行家及其他金融利益集团的地位得以提升,这些人声称他们通过实施严厉的紧缩措施"拯救"了这座城市。与此同时，吉米·卡特在其政府中引入了多位三边委员会成员（他自己亦是其中之一），并开始走向放松管制的道路，这在能源与交通领域体现得尤为明显。在巴黎，哲学家米歇尔·福柯在1979年他的"生命政治的诞生"系列讲座中，大量探讨了"治理术"以及他当时已称之为"新自由主义"的谱系。[6]

里根政府将新自由主义者及其理念推上了权力的顶峰。与他的英国同行玛格丽特·撒切尔一样，里根甫一上任便通过镇压一次空中交通管制员的罢工展现了其果断的一面（撒切尔则镇压了一场旷日持久的矿工罢工），随后大幅削减了个人所得税和资本利得税，尤其是对高收入阶层的减税力度更大。他还推进了卡特时期启动的放松管制措施，推崇供给侧经济学，力促废除联邦通信委员会的"公平原则"（此举解放了一批右翼"怪嘴节目主持人"），并任命了对宪法"商业条款"的宽泛解释持保留态度的法官，这些解释允许了更多的联邦监管。尽管未能像撒切尔那样大幅度削减社会福利和教育项目，里根在倡导新自由主义的里根经济学的同时，还是成功煽动起了社会对公共部门及其提供的福利服务的反感，以及对这些部门雇用的许多人（尤其是有色人种）的敌意。新自由主义思想在20世纪80年代的影响如此深远，以至于苏联的米哈伊尔·戈尔巴乔夫和中国的邓小平也开始推行各自的"市场自由化"改革。[7]

尽管在卡特政府任上已有先兆，但里根在1984年以压倒性优势连任的消息，无疑加速了民主党向新自由主义原则和政策的转型。以参议员加里·哈特（科罗拉多州）、保罗·聪格斯（马萨诸塞州）、比尔·布拉德利（新泽西州）、阿尔·戈尔（田纳西州），以及马萨诸塞州州长迈克尔·杜卡基斯为首，加之比尔·克林顿，他们坚信民主党需要向中间派靠拢，接纳那些超脱于罗斯福新政和"伟大社会"框架之外的理念。由于对新兴高科技行业的兴趣浓厚，这些人常被称为"雅达利民主党人"。他们创立了民主党领导委员会，委托其重塑党的议程，并推举那些愿意带领党派朝他们希望的方向前进的候选人。冷战的落幕与此前支撑欧洲和美国构建社会福利国家的社会主义/共产主义替代方案的衰败，进一步验证了新自由主义批评的正当性，并为像克林顿这样摒弃民主党传统魅力的候选人开辟了更广阔的政治空间。尽管克林顿最初试图通过一项大规模的医疗改革法案来显著扩大社会福利体系（虽然该法案仍然基于私营部门保险），但他很快调整方向，着力于放松管制，此举尤其为了鼓励在其执政期间影响力日渐增长的金融和科技行业。"不久前，我们都是凯恩斯主义者，"克林顿的经济顾问之一劳伦斯·萨默斯后来回忆道，"同样地，任何一个诚实的民主党人都会承认，我们现在都是弗里德曼主义者。"[8]

　　正如上述分析所示，新自由主义思想之所以能够崛起，部分原因在于它跨越了广泛的政治谱系，吸引了包括那些曾在20世纪60年代站在左翼立场或受到反主流文化运动影响的美国和欧洲人士。毕竟，新自由主义既体现了自由市场原则下的个人主义所带来的解放作用，也体现了对国家意图的怀疑，而这种怀疑正是国家在镇压当时众多民众运动时培养起来的。然而，那些早早投身新自由主义，或在20世纪80年代和20世纪90年代加入这一潮流的人，并非都是自由主义者或支持自由放任政策的倡导者。正如他们的 19 世纪自由主义前辈一样,他们明白国家在保护新自由主义的财产制度和发展愿景,以及在全球化环境中捍卫国家安全方面所起的关键作用。与 19 世纪末、20 世纪初的进步主义思想家一样,他们认为决策最好由训练有素的专家和创新者来做出,而非普通选民。也就是说,新自由主义愿景中包含了对政治民主的保留态度,以及对强制性甚至是排斥性措施的开放态度,以"保护"市场经济的运作,使其免受潜在威胁并促进资本积累:这些正是新自由主义核心中的非自由冲动。新自由主义的政治经济学在很大程度上为 21 世纪初的经济危机和随之而来的政治动荡奠定了基础。[9]

一

克林顿政府助长了美国大规模监禁现象的爆发,与此同时,新自由主义也在许多社会和政治领域被广泛接受并占据上风。这一切并非巧合。正如一个半世纪前反奴隶制倡导者推动监狱建设一样,20 世纪 80 年代到 90 年代的新自由主义者迅速接受了激进的治安策略和驱逐性的补救措施,以维护秩序并保护自由市场关系。事实上,按照他们的理解,国家的角色正是保护新自由主义项目所声称体现的企业家精神和资本自由流动。他们在坚实的基底上构建了这一理念。

早在 20 世纪 60 年代初,就出现了对大城市中非洲裔美国人社群可能威胁社会稳定性的日益增长的忧虑。肯尼迪政府迫于民权活动家的压力，认为有必要对北方城市的青少年犯罪问题采取行动，通过1961年的《青少年犯罪控制法》制订了一些计划，以应对那里普遍存在的失业、住房条件恶劣和教育质量低下等问题，尽管当时的美国经济普遍繁荣。然而，政策制定者的关注点主要集中在非洲裔青少年身上，特别是年轻非洲裔男性。不论决策者的初衷如何，也不论他们是否承认存在深层次的结构性问题，他们越来越倾向于接受这样一种观点，即非洲裔社区中存在着一种社会和文化病态，表现为家庭结构薄弱和社会孤立，这些因素滋生了犯罪。诚然，对于前文提及的非洲裔身份与犯罪的联系，其历史与美国历史一样悠久，这种关联加剧了非洲裔美国人长期遭受的无情压迫。但在20世纪60年代，非洲裔犯罪的观点深深渗透到了主要的城市改革倡议之中，很快就迫使警察军事化，最终演变为针对那些被认为最有可能犯罪的人的"先发制人"。[10]

林登·约翰逊的"向贫困宣战"很快演变为"向犯罪宣战"，由此可见，各种政治冲动的合流日益成为20世纪中期自由主义的特征。1964年1月，约翰逊就任总统仅两个月，便向国会发出了"无条件向贫困宣战"的号召，意在"将绝望转化为希望"。他构想了一场"联邦与地方政府联手，追击任何地方存在的贫困……不仅要缓解贫困的症状，更要治愈贫困，最重要的是预防贫困"的战役。"战争"这一隐喻是经过精心选择的。约翰逊的继任者们也使用了这一隐喻来描述当前任务的重要性和艰巨性，并唤起民众近乎爱国主义性质的热情支持，进而将预定的目标描绘成国内的敌人。《北部湾决议案》的通过与美国加紧介入越南内战同时发生，这并非巧合。20世纪60年代初期开启了一个"反叛乱"战争的时代,这种战争一直延续至今,而大规模监禁少数族裔就是其中不可或缺的一环。[11]

尽管关于非洲裔社区病态的观点早已存在,但20世纪60年代中期的城市暴动,尤其是1965年8月洛杉矶瓦茨区持续数日的骚乱,进一步强化了这一观念,并促使政策制定者将现代化的治安视为"向贫困宣战"的一个重要方面,实际上将其本身就视为一项社会服务。即便是约翰逊总统任命的克纳委员会(正式名称为国家民事骚乱咨询委员会,由伊利诺伊州州长奥托·克纳领导),在其1968年的报告中虽然着重强调了贫困与动乱的结构性根源,但也认为在特定黑人社区实施犯罪控制是遏制大城市中频发的暴力事件的关键。今天广为人知的"监狱国家"的基础——包括刑事司法系统的机构、人员配置、社会逻辑与思想观念——在大规模监禁浪潮来临之前就已经逐步建立起来。[12]

尽管人们通常将法律与秩序及报复性惩罚转化为政治卖点的责任归咎于保守派和共和党,但实际上,到20世纪80年代中期,促成对犯罪采取强硬立场的潮流背后有多重力量在起作用。20世纪60年代,公众对囚犯改造、监狱教育、囚犯权利以及废除死刑的兴趣有所上升(1972年最高法院曾一度裁定死刑违宪),但到了20世纪70年代中后期,这些观点逐渐被更加严厉的态度所取代。这一转变是由于法律与秩序运动促使人们对"受害者权利"加以关注,同时得益于女性权利运动成功地将强奸和家庭暴力问题带入了公众视野——这两种情况均因毒品滥用与犯罪之间的联系日益加深而得到加重。纽约州自由派共和党州长纳尔逊·洛克菲勒就是一个很好的例子。他曾是支持改造计划和扩大社会项目以对抗犯罪的倡导者，但在1973年急向右转，推动通过了对持有和贩卖毒品（即便数量极少）实施强制性量刑的法律。两年前，他放弃了与阿提卡监狱暴乱囚犯的谈判，直接命令使用武力镇压。显然，为了在1976年竞选总统，他要塑造一个"严厉打击犯罪"的形象。这一案例表明，当混乱看起来要加剧时，那些原本持自由主义、后转向新自由主义的人，如何轻易地抓住国家的惩罚之手，以及当财产和人身安全受到威胁时，他们又是如何成为"公众舆论"的仆人的。一些像洛克菲勒这样的自由派人士并没有把注意力放在那些揭示暴力犯罪和毒品滥用率复杂图景的数据上，以此来阻止人们走向报复的狂潮；相反，他们从自己对穷人和非洲裔的病态行为的假设中找到了支持，并将重点放在那些所谓的受害者身上，这样做在政治上极为受欢迎。[13]

里根政府进一步加大了打击犯罪的力度。在有色人种聚居的特定社区中，快克可卡因的使用激增，为打击行动提供了证据和理由，尽管这一激增本身就是非洲裔和拉美裔美国人正在遭受的经济摧残的表现。用于缉毒执法的联邦资金增长了近10倍，对吸毒者的强制判刑赢得了国家立法的压倒性支持。1984年的《综合犯罪控制法案》为打击行动确立了框架，这是近一个世纪以来美国刑法的第一次重大修订。媒体直接将快克可卡因、帮派战争的爆发、暴力犯罪的增加与"快克宝宝"的出生联系起来，这些婴儿的母亲是瘾君子，给医院和福利系统造成了负担。洛杉矶警察局局长达里尔·盖茨在美国参议院司法委员会的听证会上说，即使是偶尔吸毒的人也是在"叛国"，"应该把他们拉出去枪毙"，这一言论让他声名狼藉。然而，支持禁毒战争和打击犯罪的不仅有大多数民主党人，还有许多黑人社区领袖，他们担心发生在自己街区的事情。尽管监禁率在20世纪70年代末就已开始上升，白人吸毒的比例也与黑人相当，但从20世纪80年代中期开始，监禁率开始急剧攀升，而且入狱的绝大多数都是有色人种。在南北战争后的一个世纪里，共有18.5万美国人进入州和联邦监狱；在1965年后的短短20年里，监狱人口就增加了25万；而当比尔·克林顿就职时，监狱人口已超过100万。到克林顿两届任期结束时，部分由于他的犯罪法案，美国被监禁的人数已接近200万人，而且仍在急速攀升。[14]

到20世纪末、21世纪初的时候，在押人数的急剧增加，使美国的囚犯数量和被监禁人口占总人口的比例均成为全球之首，这导致了监狱人满为患的危机，并催生了建造新监狱的呼声。这一需求明显反映在了克林顿1994年的犯罪法案中，以及各州层面的资金增长上，这些增长往往是以牺牲高等教育支出为代价的。然而，作为新自由主义理念的衡量标准，私营监狱的建设和运营自20世纪80年代开始激增，并持续至21世纪初——虽然这只是公共服务私有化大趋势的一个例子，但也是一种真正的创新。其背后的逻辑很简单：在拘留和驱逐服务中节省公共开支，这不仅赢得了立法者和公众的青睐，还吸引了投资者的目光，后者看中的是较少的政府监管、更为自由的纪律和监控手段，当然还有可观的利润。私营监狱中的囚犯人数在1985年到2000年间呈指数级增长，之后直到2012年左右仍在继续增长。这类囚犯大多位于阳光地带各州，其中以得克萨斯州为首。截至2016年，私人运营的监狱关押了近13万名囚犯，其中约8.5万人是由各州而非联邦政府关押的。[15]

尽管数量庞大，但私营监狱中的囚犯仅占美国全部在押人员总数的 9% 左右。由政府管理和资助的监狱和看守所无论是在数量上，还是在关押人员的比例上，都远远超过同类私营监狱。随着成本明显高于预期，许多私营监狱的财务状况岌岌可危，以及一些私营监狱内的恶劣条件受到公众关注，人们对私有化的热情开始减退。私营监狱与其说是大规模监禁的推动力量，不如说是后者的寄生虫，它们依赖于大规模监禁的增长和民众对公共部门效率的怀疑而生存。但是，公共和私营监禁的激增，共同象征着新自由主义经济政策与种族动乱威胁下的非自由主义解决方案之间的交织：一方面释放市场的力量，另一方面驱逐那些最有可能干扰这一进程的人。[16]

二

城市治安的变革对于驱逐与关押有威胁的群体至关重要。自 20 世纪 60 年代起，特别是 20 世纪 80 年代以来，全美各地的警局开始呈现出越发军事化的面貌和行动模式。从制服与装甲防护到所配备的高级武器，再到运输车辆及其战术运用，都是军事化的体现。在战争话语的刺激下，警察部门与军队之间的关系变得更加紧密且相互依赖，这一战争话语被用来描述国内犯罪活动的挑战，以及犯罪活动发生的国际背景。

这在当时是非常新鲜的事。从历史上看，警察和美国武装部队之间几乎没有任何关系。19世纪中叶，美国大城市出现了专业的警察部门，取代了非正式的夜间巡逻队，负责维持城市街道的秩序。有一段时间，他们没有武器，甚至没有制服，但他们很快就成为当地政治机器的赞助体系的一部分。不久之后，正如1886年芝加哥干草市场事件的情况那般，市政府开始派遣警察破坏罢工，逮捕劳工领袖和其他"激进分子"，并扰乱政治示威活动。在南部和西南部各州，警察最初是以奴隶巡逻队的形式出现的，后来又出现了像得克萨斯骑警这样的骑兵部队，他们在镇压非洲裔美国人、墨西哥裔美国人和其他移民群体的过程中发挥了重要作用。对非洲裔美国人的奴役为治安工作奠定了全国性的基础，这一成果是依据《逃奴法案》，并通过捕奴者及其手下被联邦收编而实现的。[17]

美国军队在治安工作方面的角色颇为复杂。尽管其核心使命在于国防，但在整个19世纪，美军的许多活动实际上都是为了镇压国内异议（如罢工）、南方的叛乱邦联和西部原住民的抵抗。不过，维护国内秩序的任务大多留给了县或市警察，或是20世纪初组建的国民警卫队，后者直接受州长指挥。但到了20世纪60年代，这种互联关系开始发生变化。[18]

在这10年间，城市叛乱成了说服政府官员必须采取新的治安策略的关键转折点，但他们的观点——正如20世纪早些时候一样——受到了海外事态发展的影响。冷战时期第三世界国家平叛的经验对美国产生了深远的影响，在那里，治安工作日益被视为打击"共产主义颠覆"的最佳手段之一。公共安全办公室成立于1962年，隶属于美国国际开发署，在接下来的10年中帮助培训了近 80 个国家的警察部队。1967 年，公共安全办公室主任拜伦·恩格尔在克纳委员会做证时指出，冷战中的经验教训可以应用于国内。"共产党人在利用骚乱、暴动和恐怖主义作为政治行动工具方面有着长期的经验，"他对委员们说道，"我们非常重视非致命防暴。我们发现，无论是在亚洲、非洲还是南美洲，很多原则和概念都是适用的，"并补充说，"这些原则同样适用于美国。"1968 年通过的《综合犯罪控制与街道安全法》作为约翰逊打击犯罪战争的一部分，拨款超过 2 000 万美元，旨在以防暴培训和使用军用级别的武器（如 AR-15 步枪和 M4 卡宾枪）、钢盔、警棍、面罩、装甲车和催泪瓦斯等为手段，来实现警察部门的现代化。[19]

1964 年，费城警察局成立了 SWAT（特种武器和战术）部队，这一举措在某种程度上预示了未来的趋势。不久后，达里尔·盖茨在洛杉矶加以效仿，其他城市也纷纷跟进，SWAT 普遍被视为"城市反叛乱的堡垒"。到了 20 世纪 80 年代中期，随着里根宣布的"禁毒战争"资金注入，几乎所有人口超过 10 万的城市都有了自己的 SWAT 部队，小城市也在想方设法地建立此类队伍。事实上，SWAT 部队的军事化和反叛乱特点已成为许多警察部队效仿的典范，得到了共和党和民主党的共同支持。1981 年，里根获得了国会对《与民事执法机构军事合作法》的批准，该法允许美国武装部队向警察部门提供基地和军事装备使用权，这是更大范围援助框架的一部分。次年，一项由里根提出的犯罪法案——当时还是民主党参议员的乔·拜登，批评该法案对毒品犯罪过于宽松——以 95 票对 1 票的压倒性优势在民主党控制的参议院得到通过。4 年后的 1986 年，里根签署第 221 号国家安全指令,宣布毒品对国家安全构成威胁。他命令中央情报局和国务院参与禁毒,并命令美军协助执法机构"规划和执行大规模缉毒行动"。1987年,取得一致的国会提醒警察部门考虑使用富余的军事装备。这一过程中,关于设立毒品犯罪者拘留中心或将这些罪犯流放的讨论层出不穷,这是自南北战争前至战争期间发生的遣返运动以来从未有过的国际化驱逐。即便如此,两党的政客们仍在抱怨联邦禁毒战争"行动散漫"或成效不彰。[20]

尽管缉毒改革界的某些人士曾希望比尔·克林顿当选总统后,联邦毒品政策能够朝着不那么激进和军事化的方向转变——毕竟,克林顿曾公开承认自己使用过毒品——但这一愿望并未实现。克林顿不仅继承了广泛使用"不敲门搜查令"的做法(只要涉及毒品,地方检察官和法官通常都会批准搜查令,而且几乎不加审查),还继承了部署国民警卫队进行缉毒监视和协助地方缉毒行动的做法。"既然拥有了装备和训练有素的人员,"国会军事委员会的一位马萨诸塞州民主党成员说道,"不妨充分利用起来。"1992年,国民警卫队在全美范围内参与了近两万次逮捕行动,并在没有搜查令的情况下进行了数千次搜查。克林顿上任后,让司法部和国防部签订了技术共享协议。司法部长珍妮特·雷诺解释了其中的逻辑。"欢迎各位加入警察每天都在进行的战争,"她在向一群国防和情报专家发表讲话时说,"我呼吁你们,将曾在冷战中为我们立下汗马功劳的技能,投入如今每天在全国城镇街头进行的战争中。"为了更好地进行这场战争,国会通过了《国防授权法案》(1997年),克林顿也签署了该法案,正如记者拉德利·巴尔科所说,该法案"进一步打通了核心军事装备流向平民警察机构的渠道"。结果，到 21 世纪初，价值近 7.5 亿美元的装备被分发出去，包括 253 架飞机（其中包括黑鹰直升机）、7 856 支 M-16 步枪、181 具榴弹发射器、8 131 顶防弹头盔和 1 161 副夜视仪。[21]

尽管克林顿自诩对民权领袖崇敬有加，对非洲裔听众平易近人，但在毒品问题上，他对人群中最脆弱的群体却没有多少耐心。他的零容忍态度远不止于量刑。居住在联邦资助公共住房内的居民——主要是非洲裔美国人和其他有色人种的穷人——若在那里犯下任何暴力或与毒品相关罪行，不论是否为该家庭的成员，都会面临被驱逐的命运。这是一项"一击出局"的政策，即便是访客的违法行为也可能导致整个家庭被驱逐。即使克林顿致力于通过超过 10 亿美元的拨款来推广社区导向的警察服务项目（该项目在经布什政府逐步削减后，由奥巴马急切地予以恢复），最终也仅仅是向现行体系注入了更多资金。大部分拨款被用于增聘警察和组建新的 SWAT 部队。[22]

我们有时难以认识到，刑事司法体系还以其他方式体现了新自由主义的公共政策观。长期以来，法院罚款和收费一直是该体系的一部分，既是为了提供监禁以外的方案（或在监禁之余增加额外惩戒），也是为了阻止轻率的起诉，因为败诉方必须为法院的服务付费。但自 20 世纪 80 年代以来，尤其是 2007 年至 2009 年的大衰退之后，一种新的惩罚链条开始形成。随着县和市政府预算压力不断增加，尤其是随着禁毒战争导致法院案件积压严重，加之政客们不愿或无法提高税收，向被指控或被定罪的人征收各种费用就成了一种解决方案，这在小城镇和农村地区尤为明显。这些费用不仅仅涵盖"法庭费用",还包括所谓的"食宿费"或"自费监禁"账单,根据人们的服刑时间收取,通常从逮捕开始计算。如果被告无力缴纳保释金,就必须被一直关押,直到审判——即使是小偷小摸或其他轻罪案件也是如此。在一些地方,每天的收费相对较低,例如,在南达科他州的拉皮德城,费用为每天6美元。但在其他地方,比如加利福尼亚州的河滨市,费用可能高达每天150美元。"随着时间的推移,"一位前法官承认,"立法者开始把法院当作储蓄罐。"

诸如"自费监禁"这样的费用在释放后是不会返还的。这笔钱必须支付,刑满释放的囚犯要么为此背上长期债务,要么因无力付账而再次入狱。大多数出庭受审的都是穷人,其中近八成犯下的都是轻罪。法庭和监禁费用不仅必须支付,而且犯罪者通常还会被迫每月按时出庭,不论其是否还有包括工作在内的其他义务。这种不成比例的现象有时令人震惊。布鲁克·伯根是一位贫穷的白人单身母亲,因为在当地沃尔玛超市偷窃了价值8美元的睫毛膏,她在密苏里州登特县的乡村监狱被关押了一年。牢房里满是霉菌,还得花费15 900美元。她竭力试图偿还,希望每个月能凑够100美元(按照这个速度,她需要13年才能还清)。之后,她的缓刑期由一家私营公司监督(这也是常见现象),该公司除其他事项外,还负责定期进行药检,费用也由伯根承担。当伯根未能接听关于随机药物筛查的电话而被报告为违反缓刑规定时,她被送回监狱服刑10天作为惩罚,然后又被收取了900多美元的费用。19世纪上半叶,美国各地已经废除了因债务而监禁的制度;现在这种做法似乎死灰复燃了,成为一些观察家所说的"将贫困视为有罪"的一部分。[23]

还有更多故事具有更广泛的影响。根据密苏里州的法律，布鲁克·伯根或许保住了投票权，因为她服刑的罪名是轻罪而非重罪。但在密苏里州以及其他许多州，重罪犯不仅在服刑期间会被剥夺投票权，而且在完成假释或缓刑之前都无法恢复投票权。事实上，有26个州效仿密苏里州的做法，在重罪犯服满刑期之前剥夺他们的投票权，其中一些州（佛罗里达州就是其中之一）直到他们付清所有费用前都将继续剥夺重罪犯的投票权。这对美国合格选民的数量产生了重大影响。根据"量刑计划"组织的统计，截至2020年，有500多万美国人因被判重罪而被剥夺了选举权，其中一半以上已经不再被关押。尽管一些州的改革者正在努力限制与刑罚相关的剥夺投票权的范围，但他们的成果却大相径庭，而且可能很快被逆转。在佛罗里达州，选民们强烈支持了2018年的一项全民公投，该公投将恢复刑满释放（包括假释或缓刑）的重罪犯的投票权；此前，获释的重罪犯必须忍受5至7年的等待。然而，州立法机关很快就通过了一项法律，要求重罪犯在登记投票前必须支付所有的法定财务义务。结果，在这个选举竞争历来激烈的州，将近90万尚未完全偿还罚款和费用的人仍然被剥夺了投票权。[24]

三

1975年3月，芝加哥大学经济学系的米尔顿·弗里德曼和他的同事阿诺德·哈伯格应智利政府之邀飞往圣地亚哥。智利天主教大学的一批经济学家对他们的到来翘首以盼，他们中的大多数人都曾在芝加哥大学师从弗里德曼与哈伯格，学成后返回故土。由于与芝加哥大学深厚的渊源，这群人被冠以"芝加哥男孩"的称号。[25]

弗里德曼和哈伯格非常清楚，接待他们的智利政府是通过两年前奥古斯托·皮诺切特将军领导的血腥军事政变上台的。皮诺切特随即建立了独裁统治，推翻了萨尔瓦多·阿连德的民选社会主义政府，阿连德丧生，智利左翼人士也因此遭到杀戮镇压。然而，除了举办讲座和研讨会，弗里德曼还与皮诺切特进行了一次长达45分钟的会谈。会后，弗里德曼提出了一系列推动智利经济向新自由主义方向转型的建议，尽管他承认自己对智利的具体情况知之甚少。弗里德曼将他的一系列政策称为"休克疗法"，包括大幅削减政府开支、采取痛苦的紧缩措施、重新估值货币、迅速实现国际贸易自由化，以及将大部分政府控制的行业私有化。[26]

当时，弗里德曼因《资本主义与自由》一书而闻名于世，但很快，他便因对智利独裁者和威权政府的支持而受到左翼人士的严厉批评。"尽管我对智利的专制体制深恶痛绝，"他回应道，"但我并不认为经济学家向智利政府提供技术性经济建议是邪恶的，就如同我认为医生提供医疗建议以帮助终结疫情并非邪恶一样。"这个类比至少说也只能算是牵强。弗里德曼显然不认为政治自由化是他所倡导的市场自由化的先决条件，也不认为政治自由化是可能的结果。皮诺切特的首席经济部长，参与策划政变的著名"芝加哥男孩"之一，则更为直截了当，他坚称："唯有威权政府才能保障个人的实际自由。"弗里德里希·哈耶克也曾在皮诺切特统治时期访问过智利，给人留下了良好的印象，他的辩词没有弗里德曼那么激烈。"有时，一个国家需要在一定时期内拥有某种形式的独裁权力，"他解释道，"正如您所理解的那样，独裁者也可以以自由的方式治理国家。而民主国家也可能以完全缺乏自由主义的方式进行治理。"[27]

大约在同一时间，新成立的三边委员会发布了一份关于所谓"民主的危机"的报告。该报告由包括哈佛大学政治学家、西方理想的忠实捍卫者塞缪尔·P. 亨廷顿在内的一批杰出学者撰写，关注的不是民主价值观和民主实践被破坏，而是民主的扩张给治理能力带来的挑战。亨廷顿和他的同事们注意到，人们对"民主未来"充满了"悲观情绪"，这与"人们对经济状况的未来持有的悲观情绪相一致"，人们产生了一种"模糊而持续的感觉，即民主国家已经变得无法治理"。亨廷顿等人提出的问题直击要害且发人深省："对于欧洲、北美和亚洲的工业化国家来说，现今的政治民主还是一种可行的政府形式吗？"[28]

该报告的作者们所说的"治理能力"，是指"政府对其管理下的经济体和政治共同体进行有效指导的能力"，以实现经济增长、全球贸易和稳定的国际秩序。在他们看来，问题在于20世纪60年代民主在世界许多地方的扩张、与之相伴的"基于信仰的激情"，以及由此给治理结构带来的"超负荷"的政治参与和政治要求。亨廷顿尤其担心"20世纪60年代美国民主的活力……导致了一种民主失衡，一方面表现为政府活动的扩张，另一方面则是政府权威的削弱"[29]。

欧洲、亚洲和美国呈现出不同的危机模式与时间轨迹，但亨廷顿并非唯一一个认为需要保持或恢复"活力与可治理性之间的平衡"的人。亨廷顿写道，在美国，治理的一些挑战源自"民主过度"，这需要加以调和。他提出，"为了构建权威，对专业知识、资历、经验和特殊才能的要求"可以"优先于对民主的要求"，这一观点自进步主义时代以来，就一直激发着社会和政治思想家们的思考。与此同时，亨廷顿观察到，"民主政治体系的有效运行，通常需要某些个人和群体保持一定程度的冷漠与不参与"——他称之为"边缘社会群体"——而他们，特别是"非洲裔美国人"，却正在成为"政治体系的全面参与者"。"危险"在于，这些群体会向政治体制提出过多的要求，同时破坏其权威。"在美国，"他总结道，"民主对自身构成了更大的威胁，比在欧洲或日本更为严重……需要设定对政治民主无限扩展的限制。"亨廷顿断言，"如果民主能以一种更为均衡的状态存在，那么它的寿命就将更为长久"[30]。

民主对稳定治理的挑战，不仅触动了那些对新自由主义思想有着深刻共鸣的国际主义者的心弦，也引起了美国境内部分新自由主义理念塑造者的警觉，他们渴望将这些理念转化为公共政策。事实上，虽然三边委员会的成员似乎仍然重视民主实践和民众意见，将其作为解决当时政治和经济动荡的一种途径，但一些经济思想家和巨富家族已经开始相信，他们的新自由主义目标永远不可能赢得必要的民众支持，因此迫切需要对政治决策过程进行全面的重新评估。在这个过程中，他们展示了新自由主义如何能够强化非自由主义的极端右翼势力。

在这方面发挥重要作用的人物包括詹姆斯·M. 布坎南，一位由芝加哥大学培养出来的经济学家，最终因其在公共选择理论上的贡献荣获诺贝尔奖；以及科赫兄弟，即居住在堪萨斯州威奇托的右翼亿万富翁弗雷德和查尔斯，积极支持约翰·伯奇协会。他们都是新自由主义的忠实拥趸，热衷于将市场从政府强加的管制中解放出来，并将国家的作用缩减到维护国家安全和保护国内私有产权等有限职能。他们大谈"自由"，但主要是从经济角度来定义自由。他们都与国际性的朝圣山学社有联系。他们都参与了由科赫兄弟及其他持相同观点的人资助的智库和项目，旨在培养知识和法律人才。所有人都对宪法秩序和民主治理能否实现他们的目标深表怀疑。他们视米尔顿·弗里德曼为变节者和"卖身投靠者"，因为他愿意在政府内部工作，试图"使政府运作更加高效"，而"他本应彻底摧毁政府"。他们鄙视多数统治原则，赞赏约翰·C. 卡尔霍恩保护少数群体（如奴隶主）政治权力的思想，并不避讳提出"令人不安的问题"："如果我们追求的是许多人不希望的事情，考虑到这一点并寻求那些允许我们追求自身目标的政治制度和政策，我们会更加成功吗？""将选举权限制在财产所有者、受过教育的阶层、就业人员或类似群体手中，"似乎尤为必要。[31]

不出所料，詹姆斯·M. 布坎南也在弗里德曼和哈伯格造访智利后的几年踏上了这片土地，对于皮诺切特通过政变上台的事实，以及如何在政治上实现和维持新自由主义的"休克疗法"，他并未表现出丝毫的疑虑。在一系列演讲中，布坎南倡导对政府的经济影响力施加"严格限制"，强调"预算平衡"的重要性，以及对于任何实质性政策变动均需获得立法机构超级多数的支持:此时正值新宪法制定之际,该宪法旨在巩固皮诺切特的统治,确保右翼组织掌握权力,并彻底镇压工会和左翼力量。重要的是,新自由主义右翼在指导皮诺切特政府经济目标和政策上的介入,成为美国长期努力——在古巴、多米尼加共和国、海地、中美洲、哥伦比亚、玻利维亚和巴西等地——塑造拉丁美洲政治经济格局,并挫败社会主义和共产主义左翼的又一例证。[32]

同样重要的是,新自由主义右翼也是这样看待美国国内的政治斗争的。他们的对手,他们的敌人,并不是自由主义者或民主党人,也不是罗斯福新政的支持者或是"伟大社会"的设计者。他们是"社会主义者",因为在他们看来,任何政府在民众支持下于国家经济和政治生活中扮演重要角色的体系,都可以归类为社会主义,这种体系通过政策将大量选民纳入其怀抱。即使是20世纪80年代的"里根革命"带来了大幅减税、广泛的放松管制以及对积极行动的联邦政府的猛烈抨击,但由于社会保障和医疗保险这样深受各政治派别欢迎的福利项目仍占据着联邦预算的很大一部分,"里根革命"并未被视为真正胜利。难怪新自由主义右翼对社会保障私有化的兴趣迅速增长——没有什么比这更能减少美国人对政府的依赖,并将数十亿美元转移到私人投资者的口袋中——同时也意识到需要争夺对共和党的控制权。罗纳德·里根领导的共和党根本无法胜任这项任务。[33]

在美国,新自由主义目标与非自由主义手段的结合,以及对共和党控制权的争夺,在基督教右翼运动的发展中表现得尤为明显,或者更确切地说,在基督教民族主义的发展中更为突出。自 20 世纪 50 年代以来，基督教基要主义者便在其对"无神论"的共产主义和社会主义的抨击中，热烈拥护"自由企业制度"，并将宗教自由与经济自由视为基督教资本主义的一体两面。然而，从 20 世纪 70 年代末开始，在杰里·福尔韦尔的"道德多数派"带领下，宗教右翼成为一场运动，旨在将国家从政治世俗主义中夺回来，建立一个基于《圣经》世界观、以《圣经》律法"为基础的国家，主张男尊女卑和精神贵族统治。这场运动的导火索并非许多人误以为的那样，是最高法院做出的使堕胎合法化的"罗诉韦德案"判决；真正的原因是对公立教育的敌视，尤其是对实施种族隔离的基督教学校的免税地位受到威胁的仇恨。反堕胎议题直到 1979 年才被纳入议程，既为了促进与保守派天主教徒的联盟，也为基督教右翼捍卫种族隔离学校提供掩饰。[34]

基督教右翼同保守派天主教徒一道与米尔顿·弗里德曼结盟，后者大力支持学校私有化，甚至不惜与他声称反对的种族主义者为伍。尽管运动中有些人对弗里德曼抱有戒心（他是犹太人），但大多数人都欣然接受了他的经济和政治理念，这些理念与他们自己的观点高度契合。他们坚持认为，上帝"支持私有财产"，并反对累进税制。在他们的一位主要历史学家和组织者看来，"自由、信仰和自由市场"构成了美国文明的三大支柱。事实上，基督教右翼期望他们的学校传授这样一种历史观，即美国是由基督教先驱创立的，政教分离的初衷只是防止国家干预宗教事务，而第十四修正案的通过开启了美国背离基督教原则的下坡路。他们还希望学生了解到，"在自由市场和最少的政府干预下，繁荣程度最高"。正如一位记者所写的那样，这是一种极端资本主义意识形态与极端加尔文主义神学的融合，或者说，是新自由主义与非自由主义的结合。[35]

与詹姆斯·布坎南和科赫兄弟一样，基督教民族主义的领导者也明白，他们夺取政权并建立一个由具有纯正信仰的基督徒管理且服务于其利益的国家的目标，几乎不可能获得多数人的支持。但他们将共和党视为推进其运动的工具，并精心策划了一套战略，旨在掌控多个州的立法机构和州长职位，以及地方学校委员会（长期以来一直是激进右翼的目标）和国会席位。为了实现这一目标，基督教民族主义者获得了富豪家族的支持——包括奥林基金会、布拉德利基金会、理查德·斯凯夫基金会、默瑟家族基金会，尤其是密歇根州的德沃斯/普林斯家族——这些家族不仅是虔诚的基督徒，对民主实践兴趣寥寥，而且有着共同的经济目标。他们还通过教会网络动员基层的小额捐赠者，并借助富有同情心的数据收集服务机构，构建了一套受害者叙事，将联邦政府描绘成针对基督徒及其机构的迫害者。至20世纪90年代中期，当共和党掌控了国会两院及众多州立法机构，与基督教右翼关系密切的佐治亚州共和党人纽特·金里奇当选为众议院议长时，这一策略的效果已初见端倪。20年后，唐纳德·特朗普任命希望废除教育部的贝齐·德沃斯担任教育部长，并提名了许多公认的虔诚基督徒担任其他内阁职务，以此表明自己对基督教右翼的忠诚。到2018年春天，14名内阁成员中有11人参加了白宫《圣经》研读小组。不过，特朗普本人并未参加。[36]

第九章　新自由主义和非自由主义

四

苹果公司的创始人史蒂夫·乔布斯是拥抱新自由主义过去、现在和未来愿景的伟大传道者之一。早在20世纪80年代初，他就解释说，商业"或许是世界上最鲜为人知的秘密"。依他之见，自由市场从一开始就推动了硅谷的科技繁荣，并注定将创造一个近乎乌托邦的充斥着创新天才和令消费者满意的乐园。当然，乔布斯绝非"创造这一切奇迹"的人群中唯一的佼佼者，但正如早期追踪个人电脑行业动态的华尔街观察家埃丝特·戴森所言，"他是我们中的一员，但身处一个更为广阔、更加陌生的世界"，尽管新行业中"明星众多"，"唯有史蒂夫兼具魅力与口才，能够成为外界瞩目的明星"。[37]

乔布斯将政府视为困守现状的枷锁，创造力的绊脚石，也是国际舞台上的"战争贩子"，导致国内外的高度焦虑。历经越南战争和水门事件后的美国社会，很轻易地将联邦政府视为一个需要限制和管束的"恶棍"。然而，乔布斯所讲述的故事——这个故事早已被那些受益于联邦政府对其区域经济发展投资巨大，却同时诋毁联邦政府的南部和西部白人精心打磨——巧妙地抹去了政府在第二次世界大战期间及战后在高科技新世界发展中扮演的基础角色，特别是在电子和计算机领域的角色。战后，联邦政府对军事相关研究的支持与资金投入（曼哈顿计划只是最知名的例子）规模大幅增加并且研究方向也大幅扩展，这在很大程度上是冷战紧张局势及其引发的军备竞赛所致。

通过新组建的国家科学基金会、国防部以及其他联邦机构，数百万美元的拨款源源不断地流向了以大学为基础的研究机构。政府对飞机和武器系统的采购合同，极大地促进了航空航天工业的发展，其中大部分集中在阳光带地区，尤以加利福尼亚州最为显著。军事采购在20世纪50年代和60年代持续支撑着阳光带地区经济的繁荣，尽管在20世纪70年代有所削减，但在20世纪80年代里根政府领导下的军备扩张中再次大幅增加。就在乔布斯大肆宣扬自由市场滋养创新精神之时，联邦政府对计算机科学项目的投入也在不断加大。最终，数十亿美元的资金被投入学术研究实验室和工程学校，为苹果、微软及其他众多高科技企业培养了未来的员工。[38]

或许没有任何经济领域能像高科技产业这样，赢得两党如此热烈的支持。虽然硅谷和波士顿128号公路沿线的早期创新者和企业家在政治上强烈倾向于共和党（惠普公司的联合创始人、长期担任斯坦福大学董事会的主席戴维·帕卡德就是一个典型的例子），但到了20世纪80年代末和20世纪90年代，中间派民主党人也开始竞相争取他们的支持。田纳西州的阿尔·戈尔自20世纪70年代起就开始关注高速电信和计算机的发展，并成为国会支持建设"信息高速公路"（即后来的"互联网"）的领军人物。另一方面，比尔·克林顿在20世纪90年代初投入了大量精力，试图说服硅谷的大金主，他是最能代表他们利益的总统竞选人。克林顿告诉他们，美国经济需要围绕新的"朝阳"产业进行重塑，而国际贸易政策则需要进一步自由化。在克林顿看来，信息高速公路将由私营部门建造、拥有和运营，不会出现像电话业兴起时那样的集中控制局面。政府的角色不是监督像美国电话电报公司这样的私营垄断企业,而是提供一套监管框架,其中大部分涉及通信领域广泛放松管制,以鼓励私人投资和科技产业的发展。

  在大多数人看来,克林顿是热门候选人,但最能令硅谷信服的莫过于他选择了阿尔·戈尔作为竞选搭档:这是一个非同寻常且带有风险的决定,因为两人皆为南方人,而按照传统,政党票选会考虑一定的地域平衡。然而,对于科技界来说,这一选择传递了一个清晰的信号。这两位年青一代的领袖人物,都致力于将民主党推向中间路线,并勾画出一条由技术引领的未来之路。克林顿强调,戈尔不会只是一个在幕后静静等待的普通副总统;戈尔将肩负重要的政策职责,并被赋予"技术沙皇"的重任。这一切足以令人信服。到了初秋时节,一些硅谷的顶级高管公开支持克林顿-戈尔竞选组合,这些人不仅热情高涨,而且慷慨解囊。"我依然是共和党人,"其中一位高管自豪地宣布,"但我将投票给比尔·克林顿,因为我相信美国工业无法承受布什总统再任4年的后果。"克林顿-戈尔团队的竞选主题曲选用了弗利特伍德·麦克乐队的经典歌曲《不要停止思考明天》,这绝非偶然。[39]

  克林顿-戈尔团队在一个不太可能的盟友身上找到了支持,这位盟友便是共和党众议员纽特·金里奇,他在1994年中期选举后被推选为众议院议长,这次选举使民主党遭受重创,共和党时隔40多年首次控制了众议院。金里奇在挫败克林顿政府的医疗改革计划以及推出《与美国有约》这一立法议程方面发挥了重要作用,该文件包括一系列旨在限制联邦政府权力和影响力的政策,当时吸引了许多选民的眼球。然而,金里奇对科技行业的兴趣越发浓厚，这不仅因为科技对通讯有着巨大的影响，还因为他坚信，就其本质而言，互联网技术将使权力去中心化，削弱华盛顿特区对全美其他地区的控制力。正如技术观察家埃丝特·戴森在1995年采访金里奇后所说："纽特似乎更看重网络的政治意义，而非其效率。他认为网络是一个政治行为体，而不是改善政府的工具。"然而，他提出的"我们应该尽可能减少监管"，以"解放市场，让技术自行发展"的观点，与克林顿-戈尔团队的观点，或者许多"雅达利"民主党支持者的观点相去不远。尽管他们对新自由主义乌托邦的愿景存在差异——金里奇提议提供400亿美元的税收抵免，以便"最贫穷的美国人"也能买得起笔记本电脑，并反对宗教右翼制定"体面"法典的努力——但他们似乎设想了一条相似的通往乌托邦之路。[40]

克林顿-戈尔团队与金里奇的观点之间还存在着一种新自由主义的政治经济学观的共鸣，这种观点认为，政府与科技企业家在一个领域内互动，而企业家与消费者在另一个领域内交流，他们都是关键的参与者和权力关系的主体。放松管制意味着权力从公共部门向私营部门转移，在私营部门中，企业家将被解放出来，能够自主响应智力和经济激励进行创新，而政府监督所带来的限制将大幅减少。这样一来，科技公司与消费者之间的权力关系可以被构想为一种相互促进、互利共赢的关系，即通过技术创新，提供更快、更广的信息和通信网络接入，同时保持相对低廉的成本。搜索引擎可以依靠广告和许可协议获取收益，而不必像交通基础设施那样让用户支付"通行费"。而制造商、零售商和仓储商从基于计算机的技术中获得的显见效率提升，也可以从消费者在价格和配送速度上的进一步获益中体现。

然而，这种新自由主义市场的光明图景掩盖了工作场所内部正在形成的状况，在这些状况下，权力关系使精通技术的雇主与日益原子化的雇员对立起来。工业车间作为存在各种集体决策和行动的场所涵盖了一系列权力动态，这些动态涉及工头、操作员，可能还有工会以及老板/经理和工人。与工业车间不同，以技术为边界的工作场所主要将雇员作为个体与雇主相连，而雇主反过来拥有更大的能力来规划员工的工作节奏和生产。这种权力的分散很少被两党的"高科技啦啦队"所提及，他们往往不将零工经济视为劳动力中脆弱性增加的例子，而是将其理解为曾经的雇员主动选择不再打卡上班，转而成为独立创业者的标志。

对于那些依然需要打卡上班的数百万员工而言，他们的"车间"可能被一张严密的监控网所笼罩。最近曝光的亚马逊"物流中心"事件便是最为显著的例子之一，在那里，工人们被压得喘不过气来，平均只能坚持8个月。一位曾在印第安纳州一家这样的中心工作过的记者观察到："技术让雇主能够实施一种不允许任何低效的工作节奏，榨干员工每天每一分钟的空闲时间。"他进一步描述道："我工作时使用的扫描枪也是我个人的数字管理员。我所做的每一个动作都被监测和计时。在我完成一项任务后，扫描枪不仅会立即给我一个新的任务，还会开始倒数我还剩多少时间来完成任务。如果我的'分心时间'过长，它还会提醒经理。"在过去的半个世纪里，不论是民主党还是共和党的政府都在削弱工会，这让许多工人除了求助于媒体之外，几乎没有什么途径可以进行抗争。难怪亚马逊、星巴克等企业在组建工会的行动下都成立了独立的组织,而不是与确立已久的工会结盟。[41]

工作场所监控的触角,同样延伸到了被视为独立承包商即小型企业家,以及他们手下那些长期以来享有相对独立性的员工身上。在这方面,政府通过立法和司法程序的作用,既加强了公司和雇主的监控权力,也加剧了他们手下员工的曝光程度和不稳定性。以优步和来福车为代表的"共享出行"行业提供了很好的例证。优步把自己标榜为一家技术公司而非运输公司,没有将其旗下司机描绘成雇员,而是在工作时间安排上拥有自由和灵活性的创业者,并且特别强调,他们与优步的乘客一样,也是优步技术服务的"消费者"。"从根本上说,"优步的一位律师解释道,"这些司机与运输服务提供商和优步之间的商业关系,是他们作为我们的客户,我们授权他们使用我们的软件,并为此收取费用。"这意味着,根据美国劳动法,像优步这样的公司不必遵守最低工资标准,也不必向司机提供福利。与其他零工经济从业者一样,这些司机实际上处于孤立无援的状态,负责为自己缴纳各种税费,且一旦终止合同便无法获得失业保险。尽管这种从业人员分类体系在州法院的法庭上正受到司机们的挑战——他们坚持自己的雇员身份,并已获得了一些有利裁决——但正如《国家法律评论》所言,"这场战斗不会很快结束",并且将"继续成为就业和劳动法关注的焦点,特别是零工经济领域处于战斗的最前沿"[42]。

数字技术,诸如使优步得以通过算法管理成千上万名司机的设备,现已深入到长途卡车司机的世界,无论是独立运营的司机还是受雇于运输公司的司机,都不能幸免。自20世纪30年代以来,为了应对司机疲劳驾驶的问题,联邦政府对司机实施了"工作时间"规定，限制了他们每天和每周可连续驾驶的时间，要求他们在长时间驾驶后必须休息。记录保存工作一直由司机自己负责，他们在日志簿中记录工作小时数，这些日志簿随时可能受到执法机构的检查。由于经济激励取决于驾驶时间和距离，这些日志簿常常被篡改。这种情况在 2017 年发生了变化，当时联邦政府要求卡车司机购买并安装 ELD（电子记录设备），以防止篡改。然而，新的监控手段不仅限于政府使用；运输公司也利用这些设备来收集关于卡车司机的身体状况、行为模式和驾驶时间的数据。正如一位行业技术领导者所建议的："如果您是车队经理，确保您的司机遵守 ELD 规定非常重要。但除了合规外，ELD 还能为车队带来一系列好处，有助于提高车队管理效率，优化运营流程，并使车队经理更清晰地了解驾驶员的行为。"[43]

到 21 世纪初，工作场所的监控便只是更大规模的监控和征用体系的一部分，而该体系塑造了那些曾被视为数字技术共同受益者的消费者的体验和倾向。转折点出现在 2000 年至 2002 年间所谓的"互联网泡沫"破裂之后，当时科技股价值的大幅上涨戛然而止，引发了更大范围的经济衰退。为了筹集资金，寻找新的收入来源和积累模式，像搜索引擎谷歌这样的高科技公司开始不再将用户视为消费者或顾客，而是看作行为数据的来源，这些数据在行为数据市场上可以被出售给寻求精准营销自身产品的制造商和其他企业。这些高科技公司的目的是采集足够多的行为数据——通过互联网获取个人的偏好、愿望、期望以及尽可能多的个人体验——从而使这些数据对买家具有令人信服的预测价值。实际上，互联网的个人用户已经变成了原材料，他们不仅是行为数据的来源，更是可出售的行为数据盈余的来源，这些盈余实际上可以在行为期货市场上进行交易。在这个市场上，实时采集的行为数据可以用来预测用户在未来某个时间点的反应，而且具有很高的准确性。[44]

在肖莎娜·祖博夫称之为"监控资本主义"的体系中，权力的动态展现了一种全新的且极度不对等的特点，尽管它与20世纪80年代崛起的金融资本主义有许多相似之处，后者在资助硅谷企业的过程中扮演了核心角色。一方面，像谷歌这样的行为数据采集者——随后还有脸书、亚马逊、微软等公司——获得了用户难以理解甚至完全不知晓的个人信息，并表面上声称所得结果对用户本身具有价值。因此，它们累积起了海量的文化知识宝藏，可以根据自身意愿随意分配。另一方面，用户既无能力或法定权利保护自己和自己的隐私免受此类侵犯，也同样无法监督个人数据的使用方式。不存在经过协商的合同，即使是含有细小字号条款的合同，也可能会限制哪些信息可以进入行为数据市场。同时，这些公司也不允许用户通过交换个人信息获得补偿。这些公司坚称，这些情况是技术本身不可避免的结果，却同时将公司的运营掩盖在不可告人的面纱之下。用户对正在发生的事情几乎一无所知，通常会被系统和技术设备表面上的复杂性所吓倒，因此也就没有拒绝或改变这些情况的能动性，只能选择接受。[45]

无论当时实行的是何种政治经济体制，数字技术都会在近几十年来出现，这要归功于联邦政府的鼓励，以及那些在第二次世界大战期间及战后获得项目资助的人的创造性力量。然而，构成高科技行业的社会关系、经济逻辑和政治支持，却都是新自由主义背景下的产物。它们共同提供了令人不安的例证,说明了新自由主义所促成的组织结构,如何助长了法律和政治层面非自由主义的危险形式。谷歌、脸书、微软和亚马逊等公司可能会炫耀它们提供的信息和通信网络,但它们对自由社会所声称依赖的个人权利和主权毫无兴趣。它们对个人隐私权的关注甚少,而这些权利在其他地方(例如欧盟有法定的"被遗忘权")被广泛认可。此外,它们与非自由主义的政治运动共谋,因为后者监视和过滤内容的做法会威胁到它们财富和权力的来源。它们确实享受到宪法第一修正案对"言论自由"的保护,并受益于将言论自由与财产权紧密关联的仁慈司法判决,从而利用国家机构来限制潜在的监督和监管。然而,它们的世界观是等级分明的,其本能是完全占有那些落入其掌控的广大用户的数据。事实上,这是一种极权主义野心,因为它不是由任何政党或明确的政治意识形态推动的,所以更加危险。它假称为人们提供了一个充满无限自由和选择的空间。在一个长期以来一直奉行技术决定论,并广泛将技术创新等同于社会和政治进步主义的社会中,要走出潜在的黑暗,无疑将长路漫漫。[46]

五

自 1997 年起,随着克林顿-戈尔政府步入第二任期,副总统戈尔也开始为 2000 年的总统竞选做准备,他每月都与硅谷的高管们会面,这些会议逐渐被称为"戈尔科技"圆桌会。会议地点不定，时而在硅谷，时而在白宫，但无论何地，议题始终聚焦于他们所引领的"新经济"，以及为解决即将到来的挑战而需制定的公共政策。尽管这些会议在华盛顿官方圈子里并不显眼，但参会者们成了对克林顿政府最具影响力的"智囊团"之一。戈尔始终专注倾听，而科技界的领导者们则不乏傲慢。"我们太自负了，以至于认为对本行业最有利的事情就是对整个国家最有利的，"一位高管直言，他引用了通用汽车前CEO（首席执行官）查尔斯·威尔逊1953年描述该公司在美国地位的名言。这些会议的组织者是风险投资家约翰·杜尔，他刚刚投入4 000万美元成功挫败了加利福尼亚州211号提案，该提案本将使股东更容易起诉犯下重大错误的公司及其董事。"从211号提案的斗争中，我们学到的是，"杜尔回忆道，"如果不与民选官员保持持续的沟通，我们将会自食其果。"[47]

尽管戈尔当时还未正式为竞选筹款，但"戈尔科技"圆桌会进一步提升了他在硅谷的声望，确保了当时机成熟时，他能够获得硅谷的大力支持。毋庸置疑，戈尔是互联网及其相关技术的坚定倡导者，他不仅努力推动互联网的发展，还致力于保护那些最积极推动其扩展的利益相关方。他憧憬的是一个由此带来的、经济繁荣与政治合作的世界。在戈尔眼中，互联网不仅是职业培训和向上流动的平台，更是民主参与的工具。[48]

然而，在20世纪90年代，美国的贫富差距急剧扩大——特别是最顶层1%的人群财富激增，而1996年的大选中，登记选民的投票率跌至自1924年大选以来的最低点，不到50%。当戈尔作为总统候选人参与下一届选举时，情况并未见好转。这似乎反映出新自由主义时代一个虽未被充分重视但意义极其重大的现象：经济领域的创业精神及其带来的个人财富增长得以具象化的同时，大众政治和政治参与被边缘化。这正是对民主冲动的抑制，而萨缪尔·亨廷顿和三边委员会的许多成员早在20年前就在倡导这一点。2000年总统选举堪称灾难，人们的注意力集中于州一级投票程序、少数族裔选民受到压制，以及选举人团制度的反民主性质所带来的后果——这场灾难最终由最不易受民众影响的政府部门着手解决——却同时也掩盖了数百万美国人对政治舞台失去兴趣的事实。

比尔·克林顿和阿尔·戈尔或许成功地向未来的硅谷亿万富翁们展示了自身的吸引力，或许他们认为通过这种方式，能够为民主党奠定比20世纪七八十年代更为稳固的政治基础。但在这一过程中，权力更加急剧地向高科技和金融领域转移，在这些领域，新自由主义的信条掩盖了它们同时控制公众的能力，公众既被它们诱惑，又对它们产生依赖。这些公众在最优情况下可被视为消费者，但在越来越多的情况下，他们被物化为另一个竞技领域的资源。甚至在20世纪90年代结束之前，这种非自由主义的后果就已经显现出来了。

第十章

种族战争与"大替代"的幽灵

CHAPTER
TEN

无论以何种标准衡量，这都是一件划时代的盛事，令人惊叹不已。贝拉克·侯赛因·奥巴马，这位拥有非洲血统的男子，不仅成功赢得了美国两大政党之一的总统候选人提名，更在普选票和选举人团票中均以明显优势胜出，荣登总统宝座。选举之夜，胜利的曙光初现，近25万民众聚集在芝加哥格兰特公园，为奥巴马及其家人欢呼庆祝，并聆听他那引用林肯与马丁·路德·金名言的演讲——谈论这一"决定性时刻"和充满挑战的"未来之路"。那一刻，一种真切的激动情绪在全美蔓延开来，甚至那些投给奥巴马的共和党对手的人们，也对这一历史性的结果感到由衷的自豪。他们意识到，在这片土地上，种族主义的污点并未玷污此次选举，美国似乎得以摆脱那长久以来背负的、令人不快的种族标签。[1]

　　任何当时旅居海外者，特别是前往那些对美国惯持怀疑或敌意目光的国家之人，都能察觉到当地一种态度上的转变——惊讶中夹杂着好奇与未曾预料的热情。人们急切地渴望了解美国是如何实现这一壮举的：作为一个以白人为主体的国家，却选出了一位有色人种担任最高公职，这在世界上还是破天荒的头一个。2009年1月20日，超过百万民众，据某些估算接近200万人，挤满了从国会山到华盛顿纪念碑的国家广场，只为见证奥巴马的就职典礼。媒体评论家们开始思考，甚至宣称美国已经成为一个"后种族"社会。"后种族"一词，依美国国家公共电台新闻分析师丹尼尔·肖尔之见，成了"政治词汇中的最新流行语"。[2]

然而，不到一个月，"后种族"社会的美梦便被新的现实所惊醒。在芝加哥商品交易所内，一位CNBC（美国消费者新闻与商业频道）记者针对奥巴马的若干政策发表了一番激烈的批评后，一场名为"茶党"的运动迅速崛起，反对奥巴马政府及其政策，并很快得到了福克斯新闻和一些右翼资助者及倡导团体的支持。数周之内，一个自称为"誓言守护者"的极右翼民兵组织宣告成立，成员包括退役和现役军人以及应急响应人员，旨在"防止自由因全面极权独裁政权上台而毁灭"。无论是茶党运动者还是誓言守护者，都声称其行动并非出于种族主义动机，他们明确否认这一点。如果说有什么动机的话，那就是对"非法"移民和美国境内潜在穆斯林激进分子的担忧。但无可否认的是，一位非洲裔男性升任总统并掌握大权——他的种族、名字以及世界主义色彩引发关于其任职资格和意图的种种无稽之谈——在保守派白人群体中引发了更深层次的忧虑，这些人早已视联邦政府为有色人种利益的代言人，而非自身利益的维护者。[3]

这一来自极右翼的运动迅速浮出水面并蔓延开来，其速度之快远远出乎人们的意料。实际上，奥巴马是凭借一场草根运动的强劲势头踏入白宫，这场运动可能汇聚了200万民众的支持，他们被奥巴马的言辞和他对国家未来的愿景鼓舞，决心支持进步主义的政治理念与政策。奥巴马的一些顾问清晰地认识到，若要成功推动变革，就必须在民主党的体制结构之外继续动员他的支持者。然而，早在奥巴马就职之前，这些顾问的想法便败给了那些经验老到的政治"专业人士"。后者已经转向执政任务，并认为最多只应将那些积极分子纳入民主党全国委员会，让他们的目标服从于党的整体利益。因此，奥巴马那由年轻人、非洲裔、拉丁裔和其他进步主义力量构成的多元化联盟被悄然瓦解。取而代之的是，一场令人惊讶且不祥的极右翼运动浮出水面，极右翼决心夺回他们声称在过去十多年中失去的权力。[4]

一系列长期与短期因素的交织既助力了奥巴马的成功，也引发了强烈的反弹，将种族问题与政府暴政观念紧密相连。民权运动的伟大成就体现在黑人中产阶级的壮大、对民主党忠诚度极高的黑人选民基础的形成，以及各级政府中——尤其是在黑人占多数的城市和地区——越来越多的黑人官员，主要是民主党成员。奥巴马因此得以从社区组织者一步步晋升，先是担任伊利诺伊州参议员，接着是联邦参议员，最终问鼎总统宝座。凭借哈佛大学法学学位和与民主党金主的接触，他首先在芝加哥，然后在全美范围内占据了有利地位。

与此同时，东北部和中西部的去工业化、劳工运动的日渐式微、中产与工人阶级收入的长期停滞、有色人种贫困人口遭受的大规模监禁，以及金融行业的强势崛起，这些因素共同加剧了那些自认为被时代遗弃的白人群体的脆弱感与不满。预计到21世纪中叶，人口结构的变化将使美国成为白人居少数的国家，这一变化不仅增加了紧迫感，更为极右翼关于白人地位下降及"大替代"的警告提供了温床。

长久以来，各种形式的白人至上主义观点和计划一直潜伏在美国政治和文化的表层之下，但在 20 世纪 80 年代至 90 年代初，它们似乎找到了新的立足点。在越南战争之后，一股白人权力运动悄然兴起，尤其是在那些回到家乡后对社会变革耿耿于怀，并觉得自己被军事和政治领导层背叛的退伍老兵之中——这些领导让他们成了那场失败战争中的炮灰。不久，这场运动便与新纳粹分子、三 K 党成员及光头党结盟，参与运动者逐渐相信白人基督徒正面临压迫，人数不断减少，亟须在一个基于种族隔离的新世界中寻求自己的家园。一些人试图通过选举制度来争夺影响力与权力，但多数人当时设想的是即将爆发的种族战争与字面意义上的世界末日，这要求他们进行军事训练并掌握生存技能。20 世纪 90 年代，在白人至上主义和对联邦政府本身敌意的影响下，越来越多的民兵组织加入了他们的行列。[5]

自殖民地时期伊始，种族战争的恐怖阴影便已笼罩美国这片土地。当殖民者首次与他们眼中的"野蛮人"——原住民相遇，并将非洲奴隶作为北美殖民社会的基石时，这种恐惧便深深根植于美国的政治文化之中。随着时间的推移，这些恐惧不断以新的形式表达出来，映射出不同的时代背景。海地革命带来的血腥景象，成为人们口中的"圣多明各噩梦"；内战后重建时期的动荡，则引发了对"黑人统治"的深切忧虑；20 世纪 60 年代的城市骚乱塑造了这样一幅画面：暴徒在自己的街区肆意纵火，矛头直指警察、白人店主和房东。在此过程中，非洲裔美国人和其他有色人种被贬低为无知的下等人，同时也被视作寻求复仇的野蛮人。持枪的黑人男性，以及更广泛意义上被犯罪化了的黑人身体，长期以来一直是恐怖的来源。然而，从20世纪80年代开始，在随后的30年间，随着新移民模式的出现，种族战争的幽灵阴霾更浓，强化了右翼非自由势力，使其从边缘地带走向了美国政治的主流。

在一系列自发组成的民兵组织的支持下，共和党逐渐抛弃了其最后的新自由主义-全球主义色彩，转而被白人民族主义者主导，构想了一连串国内外的敌人。唐纳德·特朗普复活了重建时代的种族主义论调，质疑贝拉克·奥巴马担任总统的合法性，号召支持者们"让美国再次伟大"，警告来自南方的"非法移民"将"入侵"美国，对高举火炬、诋毁犹太人的新纳粹分子表示同情，让白人至上主义团体"骄傲男孩""退后并随时待命"，最终声称他的总统之位因多种族城市的选举舞弊而被偷走了。通过这些言行，他不仅强化了人们对国家最腹心处爆发种族战争的恐惧，还召唤其支持者多个层面上进行反击。

一

1989年，路易斯安那州的天空中升起了一面警示的旗帜。这面旗帜由一名极右翼极端分子高举，他不可思议地在该州的政治舞台上取得了成功。20世纪60年代末，民主党政治顾问詹姆斯·卡维尔在路易斯安那州立大学第一次见到了戴维·杜克,当时他正在向学生们大肆宣扬犹太人、共产主义和黑人的威胁。那时的杜克,在卡维尔眼中不过是众多校园文化生活中的"先知"和煽动者之一:一个"校园纳粹"。事实上,杜克当时是路易斯安那州立大学的大二学生,成长于新奥尔良郊区梅泰里的一个破碎家庭:父亲长期缺位,母亲酗酒成瘾。他曾就读于一所基督教学校,毕业前在阅读了《种族与理性:北方视角》一书后被国家社会主义吸引:这本书为科学种族主义和种族隔离辩护,由毕业于普林斯顿大学和哥伦比亚大学的卡尔顿·普特南撰写。该书于1961年出版后,在美国深南部赢得了崇高的声誉。杜克毫不掩饰自己逐渐形成的信念,他在卧室里挂满了纳粹旗帜和其他纪念品,佩戴着纳粹万字符戒指,喜欢炫耀自己复印的希特勒自传《我的奋斗》,尤其是在主日学校的课堂上。他全心全意地信仰纳粹和反犹主义,他的种族主义和白人至上主义观念都与之紧密相连。[6]

没过多久,杜克就不再发表演说,而是开始组织活动,他已经认识到,公开认同纳粹主义对于他"打造一场受欢迎的极右运动"的目标来说,是一条死胡同。因此,在1973年,他成立了三K党骑士团,并自封为"大巫师",意图将三K党带入现代,构建一个"白人政治机器",通过首先粉碎所谓的"犹太势力"来对抗美国的"少数族裔化"。实际上,杜克的意图是将三K党纳粹化,从而扩大其号召力。正如预期的那样,杜克的新组织吸引了许多受过高等教育的极端分子,这些人通常有军事服役记录,之前参与过新纳粹运动,并对将他们的观点主流化有着共同的兴趣。杜克通过他的报纸《十字军》宣扬基督教身份认同和否认大屠杀的观点，同时将目光投向选举领域，至少希望借此获得媒体的关注，吸引更多成员加入三K党骑士团。1975年和1979年，他分别以梅泰里和巴吞鲁日为基地竞选路易斯安那州参议员，一次初选中甚至赢得了三分之一的选票。

然而，杜克真正的成功在于他不仅扩大了三K党的成员基础，还吸引了全美媒体的广泛关注，其中不乏一些出人意料的正面报道。《洛杉矶先驱考察报》在一组系列报道中将杜克描绘为"一位能说会道、善于应对媒体的路易斯安那人，他更喜欢穿着剪裁考究的西装，而不是宽松的长袍"，并指出他"已经将一个行将就木的仇恨组织转变为一场'爱的运动'，试图使其像麋鹿会、共济会或扶轮社一样受人尊敬"。通过整容手术和精心吹出的发型，杜克完成了从一个身穿棕色制服、佩戴纳粹万字符戒指、模仿希特勒的三K党成员，到媒体热捧的政客的华丽转身。[7]

这使他成了一个具有竞争力的公职竞选人。20世纪70年代的失败并未打消他的选举野心，即使他曾经的三K党骑士团的同僚们纷纷转入地下、拥抱暴力，并组建了如汤姆·梅茨格的"白人雅利安抵抗组织"（WAR）这样的新团体。在得克萨斯州三K党骑士团的领导人路易斯·布里姆看来，杜克所描绘的"无数民众紧跟在三K党旗帜后"的景象纯粹是"虚幻的梦想"，远不如"刀剑、枪支和勇气"来得实在。然而，杜克并未因此气馁，而是继续坚定地向政治领域进军。他成立了"全国白人进步主义协会"，从共和党转为民主党，并像乔治·华莱士一样参加了1988年的总统初选，以"向他们传达一个信息"。尽管最终只获得了 45 290 张选票（其中在路易斯安那州表现最佳，获得 23 391 张选票，占该州投票总数的 4%），但他随后成了民粹党的总统候选人，该党是一个由新纳粹分子、光头党和白人至上主义者组成的极右翼联盟，得到了自由游说团负责人、反犹太主义杂志《聚焦》发行人威廉·卡托的支持。选举日当天，杜克在 20 个州共获得了 47 047 张选票（最突出的表现不出所料地出现在阿肯色州、密西西比州、肯塔基州和路易斯安那州），占全国总票数的 0.05%。[8]

然而，杜克的突破很快就到来了。他再次更换党籍，这次是从民主党转为共和党，并在他几乎全是白人的家乡梅泰里所在选区，参加了一场特别州议会选举。这场选举是由于现任议员意外辞职转为州法官而举行的。凭借卡托的自由游说团提供的大量资金支持，杜克以 227 票的微弱优势击败了知名度更高的对手。这场选举早在投票前便吸引了全美的关注，华盛顿特区和几乎所有其他地方的共和党高层迅速与杜克划清界限。但杜克并未气馁。他一进入立法机构便大展拳脚，提出了废除平权行动和预留份额（该法案在路易斯安那州众议院获得通过）、要求公共住房居民接受毒品检测以及为领取救济金的母亲植入避孕装置等议案，同时否认与三 K 党和其他"年少轻狂的行为"有任何关联。杜克不再使用明确的种族劣等论调，而是转向"种族差异"的概念、"人人平等的权利"，以及保护种族遗产的理念。实际上，他试图挪用里根和老布什的政治语言，以服务于自己的目的。[9]

在接下来的 3 年中，杜克发起了竞选联邦参议员（1990 年）和州长（1991 年）的活动，在郊区和农村地区赢得了广泛支持，甚至在一位勇敢的大屠杀幸存者成功地将公众注意力引向他的纳粹过往之后也是如此。不少观察家和政治民调机构都警告说，杜克正在赶超传统政党候选人，甚至担心他可能获胜。为了遏制这股势头，路易斯安那州反种族主义和纳粹主义联盟在杜克当选州议员后不久组织起来，动员了数以千计的非洲裔美国人和白人民主党选民，并迫使当地媒体承认杜克的纳粹历史。事实证明，非洲裔美国人的投票率异常之高，且至关重要。即便如此，在总票数超过130万张的联邦参议员选举中，杜克还是高居次席，仅落后民主党时任议员J. 本内特·约翰逊15万票。[10]

翌年，杜克投身于州长竞选，在第一轮投票中击败了共和党籍的时任州长巴迪·鲁默，仅以两个百分点和3万票之差，紧随民主党候选人、三次担任州长并深陷腐败丑闻的埃德温·爱德华兹之后。随后的决选被称为"地狱之选"，成为全美瞩目的焦点，更引发了广泛的政治焦虑与恐惧。爱德华兹的竞选团队甚至利用候选人的劣迹来达到政治效果："投票给骗子，这很重要"的保险杠贴纸（爱德华兹欣然将其贴在自己的座驾上）可能促使一些原本支持共和党候选人鲁默的选民捏着鼻子把票投给了爱德华兹。最终，在黑人选民的大力支持下，爱德华兹以2:1的优势胜出。[11]

随之而来的是一片松了口气的声音，人们普遍认为这只是路易斯安那州特有的地方性事件。毕竟，该州长期以来被视为美国政治版图中的一个异类，倾向于极端主义和腐败行为，被朗家族（如休伊·朗、厄尔·朗和拉塞尔·朗）等家族王朝掌控，与其说它是美国的一部分，不如说是拉丁美洲的一个延伸。然而，选举结果所隐含的问题远远超出了路易斯安那州的边界。从1989—1992年的几次选举来看，每当杜克参选时，他都能获得超过半数——通常接近3/5白人选民的支持，尽管他在以白人为主的农村地区表现最为突出，但也赢得了相当比例的受过高等教育者、中产阶级以及郊区白人选民的支持。事实上，在1991年的州长初选中，杜克从富裕的郊区杰斐逊教区（梅泰里所在教区）获得的选票，比从其他35个教区获得的选票总和还要多。[12]

作家沃克·珀西居住在新奥尔良郊外一个右翼极端主义盛行的地区，他对美国民众发出了不同的警告。在戴维·杜克当选路易斯安那州议员后，他先知先觉地对《纽约时报》记者说："如果我有什么话要对外州的人们说，我会告诉他们：'不要误认为戴维·杜克是仅限于路易斯安那红脖子和乡巴佬的独特现象。他不是。他吸引的不仅仅是老的三K党成员，还有白人中产阶级。不要以为他或像他这样的人不会吸引芝加哥或纽约皇后区的白人中产阶级。'"[13]

二

就在戴维·杜克于路易斯安那州州长选举中败给埃德温·爱德华兹一个月后，帕特·布坎南前往新罕布什尔州，宣布自己将竞选1992年共和党总统候选人提名。曾为尼克松和里根政府效力，并作为保守派评论员出现在诸如《交叉火力》和《麦克劳林集团》等电视辩论节目中的布坎南，本不会被视为一个叛逆者。

然而，面对正寻求连任的共和党时任总统乔治·H·W·布什，布坎南代表的是挑战党内建制派的右翼力量。在竞选失败后，布坎南抨击了布什所倡导的全球主义"新世界秩序"，呼吁转向国内，倡导"新民族主义"、"新爱国主义"，以及"美国优先"。他主张减少对外援助，降低税收，拆解福利国家，加强对近期移民的审查，并加固美国边境——他提议建造一堵边界墙，即所谓的"布坎南围墙"，以遏制非法移民潮，他认为这些移民增加了税收负担、助长了犯罪和社会不稳定，削弱了以白人为主、以英语为母语的社会结构。1992年5月，布坎南来到美墨边境，抨击联邦政府未能保护国家免遭"非法入侵"。[14]

布坎南的声音如此嘹亮，他的追随者如此众多，于是8月份在休斯敦举行的共和党全国代表大会上，他被安排在黄金时段发言。在那次演讲中，他激昂地描述了一场席卷全美的"文化战争"，这场战争"对我们将成为什么样的国家至关重要，犹如冷战本身一样关键"，是一场"争夺美国灵魂的较量"，而民主党及其候选人比尔·克林顿和阿尔·戈尔则站在"对立面"。在布坎南眼中，这场战争的对手是堕胎权、同性恋权利、多元文化主义、激进女权主义、完全世俗化的学校教育，以及泛滥于美国内外的民主浪潮。同时，这也是一场为了恢复一个已失去的白人世界而进行的斗争，一个充满"干净的街道、雅致的商店、礼貌待人的加油站员工、彰显道德的电影、整洁的家庭和彬彬有礼的人们"的世界。尽管这场斗争被描绘为"文化战争"，但从根本上说，它是为了拯救白人主导的美国主义；从根本上说，这是一场种族战争。[15]

第十章　种族战争与"大替代"的幽灵

布坎南对戴维·杜克绝非无动于衷。早在1989年，杜克就进入了他的视野，不久之后，布坎南便敦促共和党"认真审视杜克的制胜议题组合，并采纳那些不与共和党原则冲突的部分"。这些议题不仅包括税收政策和平权措施，还涉及"城市底层"犯罪和"非法移民问题"。共和党听取了他的建议，在1992年的全国党纲中首次加入了呼吁建造边境墙的内容——这面墙被称为南部边界的"建筑物"。1994年，加利福尼亚州共和党籍州长皮特·威尔逊将自己的连任与州第187号提案绑定在一起，该提案规定无证移民不得享受州政府提供的大部分服务。两者均在选票上取得了胜利，第187号提案更是以三分之二多数通过。然而，杜克早已走在了前面。早在十多年前的1977年，他和他的三K党骑士团就出现在加利福尼亚州圣伊西德罗边境口岸，并承诺巡逻从那里到得克萨斯州布朗斯维尔之间的整段边界线。[16]

一个多世纪以来，美国的移民政策深受种族主义和民族中心主义对"外族入侵"的恐惧左右。19世纪末至20世纪初，主张排华者警告称华人的到来是一场"无武装的侵略"，而联邦最高法院后来形容华人是"如潮水般涌入的庞大人群"。进入20世纪后，排外情绪转向日本人（被描述为"无声的入侵"），随后扩大到所有"亚洲人"，包括威胁着太平洋沿岸美国人血脉与文明的"印度人群体"。与此类似，南欧和东欧移民被贬称为"欧洲的中国人"，即半亚洲血统、部分蒙古人种，这种观点首先催生了移民限制联盟，并于1924年导致一项全面的移民法案出台。该法案首次为欧洲国家设定了配额（对南欧和东欧国家尤其苛刻），将大多数亚洲移民归类为"无法获得公民身份的外国人"，并建立了边境巡逻队。[17]

总统卡尔文·柯立芝欣然签署了这项法案，宣称："美国必须保持其美国特色。"《纽约时报》则盛赞这项法律对于"保护美国种族"至关重要。在慕尼黑，因啤酒馆政变失败而入狱的阿道夫·希特勒在他的牢房里密切关注着关于移民法案的辩论，他对美国如何巧妙运用科学（优生学）意见来实现种族压制和驱逐感到惊叹不已。1924年设立的配额制度后来导致数千名受纳粹迫害的欧洲犹太人在20世纪30年代晚期和40年代早期向美国寻求庇护未果，最终未能逃脱厄运。尽管如此，在1965年《哈特-塞勒法案》取代旧法及其规定的配额体系之前，美国的移民仍然受制于1924年的法案。尽管1965年的法案的发起人和在自由女神像前签署该法案的林登·约翰逊总统都没有想到该法案会对"我们的社会种族构成"产生重大影响，但其中关于家庭团聚的规定实际上增加了前往美国的移民数量，并敞开了之前对来自亚洲、非洲和拉丁美洲的移民关闭的大门。换句话说，正如一位历史学家所言，1965年后，"第三世界"来到了美国。白人至上主义者将1965年的移民法案视为美国堕入一个他们厌恶的、种族多元化未来的开端。[18]

移民确实迅速增加，激烈的抵制也很快形成。令人意想不到的是，这股反对浪潮的先声来自环保主义者，他们开始担心地球无法承受人口的快速增长，尤其是在我们今天称为全球南方的"较贫困国家"。尤其具有影响力的，是保罗·埃利希和安妮·埃利希所著的《人口炸弹》（1968年）。这本书在塞拉俱乐部执行董事的鼓励下写成，预言如果不采取措施减缓国内外的人口增长——包括推广避孕、绝育、对对外粮食援助施加政治压力,以及通过税收激励限制美国的家庭规模——将导致大规模饥荒和社会动荡。生物学家出身的保罗·埃利希随后帮助建立了"人口零增长"组织,该组织致力于向公众宣传并游说政界人士,让他们认识到所面临的危险和采取行动的必要性。[19]

"人口零增长"组织起初并未将限制移民纳入其政策主张。直到约翰·坦顿的关注才引发了转变。坦顿是一名密歇根州的眼科医生,对优生学有着浓厚的兴趣。在1975年成为"人口零增长"组织主席之前,他一直活跃于塞拉俱乐部和计划生育联合会。4年后,他创立了美国移民改革联合会,并邀请沃尔特·克朗凯特、尤金·麦卡锡、戈尔·维达尔、约翰·林赛、沃伦·巴菲特和索尔·贝娄等国内知名人士加入董事会,试图将该组织主流化。然而,坦顿也开始与白人民族主义者和大屠杀否认者来往,并从种族主义的"先锋基金"(由威克利夫·德雷珀于1937年创立)和梅隆-斯凯夫家族继承人科尔迪莉亚·斯凯夫·梅那里获得资金支持,后者资助了环境运动、移民限制、人口控制和"仅限英语"运动。出于对即将到来的"拉丁冲击"的担心,坦顿成立了一个移民研究中心和一家出版社,专门发行种族主义和反犹太文学。"我已得出这样的观点,"他说道,"为了使欧洲社会和文化得以延续,就必须维持欧洲裔美国人占多数,而且是明确的多数。"[20]

1924年和1965年的移民法无论差异如何,两者共同确立了"非法移民"这一类别,这一类别从一开始就深深烙上了种族的印记,并最终主要落在墨西哥裔身上。这并非历史的必然轨迹。1924年的移民法案对西半球关注甚少,由墨西哥向美国的移民——在20世纪初显著增加——并未受到配额或法规的限制。尽管不时有对"未经授权"移民的围捕和驱逐行动，但大部分情况下，这种迁移反映了季节性的劳动力流动，从墨西哥北部主要是乡村的地区，流向美国西南部的农田。美墨两国政府之间基于边境两侧经济利益的谈判塑造了这一过程，并促成了客工"布拉塞罗计划"（Bracero Program），该计划于1942年启动，一直持续到1964年。此后，农业雇主、移民服务机构和政府官员之间进行了一场复杂的博弈，试图建立新的框架。边境贸易自由化推动了移民潮的激增，部分原因是20世纪80年代墨西哥经济的疲软，另一部分原因是里根时代的移民政策（作为里根对所谓的"非法移民入侵"的反应）确实为长期无证移民提供了获得合法身份的途径，此外还有特别农业工人计划的助力。[21]

实际上，关于美国南部边境的热点问题，成了新自由主义经济项目如何最终为非自由主义解决方案奠定基础的经典案例。在20世纪80年代和90年代初期，南部边境不仅见证了北美自由贸易协定（NAFTA）签订前夜两边引发的动荡，而且美国一侧边境日益军事化。在这一局势下，获得授权的边境管制人员与自发组成的边境民兵集合起来，对来自墨西哥的移民实施了激烈的暴力行为。而由于这10年间尼加拉瓜、萨尔瓦多、危地马拉和洪都拉斯的内战，不断增加的中美洲移民也日益沦为目标。加利福尼亚州南部的边境民兵尤为活跃，边境管制联盟组织了数百辆汽车用车头灯照射墨西哥，而由圣迭戈高中生组成的"金属民兵"则进行了他们所谓的"战争游戏"，追捕和抢劫移民。[22]

20世纪90年代初，各种事态发展交织在一起，"移民威胁国家福祉"成了政治斗争的利器。这些事态包括：戴维·杜克在路易斯安那州的竞选活动，帕特·布坎南的"美国优先"主义及其对建造边境墙的呼吁，加利福尼亚州的第187号提案，以及"守门人行动"，该行动使圣迭戈附近的边境进一步军事化，配备了墙壁、围栏、监控摄像头、高科技运动传感器和泛光灯。克林顿政府大力推动的非常严厉的《非法移民改革与移民责任法案》与他的福利改革法案在同一年（1996年）获得通过，这并非偶然；后者限制了移民，包括合法移民的福利。这两部法案距离《限制犯罪法案》（1994年）通过仅两年，后者明确将严厉的刑罚与国际毒品贩运和文化联系在一起。经历了1994年中期选举惨败的打击后，克林顿在1995年发表国情咨文演讲时，通过强调自己如何打击无证移民及其同伙，雇佣更多的边境巡逻人员以及大幅增加驱逐出境人数来邀功。"所有美国人都理所当然地对大量非法移民进入我国感到不安。"他解释说，"他们所从事的工作本来可以由公民或合法移民来做。他们使用的公共服务给我们的纳税人带来了负担。"此时，杜克、布坎南和第187号提案的逻辑，已经被一位被视为右翼文化战争中的敌人的民主党总统所接纳。[23]

三

1950年，来自得克萨斯州拉雷多的哈罗恩·卡特成了美国边境巡逻队的负责人，他誓言要发动"全面战争，将墨西哥非法劳工驱回墨西哥",并组建了一支配有吉普车、卡车和 7 架飞机的"边防巡逻军"。卡特对此言之凿凿。自 1936 年起,他就追随父亲的脚步,为边境巡逻队工作。但实际上,他在此之前 5 年就为自己赢得了"资格",当时他家的汽车被偷后,卡特枪杀了一名十几岁的西班牙裔男孩——尽管没有证据表明是这名少年偷了车。为此,卡特被起诉、定罪,并判处三年监禁,但上诉法院推翻了判决,因为原审法官未能充分向陪审团解释"自卫"的概念。卡特的档案并未因这次谋杀案而受到什么影响,1961 年,他成为移民归化局西南地区的主任,并一直担任此职直到 1970 年退休。[24]

哈罗恩·卡特最初加入美国全国步枪协会的时间并不确定(也许早在 20 世纪 30 年代),但可以确定他在 1951 年加入了该协会全国理事会,并在 1965 年,当他还在移民归化局工作的时候,短暂地担任过该协会的主席。到那时,该组织已经有将近一个世纪的历史了,它于 1871 年在纽约成立,由南北战争中北军的退伍老兵组成,他们希望在和平时期保持"步枪练习"和射击技巧。此后几十年里,美国全国步枪协会的规模相对较小,有时几乎名存实亡,主要致力于狩猎、保护野生动物以及安全使用枪支,尤其是在猎人和童子军中开展活动。20 世纪 30 年代,联邦政府为了应对"黑帮暴力",颁布了一项法案,要求对特定武器(如机枪)进行登记,并对其生产和销售征税,美国全国步枪协会对此进行了反击。但他们对宪法第二修正案只字未提,反对枪支管制的呼声在此后的 1/4 个世纪里逐渐淡出了他们的全国议程。[25]

美国全国步枪协会内部的裂痕于 20 世纪 60 年代中期初现端倪。彼时,政治刺杀频发,城市动荡不安,加之黑豹党公开主张武装自卫,这些因素共同使得自20世纪30年代以来首次出现了针对枪支管制的严肃讨论,并在保守派中找到了支持者,如加利福尼亚州州长罗纳德·里根,他对年轻黑人公然炫耀枪支感到非常震惊。面对这一情势,美国全国步枪协会动员反对力量,并开始援引宪法第二修正案捍卫持枪权。《美国步枪手》杂志以讽刺口吻问道:"三个刺客就能扼杀一项公民权利吗?"在来自美国全国步枪协会成员及其国会盟友的压力下,《1968年枪支管制法》最终被大幅削弱,一位高级官员在《美国步枪手》上评论道:"整项法案似乎是可以为美国猎人所接受的。"但到60年代末,美国全国步枪协会的成员数量急剧增加,而且有一派人打算将该组织带向一个全新的、截然不同的方向。[26]

这一派由哈罗恩·卡特领导,他于1975年来到华盛顿特区,担任新成立的美国全国步枪协会立法游说研究所首任主任,决心加强该协会反对枪支管制的斗争。"我们可以通过一个简单的理念赢得胜利,"他在致全体协会会员的信中写道,"绝不妥协,拒绝任何枪支立法。"卡特得到了克利福德·诺克斯的帮助,诺克斯是得克萨斯州阿比林基督教学院的应届毕业生,他认为枪支管制法律不仅威胁到美国的基本自由,还旨在全面解除美国公众的武装。30岁时,诺克斯创办了《枪支周刊》杂志,甚至认为20世纪60年代发生的刺杀事件"可能是为了解除自由世界人民的武装而刻意制造的"。在卡特和诺克斯看来,问题在于美国全国步枪协会领导层似乎坚持一种主流的、无党派的方法,主要关注射击技术,而不是与枪支管制倡导者做斗争。领导层决定将协会总部从华盛顿特区迁往科罗拉多州,并在新墨西哥州建造一处名为"国家户外中心"的娱乐设施，这似乎就是最好的证明。因此，在1977年于辛辛那提举办的协会年会上，卡特-诺克斯派系发动了一场"政变"，他们头戴橙色狩猎帽，横扫会场，一举掌权。"在辛辛那提之前，"其中一名反叛者回忆道，"有一群人想把美国全国步枪协会变成一个体育出版机构，然后把枪支淘汰掉……我们创造了整个基层游说的概念。"将总部迁往科罗拉多州并建造娱乐中心的计划被取消了。美国全国步枪协会将继续留在华盛顿特区，其游说工作的重点将放在保护宪法第二修正案赋予的"持有和携带武器"的权利上。27

1980年，美国全国步枪协会正式步入党派政治的舞台，首次公开支持罗纳德·里根竞选总统。自此以后，它与共和党的关系越发紧密，尽管一些代表农村地区的民主党人也时常加入其行列。然而，更为深远的变化在于，美国全国步枪协会开始塑造一个多维度的形象和吸引力，远远超越了体育射击、狩猎或射击技术的传统范畴。它巧妙地将持枪权与自由、宪法精神、爱国主义情怀、反对政府"暴政"、保护家庭和社区免受犯罪侵害以及白人男性男子气概等理念相融合。这样的转变恰逢其时，借助美国政治转向保守的东风，并利用公众对毒品泛滥、犯罪猖獗、边界安全和种族紧张局势日益加深的担忧，美国全国步枪协会迅速崛起为美国政治生活中一股强大的力量。早在20世纪80年代，美国全国步枪协会便已成为维护法律与秩序并打击犯罪的主要代言人，《美国步枪手》杂志每月几乎一半的社论都聚焦于这些议题，并积极倡导加强警察军事化和严苛的量刑法规。毫无疑问，美国全国步枪协会在美国监禁率激增以及"监狱国家"的建设过程中

扮演了关键角色。²⁸

　　这还只是冰山一角。由于与枪支行业有着密切的联系并获得了后者的资金支持，美国全国步枪协会不仅巩固了对枪支管制措施的反对，还促成了枪支拥有量的大幅攀升；它还激发了一种新兴的右翼民族主义，这种民族主义将精英们的目标与中下层白人的目标结合在一起，前者一直致力于大幅限制联邦政府经济干预，后者认为自身利益因非洲裔美国人和其他有色人种（包括移民）的获益而被牺牲掉了。枪支所有权逐渐成为一种象征，代表着帕特·布坎南所描述的那种正在消失的白人世界，同时也是保护这一世界的残余部分免遭所谓"黑暗敌人"及其帮凶侵害的手段。2004年总统选举前夕，美国全国步枪协会领导人韦恩·拉皮埃尔向成员们阐述了利害攸关之处："如果乔治·W. 布什总统被赶出白宫——或者参议院或众议院易手，就会有两位人物自认有功。"他警告道："他们将牢牢站稳脚跟，改变美国的文化命运……并向我们这些相信第二修正案的人宣战。"这两人并非民主党的总统和副总统候选人，而是"全球亿万富翁乔治·索罗斯和宣传煽动型电影制作人迈克尔·摩尔"。拉皮埃尔预言，索罗斯将利用联合国实施全球性的枪支禁令，"这符合他削弱美国作为世界大国地位、侵蚀美国主权的宏大计划……在国内抹去美国人民主导的传统价值观……贿赂出一个反枪支大法官云集的美国最高法院"的更大图谋，并赞助一项"针对迈克尔·摩尔愤怒且不明事理的支持者的全国选民登记活动"。这段言论充斥着反犹太主义色彩和对多族裔民主扩张的警告，拉皮埃尔实际上是在传递戴维·杜克和帕特·布坎南的观点，而这些观点很快成了右翼共和党人重新定义党内主流的核心话语。[29]

当拉皮埃尔发表其激烈言论时，比尔·克林顿于1994年签署的《犯罪法案》中为期10年的攻击性武器禁令刚刚到期，并未得到续期，而私人枪支拥有量正以惊人的速度增长。截至2015年，美国公民拥有的枪支数量达到了2.55亿支，比1994年增加了7 000万支——这意味着几乎每个成年美国人平均至少拥有一支枪。此外，在1990—2020年，美国制造或进口了近2 500万件攻击性武器。尽管大多数美国人，包括不少枪支所有者，都支持背景调查和基于年龄与健康状况的限制措施，但对于建立全国枪支数据登记制度或禁止攻击性武器和大容量弹匣的支持则较为有限。大约1/3的美国成年人自己拥有枪支，接近一半人生活在有枪支的家庭中，其中白人男性是这两项指标的主要群体，约有一半的白人男性本人即为枪支所有者。相比之下，仅有1/4的白人女性和非白人男性是枪支所有者。更为重要的是，美国全国步枪协会已经构建了一个强大且高度意识形态化的会员网络，这些会员相较于一般枪支所有者而言更加政治化。他们围绕宪法第二修正案团结一致，强烈反对任何限制持枪权利的行为，自视为美国爱国主义的化身，并压倒性地（几乎80%）认同共和党。不出所料，这些成员中有2/3～3/4为白人。[30]

根据美国全国步枪协会成员的人口统计和政治特征可以看出，种族恐惧和怨恨已经成为该组织所推广的枪支文化的核心元素，这种文化的影响早已远远超出了步枪协会本身。2017年，超过2/3（67%）的枪支所有者将"保护"而非"狩猎"（38%）作为他们拥有枪支的主要原因，这与20世纪90年代末的情况相比发生了显著变化，当时只有 1/4（26%）的人提到"保护"，而约有一半（49%）的人提到"狩猎"。这种变化有助于解释为何在全国步枪协会的推动下，近 40 个州通过了手枪公开携带法，甚至更多州允许公开携带"长枪"（如步枪和霰弹枪），这些枪支被视为白人安全与权力的象征。一些公开持枪的支持者迅速展示了他们政治胜利的意义：2014 年，他们在密苏里州圣路易斯市中心的黑人区公然游行，挥舞手枪、长枪和突击步枪，宣布他们有权在任何地方携带武器。显然，他们采纳了韦恩·拉皮埃尔当年早些时候提出的建议，即警惕"恐怖分子、入室抢劫犯、贩毒集团、劫车匪、击倒游戏参与者①、强奸犯和仇恨者"。[31]

美国全国步枪协会的党派化和民族主义转向，并非偶然地与里根政府加强打击犯罪、对抗共产主义及限制联邦权力的政策同步，同时也伴随着美国"白人权力"运动的兴起。这些现象共同反映了对现代美国国家侵蚀宪法权利、侵吞纳税人财富并贬低白人群体地位的深刻不满，而这一切是在少数族裔和新移民浪潮的支持下发生的。正如白人爱国党的格伦·米勒在 1985 年所言："当联邦政府强行把黑人塞进白人社区，并强制推行种族融合政策时，它实际上抛弃了白人。政府强迫白人青年参加越南战争，允许外国人涌入国境，允许实施堕胎的犹太医生杀害儿童，同时放任黑人在街头肆意抢劫、强奸和杀人。"[32]

这个论点并不新鲜。戴维·杜克早已警告，"移民潮以及非白人群体的出生率上升，将使白人群体沦为一个脆弱不堪的少

---

① 击倒游戏（knock-out game）是一种在美国黑人少年中流行的残酷游戏，参与者突袭无辜路人，冷不丁将其一拳击晕，再把视频发上网炫耀。——译者注

数,任由黑人、墨西哥人、波多黎各人和东亚人支配他们的政治、社会和经济意愿",这种局面将引发"社会动荡……这将是我们深爱的美国的丧钟"。仇恨团体"雅利安民族"与种族主义和反犹太色彩浓厚的"基督教认同运动"关系密切,"雅利安民族"一直在全美范围内组织白人至上主义者,推动种族家园政策。而《特纳日记》(1978年)这本描绘推翻犹太人控制的美国政府、发动全球种族战争,目标是消灭所有非白人种族的末世小说,已悄然出版,并在极右翼的激进群体中广泛传播。[33]

然而,直到20世纪90年代初期,种族主义、反犹太主义与对联邦政府的仇恨才真正交织在一起,推动了准军事民兵组织的形成与扩张。尽管右翼民兵在美国有着深厚的历史渊源,并在20世纪70年代末与80年代有所复苏,但90年代的两起事件成为这一现象爆发的特殊导火索。第一起事件发生在1992年,联邦政府基于非法武器走私的指控,对爱达荷州边界县鲁比岭的一处白人至上主义者根据地发起了突袭。此次行动最终导致了长达11天的围攻、一场致命的枪战,造成兰迪·韦弗家族(此次袭击的目标)的两名成员和一名美国副警长丧生,韦弗本人也被逮捕(针对他的大部分指控最终被判无罪,并因其家人的死亡获得了超过300万美元的联邦赔偿)。第二起事件发生在1993年,联邦政府再次基于武器走私指控对位于得克萨斯州韦科附近的"大卫支派"教派据点展开围剿,最终致使联邦调查局发起攻击,教派大楼爆炸起火,造成76名教派成员和他们的领袖丧生,丧生者中包括多名儿童。很快,遍布全美50个州的民兵组织迅速发展壮大,成员人数超过5万人,同情者和支持者可能多达500万人，他们因对政府"暴政"的愤怒，以及对移民、地方主权、土地使用、种族等级制度和持枪权等问题的右翼立场而团结在了一起。[34]

报复行动来得迅速而猛烈。1995年4月19日，就在共和党横扫中期选举、纽特·金里奇成为众议院议长的几个月后，俄克拉何马州首府俄克拉何马城的阿尔弗雷德·P.穆拉联邦大厦——一座美国政府综合大楼——遭遇了一次巨大的爆炸袭击。这次爆炸将穆拉联邦大厦夷为平地，严重损坏了方圆4个街区内的建筑，当场夺走了168条生命，其中包括19名儿童，另有超过650人受伤。震耳欲聋的巨响远至50英里外仍清晰可闻。这一事件立即被认定为恐怖袭击，也是当时美国历史上最致命的一次袭击。

名为提摩西·麦克维的嫌疑人很快被逮捕，尽管他声称自己是单独行动，但显然他已深陷当时的白人权力与民兵运动之中。像许多运动的追随者一样，麦克维曾是军人，在服役期间受到了右翼极端主义者与种族主义者的影响。1991年退伍后，他辗转多地，在亚利桑那州短暂加入了三K党，随后又与日益声名狼藉的密歇根民兵组织——尤其是与其成员特里·尼科尔斯——建立了联系。尼科尔斯曾是他在军队中的排长，早在那时已开始酝酿炸毁穆拉联邦大厦。因对联邦政府的权力膨胀、税收以及对枪支权利的威胁感到忧虑，麦克维曾在围攻韦科事件发生时，前往得克萨斯州，以示对大卫支派的支持，并散发支持枪支权利的宣传资料。事实上，麦克维曾是美国全国步枪协会的会员，但因认为该组织在保护枪支所有者的权利方面做得太少，他退出了该组织。在往返俄克拉何马城的路上，他在车里放了一本《特纳日记》。[35]

麦克维、尼科尔斯及另一名同谋最终因爆炸案被逮捕、受审并定罪，麦克维被判死刑，另外两人则被判处长期监禁。一段时间内，民兵运动处于守势，其组织基础和成员数量都有所下降。然而，俄克拉何马城爆炸事件不仅是右翼准军国主义的极端体现，也成了进一步激化这一运动的催化剂。经过短暂的低潮期，民兵运动在贝拉克·奥巴马当选后再度兴起，势头越发强劲。至于纽特·金里奇及其共和党同僚，则遭遇了两面夹击。媒体和许多民主党人要求金里奇为他的分裂性言论及其制造的"反政府风气"负责，而不少民兵成员则认为他不过是政府的"走狗"。这两种批评都不无道理。金里奇利用人们对犯罪、多元文化主义和政府越权的恐惧，在选举中发动了新形式的政治战争，但对极右翼来说，他做得还远远不够。[36]

四

2017 年 8 月，数百名极右翼抗议者涌入弗吉尼亚州夏洛茨维尔，举行他们所称的"团结右翼"集会。组织者包括白人民族主义者、新纳粹分子、三 K 党成员、新邦联主义者以及各种拥护白人至上和反犹太主义的另类右翼团体。与会者中有来自宾夕法尼亚州、纽约州和弗吉尼亚州的民兵，还有戴维·杜克。他们宣称的目标是团结分散于全美各地的白人民族主义运动，并反对即将从该市李公园移除罗伯特·E.李将军雕像的决定。很快，集会演变成与反示威者的暴力冲突，并导致一名反示威者不幸丧生。更令人震惊的是，在集会前一天夜晚，一群身着卡其色制服、手持火炬的年轻白人男子在弗吉尼亚大学校园内游行，高呼"血与土""白人的生命同样重要""犹太人不会取代我们"等纳粹和白人至上主义口号。这些画面深刻地揭示了事件背后隐藏的极端意识形态。总统唐纳德·特朗普随后的言论震动了全美国（包括一些内阁成员和高级顾问，尽管他们并未因此辞职），他拒绝谴责此次集会，反而表示"双方都有好人"。

这些手持火炬的青年似乎是在宣扬所谓的"大替代"理论。这一理论由法国思想家雷诺·加缪于2012年提出，警告欧洲白人警惕"逆向殖民主义"的威胁，即"黑人和棕色移民……如潮水般涌入欧洲大陆，造成了一场灭绝级别的事件"。这一理论的早期版本出现在法国作家让·拉斯帕伊的反乌托邦小说《圣徒营》中，描绘了西方文明因第三世界的大规模移民而面临毁灭；还有英国作家巴特·叶欧尔的《欧拉比亚》，书中着重描写了欧洲白人被决心扩张哈里发帝国并实施伊斯兰教教法的穆斯林取代的情景。这两本书共同塑造了欧洲新兴极右翼的观点，并鼓励他们对世界各地的穆斯林和有色人种发动致命攻击。在美国，从史蒂夫·班农到斯蒂芬·米勒，再到右翼媒体尤其是福克斯新闻，以及众多极右翼网站，都对这些观点产生了强烈的共鸣。[37]

"大替代"理论不过是19世纪末和20世纪初欧美世界"种族自杀"恐惧的现代翻版。当时，白人新教徒出生率的下降与来自南欧和东欧移民潮的涌入引发了广泛忧虑——这些移民被描绘为贫困、文盲、不可信、易于暴力犯罪且生育能力惊人。随后，移民限制政策与人口控制措施相辅相成，优生学成为解决白人种族命运的公认方案。进步主义时代的美国社会对大规模社会工程充满兴趣，几乎无人反对这一逻辑，政治与文化领域的最高层则更是强烈支持。直到几十年后，对"种族自杀"的恐惧和优生学观念才逐渐失去其影响力。若要理解近年来犯罪、种族和移民问题为何如此有效地被武器化，我们必须认识到这一现象背后已经深植了一个多世纪的根源。[38]

近来，"大替代"理论与移民问题，以及向美墨边境进发的所谓"非法移民大篷车"紧紧联系在了一起。无疑，这一理论不仅在极右翼白人至上主义者中获得共鸣，也在保守派共和党选民中找到了土壤，福克斯新闻等媒体频频发出警告：国家的未来岌岌可危。其论点分为两方面：一方面，大量无证移民的涌入加速了美国的人口结构变化，预计到21世纪中叶，白人将成为少数族裔；另一方面，这一切都受到民主党人的怂恿，他们希望对移民不加限制，以扩大自己的选民基础，确保自己的权力。这种白人少数化的前景非但没有让许多白人美国人更加同情身边的少数族裔，反而让他们担心一旦形势逆转，曾经的少数族裔成为多数并能够行使相应的权力时，白人将面临怎样的不幸命运。这似乎是一个他们决心抵抗的命运，有些人甚至不惜一切代价。"没有人愿意成为少数族裔，"一名极右翼人士宣称，"看看我们是如何对待黑人的。别以为他们会对我们好多少。"[39]

然而，对于那些支持"大替代"理论的非自由主义政治而言，更有意义的是它所强化的反政府观点：它不仅仅是一种新版本的

"种族灭绝"理论,还以一种简单且极具说服力的方式表达了人们对国家运作和其显性结盟关系的不满。与以往将联邦和州政府视为社区应对社会与文化动荡的潜在资源不同(在1890—1930年这段时期,可以通过立法表达对有色人种、移民及现代生活方式的敌意),越来越多的白人开始将国家,尤其是联邦政府视为这些社会和文化动荡的推手,认为他们更关心的是民权运动和新的移民模式所带来的新选票,而不是白人及其社区的利益。被取代的不仅仅是白人在数量上的优势,更是他们记忆中曾经享有的特权与机会——那种对其社区意志相对不加质疑的尊重和认可。乔治·华莱士在1964年开启全国竞选时敏锐地捕捉到了这一点。他认识到,有些白人选民开始担心联邦权力会溶解他们想要捍卫的社区——这些社区建立在排他性和等级制度之上,但政府拒绝接受这些制度,并将其视为非法。华莱士是白人"专制飞地"的产物,这些飞地统治南方长达80多年,正在苦苦挣扎。而他创造了一种语言,能够引起南方以外同样挣扎于变化中的白人飞地的共鸣。[40]

纳税人的反抗、对校车政策(即种族融合)和《平等权利修正案》的攻击、对政府权力的妖魔化,以及对所谓"非法"移民日益增长的担忧,都表达了根深蒂固的对"被取而代之"的恐惧。它们无疑也助长了非自由主义政治的潮流,这股潮流在20世纪60年代就已日渐壮大。然而,到了21世纪初,将这些思潮引入美国政治主流的并非白人至上主义民兵组织,而是茶党运动。茶党在奥巴马总统就职后迅速崛起,削弱了他在国会得到的支持,使许多州的立法机构落入右翼共和党之手,并铺平了唐纳德·特朗普的白宫之路。

加入当地茶党组织或在政治上认同茶党运动的人们，对社会、经济或文化生活的看法并不一致。有些人是自由主义者，有些人是民族主义者；一些人在外交事务上持鹰派立场，另一些则倾向于"美国优先"；有些人是自由市场的拥护者，有些人则对极力拥护自由市场的商业精英心存疑虑；有些人极力反对大规模政府项目，有些人则更有选择性地支持这类项目。不过，在茶党的追随者中，大多数人都有一种共同的政治文化和情感倾向。他们相信，自己和父母辛辛苦苦建立起来的国家——那个他们声称铭记于心的国家——正在瓦解或被夺走。他们担心自己的国家正在走向衰落的滑坡——在人口结构、政治和文化意义上，这将对他们的子孙后代产生毁灭性的后果。他们希望政府制止"非法移民"，必要时采取铁腕手段。他们倾向于将非洲裔美国人和其他有色人种，尤其是移民视为"索取者"而非"创造者"；他们虽然支持社会保障和医疗保险，但普遍反对被认为旨在帮助低收入人群的政府项目。对于民主党，他们认为其与腐败的工会勾结，并成为移民和有色人种取代白人的同伙。许多茶党成员是教堂常客，支持政府对婚姻和生育进行监管，普遍反对同性婚姻，并对生育权利持保留态度。他们乐见执法部门和其他国家机构被用来对抗他们眼中的敌人。

最重要的是，茶党追随者憎恨奥巴马，以及他们认为奥巴马所代表的一切。这一运动在奥巴马当选后所谓"后种族时代"的光环下爆发，这表明他们的恐惧和愤怒已经变得多么强烈，多么一触即发——似乎只需要电视媒体的一番煽动就能点燃。许多茶党人士认为奥巴马"非美国人",非基督徒(很可能是穆斯林),不是他们中的一员,而是在他们眼前发生的文化和人口变迁的象征,同时也代表了那些使他们自身受损却偏袒有色人种和非法"外来者"的机制。实际上,许多人认为奥巴马是凭借特别的、基于种族的特权一跃成为总统的,很快就会向其他像他一样的人招手,让他们插队。他是"他们"的总统,而不是"我们"的总统。这种冲动并不新鲜;它让人回想起重建时期种族主义者对扩大非洲裔美国人的公民权利和政治权利的反应,无论联邦法律和宪法如何要求,他们都拒绝承认黑人平等和赋权的合法性。早在唐纳德·特朗普公开质疑奥巴马的出生地之前,茶党成员就已经采纳并宣扬这一点了。[41]

在当时和之后的许多观察家看来,茶党及其非自由主义政治捕捉到了"白人工人阶级"的不满与怨恨。这些工人经历了数十年去工业化带来的冲击,被曾经支持他们的民主党背弃,被少数族裔和女权主义者的挑战和成果激怒,又沉浸在里根时代的移民"入侵"和"福利皇后"等陈词滥调中。他们似乎特别容易受到茶党所兜售的衰落、损失和被取代的叙事影响。特别是在那些曾经是制造业重镇和有组织劳工力量中心的城镇和县份——比如俄亥俄州的钢铁之城扬斯敦——关于白人"被剥夺"(权力、稳定和福祉)和"少数化"的故事既普遍存在,又令人忧心。同样的叙事自20世纪90年代以来,也在英国、法国、比利时和意大利等国曾经繁荣的工业区中,为民族主义和本土主义极右翼赢得了支持,这些地区曾长期由劳工党、社会党和共产党统治。这种叙事同样关注文化和经济问题。[42]

然而，事实证明，茶党的非自由主义能量并非来自所谓的"白人工人阶级"，不论这一"阶级"如何定义，而是源自相对年长（平均年龄超过 45 岁）的白人女性，以及（尤其是）男性。这些人受过相对良好的教育，经济上较为宽裕，集中在阳光地带而非铁锈地带，宗教信仰上倾向于福音派，并且在政治上保守到经常将自己置于共和党右翼的位置。许多茶党成员都是越战老兵或是职业军人，这与 20 世纪 70 年代末和 80 年代初构成白人权力运动基础的人群相似。更多的人是小企业主，尤其在建筑等行业，这些行业在 2007—2010 年的经济大衰退中遭受重创，长期以来因为所缴纳的税款被用于所谓"不配享有"的黑人和穷人而愤愤不平。大约六成的人家里有枪，其中相当一部分人认为对美国政府使用暴力可能是有正当理由的。几乎所有人都认为奥巴马总统的政策，特别是《平价医疗法案》，注定会把国家引向社会主义。至少有 1/3 的人相信他出生在美国境外。[43]

"白人工人阶级"的政治倾向始终难以捉摸。一方面，选举数据仅以地区或县为单位汇总，无法提供个体层面的清晰画面；另一方面，对于谁属于白人工人阶级，社会上并没有统一或明确的标准。常用的衡量指标是教育水平（不超过高中文凭）和收入，但这两种指标都可能具有误导性。比尔·盖茨就没有大学文凭，许多小企业主的收入也不稳定。更重要的是，在二战后的 25 年间，工人们，尤其是工会化的制造业工人，在物质生活方面取得了令人印象深刻的进步；然而，过去的四五十年里，他们的物质财富大幅缩水，中产阶级中的很大一部分人沦落到了工人阶级的生活状态——工作无保障、工资不高、福利不稳定、个人储蓄和资产减少。过去的工业工人阶级已经急剧萎缩，许多岗位移至海外或拉丁美洲，取而代之的是服务业（种类繁多）的大发展，其特点是工资低、福利少、兼职工作普遍、劳动力种族多元。至于信息经济中那些拥有大学学位及相关技能的高端人群，咨询和合同工正成为常态，住房成本高昂，其职业发展的路径也有限。高等教育机构是这一趋势的典型代表，它们越来越依赖于兼职教师，这些兼职教师可能拥有硕士或博士学位，但通常按课程计酬，在校园里没有公认的地位，通常也没有任何福利。[44]

即便如此，政治格局依然扑朔迷离。尽管有茶党的动员，贝拉克·奥巴马还是在2012年轻松赢得连任，保住了他在2008年赢得的大部分选区和县。其中许多地区曾是白人工人阶级和中下层选民的民主党据点。事实上，唐纳德·特朗普之所以能在2016年当选，要归功于他翻转了200多个县的支持立场，占奥巴马2012年所赢得总县数的1/3。虽然白人工人阶级男性最终明显转向支持特朗普（有时甚至不顾工会的呼吁），但如果把他们所有人都归入一个政治类别，那就大错特错了。密歇根州马科姆县（以汽车制造业为主）的工人阶级在2008年和2012年支持奥巴马之后，在2016年支持了特朗普；而同样曾连续支持奥巴马两次的俄亥俄州马霍宁县（以钢铁制造业为主），在2016年则选择了支持希拉里·克林顿。在初选期间和大选之前，白人工人阶级选民中有不少人要么认为伯尼·桑德斯是仅次于特朗普的第二选择，要么直接更倾向于桑德斯。正如宾夕法尼亚州一位最终投票给特朗普的农村选民所言："伯尼是个脚踏实地的人，他是我们的一员，他为那些靠劳动谋生的人们着想，他的方向是正确的。

我认为在实际的普选中,伯尼会赢。"[45]

因此,这是一幅动荡不安的图景,源于对既有政治体制和"职业政客"的深度不信任,以及对所谓"索取者"的强烈反感。观察家们往往将这一切简化为充满各类阴谋论的愤怒的"民粹主义",而这种动荡在缺乏更好替代方案时确实容易向非自由主义右翼倾斜。然而,桑德斯的崛起则揭示了另一种可能的契机与倾向,其出现之突然并不亚于特朗普,却同样深植于美国历史的土壤之中。[46]

五

特朗普当选总统之路,以及他所激发并加以利用的右翼非自由主义势力的崛起,并非对"自由民主规范"的突然背离,也不是最近才被煽动起来的种族主义狂怒所开辟的道路。这条道路漫长而曲折,由主流政治及全球经济和生态系统的深刻变革共同铺设了足足 3/4 个世纪。它由那些被视为威胁社区自治的公共政策铺就;由非洲裔美国人和女性争取权益的斗争及其取得的重大进展铺就;由乔治·华莱士对种族与地方权利话语的重塑铺就;由美国经济的衰弱和曾经繁荣地区的去工业化铺就。企业资本对工人阶级利益的政治攻势、20 世纪 40 年代和 50 年代的"阶级妥协",以及后来里根和克林顿时代的新自由主义及其所造成的巨大经济不平等,都为这一结果铺平了道路。

特朗普的总统之路和右翼非自由主义的崛起之路,也是由历次打击犯罪和毒品的"战争"及国内警察军事化铺就的。这条道路由冷战的落幕及随之而来的政治格局和观点动荡所铺就；由全球各地因内战、劳动力需求和去殖民化后遗症引发的新移民模式所铺就；由欧美地区福利国家和社会民主主义政策的空心化所铺就，这一过程很大程度上归因于全球经济增速的放缓；也由随之而来的人口结构变化所铺就。二战后建立的政治秩序一度有足够的底气，抵御保守主义之风及其催生的非自由主义计划。可是，一旦左翼和中左翼政党——民主党、工党、社会主义党——向中间靠拢，并逐渐接受由保守主义和新自由主义所塑造的世界时，特朗普和极右翼的崛起之路便少了许多障碍。

过去数十年间，种族战争和替代论的幽灵一直驱动着政治，其影响至少跨越欧美地区，若无此广度，则难以获得真正的牵引力。在20世纪的大部分时间里，美国因其组织严密且充满血腥的种族主义显得尤为突出；而欧洲大部分地区，尤其是在二战后，成功地将种族暴力限制在殖民地，从殖民中受益而不打扰本土生活的安宁。美国因此被视为一个特殊的罪人，而欧洲人则为其内部鲜有种族冲突而自傲。1944年，瑞典出生的经济学家贡纳尔·米达尔在其著作《美国困境：黑人问题与现代民主》中对美国的种族关系进行了尖锐批判，揭示了美国的自由"信条"与对黑人的长期压迫是如何相辅相成的。随后，殖民地的反击来了。来自加勒比海、非洲和亚洲的有色人种开始涌入欧洲大陆和英国的大部分地区，增加了社会和文化的复杂性。随着欧美经济受挫，这些人似乎给社会民主主义政体的资源和公民的期望带来了额外的压力。

右翼政党的兴起始于20世纪80年代和90年代，但其真正引人瞩目的发展出现在21世纪的头20年。这些政党大多围绕民族主义和对移民的反对而组织起来。法国的国民阵线（现已更名为国民联盟），虽然早在1972年就已成立，但在2002年大选中才首次大显身手，其总统候选人让-马里·勒庞闯入第二轮投票，与雅克·希拉克对决。到2014年，国民联盟不仅在法国国内取得显著地位，也在欧洲议会中占据了一席之地；2017年，玛丽娜·勒庞在总统选举中位列第二。匈牙利的青年民主主义者联盟（简称青民盟），作为一支基督教民族主义和反移民力量，在2004年的欧洲议会选举中崭露头角，并于2010年在匈牙利掌权，此后通过推动宪法改革稳固了其统治地位，一直执政至今。

意大利的意大利兄弟党，一个新法西斯主义政党，成立于2012年，自2022—2023年起执掌政权；德国的极右翼政党德国选择党成立于2013年；西班牙的极右翼政党呼声党同样成立于2013年；丹麦的新保守党则成立于2015年，取代了20世纪90年代成立的丹麦人民党。向东望去，极右翼也是一股不容小觑的力量，自冷战结束以来逐渐崛起，在塞尔维亚、捷克共和国、乌克兰（俄乌冲突前）、格鲁吉亚和亚美尼亚发展壮大，在波兰（法律与公正党）和匈牙利则已经掌权。英国的法西斯主义政党——英国国家党，虽成立于1982年，但直到21世纪才开始进入主流政治视野；之后，它开始在地方政府中赢得席位，并因支持脱欧而得到提振，特别是与疑欧派的英国独立党一起支持2016年的脱欧公投，这在许多方面展示了政治和经济民族主义最成功的一面。尽管极右翼政党在奥地利和荷兰等国最近的一些选举中表现不佳，但在其他地方，如瑞典，尤其是意大利，它们却取得了惊人的进展。显然，极右翼已经成为欧洲政治版图中不可或缺的一部分，凭借足够的民众支持，它们能够拉拢中间派和保守派政党，特别是在移民政策上的立场；此外，极右翼势力已经渗透到军队和警察等国家机构中。在欧洲以外，从菲律宾到巴西，极右翼都拥有近乎多数的追随者，在印度和以色列也掌握着权力。[47]

尽管欧洲和美国的极右翼势力高举民族主义和反全球化的旗帜，但在21世纪10年代，它们都构建了广泛的跨国网络。互联网作为这一过程中的关键媒介，不仅促进了沟通，还成为友谊与联盟的桥梁。此外，个人接触也发挥了作用。美国极右翼领导人曾赴海外与欧洲同行会面，有些成员甚至加入了欧洲的准军事组织，特别是东欧的新纳粹武装团体。欧洲极右翼反过来也向美洲伸出了橄榄枝，西班牙的呼声党正致力于构建一个覆盖西班牙语世界的极右翼网络，主要聚焦拉丁美洲。[48]

最值得注意的是，这些跨国联系逐渐走向"主流化"。

2021年10月，美国参议员特德·克鲁兹通过视频连线，在马德里的呼声党集会上发表演讲，宣称："我们都面临着相同的挑战，包括全球化且野心勃勃的左翼，他们企图颠覆我们珍视的国家和宗教机构。"

在此一个月前，美国前副总统迈克·彭斯前往匈牙利参加两年一度的布达佩斯人口峰会，他在会上赞扬了欧尔班·维克托政府及其他中欧国家的家庭友好（反堕胎）政策。"为了我们文明的繁荣，"他强调，"如果要将我们珍视的权利、自由和价值观传递给下一代，我们的首要任务就必须是维护、更新和加强家庭，因为我们的国家和文明都是建立在家庭的基础之上的。"彭斯在此期间还与其他国家的元首会面，包括波兰、捷克共和国、斯洛文尼亚和塞尔维亚的领导人，以及法国极右翼人物埃里克·泽穆尔，后者将在几个月后参加法国总统竞选。彭斯还被拍到与波黑塞族领导人米洛拉德·多迪克在一起，后者曾称斯雷布雷尼察大屠杀为"捏造的神话"。

再往前一个月，前福克斯明星主持人塔克·卡尔森将其晚间节目带到布达佩斯进行了一周的直播，展示了欧尔班政府及其成就，尤其是在移民和民族文化问题上的表现。"如果你关心西方文明、民主和家庭，"卡尔森告诉观众，"你应该了解这里正在发生的事情。"趁着飞越匈牙利设防边境的机会，他强调："匈牙利领导人真正关心的是本国人民的福祉。他们没有把国家的财富许诺给每一个来自第三世界的非法移民，而是用税款来提升本国人民的生活水平。"不甘落后的美国保守派政治行动委员会于2022年5月也在布达佩斯举行了一场会议；欧尔班礼尚往来，同年8月在于达拉斯举行的政治行动委员会会议上发表了讲话。[49]

前往匈牙利，向欧尔班·维克托的政权致敬，已成为美国极右翼各派的一种仪式。史蒂夫·班农、丹尼斯·普拉格、米洛·扬诺波洛斯和杰夫·塞申斯等人为此铺平了道路。如今，这似乎成了证明右翼正统性的必经一站。因为欧尔班政权下的匈牙利不仅仅是极右翼理想的象征，还是这些理想的具象化和典范，是非自由主义观点和政策的象征，是一个真正的成功案例，展现了他们如何赢得权力并进行统治。毕竟，欧尔班是欧洲在位时间最长的国家领导人之一。通过其自身和青民盟的力量，他不仅主宰了匈牙利的政治和社会，还重塑了匈牙利的文化，迎合了支持者的民族主义情绪，同时打压、迫害或驱逐对手。他自诩为受围攻的西方文明的坚定守护者，在面对所谓的穆斯林入侵和犹太资本时，展现出一位基督教民族主义者的姿态，提倡促进匈牙利族裔的家庭建设，反对任何形式的多元文化（包括性别和性取向），并反对来自欧洲以外的移民，主张对入境者的权利实施严格的限制。或许在欧美世界中，没有人比欧尔班更能扮演对抗"大替代"的伟大战士。[50]

但欧尔班并非孤军奋战。当新法西斯主义者焦尔吉亚·梅洛尼——墨索里尼的信徒，移民问题上的强硬派（她主张出动海军拦截渡海而来的移民）——于 2022 年 9 月在意大利全国选举中大获全胜时，美国右翼欢欣鼓舞，眉飞色舞。"太棒了！"特德·克鲁兹欢呼道。"祝你好运"，美国前国务卿迈克·蓬佩奥喊道，"意大利值得也需要强有力的保守派领导。"阿肯色州共和党籍联邦参议员汤姆·科顿表示："祝贺焦尔吉亚·梅洛尼和意大利选举中的胜利者；我们期待与她和其他与我们利益一致的意大利领导人合作。"佐治亚州的国会女议员玛乔丽·泰勒·格林称赞梅洛尼的胜利演讲"说得漂亮"。科罗拉多州的劳伦·博伯特则从右翼角度评论："这个月瑞典投票选出了一届右翼政府。现在意大利也选出了右翼政府。整个世界开始明白，激进左派除了破坏什么也不做。"亚利桑那州州长候选人卡丽·莱克附和道："愿上帝保佑意大利这位非凡的总理。"在欧洲，玛丽娜·勒庞、埃里克·泽穆尔、波兰总理马泰乌什·莫拉维茨基，当然还有欧尔班·维克托,都加入了庆祝的行列。正如西班牙呼声党所说,梅洛尼的胜利展示了"一条通往自由的主权国家的新欧洲之路"。[51]

早在2012年,便有人预见到了这样的前景。那一年,戴维·杜克前往意大利,在靠近奥地利边境的北部小镇韦纳斯·迪·卡多雷安营扎寨,显然是打算组建"欧洲种族主义与反犹太主义团体"。杜克持签证并以假名入境,得以未被察觉地开展活动。但18个月后,他的真实身份曝光,意大利法庭认定他"因其臭名昭著的种族主义理论而对社会构成威胁",并且他企图建立一个旨在"消灭欧洲的黑人和犹太人群体"的组织,因此下令将其驱逐出境。现在看来,杜克可以轻易重返意大利,继续他的这项事业了。[52]

结语

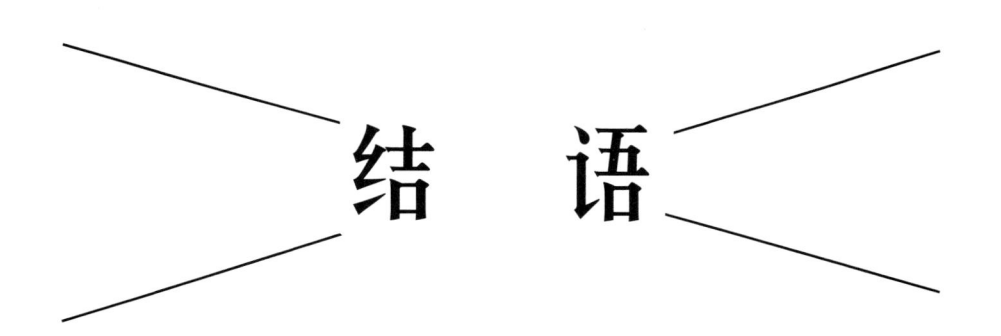

CONCLUSION

在2023年的总统日，来自佐治亚州的极右翼联邦众议员玛乔丽·泰勒·格林，作为众议院中最有影响力的共和党人之一，呼吁将美国"一分为二"。她的意思是让"红州"和"蓝州"正式分道扬镳，大幅缩减联邦政府的规模，更加坚定地拥护各州的权利，以此来摆脱"民主党人的（原文如此）、将叛国性质的'美国最末'政策强加于我们的、令人作呕的觉醒文化"。虽然格林对如何"一分为二"（仅提出可能通过某种"法律协议"）以及这些州的边界如何划定只字未提，但她宣称"内战"是达成目的的一种手段，同时坚称"局势正朝着这个方向发展，我们必须对此做些什么"。在格林看来，重要的是这场"离婚"能让"红州"公民自行制定有关权利、归属、管制、文化、宗教信仰和政治倾向的规则——一种非自由主义的州主权。她认为，这体现了美国开国元勋们的愿景。格林设想，"红州可以自行决定人们在其州内如何投票……（红州）可以提议，如果有民主党选民因为无法忍受那些蓝州的生活条件，或者不想让自己的孩子接受那些蓝州的种种可怕教育,选择逃离蓝州,而且真的在自己支持的政策类型上改变了想法,那么,他们一旦搬到红州,你猜怎么着,也许五年之内都没有投票权。"[1]

"一分为二"的想法不出所料地招致了民主党人的愤怒,以及部分共和党人的不屑回应。但当时的民调显示,多达三分之一的美国选民,以及近半数的共和党选民,对某种形式的"国家离婚"持支持态度。评论家们,尤其是历史学者,很快就指出了一些令人担忧的历史相似之处:它让人联想到《邦联条例》下那摇摇欲坠的政治世界,或是更不祥的1860—1861年间蓄奴州脱离联邦之举,这确实导致了内战。

事实上,格林所设想的"国家离婚",同"种族国家"的概念,尤其是同"白人家园"政策更为相似,后者在20世纪70年代随着"雅利安民族"的"创建"而浮出水面,并被白人民族主义者、新纳粹分子、"骄傲男孩"以及更广泛的另类右翼分子发扬光大。大卫·杜克是这一思潮的早期倡导者。2017年在弗吉尼亚州夏洛茨维尔举行的"团结右翼"集会,就是一次该思潮的威胁性公开表达。唐纳德·特朗普欣然为这些领导人物站台喝彩。2022年,格林通过在佛罗里达州奥兰多举行的白人民族主义会议上担任主讲嘉宾,明白展示了她与这些势力的联盟关系,该会议由尼克·富恩特斯组织,富恩特斯后来成为特朗普海湖庄园的座上宾。[2]

"一分为二"、白人民族主义的蔓延、反犹太情绪的抬头、对"美国优先"的支持、对已确立的公民权利和政治权利的成功攻击、对移民和有色人种的妖魔化、右翼对"独立州议会理论"的热捧，以及犯罪议题的再度升温（目的是强化"公开携枪"和"坚守阵地"的法律原则），这一切无不昭示着我们正身处一个深陷非自由主义阴影的时代。针对儿童和成年人的大规模枪击事件屡见不鲜，正当选举产生的黑人及跨性别立法者被驱逐出局，紧随其后的是政党重划选区所导致的更普遍的种族驱逐，这些现象已成为我们政治体系的新特征。若要寻找一个类似程度的非自由主义黑暗时期，我们至少需要追溯到20世纪50年代的麦卡锡主义镇压，甚至更早至20世纪20年代政府默许下的法西斯浪潮。

  然而，这并不意味着非自由主义的影响和力量会周期性地起伏，或像钟摆一样摇摆不定，也不意味着非自由主义就像一种有害的杂草，能够被自由主义或进步主义运动所铲除，只是在未来自由主义陷入危机时才会再度萌发。正如本书所论述的那样，非自由主义的思想、关系、实践、情感、权力来源、文化等级制度和政治项目一直深深根植于我们的历史之中，不是处于边缘，而是处于核心位置，渗透到社会和政治生活的土壤中，并常常缠绕或裹挟着在此土壤中生长的许多其他事物。非自由主义不断演变、自我转型并重新构建自身，寻觅新的支持基础，同时取代旧有的依托，几乎从未远离权力的核心。它通常由"社区"滋养，并以社区"意愿"的名义表达出来，不论这个"社区"如何界定。非自由主义的历史即美国的历史。

一

然而，并非所有历史都如此。美国历史从一开始便涌动着各种政治思潮，它们既不完全符合自由主义，也不完全符合非自由主义，即便在某些时候它们曾流经或跨越两者之上。它们与16世纪塑造北美殖民地的封建和新封建主义愿景并存，或是与17世纪末开始浮现的自由主义愿景相伴，还有其他对政治和精神归属概念的挑战，甚至是对私有财产意义的质疑；这些挑战在革命时期的英国体现为激进平等派、掘地派、贵格派和浮嚣派的兴起，并跨越大西洋，在美洲大陆上留下了深刻的印记。在美国革命和制宪时期，除了反天主教情绪、君主制倾向和地方主义之外，还有废止奴隶贸易和奴隶制度的呼声，有追求纯粹共和主义的愿望，有远超开国元勋想象的大众民主的理想，以及对后来我们称之为"人权"的诉求。这些思想共同构成了这个新国家的基础，并深埋于历史的土壤中，等待后世发掘。

在接下来的几十年里，这一点变得显而易见。与19世纪30年代驱逐原住民、非洲裔美国人、天主教徒和摩门教徒的黑暗篇章并存的，是工人群体早期组织的兴起，是对市场关系的大胆批判，偶尔还有对私有财产的质疑、生产者合作社的扩展以及激进废奴主义的崛起——后者深刻挑战了诸多权力和权威关系。在南北战争期间，监狱和囚犯劳动的出现限制了自由劳动的意义，并预示着工业资本主义秩序的到来；与此同时，也有奴隶主在军事上的失败、400万被奴役者无偿获得解放、全面土地改革的前景、对妇女权利的要求，以及确立了出生公民权并为后来的权利斗争奠定法律基础的宪法修正案的通过。伴随着进步主义时代的社会工程、法团主义、吉姆·克劳种族主义和优生学倾向，社会主义在全美范围内得到了扩展，新的政治代表形式（包括基于职业的代表形式）得到了尝试，致力于种族平等和赋权的组织（如美国全国有色人种协进会和世界黑人进步主义协会）也应运而生。与20世纪20年代和30年代初的反激进主义、反移民、反劳工、基督教基要主义、法西斯主义呼声和公司主义政策同时出现的，还有新生的女权主义、哈莱姆文艺复兴、发展中的产业工会主义，以及社会民主主义项目——该项目致力于将国家权力用于构建一个更包容、更公平的社会。

冷战的爆发给社会民主主义项目的推进设置了重重障碍，正如我们所见，还助长了非自由主义右翼势力的蠢蠢欲动。然而，反共产主义运动、对开放住房政策的激烈反对，以及针对校车接送、平权行动和女权主义的强烈反弹，恰恰彰显了社会正义运动的力量和影响力，以及它们是如何迫使联邦政府站在自己一边的，无论这种支持被证明是多么有限和短暂。

20世纪80年代和90年代，与保守派的急剧崛起、新自由主义政策的广泛推行，以及耗费了大量时间、助长了大规模监禁的打击毒品和犯罪的"战争"相伴而生的，是一场反对核武器的国际运动、一场反对新自由主义全球化的社会和经济后果的民众运动，以及一场前所未有的同性恋权利运动（这在一定程度上是艾滋病悲剧的结果）和对性取向的新看法。尽管右翼在种族战争威胁和白人"被替代"论调下大肆动员——这些情绪因大部分白人中下层阶级黯淡的经济前景而加剧，与此同时，我们也见证了民主社会主义者非凡的总统竞选，以及"黑人的命也是命"运动的崛起。该运动将种族主义、经济不平等和性别取向问题巧妙交织在一起，其影响力之大，足以在各个层面上动摇非自由主义右翼的根基。

更广阔而深邃的历史旅程将引领我们领略北美大陆各地原住民所构建的社会与性别关系、精神信仰，尤其是他们在欧洲白人到来之前，乃至在面对欧美人企图消灭他们的过程中所秉持的正义观念。这些思想和实践不仅在白人到来前就早已存在，而且在逆境中展现出顽强的生命力。纵观我们的历史，从17世纪至今，遭受奴役、吉姆·克劳种族隔离制度，以及持续且系统性种族主义压迫的非洲裔美国男女，为我们提供了最广阔的公民与政治平等理念、最持久的自由愿景，以及一些最为震撼人心的社会运动范例。诚然，那些与非自由主义和自由主义背道而驰或脱节的思想和计划，可能会被其中一方所束缚裹挟，甚至不得不与之寻求妥协。然而，这些思想和实践仍会以某种方式存续下来，从而得以被重新发掘、重新审视并重新激发活力。

我们还须意识到，政治范畴并非固定不变，人们和社群常常在其间穿梭游移，甚至以与普遍期望相悖的目的运用这些概念。在美国和世界其他许多地方，劳动者与乡村耕作者接受了洛克式的自由主义理念，尤其是那些将生产性使用与财产权主张联系起来的思想，以反抗他们的雇主、地主和帝国监管者的压迫：他们倡导劳动价值论，争取未开垦土地的使用权，捍卫对未封闭林地和牧场的公共使用权，并呼吁制定法律禁止投机性的大规模土地兼并。[3] 美国的反垄断政治运动，在1870年至1900年期间尤为活跃，不仅推动了上述诸多主张，还展示了自由主义原则如何被用于批判"工资制度"（即所谓的"工资奴隶制"），并构建一个生产者的共富社会来取而代之。

二

在一些重要方面，"民粹主义"这一我们逐渐熟悉的术语不仅揭示了历史的不稳定性，也展现了政治上的危险与机遇。近年来，观察家们往往将民粹主义视为一种威胁而非建设性的运动，认为它是对社会变迁的愤怒反扑而非理性的应对策略，是针对所谓"内部敌人"的情绪宣泄，而非对颠覆性变革的理性回应。然而，民粹主义在美国有着漫长而复杂的历史，这段历史超越了现代的简单标签，并表明政治立场的转变可能发生在那些看似最不可能转变的人身上。

早在19世纪20年代和30年代，随着大众政治的扩展以及新政治党派的兴起，一些历史学家称之为"民粹主义"的反贵族言论和民主改革的要求便已出现。这些早期的动向为后来更为重要的平民党（或称民粹党）铺平了道路，该党于19世纪90年代崛起，捕捉到了重建时期后普遍存在的民众激进主义。这场运动自称为"民粹主义"，它制定了一套纲领，意在应对资本主义关系和价值观扩张带来的挑战，重新塑造美国的政治经济格局。民粹主义者猛烈抨击财富和权力的集中，以及"强盗大亨"与"金钱王侯"对民主的践踏。他们构想了一个生产者的共和国和"合作联邦",作为将越来越多的劳动者(无论是农村还是城市)推向赤贫境地的资本主义的替代方案。

1892年,民粹主义者成立了平民党,并制定了旨在推动根本性变革的政治纲领。最引人注目的是,他们呼吁自由且无限量地铸造银币,通过货币膨胀来缓解生产者的债务压力。除此之外,他们的诉求还包括:建立美国全国性的"劳动力联盟"、对货币供应实行公共控制、建立由联邦资助的营销合作社体系、将铁路和电报系统收归国有、推行8小时工作制、实施累进所得税,以及直接选举美国参议员——自宪法批准以来,这些职位一直由州议会选定。在这一系列诉求中,民粹主义者继承并发扬了19世纪70年代绿背劳工党的政治敏锐性、1880年代劳工骑士团的精神,以及19世纪80年代至90年代初农民联盟的传统。在南方各州,他们更进一步,借鉴了重建时期及后重建时期的某些跨种族政治实践,挑战了种植园主及其商业盟友的统治地位。直至今日,19世纪90年代的民粹主义运动仍被视为美国历史上规模最大的第三党运动。

到20世纪初,民粹派遭遇了挫败,部分支持者选择了与当时占主导的两党体系妥协,或干脆退出了政治舞台。然而,另一些人则进一步向左转,与1901年成立的社会党结盟,该党在20世纪前10年迅速遍布全美,并在得克萨斯州、路易斯安那州、阿肯色州和俄克拉何马州(我们现在大多称这些州为非常"红"的州)以及北达科他州、南达科他州、明尼苏达和威斯康星州大放异彩。社会党人当选为州和市级官员,并在纽约州的斯克内克塔迪、俄亥俄州的阿什塔布拉、密歇根州的卡拉马祖、科罗拉多州的大章克申、俄勒冈州的科基尔和加利福尼亚州的瓦茨等小城镇崭露头角。在20世纪前20年,社会党人与无党派联盟同崛起于上平原地区的农民-劳工党携手并进,它们不仅赢得了政治权力,并且多年牢牢掌握不放。在"大萧条"最深重的时期,20世纪90年代民粹主义的遗产由许多罗斯福新政支持者,以及路易斯安那州的休伊·朗和底特律的考格林神父的追随者们传承了下去。[4]

从19世纪30年代到20世纪30年代,再到近些年来,"民粹主义"以各种形式出现,展现出显著且在历史上引人注目的延续性。它对某些社会阶层群体有着特殊的吸引力:小业主、农村生产者、工匠和手艺人、部分熟练的产业工人以及小规模雇主,这些人几乎无一例外都是白人,部分原因在于民粹主义的吸引力在任何时候,都可能包含对外来者或有色人种的猜疑。然而,社会基础的延续性掩盖了其政治表现形式的多变性。美国及世界其他地方的民粹主义政治以不可预测的方式爆发,它们既有左倾趋势,也有右倾表现,甚至推动改革;有时候,这些运动难以简单归类。因此,学者和其他观察家长期以来一直在争论如何定义民粹主义,以及如何对其进行评估,而且他们经常得出相互矛盾的结论。[5]

但历史表明,变革往往以出人意料的方式展开。一个特别值得注意的例子发生在19世纪末得克萨斯东部的产棉县——尤其是格雷姆斯县。在那里,加勒特·斯科特和吉姆·肯纳德领导了一场不同寻常的政治合作。斯科特并不像一个激进分子或反抗者;他出身于一个白人种植园主家庭,曾在内战期间为南方邦联而战,很可能还奴役过黑人男女老少。但19世纪70年代的艰难岁月促使斯科特加入了绿背劳工党,当他决定在1882年竞选格雷姆斯县治安官时,他发现当地黑人已经建立了一个强大的共和党组织,能够动员出足够的选票,击败保守到反动的民主党对手。于是,他与黑人共和党领袖吉姆·肯纳德携手,组建了一个跨种族联盟。1882年,两人双双当选,肯纳德当选为地区法院的书记官。

诚然,这一联盟始于权宜之计,对斯科特与肯纳德之间的个人关系,历史记载也是寥寥无几。我们所知道的是,斯科特及其追随者认识到,他们要想获得并维持权力,就必须依靠黑人选民的支持。通过肯纳德,斯科特对格雷姆斯县黑人选民的需求有了很多了解。因此,他任命了黑人副警长(这在内战后的南方十分罕见),并在财政上支持县里的黑人学校和教师。通过这些举措,斯科特赢得了县内80%至90%黑人选民的信任,同时保住了约三分之一白人选民的支持——这些选民像斯科特一样倾向于反抗现状。在这之后的18年里,这个跨种族联盟经历了从绿背党、独立党到平民党的不同阶段,始终牢牢掌控着格雷姆斯县的政权。

事实上,在19世纪90年代,当平民党在全美范围内崛起、展现力量并最终走向衰落之际,在格雷姆斯县,这个如今明确以平民党自居的联盟却一直紧握着权力。斯科特得到了白人领袖J.W.H.戴维斯和J.H.特奎的支持,而肯纳德则与黑人领袖莫里斯·卡林顿和杰克·海恩斯联手,他们都在与白人民主党对手斗争,经验丰富。1896年是决定性的一年,这一年,平民党在全美和得克萨斯州层面开始瓦解，但格雷姆斯县的平民党却赢得了胜利。两年后，当民粹主义在更大的政治舞台上销声匿迹时，格雷姆斯县的民粹派似乎巩固了自己的势力；当地民主党人的种种手段和阴谋诡计都未能击败他们，因为当时得克萨斯州尚未像许多深南部州那样，通过征收人头税、识字要求和选民登记法等，正式剥夺黑人男子的选举权。

随着 1900 年选举的临近，格雷姆斯县的民主党人发起了强烈的攻势。他们成立了"白人联盟"，迫使县内绝大多数白人选民支持他们，并对黑人社区展开了恐怖统治，导致大量黑人逃离，迅速改变了县内的人口结构。然而，民粹主义者拒绝退缩，在选举前的几周，"白人联盟"转向了长期以来维持白人至上地位的方法：致命暴力。他们开始枪杀平民党的领导层，首先遭难的是吉姆·肯纳德，最终在选举后于县城安德森爆发的一场血腥枪战中，加勒特·斯科特和他的家人都未能幸免。如今，县法院那刷白的墙壁上仍能看到子弹留下的痕迹。[6]

就这样，这个将前南方邦联成员与曾经的奴隶联合起来的跨种族政治联盟走到了尽头。"白人联盟"不仅摧毁了格雷姆斯县平民党的领导层和基层支持者，还开启了超过 50 年的地方统治，这段时期几乎彻底抹去了 19 世纪末发生的那段历史的记忆——无论是对于白人还是幸存的黑人居民来说。由此，一段惊心动魄的种族与政治历史被深深掩埋，正如今天非自由主义右翼试图在全美范围内抹去某些历史一样。

三

历史既是沉重的包袱,也是无尽的启迪。它深藏于我们每个人的心中,盘旋在已有的世界和许多人正在为之奋斗的未来之上。历史提供的教训少之又少,而且绝非清晰明了、一目了然,也不存在任何真正意义上的重现可能,尽管我们坚信过去能直接影响当下。格雷姆斯县的故事表明,原本可能相互对立的人们之间也有可能实现合作,但它同样表明,变革的实现何其艰难,而在财富和权力极度失衡的情况下,变革始终是多么的岌岌可危。白人和黑人农村居民之所以能在格雷姆斯县携手执政,不仅是因为他们遭受了共同的剥削,更因为他们多年来的并肩努力:共同动员支持者,共同面对政治反抗的风险,共同治理这个小小的共和国。奴隶制造成的阶级与种族隔阂及敌意并未因解放而消散,但合作的需求以及逐年累积的知识和信任——通过一项项政策、一次次选举周期——逐渐跨越了这些障碍。然而在格雷姆斯县,就像在其他大多数地方一样,政治权力最终还是从枪杆子里生长出来的,而格雷姆斯县的平民党人缺乏足够的弹药来抵御"白人联盟"对他们的攻击。

重新发掘格雷姆斯县平民党人的故事——这是历史挖掘如何拨开种族主义迷雾的一个范例——让我们记住了美国历史上最能体现民主与权利潮流的珍贵瞬间,也让我们意识到,这些瞬间通常并非由开国元勋或其精英继承者所造就,而是由身处各种不同环境的普通民众所缔造,他们有能力重新塑造自身的历史。这一故事同样提醒我们,这些瞬间是多么脆弱,挑战当权者又意味着怎样的风险和代价。

英国诗人、艺术家兼政治异见人士威廉·莫里斯（1834—1896）曾这样反思："那些奋战而后失败的人们，他们所争取的理想却在其败北之后得以实现；然而，当这一理想成真时，却发现它已不再是他们当初所期望的模样，因此（另一些人）不得不以不同的名义，继续为那最初的愿景而斗争。"

政治和社会正义的斗争永无止境，无论其间取得多大的成就或遭遇多大的挫折，因为"他们所争取的理想"可能在某个时刻偏离原来的轨道，于是另一些人不得不"以不同的名义，继续为那最初的愿景而斗争"。威廉·莫里斯和美国平民党所处的时代，是一个政治文化充满活力但又冲突不断的时期，在美国，这一时期的特点是民众高度参与选举政治，并对政党或运动——不论是传统的民主党、共和党，还是新兴的民粹主义等反抗力量——持有强烈的认同感，尽管这些运动经常遭受非自由主义暴力镇压的打击。一个多世纪后的今天，那些政治世界已变得空洞许多，我们的许多集体资源因权力性质的变化和距离的拉远而枯竭。难怪在我们面临深刻的、往往是关乎生存的危机时，专制主义的解决方案在美国，以及世界其他地方展现出了一种自20世纪初以来从未有过的吸引力。对于那些认为此类解决办法令人反感的人，对于那些仍然希望将人权和民主实践奉为理想规范的人来说，威廉·莫里斯和格雷姆斯县的平民党人有着永恒的启示：历史向我们展示了我们曾经拥有、并可以为之奋斗的东西。同样，它也揭示了我们所面临的挑战。

致　谢

本书的写作过程充满挑战，一方面是因为课题的规模宏大，另一方面也是由于新冠疫情带来的诸多阻碍，而大部分工作都是在疫情期间完成的。因此，我特别感激一些机构为我提供了继续前行的机会，也感谢那些同事和朋友，他们在面临诸多挑战的情况下，仍抽出宝贵的时间帮助我更清晰、更深入地思考我所尝试做的事情。

本书的构想最初成形于2016年至2017年，我在加利福尼亚州圣马力诺市的亨廷顿图书馆担任罗杰斯特聘研究员期间，当时我正致力于推进另一本书的写作。非常感谢研究部主任史蒂夫·欣德尔及其前任（也是我的朋友）罗伊·里奇给予的帮助和热情款待，尤其要感谢我当时在那里的历史学同事们，他们对我的工作表现出了浓厚的兴趣，并提出了尖锐的问题，我们共同经历了2016年大选带来的特殊创伤：约翰·德莫斯、斯科特·希曼、伍迪·霍尔顿和贝丝·萨勒。

本书的大部分内容是在2020至2021学年期间完成初稿的，

当时我是纽约公共图书馆卡尔曼学者与作家中心的一名研究员。新冠疫情的限制措施减少了研究员之间的接触，也限制了我们对图书馆众多优质资源的使用。即便如此，卡尔曼中心的主任萨尔瓦托雷·斯奇博纳、副主任劳伦·戈登伯格和保罗·德拉韦达克，以及图书馆的工作人员，还是都出色地完成了工作，让我们在尽可能安全的情况下获得了最富有成效的研究体验。在此，我向他们致以诚挚的感谢。还要衷心感谢一些我所认识的研究员，尽管互动受到限制，但他们仍对我取得的进展做出了重要贡献：芭芭拉·德米克、赫南·迪亚兹、詹妮弗·米特尔施塔特、卡罗琳·韦伯和梅森·威廉姆斯。

由于疫情，我几乎不可能对书稿进行"研讨"，所以我非常感激那些应我之邀阅读了书稿部分内容，并给予我宝贵帮助和建议的朋友和同事。他们的意见、批评、指点、参考书目建议以及鼓励使我能够厘清思路，更好地组织写作，关注之前忽略或未充分探讨的问题，并推进我试图论证的观点。在此，我要向埃德·贝伦森、鲍勃·布劳、凯特·布、赫南·迪亚兹、阿达·费雷尔、埃里克·方纳、哈罗德·福赛斯、塔沃利亚·格利姆普、丽贝卡·戈茨、亚当·古德曼、凯文·肯尼、凯特·马苏尔、迈克尔·梅兰泽、凯里·利·梅里特、大卫·奥斯欣斯基、金·菲恩、乔·里迪、娜塔莉·林、罗伯托·萨巴、尼基尔·帕尔·辛格、汤姆·苏格鲁、艾玛·泰特尔曼和芭芭拉·温斯坦致以最深切的感谢。特别感谢格雷格·唐斯、加里·格斯特尔、雷切尔·克莱因、詹妮弗·米特尔施塔特、拉里·鲍威尔和乔纳森·普鲁德，他们阅读了整本书的初稿，并与我进行了比我预期更深入的讨论。还要感谢纽约大学监狱教育项目的同学们，他们让我以全新的、令人不安的方式看待这个世界，但同时也以他们的才智和学术天赋、他们为自己创造更美好生活而怀有的决心、他们在最艰难的环境中坚持不懈的精神以及对彼此的关怀鼓舞着我。

我很幸运能请到史蒂夫·福尔曼担任本书的编辑，他是我钦佩已久的人。他的工作甚至大大超出了我的期望。史蒂夫本身就是一位极其博学的历史学家，同时又是一位机敏且富有洞察力的编辑，他巧妙地在对本书的理想构想与我对作品的实际塑造之间达成了和谐统一，这种平衡恰到好处。他迅速理解了我的创作意图，洞悉了本书在美国历史研究领域中的独特贡献，并逐章助力，使我的论述和阐释更加完善、深入。我对他的帮助深为感激。

我亦须感谢我的经纪人桑迪·迪斯特拉，她的卓识远见在本书仅存于构思阶段时便已显得不可或缺。

我的儿子迪克兰、女儿赛尔莎以及伴侣苏珊·维辛格拉德，从一开始就给予我最坚实的支持和最为中肯的批评。他们不仅以对历史的深刻理解与对现实的深切关怀来审视我的作品，更以独特的视角和敏锐的洞察力参与到我们的讨论之中。在我陷入困境时，他们克服重重困难勇往直前的经历不断激励着我，他们各自展现出来的坚韧不拔与不屈不挠为我注入了无限力量。我确信，没有他们，这部著作就不可能完成。

我不敢断言艾拉·伯林会对本书的观点作何评价。作为一名学者和教师，他一生都在致力于挖掘和探索那个承受着非自由的美国所施加的种种不公的世界，尤其是那些非洲裔群体的世界。然而，艾拉始终坚信，我们必须正视权力的本质与运作机制，这是构建一个更加美好、民主、公正社会的必经之路，这一过程虽可能令人感到沉重，却同样可能令人振奋、给人启迪。作为一位挚友与导师，以及一个无比慷慨的灵魂，艾拉体现了我对理想生活的所有憧憬，为我们树立了一座永远可以用来衡量自身的标尺。尽管他不幸英年早逝，但他的榜样力量将长存于世。我愿意相信，他会为我的努力而喝彩。

注　释

导　论

1. 这是某些历史学家的主流观点。最新作品参见 Jill Lepore, *These Truths: A History of the United States* (New York, 2019)。
2. 关于一些质疑自由传统或从根本上使其复杂化的重要例外，参见 Rogers Smith, *Civic Ideals: Conflicting Visions of Citizenship in U.S. History* (New Haven, 1997); Aziz Rana, *The Two Faces of American Freedom* (Cambridge, MA, 2010); Gary Gerstle, *Liberty and Coercion: The Paradox of American Government from the Founding to the Present* (Princeton, 2015)。罗杰斯·史密斯谈到了"美国的多重传统观"，并清楚地认识到其中存在着不平等或非自由的传统。
3. 关于欧尔班和他在国际上的追随者，参见 Marc Plattner, "Illiberal Democracy and the Struggle on the Right," *Journal of Politics* 30 (January 2019): 5–19; Isaac Chotiner, "Why Conservatives Around the World Have Embraced Hungary's Viktor Orbán," *New Yorker*, 10 August 2021; Timothy Garton Ash, "Europe Must Stop This Disgrace: Viktor Orbán is Dismantling Democracy," *The Guardian*, 20 June 2019; William Galston, "Viktor Orbán's Illiberal Cheerleaders," *Wall Street Journal*, 23 August 2022。
4. Thomas Hobbes, *Leviathan* (1651); John Locke, *Second Treatise of Government* (1689).
5. William E. Leuchtenberg, *Franklin Roosevelt and the New Deal, 1932–1940* (New York, 1963); David Kennedy, *Freedom from Fear: The American*

People in Depression and War, 1929–1945 (New York, 1999); Steve Fraser and Gary Gerstle, eds., *The Rise and Fall of the New Deal Order, 1930–1980* (Princeton, 1989).

6. Gary Gerstle, *The Rise and Fall of the Neoliberal Order: America and the World in the Free Market* Era (New York, 2022); Wendy Brown, *Undoing the Demos: Neoliberalism's Stealth Revolution* (New York, 2015); David Harvey, *A Brief History of Neoliberalism* (New York, 2005).

7. 参见 Marlene Laruelle, "Illiberalism: A Conceptual Introduction," *East European Politics* 38 (March 2022): 303–27; Thomas J. Main, *The Rise of Illiberalism* (Washington, DC, 2022); Pippa Norris and Ronald Inglehart, *Cultural Backlash: Trump, Brexit, and Authoritarian Populism* (New York, 2019)。

8. 历史学家理查德·霍夫施塔特曾不断对这些趋势表现出兴趣，尽管他认为它们是反对占主导地位的自由传统的潜流、短暂爆发或"周期性波动"。尤见 Hofstadter, *Anti-Intellectualism in American Life* (New York, 1962); Hofstadter, *The Paranoid Style in American Politics* (New York, 1965)。

9. 尤见 Gary Gerstle and Joel Isaac, eds., *States of Exception in American History* (Chicago, 2020)。

10. 关于反动保守主义及其作为保守主义历史本质的有力论证，参见 Corey Robin, *The Reactionary Mind: Conservatism from Edmund Burke to Donald Trump* (New York, 2018)。关于反自由主义，参见 Stephen Holmes, *The Anatomy of Antiliberalism* (Cambridge, MA, 1993)。

第一章　自由传统的发明

1. Fareed Zakaria, "The Rise of Illiberal Democracy," *Foreign Affairs* (November/December, 1997): 22–43; Zakaria, "America's Democracy Has Become Illiberal," *Washington Post*, 29 December 2016. 另见 William Grieder, *Who Will Tell the People: The Betrayal of American Democracy* (New York, 1992)。

2. 参见 Larry Diamond, "Is There a Crisis of Liberal Democracy?" *American Interest*, 13 October 2017; Steven Levitsky and Daniel Ziblatt, "Is Donald Trump a Threat to Democracy?" *New York Times*, 16 December 2016; "Trump, Putin, and the Threat to Liberal Democracy," Toronto *Globe and Mail*, 30 December 2016。最近的民意调查显示，多达 80% 的美国人

认为美国的民主正受到威胁，尽管对于威胁是什么存在分歧。参见 NPR, 15 December 2022; *Forbes Magazine*, 19 October 2022。

3. Sheri Berman, "The Main Threat to Liberal Democracy Comes from Within," *Washington Post*, 26 March 2016; Zakaria, "Rise of Illiberal Democracy"; Mark F. Plattner, "Illiberal Democracy and the Struggle on the Right," *Journal of Democracy* 30, no. 1 (January 2019): 5–19. 另见 Mark Mazower, *Dark Continent: Europe's Twentieth Century* (New York, 1998); Helena Rosenblatt, *The Lost History of Liberalism: From Ancient Rome to the Twenty-First Century* (Princeton, 2018)。

4. Diamond, "Is There a Crisis of Liberal Democracy?"; Zakaria, "Rise of Illiberal Democracy"; John Shattuck et al., "How Resilient Is Liberal Democracy in the United States"（未发表，Carr Center, Harvard University, 15 February 2018); Zakaria, "America's Democracy Has Become Illiberal." 参见 Werner Sombart, *Why Is There No Socialism in the United States?* (Tubingen, 1906); Eric Foner, "Why Is There No Socialism in the United States," *History Workshop Journal*, no. 17 (Spring 1984): 57–80。尽管有大量的文献，但罗斯福新政很少被置于国际背景下研究，也没有学者明确地提出以下问题：为什么美国没有像其他许多社会（德国、意大利、日本、阿根廷、西班牙和葡萄牙等）那样，在20世纪30年代的危机中转向法西斯主义或威权主义的解决方案。关于重要的例外，参见 Ira Katznelson, *Fear Itself: The New Deal and the Origins of Our Times* (New York, 2013); Wolfgang Schivelbusch, *Three New Deals: Reflections on Roosevelt's America, Mussolini's Italy, and Hitler's Germany, 1933–1939* (New York, 2006)。

5. Cass Sunstein, ed., *Can It Happen Here? Authoritarianism in America* (New York, 2018).

6. 关于"传统的发明"，参见 Eric Hobsbawm, "Inventing Traditions," in Eric Hobsbawm and Terence Ranger, eds., *The Invention of Tradition* (Cambridge, UK, 1983), 1–4。

7. 参见（举例）Stephen Nissenbaum, *The Battle for Christmas* (New York, 1997); Richard J. Ellis, *The Flag: The Unlikely History of the Pledge of Allegiance* (Lawrence, KS, 2005)。

8. *The Liberal Tradition in America: An Interpretation of American Political Thought Since the Revolution* (New York, 1955).

9. 有大量的学术文献——在20世纪50年代就已经很多了——讨论如何定义封建制度，以及它如何随时间和空间而变化的问题。尽管哈茨清楚地知道其中的一些文献内容，但他并没有深入研究这些文献，而是倾向于将封建历史与一些社会和政治特征联系起来。

10. Daniel Boorstin, *The Genius of American Politics* (Chicago, 1953); Lionel Trilling, *The Liberal Imagination: Essays on Literature and Society* (New York, 1950); Richard Hofstadter, *The American Political Tradition and the Men Who Made It* (New York, 1948).

11. Richard Hofstadter, *The Age of Reform: From Bryan to F.D.R.* (New York, 1955). 关于霍夫施塔特的后续著作，参见 *Anti-Intellectualism in American Life* (New York, 1963) 和 *The Paranoid Style in American Politics and Other Essays* (New York, 1964)。另见 Alan Brinkley, *Liberalism and Its Discontents* (Cambridge, MA, 1998), 132–50。关于霍夫施塔特，参见 David S. Brown, *Richard Hofstadter: An Intellectual Biography* (Chicago, 2006)，尤见第 50~160 页。

12. 关于这一问题的精彩讨论，参见 Peter Novick, *That Noble Dream: The "Objectivity Question" and the American Historical Profession* (New York, 1988), 61–108。另见 Thomas J. Pressley, *Americans Interpret Their Civil War* (New York, 1965); David Blight, *Race and Reunion: The Civil War in American Memory* (Cambridge, MA, 2002)。

13. Frederick Jackson Turner, "The Significance of the Frontier in American History," *Annual Report of the American Historical Association* (1893); Frederick Jackson Turner, *The Frontier in American History* (New York, 1921); Charles A. Beard and Mary Beard, *The Rise of American Civilization* (New York, 1930); Charles A. Beard, *An Economic Interpretation of the Constitution of the United States* (New York, 1952); Vernon L. Parrington, *Main Currents of American Thought*, 3 vols. (New York, 1930); Carl L. Becker, *History of Political Parties in the Province of New York, 1760–1776* (Madison, WI, 1909); John Hicks, *The Populist Revolt: A History of the Farmers' Alliance and the People's Party* (Minneapolis, 1931); C. Vann Woodward, *Tom Watson: Agrarian Rebel* (New York, 1938); Arthur Schlesinger Sr., *The Rise of the City, 1878–1898* (New York, 1933). 小阿瑟·施莱辛格追随父亲的脚步，出版了 *The Age of Jackson* (Boston, 1945) 等作品。关于霍夫施塔特的观点，参见 *The Progressive Historians: Turner, Beard, Parrington* (New York, 1968)。

14. Arthur Schlesinger Jr., *The Vital Center and the Politics of Freedom* (Boston, 1949), xviii–ix; *America and the Intellectuals, Partisan Review Series*, no.4(1953), 1–4, 14–15, 111–12; Richard H. Pells, *The Liberal Mind in a*

Conservative Age: American Intellectuals in the 1940s and 1950s (New York, 1985). 要了解这一时期知识分子和文化生活的丰富图景，参见 Louis Menand, *The Free World: Art and Thought in the Cold War* (New York, 2021)。

15. Schlesinger, *Vital Center*, 37–40. 施莱辛格称进步主义人士，尤其是亨利·华莱士的支持者为"面团脸"（doughfaces，19 世纪时用于形容在废奴问题上采取妥协态度的北方政治家），并将其与南北战争时期倾向南方的民主党人进行比较。

16. 参见 Hannah Arendt, *The Origins of Totalitarianism* (New York, 1951); Theodor Adorno et al., *The Authoritarian Personality* (New York, 1950); José Ortega y Gasset, *The Revolt of the Masses* (1930; New York, 1994); Carl Schmitt, *On Dictatorship* (1921; Cambridge, UK, 2014). 施米特做了重要的理论工作，他本人是保守派，后来又支持纳粹政权。

17. Pells, *Liberal Mind in a Conservative Age*, 117–83; Sarah M. Harris, *The CIA and the Congress for Cultural Freedom: The Limits of Making Common Cause* (New York, 2016); Patrick Iber, *Neither Peace Nor Freedom: The Cultural Cold War in Latin America* (Cambridge, MA, 2015); Christopher Lasch, *The Agony of the American Left* (New York, 1968), 61–114.

18. Victor Navasky, *Naming Names* (New York, 1980); Pells, *Liberal Mind in a Conservative Age*, 262-345; *Mississippi Valley Historical Review* 32 (September 1945): 263–63; *American Historical Review* 51 (October 1945): 131–33.

19. 关于麦卡锡主义，参见 David M. Oshinsky, *A Conspiracy So Immense: The World of Joe McCarthy* (New York, 1983); Ellen Schrecker, *Many Are the Crimes: McCarthyism in America* (Boston, 1998)。另见 Michael Rogin, *The Intellectuals and McCarthy: The Radical Specter* (Cambridge, MA, 1967); Peter Viereck, *The Shame and Glory of the Intellectuals: Babbit Jr. Versus the Rediscovery of Values* (Boston, 1953)。

20. 参见（举例）戴维·赖斯曼、内森·格莱泽、理查德·霍夫施塔特、丹尼尔·贝尔和西摩·马丁·利普塞特在 Daniel Bell, ed., *The New American Right* (New York, 1955) 中的文章，这些文章后来扩充和更新为 *The Radical Right* (New York, 1963)；以及彼得·菲尔埃克和丹尼尔·贝尔在 Bell, ed., *The New American Right* 中的文章。

21. Henry Nash Smith, *Virgin Land: The American West as Symbol and Myth* (Cambridge, MA, 1950); Perry Miller, *The New England Mind: The Seventeenth Century* (Cambridge, MA, 1939); Miller, *The New England*

Mind: From Colony to Province (Cambridge, MA, 1953); John William Ward, *Andrew Jackson: Symbol for an Age* (New York, 1955). 应该说，米勒对清教主义与资本主义或自由主义的关系有着更为批判性的看法。关于"美国研究"的发展，参见 Richard P. Horwitz, "American Studies: Approaches and Concepts," in George Kurian et al., eds., *Encyclopedia of American Studies*, vol. 1 (Bethel, CT, 2001), 112–18; Jerry A. Jacobs, "American Studies: A Case Study of Interdisciplinarity," *PSC Working Papers* 48 (2013)。20 世纪 60 年代体现出他们影响的重要的"美国研究"著作，有 Leo Marx, *The Machine in the Garden: Technology and the Pastoral Ideal in America* (New York, 1964) 以及 Alan Trachtenberg, *Brooklyn Bridge: Fact and Symbol* (New York, 1965)。

22. 尤见 Ulrich B. Phillips, American Negro Slavery (New York, 1918); Phillips, "The Central Theme of Southern History," American Historical Review 34 (October 1928):30–43。在 20 世纪 50 年代之前，挑战菲利普斯及其门生的历史学家包括卢瑟·波特·杰克逊、W. E. B. 杜波依斯和赫伯特·阿普特克。

23. Kenneth M. Stampp, *The Peculiar Institution: Slavery in the Antebellum South* (New York, 1956).

24. Stanley M. Elkins, *Slavery: A Problem in American Institutional and Intellectual Life* (Chicago, 1959); Alfred H. Conrad and John R. Meyer, "The Economics of Slavery in the Antebellum South," *Journal of Political Economy* 66 (April 1958): 95–130. 埃尔金斯深受弗兰克·坦嫩鲍姆的影响，后者发表了西半球最早的奴隶制比较研究之一。参见 Frank Tannenbaum *Slave and Citizen: The Negro in the Americas* (New York, 1946)。关于"自然极限"，参见菲利普斯的学生的著作 Charles Ramsdell, "The Natural Limits of Slavery Expansion," *Southwestern Historical Quarter* 33 (October 1929): 91–111。

25. 参见 Oscar Handlin, *The Uprooted: The Epic Story of the Great Migrations that Made the American People* (Boston, 1951), 5–6 及各处；John Higham, *Strangers in the Land: Patterns of American Nativism, 1860–1925* (New Brunswick, NJ, 1955)。应该说，在相当长的一段时间里，这些文献的观点都是以欧洲为中心的。

26. 参见 William Appleman Williams, *The Tragedy of American Diplomacy* (Cleveland, 1959); Williams, *The Roots of Modern American Empire: A Study of the Growth and Shaping of Social Consciousness in a Marketplace Society* (New York, 1969); Walter La Feber, *The New Empire: An Interpretation*

of American Expansion, 1860–1898 (Washington, DC, 1963); Lloyd C. Gardner, *Economic Aspects of New Deal Diplomacy* (Madison, WI, 1964); Thomas C. McCormick, *China Market: America's Quest for Informal Empire, 1893–1901* (Chicago, 1967)。

27. 参见 Sarah E. Igo, *The Averaged American: Surveys, Citizens, and the Making of a Mass Public* (Cambridge, MA, 2008); Dorothy Ross, *The Origins of Social Science* (New York, 1991); David Easton, Luigi Graziano, and John Gunnell, eds., *The Development of Political Science: A Comparative Survey* (Oxfordshire, 1991); Peter C. Ordeshook, *Game Theory and Political Theory: An Introduction* (Cambridge, UK, 1986); Michael A. Bernstein, *A Perilous Progress: Economists and Public Purpose in Twentieth Century America* (Princeton, 2001)。约翰·罗尔斯极具影响力的《正义论》〔*A Theory of Justice* (Cambridge, MA, 1971)〕也显示出理性选择思维的印记。

28. Daniel Bell, *The End of Ideology: On the Exhaustion of Political Ideas in the Fifties* (Cambridge, MA, 1960).

29. 参见（举例）Novick, *That Noble Dream*, 415–68。针对美国历史诠释的"自由传统"的文献太多了，无法在这里全数引用，但彼得·诺维克指出了其中的一些。

30. 参见（举例）Eugene D. Genovese, *The Political Economy of Slavery: Studies in the Economy and Society of the Slave South* (New York, 1965); Eric Foner, *Free Soil, Free Labor, Free Men: The Ideology of the Republican Party before the Civil War* (New York, 1970); Sean Wilentz, *Chants Democratic: New York City and the Rise of the American Working Class* (New York, 1984)。在此有特殊影响的是英国历史学家 E. P. 汤普森和埃里克·霍布斯鲍姆。

31. 参见（举例）Rogers Smith, "Understanding the Symbiosis of American Rights and Racism," in Mark Hulliung, ed., *The American Liberal Tradition Reconsidered: The Contested Legacy of Louis Hartz* (Lawrence, KS, 2010), 55–89; Rogers Smith, *Civic Ideals: Conflicting Visions of Citizenship in U.S. History* (New Haven, 1997); William Julius Wilson, *The Declining Significance of Race: Blacks and Changing American Institutions* (Chicago, 1978); Richard Sennett and Jonathan Cobb, *The Hidden Injuries of Class* (New York, 1072); Aziz Rana, *The Two Faces of American Freedom* (Cambridge, MA, 2010)。罗杰斯·史密斯尤其引人注目，他不仅指出了自由主义的阴暗面，而且对盛行的自由传统的概

念提出了疑问。

32. 关于综合叙事的挑战及其缺陷的评价，参见 Thomas Bender, "Strategies of Narrative Synthesis in American History," *American Historical Review* 107, no. 1 (February 2002): 129–53; Bender, "Wholes and Parts: The Need for Synthesis in American History," *Journal of American History* 73 (June 1986), 120–36; Eric H. Monkkonen, "The Dangers of Synthesis," *American Historical Review* 91 (December 1986): 1146–57; Philip J. Deloria, "American Master Narratives and the Problem of Indian Citizenship in the Gilded Age and Progressive Era," *Journal of the Gilded Age and Progressive Era* 14 (January 2015): 3–12。

33. 参见（举例）Lynn Hunt, ed., *The New Cultural History* (Berkeley, 1989); Victoria Bonnell, ed., *Beyond the Cultural Turn: New Directions in the Study of Society and Culture* (Berkeley, 1999)。米歇尔·福柯的作品尤其有影响力，并引发后现代学者对社会和文化理论几乎前所未有的兴趣。

34. Francis Fukuyama, *The End of History and the Last Man* (New York, 1992); Diamond, "Is There a Crisis of Liberal Democracy?". 关于最近的发展，参见 Kevin M. Kruse and Julian Zelizer, *Fault Lines: A History of the United States Since 1974* (New York, 2019), 203–358。

35. 过去10年间，有关奴隶制和资本主义的学术研究呈爆炸式增长，不仅对学术派史学家，而且对广大公众产生了巨大影响。一些最佳范例，参见 Sven Beckert and Seth Rockman, eds., *Slavery's Capitalism: A New History of American Economic Development* (Philadelphia, 2016); Sven Beckert, *Empire of Cotton: A Global History* (New York, 2014); Seth Rockman, *Scraping By: Wage Labor, Slavery, and Survival in Early Baltimore* (Baltimore, 2008)。另见 Jonathan Levy, *Age of American Capitalism: A History of the United States* (New York, 2020)。"种族资本主义"的概念一般归功于锡德里克·鲁宾逊及其重要著作 Cedric Robinson, *Black Marxism: The Making of the Black Radical Tradition* (London, 1983)。读者在阅读鲁宾逊的著作时会发现，他对历史的描述远比通常所说的要复杂和细致。

36. Alan Gibson, "Louis Hartz and the Study of the American Founding," in Hulliung, ed., *American Liberal Tradition Reconsidered*, 175. 在所有关于哈茨的文章中，只有历史学家詹姆斯·克洛彭伯格的文章将《美国的自由传统》的出版置于特定的历史背景中。参见 Kloppenberg, "Requiescat in Pacem: The Liberal Tradition of Louis Hartz," 90–124。

37. Hulliung, "What's Living, What's Dead in the Work of Louis Hartz," 267–73.

38. Nikole Hannah-Jones, "The 1619 Project," *New York Times Magazine*, 14 August 2019. 如果说有什么不同的话，那就是"1619项目"引发的争议让人质疑任何"起源"故事的有用性——除了用于党派政治目的之外。

第二章　封建梦想与强制权力

1. Richard Hakluyt (the Elder), *Pamphlet for the Virginia Enterprise* (1585), in E. G. R. Taylor, ed., *The Original Writing and Correspondence of the Two Richard Hakluyts*, 2 vols. (London, 1935), II, ch. 47; Richard Hakluyt (the Younger), "Discourse of Western Planting," in *Collections of the Maine Historical Society*, 2nd ser., vol.2, 152– 61. 另见 Mancall, ed., *Envisioning America: English Plans for the Colonization of North America, 1580–1640* (Boston, 1995), 1–49。
2. 关于资本主义"随首批航船一同登陆北美"，参见 Carl Degler, *Out of Our Past: The Forces that Shaped Modern America* (New York, 1959), 2, 尽管这是一个被广泛认同但不太明确的观点。
3. Daniel Richter, *Before the Revolution: America's Ancient Pasts* (Cambridge, MA, 2011), 68.
4. Hakluyt, "Discourse of Western Planting," 152–61. 关于15世纪和16世纪英格兰和西欧部分地区的变革，参见 T. H. Aston and C. H. E. Philpin, eds., *The Brenner Debate: Agrarian Class Structure and Economic Development in Preindustrial Europe* (Cambridge, UK, 1985); Jane Whittle Hill, ed., *Landlords and Tenants in Britain, 1440–1660* (Woodbridge, UK, 2013); Fernand Braudel, *The Wheels of Commerce* (New York, 1982)。
5. 参见 Nicholas Canny, "England's New World and the Old, 1480s–1630s," in Canny, ed., *The Origins of Empire: British Overseas Enterprise to the Close of the Seventeenth Century* (Oxford, 1988), 157–58; Richter, Before the Revolution, 37–117。
6. 参见 Canny, "Origins of Empire," 3–7; Jane H. Ohlmeter, "'Civilizinge of those Rude Partes': Colonization within Britain and Ireland, 1580s–1640s," in Canny, ed., *Origins of Empire*, 124–47; Richter, *Before the Revolution*, 108–9。另见 David Armitage, *The Ideological Origins of the British Empire* (Cambridge, UK, 2000), 24–60。
7. Ohlmeyer, "'Civilizinge those Rude Partes,'" 139–40; Richter, *Before the Revolution*, 101–12. 另见 Niccolo Machiavelli, *The Prince* (1531; New York,

1950), 8–9。

8. 尽管我们掌握的关于 17 世纪、18 世纪大西洋移民的资料已越来越详细和完善，但我们仍然只能做出估计。最仔细和可靠的描绘，参见 Christopher Tomlins, *Freedom Bound: Law, Labor, and Civic Identity in Colonizing English North America, 1580–1865* (New York, 2010), 21–66; Ira Berlin, *Many Thousands Gone: The First Two Centuries of Slavery in North America* (Cambridge, MA, 1998), 15–216; Philip Curtin, *The Atlantic Slave Trade: A Census* (Madison, WI, 1972); John J. McCusker and Russell Menard, *The Economy of British North America, 1607–1789* (Chapel Hill, 1989)。这些数字不包括被送往北美的约 5.5 万名囚犯或战俘。

9. 参见 Stuart Schwartz, *Sugar Plantations in the Formation of Brazilian Society, 1550–1835* (Cambridge, UK, 1986); Alexander Marchant, *From Barter to Slavery: The Economic Relations of Portuguese and Indians in the Settlement of Brazil, 1500–1580* (Baltimore, 1942); Richard Dunn, *The Rise of the Planter Class in the English West Indies, 1624–1713* (Chapel Hill, 1972); James Pritchard, *In Search of Empire: The French in the Americas, 1670–1730* (Cambridge, UK, 2007)。17 世纪，北美大西洋沿岸的印第安奴隶贸易蓬勃发展。参见 Alan Gallay, *The Indian Slave Trade: The Rise of the English Empire in the American South, 1670–1717* (New Haven, 2001); Andrés Reséndez, *The Other Slavery: The Uncovered Story of Indian Enslavement in America* (Boston, 2016)。

10. 参见（举例）Tomlins, *Freedom Bound*, 452–75; Berlin, *Many Thousands Gone*, 109–41; Edmund Morgan, *American Slavery, American Freedom: The Ordeal of Colonial Virginia* (New York, 1975)。关于 17 世纪上半叶奴役情况的数字非常稀少。1650 年，切萨皮克湾地区大约有 300 名奴隶，也许有几百名奴隶分散在新英格兰地区，主要在马萨诸塞，中大西洋地区大约有 100 名到 500 名奴隶，特别是在荷属新尼德兰。1619 年绝不是非洲人后裔首次出现在北美大陆的年份。在 16 世纪探索佛罗里达、北美大陆内陆和东南海岸线的西班牙探险队中，就有受奴役的非洲人。感谢我的同事丽贝卡·戈兹和苏珊娜·罗姆尼提出的真知灼见。

11. 参见 Morgan, *American Slavery, American Freedom*, 133–212; Allan Kuliko, *Tobacco and Slaves: The Development of Southern Cultures in the Chesapeake, 1680–1800* (Chapel Hill, 1986), 23–77。

12. "The Social System of Virginia," *Southern Literary Messenger* 14, no. 2 (February 1848): 65–81; Warren Billings, *Sir William Berkeley and the*

Forging of Colonial Virginia (Baton Rouge, 2004).

13. "The Fundamental Constitutions of Carolina, 1 March 1669," *Avalon Project: Documents in Law, History, and Diplomacy*, Yale University Law School; Tomlins, *Freedom Bound*, 432–35; Peter Wood, *Black Majority: Negroes in Colonial South Carolina from 1670 Through the Stono Rebellion* (New York, 1974), 13–34.

14. John Locke, *Two Treatises of Government* (London, 1689); Tomlins, *Freedom Bound*, 426–36. 长期以来，历史学家们一直试图将约翰·洛克的《政府论》与他参与卡罗来纳的所有权垦殖以及对奴役活动的投资联系起来。有些人认为他虚伪，有些人则认为他是沙夫茨伯里伯爵的秘书。霍利·布鲁尔建议区分洛克眼中合法与非法的奴役形式，参见 Holly Brewer, "Slavery, Sovereignty, and 'Inheritable Blood': Reconsidering John Locke and the Origins of American Slavery," *American Historical Review* 122 (October 2017): 1038–78; Brewer, "Slavery Entangled Philosophy," *Aeon* (12 September 2018)。关于自由主义的排他性冲动，参见 Uday Singh Mehta, *Liberalism and Empire: A Study in Nineteenth Century Liberal Thought* (Chicago, 1999)。关于正义战争中对俘虏的奴役，参见 Orlando Patterson, *Slavery and Social Death: A Comparative Study* (Cambridge, MA, 1982); David Brion Davis, *Inhuman Bondage: The Rise and Fall of Slavery in the New World* (New York, 2006); John K. Thornton, *Africa and Africans in the Making of the Atlantic World, 1400–1800* (New York, 1992); Reséndez, *The Other Slavery*。

15. 参见 Kathleen Brown, *Good Wives, Nasty Wenches, and Anxious Patriarchs: Gender, Race, and Power in Colonial Virginia* (Chapel Hill, 1996); Philip Morgan, *Slave Counterpoint: Black Culture in the Eighteenth Century Chesapeake and Low Country* (Chapel Hill, 1998); Berlin, *Many Thousands Gone*, 95–141; Tomlins, *Freedom Bound*, 428–75。

16. 尤见 Morgan, *American Slavery, American Freedom*, 238–70。另见 James D. Rice, *Tales from a Revolution: Bacon's Rebellion and the Transformation of Early America* (New York, 2012)；尤见 Matthew Kruer, *Time of Anarchy: Indigenous Power and the Crisis of Colonialism in Early America* (Cambridge, MA, 2021)，作者从原住民的角度阐述了一系列复杂的事件。

17. Berlin, *Many Thousands Gone*, 47–63; Lorenzo Greene, *The Negro in Colonial New England, 1620–1776* (New York, 1942); Tomlins, *Freedom Bound*, 476–504; Wood, *Black Majority*, 131–66.

18. Morgan, *American Slavery, American Freedom*, 295–388 特别有力地阐述了这一论点。
19. Aubrey Land, "Economic Base and Social Structure: The Northern Chesapeake in the Eighteenth Century," *Journal of Economic History* 25 (December 1965): 639–54; Morgan, *American Slavery, American Freedom*, 215–92; Kuliko, *Tobacco and Slaves*, 40–50.
20. 尤见 Robert J. Steinfeld, *The Invention of Free Labor: The Employment Relation in English and American Law and Culture, 1350–1870* (Chapel Hill, 1991); Robert J. Steinfeld, *Coercion, Contract, and Free Labor in the Nineteenth Century* (New York, 2001), 29–84; Tomlins, *Freedom Bound*, 335–400。
21. C. S. Manegold, *Ten Hills Farm: The Forgotten History of Slavery in the North* (Princeton, 2010), 3–49; *Massachusetts Body of Liberties*, December 1641, in Edmund S. Morgan, ed., *Puritan Political Ideas, 1558–1794* (Indianapolis, 1965), 177–202.
22. John Winthrop, *Christian Charitie: A Modell Hereof* (1630), in Morgan, ed., *Puritan Political Ideas*, 75–93; John Smith, *A Description of New England* (1616).
23. *Mayflower Compact, 1620*, Avalon Project, Documents in Law, History, and Diplomacy, Yale University Law School. 围绕温斯洛普的《基督教仁爱之典范》，存在许多疑问，尤其是它是在何时何地写成的，或者他是否曾在航行之前或期间将其交给过同行的移民。丹尼尔·T. 罗杰斯在最仔细的研究中证明，这篇文章历经数月才打磨成形，不可能在任何公开场合发表，因此不应被视为"布道"。参见 Rodgers, *As a City on a Hill: The Story of America's Most Famous Lay Sermon* (Princeton, 2018, 13–30; Abram Van Engen, *City on a Hill: A History of American Exceptionalism* (New Haven, 2020)。
24. 参见 Barry Levy, *Town Born: The Political Economy of New England from Its Founding to the Revolution* (Philadelphia, 2009)，该书将英格兰的变革与马萨诸塞城镇的特征联系在一起，提出了令人信服的论点。关于强调新英格兰从"社区"向"社会"过渡，或从更加社区化的村庄向更加自由和以市场为导向的社会秩序过渡的观点，参见 Richard Bushman, *From Puritan to Yankee: Character and the Social Order in Connecticut, 1690–1765* (Cambridge, MA, 1967); Philip S. Greven Jr., *Four Generations: Population, Land, and Family in Colonial Andover, Massachusetts* (Ithaca, NY, 1970); Kenneth S. Lockridge, *A New England*

Town: The First Hundred Years, Dedham, Massachusetts, 1636–1736 (New York, 1970); Michael Zuckerman, *Peaceable Kingdoms: New England Towns in the Eighteenth Century* (New York, 1970)。

25. Allan Greer, *Property and Dispossession: Natives, Empires, and Land in Early Modern North America* (New York, 2018), 202–12. 正如格里尔所说，这绝不是一种私有的、绝对的产权制度。

26. Edmund S. Morgan, *The Puritan Family* (New York, 1966), 62–77.

27. Levy, *Town Born*, 17–83. 温斯洛普的《日志》有许多版本。最新和最权威的版本是 Richard S. Dunn and Laetitia Yeandle, eds., *The Journal of John Winthrop, 1630–1649* (Cambridge, MA, 1997)。另见埃德蒙·S. 摩根的 *The Puritan Family*, 78–89。关于 17 世纪迁移到新英格兰和切萨皮克湾地区的契约奴人数，参见 Tomlins, *Freedom Bound*, 573；关于新英格兰劳工，参见上书 310–315。北美殖民地以及后来美国的许多奴隶法令都规定了 40 鞭的限制，但这一限制通常被忽视。

28. 参见 Levy, *Town Born*, 37–42, 84–89; Douglas L. Jones, "The Strolling Poor: Transiency in Eighteenth Century Massachusetts," *Journal of Social History* 8 (Spring 1975): 28–54。约翰·温斯洛普在 1637 年回应了戴德姆的创始人："如果我们这里是一个经自由同意建立的公司，如果我们的居住地是我们自己的，那么没有我们的同意，任何人都无权进入我们这里……（而且）接受一个我们必须再次驱逐的人，比拒绝他进入更糟糕。"参见 Winthrop, "A Declaration in Defense of an Order of Court made in May, 1637," in Morgan, ed., *Puritan Political Ideas*, 145–46。

29. 关于清教徒神学和思想的描述有很多，但试图将清教作为一个连贯的体系来对待的特别有力的贡献是 Perry Miller, *The New England Mind: The Seventeenth Century* (Cambridge, MA, 1939)。另见 Morgan, *Puritan Family*。

30. Miller, *New England Mind*, 17, 48–53. 关于特别有趣和有启发性的阅读，参见 James Simpson, *The Permanent Revolution: The Reformation and the Illiberal Roots of Liberalism* (Cambridge, MA, 2019)。

31. Winthrop, "Declaration in Defense of an Order," 146; Michael T. Winship, *Hot Protestants: A History of Puritanism in England and America* (New Haven, 2018), 85–90, 165–77. 在 1647 年著名的普特尼辩论（Putney Debates）中，平等派要求将选举权扩大到所有英国人，而无须财产限制，不过平等派也明确表示，这些权利只适用于土生土长的男性，而不适用于女性或被奴役者。正如平等派托马斯·雷恩斯伯勒所宣称的那样："我认为英格兰最贫穷的人和最伟大的人一样都要生活，因此……每一个要生活在政府治下的人，都首先应当征得自己的同意，将自己置于该政府的统治之下。我确实认为，从严格意义上说，英国最穷的人根本不受那个他没有发言权的政府的约束。"参见 A. S. P. Woodhouse, ed., *Puritanism and Liberty, Being the Army Debates, 1647–49, From the Clark Manuscripts* (London, 1938)。普特尼辩论发生在托马斯·霍布斯的《利维坦》（1651 年）和约翰·洛克的《政府论·下篇》（1689 年）出版之前。

32. Levy, *Town Born*, 76–83. 另见 John P. Demos, *Entertaining Satan: Witchcraft and the Culture of Early New England* (New York, 1983); Carol F. Karlsen, *The Devil in the Shape of a Woman: Witchcraft in Colonial New England* (New York, 1987); Paul Boyer and Stephen Nissenbaum, *Salem Possessed: The Social Origins of Witchcraft* (Cambridge, MA, 1974); Mary Beth Norton, *In the Devil's Snare: The Salem Witchcraft Crisis of 1692* (New York, 2002)。

33. 9 世纪时，北欧探险家航行北大西洋，在不列颠建立定居点，并在冰岛和格陵兰岛登陆。1000 年左右，他们在北美洲的最东北部建立了一个（或多个）殖民地，称为文兰（Vinland），但没过多久就撤退到格陵兰岛。接触带来的人类灾难是半球性的，在一些地方，在一个世纪内，原住民人口减少了近 95%。参见 Alan Taylor, *American Colonies* (New York, 2001), 3–49; Charles Mann, *1493: Uncovering the World Columbus Created* (New York, 2010)。关于早期原住民与欧洲人的经历和反应的令人印象深刻和富有想象力的观点，参见 Daniel Richter, *Facing East from Indian Country: A Native History of Early America* (Cambridge, MA, 2001)。

34. 参见最新力作 Pekka Hamalainen, *Indigenous Continent: The Epic Contest for North America* (New York, 2022)。 另见 Richard White, *The Middle Ground: Indians, Empires, and Republics in the Great Lakes Region, 1650–1815* (New York, 1991); Lisa Brooks, *Our Beloved Kin: A New History of King Philip's War* (New Haven, 2018); Colin G. Calloway, *New Worlds for All: Indians, Europeans, and the Remaking of Early America* (Baltimore, 1998); James Merrill, *The Indians' New World: Catawbas and the Neighbors from European Contact to the Era of Removal* (Chapel Hill, 1989); Elizabeth Ellis, *The Great Power of Small Nations: Indigenous Diplomacy in the Gulf South* (Philadelphia, 2022)。

35. Hamalainen, *Indigenous Continent*, 3–110.

36. Richter, *Before the Revolution*, 113–17; Kruer, *Time of Anarchy*, 13–49.

37. John Winthrop, *Reasons for the Plantation in New England* (ca. 1628), Winthrop Society.com; Brookes, *Our Beloved Kin*, 17–20.
38. Greer, *Property and Dispossession*, 81–95. 关于美国农村长期存在的围栏作物和未封闭土地使用权的做法，参见 Greer, *Property and Dispossession*, 261–69; Richard B. Morris, *Studies in the History of American Law with Special Reference to the Seventeenth and Eighteenth Centuries* (Philadelphia, 1959); Steven Hahn, "Hunting, Fishing, and Foraging: Common Rights and Class Relations in the Postbellum South," *Radical History Review* 26 (1982): 37–64。
39. 参见 Greer, *Property and Dispossession*, 81–95, 259–64 中的重要论点。北美原住民不饲养家畜，这有助于解释他们为何极易受到欧洲人携带的病原体的伤害。
40. Kruer, *Time of Anarchy*, 50–200.
41. Richter, *Before the Revolution*, 265–72; James D. Rice, "Bacon's Rebellion in Indian Country," *Journal of American History* 101 (December 2014): 726–50; Kruer, *Time of Anarchy*, 78–236.
42. 关于"菲利普王之战"的最有趣、最详尽的叙述，揭示了女性领袖和外交家维塔莫的重要性，参见 Brooks, *Our Beloved Kin*, 3–4, 17–71, 143–45 及各处。另见 Jill Lepore, *The Name of War: King Philip's War and the Origins of American Identity* (New York, 1998); Richter, *Before the Revolution*, 282–87; Taylor, *American Colonies*, 199–202。
43. James T. Lemon, *The Best Poor Man's Country: A Geographical Study of Early Southeastern Pennsylvania* (Baltimore, 1972).
44. Tomlins, *Freedom Bound*, 181–83; 276–93; Berlin, *Many Thousands Gone*, 47–63, 177–94.
45. Brendan McConville, *These Daring Disturbers of the Public Peace: The Struggle for Property and Power in Early New Jersey* (Ithaca, NY, 1999), 11–27; Thomas Summerhill, *Harvest of Dissent: Agrarianism in Central New York in the Nineteenth Century* (Urbana, IL, 2005).
46. Peter Silver, *Our Savage Neighbors: How Indian War Transformed Early America* (New York, 2008), 3–14; Taylor, *American Colonies*, 271–72.

第三章　教皇、国王与共和国

1. Governor Bernard to Lord Halifax, 15 August 1765, and Thomas Hutchinson to Richard Jackson, 30 August 1765, both in Edmund S. Morgan,

ed., *Prologue to Revolution: Sources and Documents on the Stamp Act Crisis, 1764–1766* (New York, 1973), 106–9; Alfred F. Young, "Ebenezer Macintosh: Boston's Captain General of the Liberty Tree," in Alfred F. Young et al., eds., *Revolutionary Founders: Rebels, Radicals, and Reformers in the Making of the Nation* (New York, 2011), 15–17.

2. Edmund S. Morgan and Helen M. Morgan, *The Stamp Act Crisis: Prologue to Revolution* (Chapel Hill, 1953), 157–204; Peter Shaw, *American Patriots and the Ritual of Revolution* (Cambridge, MA, 1981), 177–225.

3. Dr. Thomas Moffat to Joseph Harrison, 16 October 1765, and Hutchinson to Jackson, both in Morgan, ed., *Prologue to Revolution*, 109–13; Bernard Bailyn, *The Ordeal of Thomas Hutchinson* (Cambridge, MA, 1974), 109–55.

4. 关于"教皇节"仪式，参见 Brendan McConville, "Pope's Day Revisited, 'Popular' Culture Reconsidered," *Explorations in Early American Culture* 4 (2000): 258– 80; Francis D. Cogliano, "Deliverance from Luxury: Pope's Day, Conflict, and Consensus in Colonial Boston, 1745–1765," *Studies in Popular Culture* 15 (1993): 15–28。

5. 关于麦金托什，参见 Young, "Ebenezer Macintosh," 15–34。关于"教皇节"和大众政治文化，参见 Alfred Young, "English Plebeian Culture and Eighteenth-Century American Radicalism," in Margaret C. Jacob and James R. Jacob, eds., *The Origins of Anglo-American Radicalism* (London, 1984), 185–212; Simon P. Newman, *Parades and the Politics of the Street: Festive Culture in the Early American Republic* (Philadelphia, 1997), 11–43; Shaw, *American Patriots and the Ritual of Revolution*, 204–31; Gary B. Nash, *The Urban Crucible: Social Change, Political Consciousness, and the Origins of the American Revolution* (Cambridge, MA, 1979); Paul A. Gilje, *The Road to Mobocracy: Popular Disorder in New York City, 1763–1834* (Chapel Hill, 1987), 3–68。

6. James T. Kloppenberg, *Towards Democracy: The Struggle for Self-Rule in European and American Thought* (New York, 2016), 94–188; Maura Jane Farrelly, *Anti-Catholicism in America, 1620–1860* (New York, 2017), 1–35.

7. Christopher Hill, *The World Turned Upside Down: Radical Ideas During the English Revolution* (London, 1972); Marcus Rediker and Peter Linebaugh, *The Many-Headed Hydra: Sailors, Slaves, Commoners, and the Hidden History of the Revolutionary Atlantic* (Boston, 2000); John Rees, *The Leveller Revolution: Radical Political Organization in England, 1640–1650* (London, 2016).

8. 参见 Nash, *Urban Crucible*, 233–63; John J. McCusker and Russell R. Menard, *The Economy of British America, 1607–1789* (Chapel Hill, 1985), 211–94。
9. Farrelly, *Anti-Catholicism in America*, 71–84. 关于腐败和共和思想，参见 Bernard Bailyn, *The Ideological Origins of the American Revolution* (Cambridge, MA, 1967), 55–159; Gordon S. Wood, *The Creation of the American Republic, 1776–1787* (Chapel Hill, 1969), 28–36。
10. Farrelly, *Anti-Catholicism in America*, 69–103; Gilje, *Road to Mobocracy*, 37–41.
11. Gilje, *Road to Mobocracy*, 37–41.
12. Brendan McConville, *The King's Three Faces: The Rise and Fall of Royal America, 1688–1776* (Chapel Hill, 2006), 62–76; Richard Bushman, *King and People in Provincial Massachusetts* (Chapel Hill, 1992). Brendan McConville, *The King's Three Faces* 是特别重要的再诠释。
13. Thomas Hobbes, *The Leviathan* (1651); John Locke, *The Second Treatise of Government* (1689); Lois G. Schwoerer, "Locke, Lockean Ideas, and the Glorious Revolution," *Journal of the History of Ideas* 51 (October-December 1990): 531–48; Eric Nelson, *The Royalist Revolution: Monarchy and the American Founding* (Cambridge, MA, 2014), 29–65.
14. 伦纳德与威尔逊语引自 Nelson, *Royalist Revolution*, 32, 35。
15. Thomas Jefferson to John Jay, 23 August 1785, Avalon Project, Yale University Law School; Edmund Morgan, *Inventing the People: The Rise of Popular Sovereignty in England and America* (New York, 1988); Rhys Isaac, "Evangelical Revolt: The Nature of the Baptist Challenge to the Traditional Order in Virginia, 1765–1775," *William and Mary Quarterly* 31 (July 1974): 345–68; Aubrey C. Land, "Economic Base and Social Structure: The Northern Chesapeake in the Eighteenth Century," *Journal of Economic History* 25 (1965): 639–54.
16. McConville, *The King's Three Faces*, 170–82. 关于"天真君主制"，参见 Daniel Field, *Rebels in the Name of the Tsar* (Boston, 1976); James C. Scott, *Domination and the Arts of Resistance: Hidden Transcripts* (New Haven, 1990)。关于奴隶的"保皇"形式及其在美国独立战争期间逃往英国的情况，参见 Gary B. Nash, *The Forgotten Fifth: African Americans in the Age of Revolution* (Cambridge, MA, 2006); Steven Hahn, *The Political Worlds of Slavery and Freedom* (Cambridge, MA, 2009), 55–114。
17. Petition to the King, 8 July 1775, Journals of the Continental Congress,

Avalon Project, Yale University Law School; Nelson, *Royalist Revolution*, 63–65.

18. 尤见 Holger Hock, *Scars of Independence: America's Violent Birth* (New York, 2017)。

19. Gilje, *Road to Mobocracy*, 67; David Waldstreicher, *In the Midst of Perpetual Fêtes: The Making of American Nationalism, 1776–1820* (Chapel Hill, 1997), 30–31.

20. "A Declaration and Remonstrance Of the distressed and bleeding Frontier Inhabitants Of the Province of Pennsylvania," 13 February 1764, in John R. Dunbar, ed., *The Paxton Papers* (The Hague, 1957), 101–10. 对这一系列事件的最佳描述是 Kevin Kenny, *Peaceable Kingdom Lost: The Paxton Boys and the Destruction of William Penn's Holy Experiment* (New York, 2009)。关于庞蒂亚克战争，参见 Gregory Evans Dowd, *War under Heaven: Pontiac, the Indian Nations, and the British Empire* (Baltimore, 2002)。

21. Dowd, *War under Heaven*, 191–212.

22. Alan Taylor, "Agrarian Independence: Northern Land Rioters after the Revolution," in Alfred F. Young, ed., *Beyond the American Revolution: Explorations in the History of American Radicalism* (Dekalb, IL, 1993), 221–45; Rachel Klein, "Ordering the Backcountry: The South Carolina Regulation," *William and Mary Quarterly* 38 (October 1981): 661–80; Brendan McConville, *These Daring Disturbers of the Public Peace: The Struggle for Property and Power in Early New Jersey* (Philadelphia, 2003); Edward Countryman, " 'Out of the Bounds of the Law': Northern Land Rioters in the Eighteenth Century," in Alfred F. Young, ed., *The American Revolution: Essays in the History of American Radicalism* (Dekalb, IL, 1976), 39–61.

23. McConville, *These Daring Disturbers of the Peace*, 137–201; Taylor, "Agrarian Independence," 221–37; Marvin L. Michael Kay, "The North Carolina Regulation, 1766–1776," and Michael Merrill and Sean Wilentz, "The Key of Libberty: William Manning and Plebeian Democracy, 1747–1814," both in Young, ed., *The American Revolution*, 73–108, 247–71; Countryman, " 'Out of the Bounds of the Law'," 39–61.

24. Benjamin Rush, "An Account of the Progress of Population, Agriculture, Manners, and Government, in Pennsylvania," *Essays Literary, Moral, and Philosophical* (Philadelphia, 1806), 226-47.

25. Klein, "Ordering the Backcountry," 661–72; Countryman, " 'Out of the

Bounds of the Law,' " 56; McConville, *These Daring Disturbers of the Peace*, 218.

26. Peter Silver, *Our Savage Neighbors: How Indian War Transformed Early America* (New York, 2008), 95–160; Dowd, *War under Heaven*, 203–12. 关于另一种语境，参见 Richard White, *The Middle Ground: Indians, Empires, and Republics in the Great Lakes Region, 1650–1815* (New York, 1991)。

27. 参见 Michael A. McDonnell, The Politics of War: Race, Class, and Conflict in Revolutionary Virginia (Chapel Hill, 2007); Woody Holton, Forced Founders: Indians, Debtors, Slaves and the Making of the American Revolution in Virginia (Chapel Hill, 1999)。

28. McDonnell, *Politics of War*, 6; Robert Gross, *The Minutemen and Their World* (New York, 1976); Rachel Klein, *Unification of a Slave State: The Rise of the Planter Class in the South Carolina Backcountry, 1760–1808* (Chapel Hill, 1992); Alan Taylor, *Liberty Men and Great Proprietors: The Revolutionary Settlement on the Maine Frontier* (Chapel Hill, 1990); Kenny, *Peaceable Kingdom Lost*, 226–31.

29. Colin G. Calloway, *The American Revolution in Indian Country: Crisis and Diversity in Native American Communities* (New York, 1995); Woody Holton, *Liberty Is Sweet: The Hidden History of the American Revolution* (New York, 2021), 169–554; Patrick Griffin, *American Leviathan: Empire, Nation, and Revolutionary Frontier* (New York, 2007).

30. Constitution of Pennsylvania, 28 September 1776, Avalon Project, Yale University Law School; Wood, *Creation of the American Republic*, 127–255; Alan Taylor, *American Revolutions: A Continental History, 1750–1804* (New York, 2016), 358–63; Eric Foner, *Tom Paine and Revolutionary America* (New York, 1976), 107–44.

31. 尽管佛蒙特州 1777 年的宪法一直被认为废除了奴隶制，但该州的权利宣言在宣布"人人生而平等自由和独立"之后，确定"因此，任何男性……在年满 21 岁之后，不得依法充当任何人的奴隶、仆役或学徒；女性在年满 18 岁之后，也不得以同样方式充当任何人的奴隶、仆役或学徒……除非他们在年满此年龄后受到自己同意的约束，或受到法律的约束，以偿还债务、损害赔偿、罚款、费用等"。参见 Constitution of Vermont, 8 July 1777, Chap. I; Constitution of Virginia, 29 June 1776, Sec. 1, both in Avalon Project。佛蒙特州通常被认为在美国第一个颁布了解放条款，事实上，这预示了东北部和中大西洋地区其他解放法规的轮廓：这些法规都涉及基于性别和年龄的逐步解放，并将"自由"包裹在未来永久奴役的前景中。

32. 参见 Constitution of New Jersey, 1776, XIX; Virginia Constitution, Sec. 6, both in Avalon Project; Constitution of Massachusetts, 1780, Chap. VI, National Humanities Institute。

33. 关于这场危机的规模，参见 Taylor, *American Revolutions*, 363–68; Michael Klarman, *The Framers' Coup: The Making of the United States Constitution* (New York, 2016), 73–125; Terry Bouton, *Taming Democracy："The People," the Founders, and the Troubling End of the American Revolution* (New York, 2009), 88–104。

34. Woody Holton, *Unruly Americans and the Origins of the Constitution* (New York, 2007), 21–44.

35. Holton, *Unruly Americans*, 21–83; Bouton, *Taming Democracy*, 114–24; Taylor, *American Revolutions*, 363–67.

36. 关于各州的回应，参见 Klein, *Unification of a Slave State*, 109–237; George W. Van Cleeve, "The Anti-Federalists' Toughest Challenge: Paper Money, Debt Relief, and the Ratification of the Constitution," *Journal of the Early Republic* 34 (Winter 2014): 529–60。

37. 关于谢斯事件，参见 Leonard L. Richards, *Shays's Rebellion: The American Revolution's Final Battle* (Philadelphia, 2002); David P. Szatmary, *Shays' Rebellion: The Making of an Agrarian Insurrection* (Amherst, 1984)。

38. 参见 Woody Holton, *Unruly Americans*, 145–61 的精彩论述。另见 Klarman, *Framers' Coup*, 73–125; Bouton, *Taming Democracy*, 197–215。

39. Holton, *Unruly Americans*, 179–80; Klarman, *Framers' Coup*, 73–125.

40. 参见 Thomas Jefferson to James Madison, 30 January 1787, Founders.Archives.Gov, National Archives; Klarman, *The Framers' Coup*, 11–125; Gerald Leonard and Saul Cornell, *The Partisan Republic: Democracy, Exclusion, and the Fall of the Founders' Constitution, 1780s–1830s* (New York, 2019), 8–15; Taylor, *American Revolutions*, 372–73。

41. 参见 Nelson, *The Royalist Revolution*, 184–208; John L. Harper, *American Machiavelli: Alexander Hamilton and the Origins of U.S. Foreign Policy* (New York, 2004), 36–37。会议初期，许多代表希望建立一个完全基于间接代表制的立法机构。康涅狄格州的罗杰·谢尔曼曾帮助起草《独立宣言》，他认为立法机构的任何部分都不应该由民众选举产生，人民"应该尽可能少地参与政府事务"。参见 Gary Kornblith and John Murrin, "The Dilemmas of Ruling Elites in Revolutionary America," in

Steve Fraser and Gary Gerstle, eds., *Ruling America: A History of Wealth and Power in a Democracy* (Cambridge, MA, 2005), 40–41。

42. David Waldstreicher, *Slavery's Constitution: Revolution to Ratification* (New York, 2009); Nelson, *The Royalist Revolution*, 199–203; Wood, *Creation of the American Republic*, 471–75. 正如麦迪逊在大会召开前写给华盛顿的一封信中所说的那样,"在我看来,绝对有必要在任何情况下都对各州的立法行为采取否定态度,就像迄今为止国王行使的特权一样"。我们所知道的会议记录来自麦迪逊的笔记、代表们的私人信件以及后来收集到的文件。1712 年在纽约州和 1739 年在南卡罗来纳州发生了针对奴隶起义,加勒比海发生了针对逃亡黑奴的战争,1760 年在牙买加发生了所谓的"塔基起义"(Tacky's Revolt)。参见 Vincent Brown, *Tacky's Revolt: The Story of an Atlantic Slave War* (Cambridge, MA, 2020)。杰斐逊在《弗吉尼亚州笔记》中论及奴役的后果时写道:"当我想到上帝是公正的,他的正义不会永远沉睡,我就为我的国家感到战栗。"

43. 参见 John Jay, "Federalist 2–4," Alexander Hamilton, "Federalist 5–9, 12, 23, 28–30, 32, 68–70," James Madison, "Federalist 10, 37, 39, 45, 51," all in Cass Sunstein, ed., *The Federalist* (Cambridge, MA, 2009)。麦迪逊所做的笔记也是了解会议进程的重要依据。有关深入介绍,参见 Mary Sarah Bilder, *Madison's Hand: Revising the Constitutional Convention* (Cambridge, MA, 2015)。

44. 关于是否批准《联邦宪法》的争夺战,参见 Pauline Maier, *Ratification: The People Debate the Constitution, 1787–1788* (New York, 2010); Klarman, *Framers' Coup,* 305–545; Saul Cornell, *The Other Founders: Anti-Federalism and the Dissenting Tradition in America, 1788–1828* (Chapel Hill, 1999), 19–143; Taylor, *American Revolutions*, 392。

45. 引自 Taylor, "Agrarian Independence," 232。另见 Cornell, *The Other Founders*, 22–23; Maier, *Ratification*, 70–95。

46. 参见"联邦农民"发表于 1787 年 10 月 9 日的文章,载于 Herbert Storing, ed., *The Anti-Federalist: Writings by Opponents of the Constitution* (Chicago, 1981), 42; Cornell, *The Other Founders*, 26–33。与联邦党人一样,反联邦党人也用笔名写作。

47. Baron de Montesquieu, *The Spirit of the Laws* (New York, 1949), Book IX, 120–21; Madison, "Federalist 10," in Sunstein, ed., *The Federalist*, 52–61.

48. 参见"一个老辉格"发表于 1787 年 10 月至 11 月的文章,载于 Herbert Storing Jr., ed., *The Complete Anti-Federalist*, 7 vols. (Chicago, 1981),

III, 32；"布鲁图斯"发表于 1787 年 10 月 18 日、"哨兵"发表于 1787 年 10 月、"异议的致辞与肇因"发表于 1787 年 12 月 18 日的文章，均载于 Storing, ed., *Anti-Federalist*, 16, 18–91, 114–16, 209–13。

49. Isaac Kramnick, "The Great National Discussion: The Discourse of Politics in 1787," *William and Mary Quarterly* 45 (January 1988): 3–32; Taylor, "Agrarian Independence," 222–45; Saul Cornell, "Aristocracy Assailed: The Ideology of Backcountry Anti-Federalism," *Journal of American History* 76 (March 1990): 1148–72.

50. *Carlisle Gazette*, 2 January 1788, in Merrill Jensen et al., eds., *Ratification of the Constitution by the States* (Philadelphia, 1976), 670–73; Bouton, *Taming Democracy*, 216–43; Waldstreicher, *In the Midst of Perpetual Fêtes*, 92–97; Thomas P. Slaughter, *The Whiskey Rebellion: Frontier Epilogue to the American Revolution* (New York, 1986).

51. Thomas Jefferson, *Notes on the State of Virginia* (1785; New York, 1954), 137–43; Thomas Jefferson to Henry Lee, 8 May 1825, quoted in Gordon Wood, *Empire of Liberty: A History of the Early Republic, 1789–1815* (New York, 2009), 9; Helena Rosenblatt, *The Lost History of Liberalism: From Ancient Rome to the Twenty-First Century* (Princeton, 2018).

52. Morgan, *Inventing the People*; Jefferson, *Notes on the State of Virginia*, 146–47; Wood, *Empire of Liberty*, 52–94.

53. 富兰克林语引自 Wood, *Empire of Liberty*, 74。

54. Prince Hall et al. to the Honorable Council and House of [Represent]atives for the State of Massachusetts-Bay, 13 January 1777, *Collections of the Massachusetts Historical Society*, 5th Ser., III (Boston, 1877), 432–37. 之前的请愿书于 1773 年和 1774 年发出。

55. 参见 C. S. Manegold, *Ten Hills Farm: The Forgotten History of Slavery in the North* (Princeton, 2010), 228–36。当时在斯托克布里奇也有一起涉及被奴役妇女蒙贝特（又名伊丽莎白·弗里曼）的类似案件，法官做出了对她有利的判决。另见 Joanne Pope Melish, *Disowning Slavery: Gradual Emancipation and "Race" in New England, 1780–1860* (Ithaca, NY, 1998); Ira Berlin, *The Long Emancipation: The Demise of Slavery in the United States* (Cambridge, MA, 2015)。

第四章　托克维尔、林肯与好排异己的 19 世纪 30 年代

1. 参见 Alexis de Tocqueville, *Democracy in America*, J. P. Mayer, ed., trans.

by George Lawrence (New York, 1969), 11–12。

2. Abraham Lincoln, "The Perpetuation of Our Political Institutions: Address Before the Young Men's Lyceum of Springfield, Illinois," 27 January 1838, in Roy P. Basler, ed., *Abraham Lincoln: His Speeches and Writings* (New York, 1946), 76–85.

3. Lincoln, "Perpetuation of Our Political Institutions," 78–80; Kelly Kennington, *In the Shadow of Dred Scott: St. Louis Freedom Suits and the Legal Culture of Slavery in Antebellum America* (Athens, GA, 2017), 182–83. 林肯还注意到密西西比州对赌徒的绞刑。奴隶制和被奴役者的地位仍然很复杂，这首先是由于《西北条例》的含糊不清。正如斯科特·赫尔曼在其重要著作中指出的，伊利诺伊州迟至19世纪30年代还存在奴隶买卖以及奴隶作为动产可以转让的情况。参见 Heerman, *The Alchemy of Slavery: Human Bondage and Emancipation in the Illinois Country, 1730–1865* (Philadelphia, 2018), 135–68。

4. 关于废奴主义的文献浩如烟海，但一些特别有价值的，参见（举例）Manisha Sinha, *The Slave's Cause: A History of Abolition* (New Haven, 2017); Gary Nash, *Forging Freedom: The Formation of Philadelphia's Free Black Community, 1720–1840* (Cambridge, MA, 1988); Richard Newman, *The Transformation of American Abolitionism: Fighting Slavery in the Early Republic* (Chapel Hill, 2002); Eddie S. Glaude Jr., *Exodus! Religion, Race, and Nation in Early Black America* (Chicago, 2000); David Brion Davis, *The Problem of Slavery in the Age of Emancipation* (New York, 2014)。

5. 废奴主义具有无政府主义倾向，但这一点往往未得到足够重视。参见 Lewis Perry, *Radical Abolitionism: Anarchy and the Government of God in Antislavery Thought* (Ithaca, NY, 1983)。

6. 关于一个特别有见地的论点，参见 David Brion Davis, "Immediatism in British and American Antislavery Thought," *Mississippi Valley Historical Review* 49 (September 1962): 209–30。

7. 参见重要著作 Larry E. Tise, *Proslavery: A History of the Defense of Slavery in America, 1701–1840* (Athens, GA, 1987)。

8. 在此，我与一些学者的评估意见不谋而合，他们更看好遣返黑人，认为这是解放奴隶的现实途径，是致力于消除奴隶制的罪恶和提高非洲人和非洲裔美国人地位的途径。参见（举例）Davis, *Problem of Slavery in the Age of Emancipation*, 83–165。关于19世纪30年代密西西比河以东原住民被驱逐的情况，参见 Claudio Saunt, *Unworthy*

Republic: The Dispossession of Native Americans and the Road to Indian Territory (New York, 2020)。"迫迁"(removal)或"迫迁主义"(removalism)这种措辞最常与对自由黑人和美洲原住民的政策联系在一起，但在我看来，用驱逐主义(expulsionism)描述这一时期的历史现象更为恰当。关于针对黑人和原住民的驱逐主义的讨论，参见 Samantha Seeley, *Race, Removal, and the Right to Remain: Migration and the Making of the United States* (Chapel Hill, 2021)。

9. James Brewer Stewart, *Holy Warriors: The Abolitionists and American Slavery* (New York, 1996), 67–68; David Roediger, *The Wages of Whiteness: Race and the Making of the American Working Class* (London, 1991), 95–110; Leonard Richards, *"Gentlemen of Property and Standing": Anti-Abolition Mobs in Jacksonian America* (New York, 1970), 69–71.

10. Richards, *"Gentlemen of Property and Standing,"* 3–46; David Grimstead, *American Mobbing, 1828–1861: Toward Civil War* (New York, 1998), 33–82; Daniel Walker Howe, *What Hath God Wrought: The Transformation of America, 1815–1848* (New York, 2007), 411–45.

11. Richards, *"Gentlemen of Property and Standing,"* 62.

12. Steven Hahn, *The Political Worlds of Slavery and Freedom* (Cambridge, MA, 2009), 1–54; Ira Berlin, *The Long Emancipation: The Demise of Slavery in the United States* (Cambridge, MA, 2015).

13. Lydia Maria Child, *An Appeal in Favor of that Class of Americans Called Africans* (Boston, 1833), 6, 10.

14. 参见 Leon Litwack, *North of Slavery: The Negro in the Free States, 1790–1860* (Chicago, 1961); Eugene Berwanger, *The Frontier Against Slavery: Western Anti-Negro Prejudice and the Slavery Extension Controversy* (Urbana, IL, 1967); Kevin Waite, *West of Slavery: The Southern Dream of a Transcontinental Empire* (Chapel Hill, 2021)。另见 Nicholas Guyatt, *Bind Us Apart: How Enlightened Americans Invented Racial Segregation* (New York, 2016)，论述了"隔离但平等"作为美国共和国建国原则的问题。

15. George M. Fredrickson, *The Black Image in the White Mind: The Debate on Afro-American Character and Destiny, 1817–1914* (New York, 1971), 1–96; Reginald Horsman, *Race and Manifest Destiny: The Origins of American Racial Anglo-Saxonism* (Cambridge, MA, 1981), 79–186; Tise, *Proslavery*, 286–346.

16. 参见 Kate Masur, *Until Justice Be Done: America's First Civil Rights Movement, from the Revolution to Reconstruction* (New York, 2021), 12 and

passim 及各处。

17. 关于修道院被毁，参见 Jeanne Hamilton, "The Nunnery as Menace: The Burning of the Charlestown Convent, 1834," *U.S. Catholic Historian* 14 (Winter 1996): 35–65; Maura Jane Farrelly, *Anti-Catholicism in America, 1620–1860* (New York, 2018), 134–45; Ray Allen Billington, *The Protestant Crusade: A Study of the Origins of American Nativism* (1938; Chicago, 1964), 32–84。关于费城的针对黑人的种族暴乱，参见 John Runcie, "'Hunting the Nigs' in Philadelphia: The Race Riot of 1834," *Pennsylvania History* 39 (April 1972): 187–218。

18. Ray Allen Billington, "The Burning of the Charlestown Convent," *New England Quarterly* 10 (March 1937): 4–24; Paul A. Gilje, *Rioting in America* (Bloomington, IN, 1996), 64–66; Rebecca Theresa Reed, *Six Months in a Convent* (Boston, 1835). 另见 Hidetaka Hirota, *Expelling the Poor: Atlantic Seaboard States and 19th Century Immigration Policy* (New York, 2017)。

19. Paul E. Johnson and Sean Wilentz, *The Kingdom of Matthias: A Story of Sex and Salvation in 19th-Century America* (New York, 1994).

20. 关于史密斯，参见 Richard L. Bushman, *Joseph Smith: Rough Stone Rolling* (New York, 2005)。

21. Benjamin E. Park, *Kingdom of Nauvoo: The Rise and Fall of a Religious Empire on the American Frontier* (New York, 2020), 6–21; Leonard J. Arrington, *The Great Basin Kingdom: An Economic History of the Latter-Day Saints, 1830–1900* (Cambridge, MA, 1958), 3–22; Bushman, *Joseph Smith*, 294–373.

22. Sarah Barringer Gordon, *The Mormon Question: Polygamy and Constitutional Conflict in Nineteenth-Century America* (Chapel Hill, 2002); David L. Bigler and Will Bagley, *The Mormon Rebellion: America's First Civil War, 1857–1858* (Norman, OK, 2011).

23. 参见 David Brion Davis, "Some Themes of Countersubversion: An Analysis of Anti-Mason, Anti-Catholic, and Anti-Mormon Literature," *Mississippi Valley Historical Review* 47 (September 1960): 205–24; T. Ward Frampton, "'Some Savage Tribe': Race, Legal Violence, and the Mormon War of 1838," *Journal of Mormon History* 40 (Winter 2014): 175–207; Richard Bushman, "Mormon Persecutions in Missouri, 1833," *Brigham Young University Studies* 3 (Autumn 1960): 11–20; J. Spencer Fluhman, "*A Peculiar People*": Anti-Mormonism and the Making of Religion in

Nineteenth-Century America (Chapel Hill, 2012), 21–102。

24. Lilburn M. Boggs, 27 October 1838, Missouri Mormon War, Missouri State Archives, Jefferson City, MO; Park, *Kingdom of Nauvoo*, 30.
25. Park, *Kingdom of Nauvoo*, 222–67.
26. 尤见 Alexander Keyssar, *The Right to Vote: The Contested History of Democracy in the United States* (New York, 2000), 26–52。最近的研究表明，出于种种原因，美国地方选举的投票率有所下降，而全国性选举的投票率却大幅上升。参见（举例）*Journal of the Early Republic* 33 (Summer 2013) 中的重要文章。
27. 关于美国早期的国家政治文化，参见 David Waldstreicher, *In the Midst of Perpetual Fêtes: The Making of American Nationalism, 1776–1820* (Chapel Hill, 1997); Simon P. Newman, *Parades and the Politics of the Streets: Festive Culture in the Early American Republic* (Philadelphia, 1997)。
28. 参见 Grimsted, *American Mobbing*, 181–98。另见 Richard Franklin Bensel, *The American Ballot Box in the Mid-Nineteenth Century* (New York, 2004)。
29. 19 世纪 30 年代，口头投票在弗吉尼亚州、肯塔基州、密苏里州、阿肯色州和伊利诺伊州盛行。参见 Keyssar, *Right to Vote*, 28。另见 Bensel, *American Ballot in the Mid-Nineteenth Century*, 26–85, 138–86。
30. 参见（举例）John Mack Faragher, *Sugar Creek: Life on the Illinois Prairie* (New Haven, 1986), 140–70; Don H. Doyle, *The Social Order of a Frontier Community: Jacksonville, Illinois, 1825–1870* (Urbana, IL, 1978), 169–77。
31. 关于美国内战前的南方"优等种族民主"，参见 George M. Fredrickson, *The Black Image in the White Mind: The Debate on Afro-American Character and Destiny, 1817–1914* (New York, 1971), 43–70。
32. John Hope Franklin, *The Militant South, 1800–1861* (Cambridge, MA, 1956); Bertram Wyatt Brown, *Southern Honor: Ethics and Behavior in the Old South* (New York, 1982), 327–461; Sally Hadden, *Slave Patrols: Law and Violence in Virginia and the Carolinas* (Cambridge, MA, 2003); Christopher J. Olsen, *Political Culture and Secession in Mississippi: Masculinity, Honor, and the Antiparty Tradition, 1830–1860* (New York, 2000), 17–37; Harry S. Laver, "Rethinking the Social Role of the Militia," *Journal of Southern History* 68 (November 2002): 777–816; William Faulkner, *Requiem for a Nun* (New York, 1951), 5. 在奴隶制各州之外，民兵集结也很常见，并有类似的社会和政治目的。无论在哪里举行，集会都可能陷入混乱和酗酒的局面。
33. Galusha Grow, "The Last Days of the Duello in Congress," *Saturday*

Evening Post, 23 June 1900, 1194；尤见 Joanne B. Freeman, *The Field of Blood: Violence in Congress and the Road to Civil War* (New York, 2018)。

34. 尤见 Paul Goodman, *Toward a Christian Republic: Antimasonry and the Great Transition in New England, 1826–1836* (New York, 1988); Howe, *What Hath God Wrought*, 167–70; Davis, "Some Themes of Counter-Subversion," 206–24。
35. Goodman, *Toward a Christian Republic*, 3–19; Howe, *What Hath God Wrought*, 268–70; Raymie E. McKerrow, "Antimasonic Rhetoric: The Strategy of Excommunication," *Communication Quarterly* 37 (Fall 1989): 276–90.
36. Goodman, *Toward a Christian Republic*, 3–53, 105–245; Howe, *What Hath God Wrought*, 269–70l; Ronald Formisano, *The Transformation of Political Culture: Massachusetts Parties, 1790s–1840s* (New York, 1983), 198–221; Kathleen Kutolowski, "Antimasonry Reexamined: The Social Bases of the Grassroots Party," *Journal of American History* 71 (September 1984): 269–93.
37. "Republican Party Platform of 1856," 18 June 1856, The American Presidency Project, UC Santa Barbara.
38. Kerry A. Trask, *Black Hawk: The Battle for the Heart of America* (New York, 2006).
39. David Donald, *Lincoln* (New York, 1995), 43–46; Saunt, *Unworthy Republic*, 53–170. 关于林肯早期与原住民相处的经历，参见 Christopher W. Anderson, "Native Americans and the Origin of Abraham Lincoln's Views on Race," *Journal of the Abraham Lincoln Association* 37 (Winter 2016): 11–29。
40. Colin G. Calloway, *The American Revolution in Indian Country: Crisis and Diversity in Native American Communities* (New York 1995); Constitution of the United States, Art. I, Secs. 2 and 8.
41. Francis P. Prucha, *The Great Father: The United States Government and the Indians*, 2 vols. (Lincoln, NE, 1984), I, 35–178.
42. William G. McLoughlin, *Cherokee Renaissance in the New Republic* (Princeton, 1986); Theda Perdue, *Slavery and the Evolution of Cherokee Society, 1540–1866* (Knoxville, 1979).
43. Stephen Warren, *The Shawnees and Their Neighbors, 1795–1870* (Urbana, IL, 2008); Claudio Saunt, *A New Order of Things: Property, Power, and the Transformation of the Creek Indians, 1733–1816* (New York, 1999); Barbara Krauthamer, *Black Slaves, Indian Masters: Slavery, Emancipation,*

and Citizenship in the Native American South (Chapel Hill, 2015). 最高法院在两起佐治亚州案件——切罗基部落诉佐治亚州案（1831 年）和伍斯特诉佐治亚州案（1832 年）中做出了混合裁决，但仍为原住民留出了一些空间。一方面，法院裁定切罗基人确实拥有某种主权地位（"国内附属国"），但他们没有作为一个外国实体的地位，因此无权起诉佐治亚州。另一方面，法院称"切罗基民族"是一个"独特的群体，拥有自己的领土"，佐治亚州法律对其没有管辖权。然而，杰克逊总统认为这些判决只是对宪法的解释，并拒绝执行它们，任由佐治亚人为所欲为。

44. Anthony F. C. Wallace, *The Long Bitter Trail: Andrew Jackson and the Indians* (New York, 1993); Michael P. Rogin, *Fathers and Children: Andrew Jackson and the Subjugation of the American Indian* (New York, 1975).

45. John K. Mahon, *History of the Second Seminole War, 1835–1842* (Gainesville, 2010); Trask, *Black Hawk*.

46. Saunt, *Unworthy Republic*; Theda Perdue and Michael D. Green, *The Cherokee Nation and the Trail of Tears* (New York, 2007).

47. 参见 David A. Nichols, *Lincoln and the Indians: Civil War Policy and Politics* (Urbana, IL, 1978); Jeffrey Ostler, *The Plains Sioux and U.S. Colonialism from Lewis and Clark to Wounded Knee* (New York, 2004), 13–107; Alvin M. Josephy Jr., *The Civil War in the American West* (New York, 1991); Pekka Hamalainen, *Lakota America: A New History of Indigenous Power* (New Haven, 2019), 252–67. 笔者曾在"Slave Emancipation, Indian Peoples, and the Projects of a New American Nation-State," *Journal of the Civil War Era* 3 (September 2013): 307–30 中讨论过这一问题。

48. Nichols, *Lincoln and the Indians*, 94–127; Hahn, "Slave Emancipation and Indian Peoples," 307–30. 与约翰·威尔克斯·布斯密谋刺杀林肯的 4 人中，有一人曾在南军服役，他们都是邦联的同情者，被军事委员会审判并处决。

49. Clifford Krainik and Michele Krainik, "Photographs of Indian Delegates at the President's 'Summer House,' " *White House History* 25 (Spring 2009); Nichols, *Lincoln and the Indians*, 129–201.

50. "Address on Colonization to a Deputation of Negroes," 14 August 1862, in Roy P. Basler, ed., *The Collected Works of Abraham Lincoln*, 9 vols. (New Brunswick, NJ, 1953), V, 371–75; "Annual Message to Congress," 1 December 1862, in Basler, ed., *Lincoln: His Speeches and Writings*, 676.

51. Tocqueville, *Democracy in America*, 316–39.

52. Tocqueville, *Democracy in America*, 340–63; Cheryl Welch, "Creating *Concitoyens*: Tocqueville on the Legacy of Slavery," in Raf Geenens and Annelien De Dijn, eds., *Reading Tocqueville: From Oracle to Actor* (Hampshire, 2007), 31–36.
53. Tocqueville, *Democracy in America*, 358–87.
54. Tocqueville, *Democracy in America*, 252. 罗伯特·帕特南和迈克尔·桑德尔等人强调了托克维尔的公民和社群特征。
55. Tocqueville, *Democracy in America*, 44, 62–63, 96, 224–25, 252, 254–55, 375, 399, 692–93, 697.
56. Sheldon Wolin, *Tocqueville Between Two Worlds: The Making of a Political and Theoretical Life* (Princeton, 2001), 229–40.

第五章　束缚的方式

1. *New York Times*, 1 February 1865.
2. Michael Vorenberg, *Final Freedom: The Civil War, the Abolition of Slavery, and the Thirteenth Amendment* (New York, 2001).
3. 杰斐逊最初在他的1784年法令草案中提出了这一措辞，但禁止奴隶制的条款以微弱的票数劣势被删除。戴恩提出了1787年《西北条例》第六条的措辞，他似乎是从马萨诸塞州的同事鲁弗斯·金那里学来的——鲁弗斯·金把这一措辞与1785年的《土地条例》联系起来，但没有成功。令戴恩吃惊的是，第六条竟被纳入了《西北条例》，而蓄奴利益集团几乎没有提出反对意见。参见 Peter Onuf, *Statehood and Union: A History of the Northwest Ordinance* (Notre Dame, IN, 2019), 110–12; Eric Foner, *The Second Founding: How the Civil War and Reconstruction Remade the Constitution* (New York, 2019), 31–32。关于将英国囚犯作为契约奴的影响，参见 Alan Atkinson, "The Free-Born Englishman Transported: Convict Rights as a Measure of Eighteenth-Century Empire," *Past and Present* 144 (August 1994): 88–115; A. Roger Ekirch, *Bound for America: The Transportation of British Convicts to the Colonies, 1718–1775* (Oxford, 1990); Rebecca McLennan, *The Crisis of Imprisonment: Protest, Politics, and the Making of the American Penal State, 1776–1941* (New York, 2008), 30–32。根据弗吉尼亚州的理查德·亨利·李的说法，《西北条例》"似乎是必要的，对于保障那些无知的，也许是放荡的人的财产安全来说，因为大部分去那里的人都是如此，唯有一个强有力的政府存在，财产的权利才能得到明

确界定"。参见 Richard Henry Lee to George Washington, 15 July 1787, Founders' Online, National Archives。关于杰斐逊对刑罚改革和刑法改革的兴趣，参见 Paul Knepper, "Thomas Jefferson, Criminal Code Reform, and the Kentucky Penitentiary at Frankfort," *Register of the Kentucky Historical Society* 91 (Spring 1993): 129–49。

4. William M. Carter Jr., "Race, Rights, and the Thirteenth Amendment," *U. C. Davis Law Review* 40 (April 2007): 1311–79; Michele Goodwin, "The Thirteenth Amendment: Modern Slavery, Capitalism, and Mass Incarceration," 104 *Cornell Law Review* 899 (2019): 899–990; Ava Duvernay, "13th" (2016). 关于囚犯租赁和其他形式的法律压迫，参见 Alex Lichtenstein, *Twice the Work of Free Labor: The Political Economy of Convict Labor in the New South* (London, 1996); David Oshinsky, *"Worse than Slavery": Parchman Farm and the Ordeal of Jim Crow Justice* (New York, 1996); William Cohen, *At Freedom's Edge: Black Mobility and the Southern White Quest for Racial Control, 1861–1915* (Baton Rouge, 1991); Douglas A. Blackmon, *Slavery by Another Name: The Re-Enslavement of Black Americans from the Civil War to World War II* (New York, 2008); Edward L. Ayers, *Vengeance and Justice: Crime and Punishment in the Nineteenth-Century South* (New York, 1985)。关于第十三修正案和黑人入罪化，参见 Khalil Gibran Muhammad, *The Condemnation of Blackness: Race, Crime, and the Making of Modern America* (Cambridge, MA, 2011)。

5. 关于奴隶制和自由的"议题"，可以在下列书中找到最有力的构思和最精彩的论述：David Brion Davis, *The Problem of Slavery in Western Culture* (Ithaca, NY, 1966); Davis, *The Problem of Slavery in the Age of Revolution, 1770–1823* (Ithaca, NY, 1975); Thomas Holt, *The Problem of Freedom: Race, Labor, and Politics in Jamaica and Britain, 1832–1938* (Baltimore, 1991); Ira Berlin et al., *Freedom: A Documentary History of Slave Emancipation, 1861–1867*, 5 vols. (New York, 1982–2012); Eric Foner, *Reconstruction: America's Unfinished Revolution, 1863–1877* (New York, 1988)。

6. Gustave de Beaumont and Alexis de Tocqueville, *On the Penitentiary System in the United States and Its Application in France* (Philadelphia, 1833), 32–59.

7. Benjamin Rush, *An Enquiry into the Effects of Public Punishments upon Criminals and upon Society* (Philadelphia, 1787). 另见 Max Mishler, "The Atlantic Origins of Mass Incarceration: Punishment, Abolition, and Racial

Inequality" (PhD diss., New York University, 2016), 55–56。关于拉什和宾夕法尼亚州监狱系统的发展，参见杰作 Michael Meranze, *Laboratories of Virtue: Punishment, Revolution, and Authority in Philadelphia, 1760–1835* (Chapel Hill, 1996)。关于英国监狱系统的发展，参见 Michael Ignatieff, *A Just Measure of Pain: The Penitentiary in the Industrial Revolution, 1750–1850* (New York, 1978)。

8. McLennan, *Crisis of Imprisonment*, 14–52; Meranze, *Laboratories of Virtue*, 19–171.

9. Charles Dickens, *American Notes for General Circulation* (London, 1842), 81–94.

10. Jonathan A. Glickstein, *American Exceptionalism, American Anxiety: Wages, Competition, and Degraded Labor in the Antebellum United States* (Charlottesville, 2002), 163–82.

11. 笔者要感谢马克斯·米什勒在他的开创性论文 "Atlantic Origins of Mass Incarceration" 中提供的深刻见解。另见 Meranze, *Laboratories of Virtue*, 1–18, 131–216; Sally Gershman, "Alexis de Tocqueville and Slavery," *French Historical Studies* 9 (Spring 1976): 467–83。另见 Alexis de Tocqueville, *Writings on Empire and Slavery*, Jennifer Pitts, ed., (Baltimore, 2001)。

12. Mishler, "Atlantic Origins," 7–98; Meranze, *Laboratories of Virtue*, 131–72.

13. Mishler, "Atlantic Origins," 47–133.

14. 关于美国东北部和中大西洋地区的奴隶解放，参见 Sarah Gronningsater, *The Arc of Abolition: The Children of Gradual Emancipation and the Origins of National Freedom* (Philadelphia, forthcoming); Steven Hahn, *The Political Worlds of Slavery and Freedom* (Cambridge, MA, 2009); Ira Berlin, *The Long Emancipation: The Demise of Slavery in the United States* (Cambridge, MA, 2015); Stephen Kantrowitz, *More than Freedom: Fighting for Black Citizenship in a White Republic, 1829–1889* (New York, 2013), 13–174。

15. Mishler, "Atlantic Origins," 99–181; Adam Hirsch, "From Pillory to Penitentiary: The Rise of Criminal Incarceration in Early Massachusetts," *Michigan Law Review* 80 (1982): 1179–269. 1773 年，康涅狄格州开始把一座旧铜矿作为监狱，称为"旧纽盖特监狱"。另见 Leslie Harris, *In the Shadow of Slavery: African Americans in New York City, 1626–1863* (Chicago, 2003); Shane White, *Somewhat More Independent: The End of Slavery in New York City* (Athens, GA, 1991)。

16. McLennan, *Crisis of Imprisonment*, 83–85. 另见 Robert Perkinson, *Texas Tough: The Rise of America's Prison Empire* (New York, 2010), 79–81。
17. Mishler, "Atlantic Origins," 143–81.
18. Ira Berlin et al., *Freedom: A Documentary History of Emancipation, 1861–1867*, ser. 1, vol. 1, *The Destruction of Slavery* (New York, 1986). 关于林肯和奴隶制问题，参见 Eric Foner, *The Fiery Trial: Abraham Lincoln and Slavery* (New York, 2010)。
19. 关于战时解放奴隶的文献汗牛充栋，参见 Ira Berlin et al., *Freedom: A Documentary History of Emancipation, 1861–1867*, ser. 1, vol. 2, *The Black Military Experience* (New York, 1981); W. E. B. Du Bois, *Black Reconstruction in America, 1860–1880* (New York, 1935), 55–127; Steven Hahn, *A Nation under Our Feet: Black Political Struggles in the Rural South from Slavery to the Great Migration* (Cambridge, MA, 2003), 62–115: James Oakes, *Freedom National: The Destruction of Slavery in the United States, 1861–1865* (New York, 2013)，以及最近的作品 Joseph P. Reidy, *Illusions of Emancipation: The Pursuit of Freedom and Equality in the Twilight of Slavery* (Chapel Hill, 2020)。
20. Vorenberg, *Final Freedom*, 36–88; Foner, *Second Founding*, 23–56.
21. Foner, *Second Founding*, 23–56; Vorenberg, *Final Freedom*, 89–114.
22. 霍华德语引自 Lea S. VanderVelde, "The Labor Vision of the Thirteenth Amendment," *University of Pennsylvania Law Review* 138 (1989): 480; Holt, *The Problem of Freedom;* Diana Paton, *No Bond but the Law: Punishment, Race, and Gender in Jamaican State Formation, 1780–1870* (Durham, NC, 2004); Tocqueville, *Writings on Empire and Slavery*。
23. Thomas B. Wilson, *The Black Codes of the South* (University, AL, 1965); Declan M. Hahn, "The Georgia Black Code as American Law: Race, Law, and Labor in the Nineteenth Century American Republic" (Honors thesis, Emory University, 2016), 8–27.
24. Foner, *Reconstruction*, 228–280; Steven Hahn et al., eds., *Freedom: A Documentary History of Emancipation*, ser. 3, vol. 1, *Land and Labor in 1865* (Chapel Hill, 2007), 392–493.
25. Hahn, *A Nation under Our Feet*, 116–264. 需要指出的是，在使共和党统治成为可能的各州制宪会议上，黑人代表比白人工会主义者更不愿意通过剥夺前南方邦联成员的选举权来对这些人进行政治惩罚。
26. Eric Foner, *Nothing but Freedom: Emancipation and Its Legacy* (Baton Rouge, 1982), 39–73; Steven Hahn, "Hunting, Fishing, and Foraging:

Common Rights and Class Relations in the Postbellum South," *Radical History Review* 26 (1982): 37–64; Fitzhugh quoted in Cohen, *At Freedom's Edge*, 28. "黑人法"之所以被废除，与其说是因为它强迫劳动，不如说是因为它存在种族歧视。因此，《流浪法》被保留下来，或者很快被修改，在重建政权下台后，其他"种族中立"的劳动法加强了《流浪法》。

27. Cohen, *At Freedom's Edge*, 23–43; Blackmon, *Slavery by Another Name*, 13–83; Dennis Childs, *Slaves of the State: Black Incarceration from the Chain Gang to the Penitentiary* (Minneapolis, 2015); Sarah Haley, *No Mercy Here: Gender, Punishment, and the Making of Jim Crow Modernity* (Chapel Hill, 2016); Talitha L. Le Flouria, *Chained in Silence: Black Women and Convict Labor in the New South* (Chapel Hill, 2015). 关于北方的影响，参见 Hahn, "Georgia Black Code as American Law," 28–69。

28. Jeffrey A. Drobny, "Where Palm and Pine are Blowing: Convict Labor in the North Florida Turpentine Industry, 1877–1923," *Florida Historical Quarterly* 72 (April 1994): 411–34; Perkinson, *Texas Tough*, 83–94.

29. Lichtenstein, *Twice the Work of Free Labor*; Ayers, *Vengeance and Justice*; Oshinsky, *"Worse than Slavery"*; Karin Shapiro, *A New South Rebellion: The Battle Against Convict Labor in the Tennessee Coal Fields, 1871–1896* (Chapel Hill, 1996); Blackmon, *Slavery by Another Name*.

30. Drobny, "Where Palm and Pine are Blowing," 428–29; Oshinsky, *"Worse than Slavery,"* 55–84; Mary Ellen Curtin, *Black Prisoners and Their World in Alabama, 1865–1900* (Charlottesville, 2000); Matthew J. Mancini, *One Dies Get Another: Convict Leasing in the American South, 1866–1928* (Columbia, SC, 1996).

31. 摩根与唐纳利语引自 James Gray Polk, "Mass Incarceration, Convict Leasing, and the Thirteenth Amendment: A Revisionist Account," *New York University Laws Review* 94 (December 2019): 1467, 1480。尽管许多历史学家现在认为，第十三修正案的刑事例外条款使囚犯租赁和其他形式的囚犯非自愿劳役成为可能，但约翰·波普将军坚持认为，历史记录表明，该修正案的观点与这些手段远不相容，而且可能使大规模监禁成为法律问题。极有可能的是，如果没有修正案的"例外条款"，囚犯租赁和相关的法律压迫形式也会发展起来，特别是考虑到北方各州的刑事劳役先例。

32. Pope, "Mass Incarceration, Convict Lease, and the Thirteenth Amendment," 1501–25.

33. 关于内战前共和党的理想，参见 Eric Foner, *Free Soil, Free Labor, Free Men: The Ideology of the Republican Party before the Civil War* (New York, 1970)。关于"身体健全"作为公民身份和归属的关键决定因素，参见 Barbara Welke, *Law and Borders of Belonging in the Long Nineteenth-Century United States* (New York, 2010), esp. 21–93。

34. *Annual Report of the Board of Charities of Massachusetts* (October 1866), 40–41. 豪还是美国自由民调查委员会的成员，该委员会建议成立自由民事务局。另见 Amy Dru Stanley, *From Bondage to Contract: Wage Labor, Marriage, and the Market in the Age of Slave Emancipation* (New York, 1998), 98–137。

35. Stanley, *From Bondage to Contract*, 108–110; Alexander Keyssar, *Out of Work: The First Century of Unemployment in Massachusetts* (New York, 1986); Kenneth L. Kusmer, *Down and Out, On the Road: The Homeless in American History* (New York, 2002), 50–56.

36. 关于林肯的观点，参见 "Annual Address before the State Agricultural Society," 30 September 1859, and "Annual Address to Congress," 3 December 1861, both in Roy P. Basler, ed., *Abraham Lincoln: His Speeches and Writings* (Cleveland, 1946), 500–503, 633–34。关于移民及其在美国出生的子女对工人阶级构成的重要性，参见 Herbert G. Gutman, "Class Composition and the Development of the American Working Class, 1840–1890," in Gutman, *Power and Culture: Essays on the American Working Class*, ed. Ira Berlin (New York, 1987), 380–94。

37. David Montgomery, "The Shuttle and the Cross: Weavers and Artisans in the Kensington Riots of 1844," *Journal of Social History* 5 (Summer 1972): 411–46; Tyler Anbinder, *Nativism and Slavery: The Northern Know Nothings and the Politics of the 1850s* (New York, 1992); Peter Way, *Common Labor: Workers and the Digging of North American Canals, 1780–1860* (Baltimore, 1993); Peyton Hurt, "The Rise and Fall of the 'Know Nothings' in California," *California Historical Society Quarterly* 9 (March 1930): 16–49.

38. 帕克曼与亚当斯语引自 Alexander Keyssar, *The Right to Vote: The Contested History of Democracy in the United States* (New York, 2000), 122–23; David Montgomery, *Beyond Equality: Labor and the Radical Republicans, 1862–1872* (New York, 1967)。8 小时工作制的问题在有组织的工人中显得越来越重要。

39. John G. Sproat, *The Best Men: Liberal Reformers in the Gilded Age* (New

York, 1968); Keyssar, *Right to Vote*, 118–27.

40. 关于加利福尼亚州内战和重建的故事，参见 Stacy L. Smith, *Freedom's Frontier: California and the Struggle over Unfree Labor, Emancipation, and Reconstruction* (Chapel Hill, 2013); and Kevin Waite, *West of Slavery: The Southern Dream of a Transcontinental Empire* (Chapel Hill, 2021)。

41. Smith, *Freedom's Frontier*, 206–30; Beth Lew-Williams, *The Chinese Must Go: Violence, Exclusion, and the Making of the Alien in America* (Cambridge, MA, 2018); Joshua Paddison, *American Heathens: Religion, Race, and Reconstruction in California* (Berkeley, 2012).《排华法案》事实上将某一民族整体标记为不可同化和被排斥的对象。

42. LaWanda Cox, "The American Agricultural Wage Earner, 1865–1900: The Emergence of a Modern Labor Problem," *Agricultural History* 22 (April 1948): 106–10; Ahmed A. White, "A Different Kind of Labor Law: Vagrancy Law and the Regulation of Harvest Labor, 1913–1924," *University of Colorado Law Review* 75 (2004): 668–718; Gunther Peck, *Reinventing Free Labor: Padrones and Immigrant Workers in the North American West, 1880–1930* (New York, 2000); Howard Lamar, "From Bondage to Contract: Ethnic Labor in the American West, 1600–1890," in Steven Hahn and Jonathan Prude, eds., *The Countryside in the Age of Capitalist Transformation: Essays in the Social History of Rural America* (Chapel Hill, 1985), 293–326.

43. James D. Schmidt, *Free to Work: Labor Law, Emancipation, and Reconstruction, 1815–1880* (Athens, GA, 1999), 208–35; Frank Tobias Higbie, *Indispensable Outcasts: Hobo Workers and Community in the American Midwest, 1880–1930* (Urbana, IL, 2003), 1–65; Kelly Lytle Hernandez, "Hobos in Heaven: Race, Incarceration, and the Rise of Los Angeles, 180–1910," *Pacific Historical Review* 83 (August 2014): 410–47; White, "A Different Kind of Labor Law," 668–86.

44. 尤见 VanderVelde, "The Labor Vision of the Thirteenth Amendment," 437–505。

45. Karen Orren, *Belated Feudalism: Labor, Law, and Liberal Development in the United States* (New York, 1991).

46. 尤见 Robert Steinfeld, *Coercion, Contract, and Free Labor in the Nineteenth Century* (New York, 2001); Christopher L. Tomlins, *Law, Labor, and Ideology in the Early Republic* (New York, 1993), 259–92; Orren, *Belated Feudalism*, 68–134。到南北战争时，只有6个州放弃了普通法传统。

47. 参见 Fred A. Shannon, *The Farmers' Last Frontier: Agriculture, 1860–1897* (1945; Armonk NY, 1973), 359–67; Harold D. Woodman, *New South-New Law: The Legal Foundations of Credit and Labor Relations in the Postbellum Agricultural South* (Baton Rouge, 1995)。

48. David Montgomery, *The Fall of the House of Labor: The Workplace, the State, and American Labor Activism, 1865–1925* (New York, 1987), 112–70; Daniel Nelson, *Managers and Workers: The Origins of the New Factory System in the United States, 1880–1920* (Madison, WI, 1975).

49. Steinfeld, *Invention of Free Labor*, 147–72; Paul Finkleman, "Evading the Ordinance: The Persistence of Bondage in Indiana and Illinois," *Journal of the Early Republic* 9 (Spring 1989): 21–51.

50. Steinfeld, *Coercion, Contract, and Free Labor*, 253–303. 关于20世纪早期的苦役偿债案件，参见 Pete Daniel, *The Shadow of Slavery: Peonage in the South, 1901–1969* (Urbana, IL, 1990). 《反苦役法》的缺陷在于，尽管自愿和非自愿的劳役都是非法的，但该法律只涵盖了苦役的情况。

51. William E. Forbath, *Law and the Shaping of the American Labor Movement* (Cambridge, MA, 1991). 关于内战前时期，参见 Morton Horwitz, *The Transformation of American Law, 1780–1860* (Cambridge, MA, 1977)。

52. Orren, *Belated Feudalism*, 68–159; Forbath, *Law and the Shaping of the Labor Movement*, 37–58.

53. U.S. Strike Commission, *Report on the Chicago Strike of June-July 1894* (Washington, DC, 1895), 129–80; Forbath, *Law and the Shaping of the Labor Movement*, 59–97. 关于内战前的阴谋和勾结案件，参见 Tomlins, *Law, Labor, and Ideology*, 107–79。

第六章　非自由主义的现代化

1. *Official Proceedings of the Second National Conference on Race Betterment*, 4–8 August 1915 (Battle Creek, 1915), 40–42, 63–64; *The Second International Congress of Eugenics*, 1921 (Baltimore, 1923).

2. *Proceedings of the First American Birth Control Conference*, 11–12 November 1921 (New York, 1921), 14–15, 207–9.

3. 关于桑格，参见 David M. Kennedy, *Birth Control in America: The Career of Margaret Sanger* (New Haven, 1970), 1–36; Linda Gordon, *The Moral Property of Women: A History of Birth Control Politics in America* (Urbana,

IL, 2002), 125–210。
4. Edwin Black, *The War Against the Weak: Eugenics and America's Campaign to Create a Master Race* (Washington, DC, 2012), 9–123.
5. Margaret Sanger, *The Pivot of Civilization* (New York, 1922), 22, 25, 80–81, 86; *Proceedings of First American Birth Control Conference*, 1–3.
6. 参见 Mark Mazower, *Dark Continent: Europe's Twentieth Century* (New York, 1998), 76–103; Nancy Leys Stepan, *The Hour of Eugenics: Race, Gender, and Nation in Latin America* (Ithaca, NY, 1991), 1–62; Chloe Campbell, *Race and Empire: Eugenics in Colonial Kenya* (Manchester, 2007); Barbara Weinstein, *The Color of Modernity: São Paulo and the Making of Race and Nation in Brazil* (Durham, NC, 2015)。应该说，在 21 世纪的美国，人们对优生学的兴趣越来越大。参见 Alexandra Minha Stern, *Eugenic Nation: Faults and Frontiers of Better Breeding in Modern America* (Berkeley, 2016); Paul A. Lombardo, ed., *A Century of Eugenics in America* (Bloomington, IN, 2011)。
7. 关于主要围绕"反垄断"意识形态组织起来的生产者运动，参见 Edward T. O'Donnell, *Henry George and the Crisis of Inequality: Progress and Poverty in the Gilded Age* (New York, 2015); Steven Hahn, *A Nation without Borders: The United States and Its World in an Age of Civil Wars, 1830–1910* (New York, 2016), 401–47; Alex Gourevitch, *From Slavery to the Cooperative Commonwealth: Labor and Republican Liberty in the Nineteenth Century* (New York, 2015)。关于精英反现代主义，尤见 T. J. Jackson Lears, *No Place of Grace: Antimodernism and the Transformation of American Culture, 1880–1920* (New York, 1983)。
8. 参见 Michael McGerr, *A Fierce Discontent: The Rise and Fall of the Progressive Movement in America, 1870–1920* (New York, 2003); Thomas C. Leonard, *Illiberal Reformers: Race, Eugenics, and American Economics in the Progressive Era* (Princeton, 2016), 3–16; Louis Menand, *The Metaphysical Club: A Story of Ideas in America* (New York, 2002); R. Jeffrey Lustig, *Corporate Liberalism: The Origins of Modern American Political Theory, 1890–1920* (Berkeley, 1982), 78–194。
9. Leonard, *Illiberal Reformers*, 3–74; James T. Kloppenberg, *Uncertain Victory: Social Democracy and Progressivism in European and American Thought, 1870–1920* (New York, 1988), 64–94, 199–394; McGerr, *Fierce Discontent*, 40–181.
10. 参见 Herbert Croly, *The Promise of American Life* (1909; Middleton, DE,

2021), 18, 96 及各处。

11. Croly, *Promise of American Life*, 141, 143, 238, 272. 另见 Rogers Smith, *Civic Ideals: Conflicting Visions of Citizenship in U.S. History* (New Haven, 1997), 412–24，对克罗利有深刻的论述。

12. Croly, *Promise of American Life*, 18, 238, 244, 249–50.

13. 尤见 Martin J. Sklar, *The Corporate Reconstruction of American Capitalism, 1890–1916: The Market, the Law, and Politics* (New York, 1988)。另见 James Weinstein, *The Corporate Ideal in the Liberal State, 1900–1918* (Boston, 1968); David Noble, *America by Design: Science, Technology, and the Rise of Corporate Capitalism* (New York, 1977); Daniel Rodgers, *Atlantic Crossings: Social Politics in a Progressive Age* (Cambridge, MA, 1988); William G. Robbins, *Socializing Capital: The Rise of the Large Corporation in America* (Princeton, 1997)。

14. 关于前公司时代的关系和网络，即所谓的"私有资本主义"，参见 Philip Scranton, *Proprietary Capitalism: The Textile Manufacture in Philadelphia, 1800–1885* (New York, 1984); Olivier Zunz, *Making America Corporate, 1870–1920* (Chicago, 1990), 11–36; Glenn Porter and Harold Livesay, *Merchants and Manufacturers: Studies in the Changing Structure of Nineteenth-Century Marketing* (Baltimore, 1971)。

15. Robbins, *Socializing Capital*; Kenneth I. Lipartito and David Sicilia, eds., *Constructing Corporate America: History, Politics, Culture* (New York, 2004).

16. 关于将"实质性正当程序"扩展到公司，参见 *Santa Clara County v. Southern Pacific Railroad Company*, 118 US 394 (1886)。关于新兴的"理性规则"原则，参见 *United States v. E. C. Knight Company*, 156 US 1 (1895); *United States v. American Tobacco Company*, 221 US 106 (1911); *Standard Oil Company v. United States*, 221 US 1 (1901)。另见 Sklar, *Corporate Reconstruction of American Capitalism*, 44–57, 86–175; Naomi Lamoreaux, *The Great Merger Movement in American Business, 1895–1904* (Cambridge, MA, 1985)。

17. David Montgomery, *The Fall of the House of Labor: The Workplace, the State, and American Labor Activism, 1865–1925* (New York, 1987), 214–56; Daniel Nelson, *Frederick W. Taylor and the Rise of Scientific Management* (Madison, WI, 1980); Noble, *America by Design*, 257–95.

18. Croly, *Promise of American Life*, 262–67.

19. Weinstein, *Corporate Ideal in the Liberal State*, 3–39; Alan Dawley, *Strug-

gles for Justice: Social Responsibility and the Liberal State (Cambridge MA, 1995), 114–15; Lustig, Corporate Liberalism, 113–15.

20. Weinstein, Corporate Ideal in the Liberal State, 139–71.
21. Croly, Promise of American Life, 214–34.
22. Charles Francis Adams Jr., "The Protection of the Ballot in National Elections," Journal of Social Science 1 (June 1869): 91–111; Francis Parkman, "The Failure of Universal Suffrage," North American Review 127 (July-August 1978): 1–20; Alexander Keyssar, The Right to Vote: The Contested History of Democracy in the United States (New York, 2000), 118–71.
23. Leon Fink, Workingmen's Democracy: The Knights of Labor and American Politics (Urbana, IL, 1983); Steven Hahn, A Nation under Our Feet: Black Political Struggles in the Rural South from Slavery to the Great Migration (Cambridge MA, 2003), 317–464.
24. 关于黑人和贫穷白人选民在南方被剥夺公民权的问题，参见 C. Vann Woodward, Origins of the New South, 1877–1913 (Baton Rouge, 1951), 321–49; J. Morgan Kousser, The Shaping of Southern Politic: Suffrage Restriction and the Establishment of the One-Party South, 1880–1910 (New Haven, 1974); Michael Perman, The Struggle for Mastery: Disfranchisement in the South, 1888–1908 (Chapel Hill, 2001)。威尔逊语引自 Leonard, Illiberal Reformers, 49–50。威廉姆斯诉密西西比州案起源于黑人亨利·威廉姆斯提起的诉讼，他被一个全是白人的陪审团指控犯有谋杀罪。威廉姆斯声称，密西西比州的法律只允许登记选民担任陪审团成员，这侵犯了他根据第十四修正案享有的权利。法院以 9 比 0 的结果判他败诉。
25. 参见 McGerr, A Fierce Discontent, 118–46; McGerr, The Decline of Popular Politics: The American North, 1865–1928 (New York, 1986); Nancy Cohen, The Reconstruction of American Liberalism, 1865–1914 (Chapel Hill, 2002), 110–40, 217–56; Sven Beckert, The Monied Metropolis: New York City and the Consolidation of the American Bourgeoisie, 1850–1896 (New York, 2001), 207–36。
26. 关于这些政治改革，参见 Keyssar, Right to Vote, 127–71。马萨诸塞州于 1888 年通过了第一个全州范围的澳大利亚式选举法。第一次登记是在 1867 年进行的（黑人在曾经反叛的南方获得选举权之后），但当时是由美国陆军组织，目的是确定新的合格选民，并确保被《重建法案》和第十四修正案剥夺选举权的前邦联成员不得投票。但这是联邦政府最后一次坚定地进行选民登记。此后，选民登记由各州自行决定，而且一直是自愿的，而不是强制性的。

27. 关于合格选民投票率的变化，参见 Walter Dean Burnham, *Critical Elections and the Mainsprings of American Politics* (New York, 1970); V. O. Key, *Southern Politics in State and Nation* (New York, 1949); McGerr, *Decline of Popular Politics*, 184–210; Keyssar, *Right to Vote*, 116–74。关于妇女暴动运动的矛盾方面，参见 Ellen Dubois, *Feminism and Suffrage: The Emergence of an Independent Woman's Movement in America, 1848–1869* (Ithaca, NY, 1978); Dubois, *Woman Suffrage and Women's Rights* (New York, 1998); Marjorie Spruill Wheeler, *New Women of the New South: The Leaders of the Woman Suffrage Movement in the Southern States* (New York, 1993); Louise Newman, *White Women's Rights: The Racial Origins of Feminism in the United States* (New York, 1999)。关于"专制飞地"，参见 Robert Mickey, *Paths Out of Dixie: The Democratization of Authoritarian Enclaves in the Deep South, 1944–1972* (Princeton, 2015)。

28. 罗斯福语引自 Harold Howland, *Theodore Roosevelt and His Times: A Chronicle of the Progressive Movement* (New Haven, 1921), 99。

29. 罗斯福语引自 Sklar, *Corporate Reconstruction of American Capitalism*, 356–57; Lustig, *Corporate Liberalism*, 29–30; Gary Gerstle, *American Crucible: Race and Nation in the Twentieth Century* (Princeton, 2001), 65–80。

30. Sklar, *Corporate Reconstruction of American Capitalism*, 419–25 阐述了这一点; Dawley, *Struggles for Justice*, 141–50。

31. 克拉克森语引自 Weinstein, *Corporate Ideal in the Liberal State*, 223, 220–33 以及 McGerr, *Fierce Discontent*, 285, 283–94。

32. Gerald E. Shenk, *Work or Fight!: Race, Gender, and the Draft in World War One* (New York, 2008); McGerr, *Fierce Discontent*, 286; John Carson, "Army Alpha, Army Brass, and the Search for Army Inteligence," *Isis* 84 (1993): 278–309.

33. 克拉克森语引自 Weinstein, *Corporate Ideal in the Liberal State*, 233。

34. 在一篇勇敢的调查报道中，艾达·B. 威尔斯证明，私刑的受害者更有可能被指控谋杀、纵火、袭击和盗窃，而不是被指控强奸或其他性犯罪，而且跨种族性行为在很大程度上是两相情愿的。参见 Wells, *Southern Horrors: Lynch Law in All its Phases* (New York, 1892)。关于私刑的重要历史研究，参见 W. Fitzhugh Brundage, *Lynching in the New South: Georgia and Virginia, 1880–1930* (Urbana, IL, 1993);

Crystal N. Feimster, *Southern Horrors: Women and the Politics of Rape and Lynching* (Cambridge, MA, 2009); Amy Louise Wood, *Lynching and Spectacle: Witnessing Racial Violence in America, 1890–1940* (Chapel Hill, 2009); Edward L. Ayers, *Vengeance and Justice: Crime and Punishment in the Nineteenth-Century South* (New York, 1984), 238–55; Stewart E. Tolnay and E. M. Beck, *A Festival of Violence: An Analysis of Southern Lynchings, 1880–1930* (Urbana, IL, 1993)。

35. Iver Bernstein, *The New York City Draft Riots: Their Significance for American Society and Politics in the Age of the Civil War* (New York, 1990); Daniel R. Biddle and Murray Dubin, *Tasting Freedom: Octavius Catto and the Battle for Equality in Civil War America* (Philadelphia, 2010); Cameron McWhirter, *Red Summer: The Summer of 1919 and the Awakening of Black America* (New York, 2011); Tim Madigan, *The Burning: Massacre, Destruction, and the Tulsa Race Riot of 1921* (New York, 2001).

36. Beth Lew-Williams, *The Chinese Must Go: Violence, Exclusion, and the Making of the Alien in America* (Cambridge, MA, 2018), 91–112, 247–53; Benjamin H. Johnson, *Revolution in Texas: How a Forgotten Rebellion and Its Bloody Suppression Turned Mexicans into Americans* (New Haven, 2003); John R. Wunder, *Gold Mountain Turned to Dust: Essays on the Legal History of the Chinese in the Nineteenth-Century American West* (Albuquerque, 2018), 3–34.

37. Croly, *Promise of American Life*, 235. 另见 Peggy Pascoe, *What Comes Naturally: Miscegenation Law and the Making of Race in America* (New York, 2009); Diane M. Sommerville, *Rape and Race in the Nineteenth-Century South* (Chapel Hill, 2004); Martha Hodes, *Black Women, White Men: Illicit Sex in the Nineteenth-Century South* (New Haven, 1997); J. Douglas Smith, *Managing White Supremacy: Race, Politics, and Citizenship in Jim Crow Virginia* (Chapel Hill, 2002)。就连纳粹也认为"一滴血"这种种族分类规则过于极端。

38. 参见约翰·T. 摩根、内森·索斯盖特·谢勒、霍华德·奥德姆、菲利普·亚历山大·布鲁斯、弗兰克·克拉克的文章,I. A. Newby, ed., *The Development of Segregationist Thought* (Homewood, IL, 1968), 22–28, 54–78, 91–97; Grace E. Hale, *Making Whiteness: The Culture of Segregation in the South, 1890–1940* (New York, 1999)。另见 Gregory Downs, *Declarations of Dependence: The Long Reconstruction of Popular Politics in the*

South, 1861–1908 (Chapel Hill, 2011), 185–212。

39. 关于美国南方和南非的趋势，参见 John Cell, *The Highest Stage of White Supremacy: The Origins of Segregation in South Africa and the United States* (Cambridge, UK, 1982); George M. Fredrickson, *White Supremacy: A Comparative Study in American and South African History* (New York, 1981)。关于南方的动态，参见 C. Vann Woodward, *The Strange Career of Jim Crow* (New York, 1955); Howard Rabinowitz, *Race Relations in the Urban South, 1865–1890* (Urbana, IL, 1980); Edward Ayers, *The Promise of the New South: Life after Reconstruction* (New York, 1993); Glenda Gilmore, *Gender and Jim Crow: Women and the Politics of White Supremacy in North Carolina, 1896–1920* (Chapel Hill, 1996)。

40. Edgar Gardner Murphy, *The Problems of the Present South* (New York, 1904), 151–202; Walter Rauschenbusch, "The Problem of the Black Man," *American Missionary* 68 (1914): 732–33; McGerr, *Fierce Discontent*, 186–95; Joel Williamson, *The Crucible of Race: Black-White Relations in the American South since Emancipation* (New York, 1984), 331–32, 415–55.

41. 关于美国东北部和中西部地区种族隔离的本质，以及黑人家庭反抗种族隔离所引发的暴力，参见 Thomas Sugrue, *Sweet Land of Liberty: The Forgotten Struggle for Civil Rights in the North* (New York, 2008), 3–84; Richard Rothstein, *The Color of Law: A Forgotten History of How Our Government Segregated America* (New York, 2017); Kevin Boyle, *Arc of Injustice: A Saga of Race, Civil Rights, and Murder in the Jazz Age* (New York, 2004)。关于联邦官僚机构中的种族隔离，参见 Eric S. Yellin, *Racism in the Nation's Service: Government Workers and the Color Line in Woodrow Wilson's America* (Chapel Hill, 2013); Gerstle, *American Crucible*, 44–127。

42. 对于我关于巴拿马运河的看法，我要感谢朱莉·格林的杰出学术成就，Julie Greene, *The Canal Builders: Making America's Empire at the Panama Canal* (New York, 2009)。

43. Theodore Roosevelt, "Message to Congress Regarding Conditions in Panama," 17 December 1906, Miller Center, University of Virginia; Greene, *The Canal Builders*, 75–158.

44. Greene, *The Canal Builders*, 15–74.

45. 关于"岛域"的案例，参见 Amy Kaplan, *The Anarchy of Empire in the Making of American Culture* (Cambridge, MA, 2002), 146–70; Juan R. Torruella, "The Insular Cases: The Establishment of a Regime of Political

Apartheid," *University of Pennsylvania Journal of International Law* 29 (2007): 284–345; Bartholomew H. Sparrow, *The Insular Cases and the Emergence of American Empire* (Lawrence, KS, 2006)。

46. Theodore Roosevelt, *Campaigns and Controversies* (New York, 1926), 371; Louise Barnet, *Atrocity and American Military Justice in Southeast Asia: Trial by Army* (London, 2010), 17–19; Walter L. Williams, "United States Indian Policy and the Debate over Philippine Annexation: Implications for the Origins of American Imperialism," *Journal of American History* 66 (March 1980): 810–31. 关于古巴起义，参见 Ada Ferrer, *Insurgent Cuba: Race, Nation, and Revolution, 1868–1898* (Chapel Hill, 1999); Ferrer, *Cuba: An American History* (New York, 2021), 129–84。关于菲律宾，参见 Paul A. Kramer, *The Blood of Government: Race, Empire, the United States, and the Philippines* (Chapel Hill, 2006); Reynaldo Clemena Ileto, *Pasyon and Revolution: Popular Movements in the Philippines, 1840–1910* (Manila, 1979)。

47. Theodore Roosevelt, "Annual Message to Congress," 6 December 1904, Miller Center, University of Virginia.

48. Theodore Roosevelt, "The Strenuous Life," in *The Works of Theodore Roosevelt in Fourteen Volumes* (New York, 1912), 1–15. 另见 Kristin L. Hoganson, *Fighting for American Manhood: How Gender Politics Provoked the Spanish-American and Philippine-American Wars* (New Haven, 1998); Gail Bederman, *Manliness and Civilization: A Cultural History of Gender and Race in the United States, 1880–1917* (Chicago, 1996)。

49. Roosevelt, "The Strenuous Life," 13–15.

50. 尤见 Christopher Lasch, "The Moral and Intellectual Rehabilitation of the Ruling Class," in *The World of Nations: Reflections on American History, Politics, and Culture* (New York, 1974), 80–99; Lears, *No Place of Grace*, 3–58。

51. Lasch, "Anti-Imperialists, the Philippines, and the Inequality of Man," in *World of Nations*, 70–79.

52. Theodore Roosevelt, "Citizenship in a Republic," Address at the Sorbonne, Paris, 23 April 1910, Theodore Roosevelt Center, Dickinson State University, North Dakota; Gerstle, *American Crucible*, 53–59.

53. Natalie Ring, *The Problem South: Region, Empire, and the New Liberal State, 1880–1930* (Athens, GA, 2012), 135–74; Albert Bushnell Hart, *The Southern South* (New York, 1910).

54. 我很感激 Ring, *The Problem South* 一书中的观点和构思。

55. 参见 Peter A. Coclanis and David L. Carlton, eds., *Confronting Southern Poverty in the Great Depression: The Report on Economic Conditions of the South with Related Documents* (Boston, 1996); Bruce J. Schulman, *From Cotton Belt to Sunbelt: Federal Policy, Economic Development, and the Transformation of the South, 1938–1980* (New York, 1991), 3–38。

第七章 法西斯主义的脉动

1. 尤见 Erez Manela, *The Wilsonian Moment: Self-Determination and the International Origins of Anti-Colonial Nationalism* (New York, 2007)。
2. "An Address to the Senate," 10 July 1919, in Arthur S. Link, ed., *The Papers of Woodrow Wilson*, Vol. 61 (Princeton, 1989), 426–36; "The Pueblo Speech," 25 September 1919, *Voices of Democracy: The U.S. Oratory Project*, UMd.edu.
3. 关于向墨西哥派兵，参见 Fredrich Katz, *The Secret War in Mexico: Europe, the United States, and the Mexican Revolution* (Chicago, 1981), 156–202, 298–326。关于向苏俄派兵，参见 Christopher Lasch, *The American Liberals and the Russian Revolution* (New York, 1962)。
4. David Kennedy, *Over Here: The First World War and American Society* (New York, 1980), 231–95; Julie Greene, *Pure and Simple Politics: The American Federation of Labor and Political Activism, 1881–1917* (New York, 1998), 242–73; David Montgomery, *The Fall of the House of Labor: The Workplace, the State, and American Labor Activism, 1865–1925* (New York, 1987), 356–58.
5. Montgomery, *Fall of the House of Labor*, 370–410; Cal Winslow, *Radical Seattle: The General Strike of 1919* (New York, 2020); John Higham, *Strangers in the Land: Patterns of American Nativism, 1860–1925* (New Brunswick, NJ, 1955), 194–233.
6. William Preston Jr., *Aliens and Dissenters: Federal Suppression of Radicals, 1903–1933* (Urbana, IL, 1963), 208–37 以及 Adam Hochschild, *American Midnight: The Great War, a Violent Peace, and Democracy's Forgotten Crisis* (New York, 2022) 对这一时期实施的镇压进行了深入探讨。
7. 关于菲律宾殖民统治与威尔逊式"安全国家"的建立之间的联系，参见 Alfred McCoy, *Policing America's Empire: The United States, the Philippines, and the Rise of the Surveillance State* (Madison, WI, 2009), 15–174, 293–348。另见 Adam Goodman, *The Deportation Machine: America's*

Long History of Expelling Immigrants (Princeton, 2020), 1–36; Preston, *Aliens and Dissenters*, 11–87, 208–72。

8. Ralph E. Weber and Ralph H. Van Deman, eds., *The Final Memoranda: Major General Ralph H. Van Deman, Father of U.S. Military Intelligence* (Wilmington, 1988), 30–31; Emerson Hough, *The Web* (1919; Sterling Ford, UK, 2019), 12–13. 范德曼在美菲战争期间负责马尼拉的军事情报工作，并在此后很长一段时间里继续拓展军事情报的范围，尤其关注持不同政见者。霍夫最著名的身份是西部小说作家。

9. Hough, *The Web*, 28, 122, 133–34, 139; McCoy, *Policing America's Empire*, 300–12.

10. 引自 Hough, *The Web*, 59–60, 79–80; McCoy, *Policing America's Empire*, 304–5, 309–10。

11. Hough, *The Web*, 66–67; Van Deman, *The Final Memoranda*, 33–34; Ann Hagedorn, *Savage Peace: Hope and Fear in America, 1919* (New York, 2007), 31; Peter Baker, "The Tragic, Forgotten History of Black Military Veterans," *New Yorker*, 27 November 2016.

12. Nan Elizabeth Woodruff, *American Congo: The Black Freedom Struggle in the Delta* (Cambridge, MA, 2003), 74–109; Cameron McWhirter, *Red Summer: The Summer of 1919 and the Awakening of Black America* (New York, 2012).

13. Barbara Foley, *Spectres of 1919: Class and Nation in the Making of the New Negro* (Urbana, IL, 2003), 1–69; Thomas Sugrue, *Sweet Land of Liberty: The Forgotten Struggle for Civil Rights in the North* (New York, 2009), 3-85.

14. Higham, *Strangers in the Land*, 224.

15. *American Legion Weekly*, 4 July 1919; Stephen R. Ortiz, *Beyond the Bonus March and GI Bill: How Veteran Politics Shaped the New Deal* (New York, 2009), 16–31.

16. Ortiz, *Beyond the Bonus March*, 19–21. 海外战争退伍军人协会成立更早，是由1899年从古巴和菲律宾归来的退伍军人组建的，其社会构成更偏向于中下层阶级，以小商贩和技术工人为主。

17. *American Legion Weekly*, 1 August 1919, 5 December 1919, 26 December 1919, 4 June 1920.

18. *American Legion Weekly*, 26 December 1919; American Legion Monthly, October 1926.

19. *American Legion Weekly*, 5 January 1923；奥斯利语引自 John P. Diggins, *Mussolini and Fascism: The View from America* (Princeton, 1972),

205–207。

20. Higham, *Strangers in the Land*, 224. 关于意大利法西斯，参见 Robert O. Paxton, *The Anatomy of Fascism* (New York, 2004), 58–62, 87–91; R. J. B. Bosworth, *Mussolini's Italy: Life under the Fascist Dictatorship, 1915–1945* (New York, 2005), 93–149。一个杰出的案例研究，参见 Anthony Cardozo, *Agrarian Elites and Italian Fascism: The Province of Bologna, 1901–1926* (Princeton, 1983)。

21. 记者斯坦利·弗罗斯特语引自 Kenneth T. Jackson, *The Ku Klux Klan in the City, 1915–1930* (New York, 1967), xii。关于"第二代"三K党的文献很多，而且还在不断增加。最近和最有帮助的综述是 Linda Gordon, *The Second Coming of the Ku Klux Klan: The Ku Klux Klan of the 1920s and the American Political Tradition* (New York, 2017)。另见 David M. Chalmers, *Hooded Americanism: The History of the Ku Klux Klan* (Durham, NC, 1987); Thomas R. Pegram, *One Hundred Percent Americanism: The Rebirth and Decline of the Ku Klux Klan in the 1920s* (Chicago, 2011); Wyn Craig Wade, *The Fiery Cross: The Ku Klux Klan in America* (New York, 1998)；以及州和地方的大量研究报告。

22. Gordon, *Second Coming of the Ku Klux Klan*, 63–79; Jackson, *Ku Klux Klan in the City*, 14–15, 233–49; David Chalmers, "The Ku Klux Klan in Politics in the 1920s," *Mississippi Quarterly* 18 (Fall 1965): 234–35.

23. 关于三K党成员人数的峰值存在争议，有人认为是400万到600万，但200万到400万更有可能。有关三K党成员数量和招募手段的精彩介绍，参见 Nancy MacLean, *Behind the Mask of Chivalry: The Making of the Second Ku Klux Klan* (New York, 1994), 3–22, 52–74。

24. Tony Montalbano, "Temperance, Traditionalism, and the Ku Klux Klan in Syosset-Woodbury," Oysterbayhistorical.org; Gordon, *Second Coming of the KKK*, 93 –107.

25. Hiram W. Evans, "The Klan's Fight for Americanism," *North American Review* 223 (March 1926): 38–39. 关于新教基要主义的兴起，尤见 George M. Marsden, *Fundamentalism and American Culture* (New York, 2006)。

26. Kathleen M. Blee, "Women in the 1920s Ku Klux Klan Movement," *Feminist Studies* 17 (Spring 1991): 57–77.

27. 参见 Kathleen M. Blee, *Women of the Klan: Racism and Gender in the 1920s* (Berkeley, 2008), 33 and 1–3, 11–69, 105–6; MacLean, *Behind the Mask of Chivalry*, 98-124; Gordon, *Second Coming of the KKK*, 109-37。

28. Chalmers, "Ku Klux, Klan in Politics," 234–47; Gordon, *Second Coming*

of the KKK, 163–71.

29. David Chalmers, *Hooded Americanism: The History of the Ku Klux Klan* (Chicago, 1965), 39–197; Chalmers, "Ku Klux Klan in Politics," 239–40; Gordon, *Second Coming of the KKK*, 164–79.

30. Gordon, *Second Coming of the KKK*, 2–3, 139–61; Chalmer, "Ku Klux Klan in Politics," 234–47.

31. MacLean, *Behind the Mask of Chivalry*, 179–80. 南希·麦克莱恩就三K党和法西斯主义以及广泛的国际背景提供了特别敏锐的见解。

32. Sarah Churchwell, *Behold America: The Entangled History of "America First" and the "American Dream"* (New York, 2018), 117–21; MacLean, *Behind the Mask of Chivalry*, 177–88; Diggins, *Mussolini and Fascism*, 206–7.

33. Gordon, *Second Coming of the Ku Klux Klan*, 95. 关于禁酒令的文献很多，但分析尤为精辟的参见 Lisa McGirr, *The War on Alcohol: Prohibition and the Rise of the American State* (New York, 2015)。另见 Daniel Okrent, *Last Call: The Rise and Fall of Prohibition* (New York, 2010)。

34. 威拉德语引自 McGirr, *War on Alcohol*, 17。

35. 然而，最近的研究提醒我们，在19世纪上半叶，由于奴隶制问题的存在，各州和地方可以通过各种方式对移民入境进行控制，从而使这一权力在很大程度上掌握在各州手中。19世纪晚期之前，联邦的主要干预措施是在1807年宣布国际奴隶贸易为非法。参见 Aristide Zolberg, *A Nation by Design: Immigration Policy in the Fashioning of America* (Cambridge, MA, 2008); Kunal Parker, *Making Foreigners: Immigration and Citizen Law in America, 1600–2000* (New York, 2015); Kevin Kenny, *The Problem of Immigration in a Slaveholding Republic: Policing Mobility in the Nineteenth-Century United States* (New York, 2023)。

36. An act in amendment to the various acts relative to immigration and the importation of aliens under contract or agreement to perform labor, 26 Stat. 1084, 3 March 1891. 另见 Mae Ngai, *Impossible Subjects: Illegal Aliens and the Making of Modern America* (Princeton, 2004), 1–55; Beth Lew-Williams, *The Chinese Must Go: Violence, Exclusion, and the Making of the Alien in America* (Cambridge, MA, 2018); Daniel Okrent, *The Guarded Gate: Bigotry, Eugenics, and the Law that Kept Two Generations of Jews, Italians, and Other European Immigrants Out of America* (New York, 2019), 33–68。

37. 洛奇语引自 Okrent, *The Guarded Gate*, 52. 1894年，洛奇的波士顿婆罗

门同胞组织了移民限制联盟（IRL），在洛奇所阐述的同种族观点的推动下，该联盟率先发起了移民限制运动。

38. Okrent, *The Guarded Gate*, 259–312.
39. Reece Jones, *White Borders: The History of Race and Immigration in the United States from Chinese Exclusion to the Border Wall* (Boston, 2021), 69–81; Okrent, *The Guarded Gate*, 259–327; Higham, *Strangers in the Land*, 300–30; 21–55.
40. *New York Times*, 27 April 1924; Ngai, *Impossible Subjects*, 20–55; Jones, *White Borders*, 75–82; Okrent, *The Guarded Gate*, 313–71. 参见 Gary Gerstle, *American Crucible: Race and Nation in the Twentieth Century* (Princeton, 2001), 95–122。
41. 关于美国人对意大利法西斯主义的反应，参见 Diggins, *Mussolini and Fascism*。另见 Katy Hull, *The Machine Has a Soul: American Sympathy with Italian Fascism* (Princeton, 2021)。
42. Diggins, *Mussolini and Fascism*, 24–28, 146–47, 160.
43. 克罗利语引自 Diggins, *Mussolini and Fascism*, 204。参见 Martin Sklar, *The Corporate Reconstruction of American Capitalism, 1890–1916: The Market, the Law, and Politics* (New York, 1988); Jonathan Levy, *Ages of American Capitalism: A History of the United States* (New York, 2021), 325–54。
44. *Kansas City Star*, 9 August 1922; Diggins, *Mussolini and Fascism*, 59–61; Churchwell, *Behold America*, 120–27.
45. *American Federationist* 30 (November 1923).
46. Diggins, *Mussolini and Fascism*, 220–23.
47. 关于希特勒和纳粹对美国及其种族政策的看法，参见 James Q. Whitman, *Hitler's American Model: The United States and the Making of Nazi Race Law* (Princeton, 2017), 11–13, 27, 46–47, 54, 78–79。另见 Timothy Snyder, *Bloodlands: Europe between Hitler and Stalin* (New York, 2010); Carroll P. Kakel, *The American West and the Nazi East: A Comparative and Interpretive Perspective* (London, 2011)。正如纳粹党人赫伯特·克里尔所写："美国移民立法表明，美国已经清楚地认识到，只有不把完全外来的种族人口与核心人口混为一谈，才能从'大熔炉'中产生统一的北美民族……"
48. Whitman, *Hitler's American Model*, 27, 60–65.
49. Edwin Black, *The War Against the Weak: Eugenics and America's Campaign to Create a Master Race* (Washington, DC, 2012), 261–318; David Turner, "Foundations of Holocaust: American Eugenics and the Nazi

Connection," *Jerusalem Post*, 30 December 2012.

50. 关于此话题的一部优秀文集，参见 Steve Fraser and Gary Gerstle, eds., *The Rise and Fall of the New Deal Order, 1930–1980* (Princeton, 1989)。

51. Churchwell, *Behold America*, 174–77; Philip Jenkins, "'It Can't Happen Here': Fascism and Right-Wing Extremism in Pennsylvania, 1933–1942," *Pennsylvania History* 62 (Winter 1995): 31–52.

52. Churchwell, *Behold America*, 174–78; Steven Ross, *Hitler in Los Angeles: How Jews Foiled Nazi Plots Against Hollywood and America* (New York, 2017); Bradley W. Hart, *Hitler's American Friends: The Third Reich's Support in the United States* (New York, 2018); Salaina Catalano, "When It Happened Here: Michigan and the Transnational Development of American Fascism, 1920–1945," *Michigan Historical Review* 46 (Spring 2020): 29–67; Leo Ribuffo, *The Old Christian Right: The Protestant Right from the Great Depression to the Cold War* (Philadelphia, 1983), 63–79.

53. Philip Jenkins, "It Can't Happen Here: Fascism and Right-Wing Extremism in Pennsylvania, 1933–1942," *Pennsylvania History* 62 (Winter 1995): 31–52.

54. 关于休伊·朗，尤见 Alan Brinkley, *Voices of Protest: Huey Long, Father Coughlin, and the Great Depression* (New York, 1982), 8–81。另见 William Ivy Hair, *The Kingfish and His Realm: The Life and Times of Huey P. Long* (Baton Rouge, 1991); T. Harry William, *Huey Long* (New York, 1981)。

55. Brinkley, *Voices of Protest*, 82–193; Charles Gallagher, *Nazis of Copley Square: The Forgotten Story of the Christian Front* (Cambridge, MA, 2021).

56. First Inaugural Address of Franklin D. Roosevelt, 4 March 1933, Avalon Project, Yale University Law School.

57. 在此，我要感谢研究杰作 Ira Katznelson, *Fear Itself: The New Deal and the Origins of Our Time* (New York, 2013)。

58. Katznelson, *Fear Itself*, 96–129, 234–36; *Volkisher Beobacter*, 11 May 1933, 引自 Wolfgang Schivelbusch, *Three New Deals: Reflections on Roosevelt's America, Mussolini's Italy, and Hitler's Germany, 1933–1939* (New York, 2006), 17–18。

59. Thomas Ferguson, "Industrial Conflict and the Coming of the New Deal: The Triumph of Multinational Liberalism in America," in Fraser and Gerstle, eds., *The Rise and Fall of the New Deal Order*, 3–31; Schivelbusch, *Three New Deals*, 17–48; Katznelson, *Fear Itself*, 227–34.

60. Pete Daniel, *Breaking the Land: The Transformation of Cotton, Tobacco, and Rice Cultures since 1880* (Urbana, IL, 1985), 153–289; Robert Mickey, *Paths Out of Dixie: The Democratization of Authoritarian Enclaves in America's Deep South, 1944–1972* (Princeton, 2015), 33–91.
61. H. Arthur Steiner, "Fascism in America?" *American Political Science Review* 29 (October 1935): 821.
62. 弗兰克、肖、霍尔格伦语引自 Schivelbusch, *Three New Deals*, 27–28, 36–37; Sinclair Lewis, *It Can't Happen Here* (1935; New York, 1970), 77。
63. 尤见 Kim Phillips-Fein, *Invisible Hands: The Businessman's Crusade Against the New Deal* (New York, 2009), 3–25。

第八章 "另一个" 60 年代

1. 对华莱士 1963—1964 年的大学巡回演讲和 1964 年的民主党初选最好的论述是 Dan T. Carter, *The Politics of Rage: The Origins of the New Conservatism, and the Transformation of American Politics* (New York, 1995), 194–223; Ben Hubing, *George Wallace in Wisconsin: The Divisive Campaigns that Shaped a Civil Rights Legacy* (Charleston, 2022), 17–46。另见 Stephan Lesher, *George Wallace: American Populist* (Cambridge, MA, 1994), 267–310; Jody Carlson, *George C. Wallace and the Politics of Powerlessness: The Wallace Campaigns for the Presidency, 1964–1976* (New York, 1981), 26–66。
2. Carter, *Politics of Rage*, 226–35. 要深入了解当地历史，参见 Jefferson Cowie, *Freedom's Dominion: A Saga of White Resistance to Federal Power* (New York, 2022)。
3. Richard Hofstadter, "The Long View: Goldwater in History," *New York Review of Books*, 8 October 1964.
4. U.S. Department of Commerce, Bureau of the Census, *Negro Population by County, 1960 and 1950* (Washington, DC, 1966).
5. 关于这些社区的发展和政治的文献越来越多，但起点应该是 Thomas Sugrue, *The Origins of the Urban Crisis: Race and Inequality in Postwar Detroit* (Princeton, 1996), 这是一部关于种族和阶级的杰出研究作品。另见 Timothy J. Lombardo: *Blue Collar Conservatism: Frank Rizzo's Philadelphia and Populist Politics* (Philadelphia, 2018); Jonathan Rieder, *Canarsie: The Jews and Italians of Brooklyn Against Liberalism* (Cambridge, MA, 1985); Kenneth Durr, *Behind the Backlash: White Working-Class Politics in*

Baltimore, 1940–1980 (Chapel Hill, 2003)。

6. Sugrue, *Origins of the Urban Crisis*, 209–30; Kevin Boyle, *The Shattering: America in the 1960s* (New York, 2021), 1–43.

7. Sugrue, *Origins of the Urban Crisis*, 231–58; *Los Angeles Times*, 18 January 2016.

8. Thomas Sugrue, *Sweet Land of Liberty: The Forgotten Struggle for Civil Rights in the North* (New York, 2008), 87–252; Richard Rothstein, *The Color of Law: A Forgotten History of How Our Government Segregated America* (New York, 2017), 139–51（尤见第 145—146 页）; Arnold Hirsch, "Massive Resistance in the Urban North: Trumbull Park, Chicago, 1953–1966," *Journal of American History* 82 (September 1995): 522–50。

9. 尤见 Sugrue, *Origins of the Urban Crisis*, 218–29。另见 Lombardo, *Blue Collar Conservatism*, 21–48; Becky M. Nicolaides, *My Blue Heaven: Life and Politics in the Working-Class Suburbs of Los Angeles, 1920–1965* (Chicago, 2002), 272–326。

10. Sugrue, *Origins of the Urban Crisis*, 250–51; Lombardo, *Blue-Collar Conservatism*, 10, 146–47; Nicolaides, *My Blue Heaven*, 294–95. 关于为南方白人妇女为种族隔离的辩护，参见杰作 Elizabeth Gillespie McRae, *Mothers of Massive Resistance: White Women and the Politics of White Supremacy* (New York, 2018)。

11. Sugrue, *Sweet Land of Liberty*, 207–13; Rothstein, *Color of the Law*, 195–200.

12. Sugrue, *Sweet Land of Liberty*, 228–30; Paige Glotzer, *How the Suburbs Were Segregated: Developers and the Business of Exclusionary Housing, 1890–1960* (New York, 2020); Kenneth Jackson, *Crabgrass Frontier: The Suburbanization of the United States* (New York, 1987).

13. Nicolaides, *My Blue Heaven*, 306–15; California Proposition 14, Ballotpedia.com.

14. Richard Kluger, *Simple Justice: The History of Brown v. Board of Education and Black America's Struggle for Equality* (New York, 2004); Sugrue, *Sweet Land of Liberty*, 162–99.

15. Numan V. Bartley, *The Rise of Massive Resistance: Race and Politics in the South during the 1950s* (Baton Rouge, 1969); McCrae, *Mothers of Massive Resistance*, 109–84; Sugrue, *Sweet Land of Liberty*, 454–56.

16. 参见 Zebulon Vance Miletsky, *Before Busing: A History of Boston's Long Black Freedom Struggle* (Chapel Hill, 2022)。

17. 关于波士顿事件，参见 J. Anthony Lukas, *Common Ground: A Turbulent Decade in the Lives of Three American Families* (New York, 1986)，尤其是更具分析性的 Ronald Formisano, *Boston Against Busing: Race, Class, and Ethnicity in the 1960s and 1970s* (Chapel Hill, 1991)。另见 Jennifer Hochschild, *The New American Dilemma: Liberal Democracy and School Desegregation* (New Haven, 1984)。
18. Formisano, *Boston Against Busing*, 44–171; McCrae, *Mothers of Massive Resistance*, 220–25.
19. 参见 Mallory Lutz, "The Hidden Cost of Brown: African American Educators' Resistance to Desegregating Schools," *Online Journal of Rural Research and Policy* 12 (2017); Brett Gadsden, *Between North and South: Delaware, Desegregation, and the Myth of Southern Exceptionalism* (Philadelphia, 2012); Adam Fairclough, *A Class of Their Own: Black Teachers in the Segregated South* (Cambridge, MA, 2007)。
20. 参见 Sugrue, *Sweet Land of Liberty*, 475–77; Jerald Podair, *The Strike that Changed New York: Blacks, Whites, and the Ocean Hill-Brownsville Crisis* (New Haven, 2004); Charles S. Isaacs, *Inside Ocean-Hill Brownsville: A Teacher's Education, 1968–1969* (Albany, 2014)。
21. Formisano, *Boston Against Busing*, 147; Marilyn Morgan, "Roaring for Rights: Women and Boston's Anti-Busing Movement," 17 March 2017, Archivespublichistory.org.
22. 有一个重要的观点，参见 Robert O. Self, *All in the Family: The Realignment of American Democracy Since the 1960s* (New York, 2012)。
23. 美国全国妇女党的爱丽丝·保罗于 1921 年首先提出了一项措辞略有不同的平等权利修正案，此后几乎每年都提交国会，直到半个世纪后才被否决。关于《平等权利修正案》的历史，参见 Rebecca DeWolf, *Gendered Citizenship: The Original Conflict Over the Equal Rights Amendment, 1921–1963* (Lincoln, NE, 2021)。
24. Donald T. Crichlow, *Phyllis Schlafly and Grassroots Conservatism* (Princeton, 2005), 214–27.
25. Critchlow, *Phyllis Schlafly*, 62–136.
26. Critchlow, *Phyllis Schlafly*, 183–217.
27. 参见 Marjorie Spruill, *Divided We Stand: The Battle Over Women's Rights and Family Values that Polarized American Politics* (New York, 2017), 71–113; Critchlow, *Phyllis Schlafly*, 218–22; John S. Huntington, *Far Right Vanguard: The Radical Roots of Modern Conservatism* (Philadelphia, 2021), 111–42。

28. Scott Filpse, "Below-the-Belt Politics: Protestant Evangelicals, Abortion, and the Foundation of the New Religious Right, 1960–75," in David Farber and Jeff Roche, eds., *The Conservative Sixties* (New York, 2003), 127–41; Kristen Luker, *Abortion and the Politics of Motherhood* (Berkeley, 1984), 126–57; Stacie Taranto, *Kitchen Table Politics: Conservative Women and Family Values in New York* (Philadelphia, 2017), 59–125.
29. Phyllis Schlafly, "What's Wrong with Women's Rights?" *Phyllis Schlafly Report* 5 (February 1972).
30. 关于"罗斯福新政秩序",参见 Gary Gerstle and Steve Fraser, eds., *The Rise and Fall of the New Deal Order, 1930–1980* (Princeton, 1990); Gary Gerstle, *The Rise and Fall of the Neoliberal Order* (Princeton, 2022)。
31. 参见 Lisa McGirr, *Suburban Warriors: The Origins of the New American Right* (Princeton, 2002); Bruce J. Schulman, *From Cotton Belt to Sunbelt: Federal Policy, Economic Development, and the Transformation of the South, 1938–1980* (New York, 1994); Kirkpatrick Sale, *Power Shift: The Rise of the Southern Rim and Its Challenge to the Eastern Establishment* (New York, 1975); Bethany Moreton, *To Serve God and Wal-Mart: The Making of Christian Free Enterprise* (Cambridge, MA, 2010); Lizbeth Cohen, *A Consumer's Republic: The Politics of Mass Consumption in Postwar America* (New York, 2003)。
32. McGirr, *Suburban Warriors*, 54–110.
33. 参见 McGirr, *Suburban Warriors*, 75–81; Huntington, *Far-Right Vanguard*, 111–78; Jonathan M. Schoenwald, "We Are an Action Group: The John Birch Society and the Conservative Movement in the 1960s," in Farber and Roche, eds., The Conservative Sixties, 20–36。另见 Edward H. Miller, *A Conspiratorial Life: Robert Welch, the John Birch Society, and the Revolution of Modern Conservatism* (Chicago, 2022); D. J. Mulloy, *The World of the John Birch Society: Conspiracy, Conservatism, and the Cold War* (Nashville, 2014);以及最近的著作,Matthew Dallek, *Birchers: How the John Birch Society Radicalized the American Right* (New York, 2023)。
34. Schoenwald, "We Are an Action Group," 31; Huntington, *Far-Right Vanguard*, 157–60.
35. Schoenwald, "We are an Action Group," 28–29; Donald T. Critchlow, *The Conservative Ascendancy: How the Republican Right Rose to Power in Modern America* (Lawrence, KS, 2011), 56–59; Dallek, *Birchers*, 135–206.
36. 尤见 John A. Andrew III, *The Other Side of the Sixties: The Young Ameri-

cans for Freedom and the Rise of Conservative Politics (New Brunswick, NJ, 1997)。

37. Andrew, *Other Side of the Sixties*, 53–63; Critchlow, *Conservative Ascendancy*, 59–60, 128–30.
38. Andrew, *Other Side of the Sixties*, 75–101, 205–20; Critchlow, *Conservative Ascendancy*, 128–31.
39. Andrew, *Other Side of the Sixties*, 102–4.
40. Betty E. Chmaj, "Paranoid Patriotism: The Radical Right and the South," *Atlantic*, November 1962; Je Roche, "Cowboy Conservatism," in Farber and Roche, eds., *Conservative Sixties*, 79–92.
41. 参见 Evelyn A. Schlatter, "'Extremism in the Defense of Liberty': The Minutemen and the Radical Right," in Farber and Roche, eds., *Conservative Sixties*, 37–50。
42. Carter, *Politics of Rage*, 295–98; Huntington, *Far-Right Vanguard*, 191–93.
43. Darren Dochuk, *From Bible Belt to Sunbelt: Plain Folk Religion, Grassroots Politics, and the Rise of Evangelical Conservatism* (New York, 2012); Nicole Hemmer, *Messengers of the Right: Conservative Media and the Transformation of American Politics* (Philadelphia, 2016); Carter, *Politics of Rage*, 298–300; Huntington, *Far-Right Vanguard*, 181–91.
44. Carter, *Politics of Rage*, 307–17. 关于投票要求的分类和联邦政治体系的挑战，参见 Alexander Keyssar, *The Right to Vote: The Contested History of Democracy in the United States* (New York, 2000)。
45. Elizabeth Hinton, *America on Fire: The Untold History of Police Violence and Black Rebellion Since the 1960s* (New York, 2021); Malcolm McLaughlin, *The Long Hot Summer of 1967: Urban Rebellion in America* (New York, 2014); Michael A. Cohen, *American Maelstrom: The Election of 1968 and the Politics of Division* (New York, 2018). 关于克纳委员会的报告，参见 Stephen Gillon, *Separate and Unequal: The Kerner Commission and the Unraveling of American Liberalism* (New York, 2018); Jelani Cobb, ed., *The Essential Kerner Commission Report* (New York, 2021)。
46. 参见 Rick Perlstein, *Nixonland: The Rise of a President and the Fracturing of America* (New York, 2008), 227–356; Angie Maxwell and Todd Shields, *The Long Southern Strategy: How Chasing White Voters in the South Changed American Politics* (New York, 2019), 1–132。
47. Carter, *Politics of Rage*, 338–42.
48. *Washington Post*, 12 April 1968; Carter, *Politics of Rage*, 326–31.

49. Lesher, *George C. Wallace*, 421–23; Carlson, *Wallace and the Politics of Powerlessness*, 85–125.
50. "Crowd at the Wallace Rally on Boston Common," 9 October 1968, Peter Simon Collection, Special Collections and University Archives, University of Massachusetts, Amherst; "Lyndon B. Johnson and Hubert Humphrey on 30 September 1968," Presidential Recordings Digital Division, Miller Center, University of Virginia; Carter, *Politics of Rage*, 356–67.
51. Carter, *Politics of Rage*, 367–70; Lesher, *George C. Wallace*, 423–31.
52. Carter, *Politics of Rage*, 367–68, 400–414; Lesher, *George C. Wallace*, 460–62. 斯蒂芬·莱舍认为不存在交易。
53. Theodore H. White, *The Making of a President, 1972* (New York, 1973), 48–95; Carter, *Politics of Rage*, 417–18.
54. Carter, *Politics of Rage*, 426–38; Lesher, *George C. Wallace*, 470–83; Carlson, *Wallace and The Politics of Powerlessness*, 133–62.
55. *Washington Post*, 17 March 1995; Carter, *Politics of Rage*, 445–68.
56. *New York Times*, 25 October 1968; "TRB from Washington," *New Republic*, 9 November 1968, 4; Carter, *Politics of Rage*, 364–67; Lesher, *George C. Wallace*, 421–23.

第九章　新自由主义和非自由主义

1. "Remarks on Signing the Violent Crime Control and Law Enforcement Act of 1994," 13 September 1994，www.govinfo.gov, 1539–41; Lauren-Brooke Eisen, "The 1994 Crime Bill and Beyond: How Federal Funding Shapes the Criminal Justice System," *Brennan Center for Justice*, 9 September 2019; David Johnston and Tim Weiner, "Seizing the Crime Issue Blurs Party Lines, *New York Times*, 1 August 1996; Udi Ofer, "How the 1994 Crime Bill Fed the Mass Incarceration Crisis," www.aclu.org, 4 June 2019.
2. *New York Times*, 24 July 1992; Andrew Glass, "Clinton Signs 'Welfare to Work' Bill, 22 August 1996," *Politico*, 22 August 2018.
3. 参见重要著作 Gary Gerstle, *The Rise and Fall of the Neoliberal Order: America and the World in the Free Market Era* (New York, 2022), 141–88。另见 Nicholas Lemann, *Transaction Man: The Rise of the Deal and the Decline of the American Dream* (New York, 2019), 143–78; Michael Katz, *The Price of Citizenship: Redefining the American Welfare State* (New York, 2001)。

4. 关于新自由主义的出现和朝圣山学社的建立，参见 Quinn Slobodian, *Globalists: The End of Empire and the Birth of Neo-liberalism* (Cambridge, MA, 2018); Angus Burgin, *The Great Persuasion: Reinventing Free Markets Since the Depression* (Cambridge, MA, 2012); Jamie Peck, *Constructions of Neoliberal Reason* (New York, 2010)。

5. Gerstle, *Rise and Fall of the Neoliberal Order*, 73–140; Lemann, *Transaction Man*, 100–135; Holly Sklar, ed., *Trilateralism: The Trilateral Commission and Elite Planning for World Management* (Boston, 1980).

6. Jay Peterzell, "The Trilateral Commission and the Carter Administration," *Economic and Political Weekly* 51 (17 December 1977): 2097–2104; Andrew Downer Crain, "Ford, Carter, and Deregulation in the 1970s," *Journal on Telecommunication and High Technology Law* 5 (2007): 413–45; Kim Phillips-Fein, *Fear City: New York's Fiscal Crisis and the Rise of Austerity Politics* (New York, 2018); Michel Foucault, *The Birth of Biopolitics: Lectures at the College de France, 1978–79* (New York, 2004); Wendy Brown，*Undoing the Demos: NeoLiberalism's Stealth Revolution* (New York, 2015), 47–78. 卡特政府中的成员有副总统沃尔特·蒙代尔、国家安全顾问布热津斯基、国务卿赛勒斯·万斯、国防部长哈罗德·布朗、财政部长 W. 迈克尔·布卢门撒尔、军控与裁军署的保罗·沃恩克和美国驻联合国代表安德鲁·杨。

7. Gerstle, *Rise and Fall of the Neoliberal Order*, 107–140; 另见 Sean Wilentz, *The Age of Reagan: A History, 1974–2008* (New York, 2008), 139–50, 194–200; Kevin M. Kruse and Julian E. Zelizer, *Fault Lines: A History of the United States since 1974* (New York, 2020), 26–112; David Harvey, *A Brief History of Neoliberalism* (New York, 2005)。

8. Gerstle, *Rise and Fall of the Neoliberal Order*, 141–88. 加里·格斯尔指出，冷战及其结束对于解释 20 世纪 90 年代美国新自由主义"秩序"的胜利具有重要意义。

9. 有大量的文献表明，政府和法院，尤其是州和地方一级的政府和法院，在 19 世纪对美国的经济增长和发展至关重要。关于新自由主义对国家在推进其计划中必须发挥作用的认识，参见 David Harvey, *A Brief History of Neoliberalism* (New York, 2005), 64–86; Burgin, *The Great Persuasion*, 87–122; Slobodian, *Globalists*, 91–120; Nancy MacLean, *Democracy in Chains: The Deep History of the Radical Right's Stealth Plan for America* (New York, 2018)。加里·格斯尔特别强调了新自由主义的观点，特别是关于国家的观点，以何种方式根植于 19 世纪的自

由主义。参见 Gerstle, *Rise and Fall of the Neoliberal Order*, 5–7。

10. 尤见 Elizabeth Hinton, *From the War on Poverty to the War on Crime: The Making of Mass Incarceration in America* (Cambridge, MA, 2016), 27–133。另见 Khalil Gibran Muhammad, *The Condemnation of Blackness: Race, Crime, and the Making of Modern Urban America* (Cambridge, MA, 2010)。丹尼尔·帕特里克·莫伊尼汉发表于 1965 年的报告《黑人家庭：国家行动的案例》是他在约翰逊政府担任劳工部副部长期间撰写的，这是当时最著名、最有影响力的关于黑人病态的论述。

11. 参见 Nikhil Pal Singh, *Race and America's Long War* (Oakland, 2017), 35–73。

12. Hinton, *From the War on Poverty to the War on Crime*, 124–29; Elizabeth Hinton, *America on Fire: The Untold Story of Police Violence and Black Rebellion since the 1960s* (New York, 2021); Otto Kerner et al., ed. *Report of the National Advisory Commission on Civil Disorders* (New York, 1968)。"监狱国家"的概念部分起源于米歇尔·福柯在《规训与惩罚：监狱的诞生》中描绘的"监狱群岛"，该词泛指地方和联邦层面的国家机器，越发致力于监视、维持治安、逮捕、起诉、定罪、辩诉交易、监禁和假释被指控的刑事罪犯及其居住的社区。但它也可以指整个国家，因为为防范犯罪和恐怖而进行的监视在国家的预期任务中变得越来越重要。

13. 参见 Marie Gottschalk, *The Prison and the Gallows: The Politics of Mass Incarceration in America* (Cambridge, MA, 2006); Heather Ann Thompson, *Blood in the Water: The Attica Rebellion of 1971 and Its Legacy* (New York, 2017); Hinton, *From the War on Poverty to the War on Crime*, 134–79。

14. *Los Angeles Times*, 6 September 1990; Hinton, *From the War on Poverty to the War on Crime*, 134–217; James Forman Jr., *Locking Up Our Own: Crime and Punishment in Black America* (New York, 2018)。

15. James Austin and Garry Coventry, *Emerging Issues on Privatized Prisons*, National Council on Crime and Delinquency, Bureau of Justice Assistance (February 2001); The Sentencing Project, *Capitalizing on Mass Incarceration: U.S. Growth in Private Prisons* (August 2018); Robert Perkinson, *Texas Tough: The Rise of America's Prison Empire* (New York, 2010).

16. 参见 Ruth Wilson Gilmore, *Golden Gulag: Prisons, Surplus, Crisis, and Opposition in Globalizing California* (Berkeley, 2007) 的分析。

17. 关于警务的早期历史，参见 Eric H. Monkkonen, *Police in Urban Amer-*

ica, 1860–1920* (New York, 1981)。关于奴隶巡逻队和《逃亡奴隶法》的影响，参见 Sally Hadden, *Slave Patrols: Law and Violence in Virginia and the Carolinas* (Cambridge, MA, 2003); R. J. M. Blackett, *The Captive's Quest, Fugitive Slaves, the 1850 Fugitive Slave Law, and the Politics of Slavery* (New York, 2018)。

18. 直到 1877 年，联邦军队都一直作为占领军部署在前邦联各州，其中一些部队被派去镇压当年的铁路大罢工，这是他们奉命出动的众多事件之一，而他们尤其是在涉及保障美国邮电系统畅通的时候出动。国民警卫队是在州民兵组织的基础上建立起来的，由 1916 年的《国防法案》正式授权成立。参见 Eric Foner, *Reconstruction: America's Unfinished Revolution, 1863–1877* (New York, 1988); Michael Doubler, *Civilian in Peace, Soldier in War: The Army National Guard, 1636–2000* (Lawrence, KS, 2003)。

19. 拜伦·恩格尔语引自 Stuart Schrader, *Badges without Borders: How Global Counter-insurgency Transformed American Policing* (Berkeley, 2019), 5; Hinton, *America on Fire*, 11。斯图尔特·施拉德的书在将美国警察置于国际视野考察方面做出了重要努力。关于帝国警察可以像在菲律宾那样部署在美国内部的方式，参见第七章。

20. Radley Balko, *Rise of the Warrior Cop: The Militarization of America's Police Forces* (New York, 2014), xi–xii, 54–68, 145–46, 157–58; Christian Parenti, *Lockdown America: Police and Prisons in the Age of Crisis* (London, 2008)。在第一次世界大战和随后的"红色恐慌"期间，外国出生的激进分子被驱逐出境，以此作为对他们活动的惩罚。但在 20 世纪 80 年代，针对毒品犯的流放计划涉及了出生在美国的人，这与遣返运动的情况一样。

21. Balko, *Rise of the Warrior Cop*, 177–93, 209–10。

22. Balko, *Rise of the Warrior Cop*, 194–95, 218–20。驱逐政策是 1996 年 3 月《住房机会扩展法》的一部分。参见 *New York Times*, 29 March 1996。正如《洛杉矶时报》所说，"可以想象，一个家庭可能会因为其中一个成员的行为而无家可归。"*Los Angeles Times*, 29 March 1996.

23. 参见杰出研究 Tony Messenger, *Profit and Punishment: How America Criminalizes the Poor in the Name of Justice* (New York, 2021)。大多数州都制定了这样的收费制度，虽然大城市的法院经常免除"食宿费"或"自费监禁"，但其他地方就没有这么"大方"了，尤其是在需要凭此补贴地方财政的地方。另见 Phil A. Neel, *Hinterland: America's New Landscape of Class and Conflict* (London, 2018), 133–35。

24. The Sentencing Project, *Voting Rights in an Era of Mass Incarceration: A Primer* (July 2021); National Council of State Legislatures, "Felon Voting Rights," 28 June 2021. 只有在缅因州、佛蒙特州和哥伦比亚特区，重罪犯在监禁期间可以投票。

25. 参见 Steve J. Stern, *Battling for Hearts and Minds: Memory Struggles in Pinochet's Chile, 1973–1988* (Durham, NC, 2006), 57–58。

26. Milton Friedman to General Augusto Pinochet, 21 April 1975, www.docs.Google.com.

27. Isabella Cuervo-Lorens, "An 'Implacable Enemy': Milton Friedman and the 'Chilean Miracle,'" *Foreign Affairs Review* (November 2019); Daniel Matamala, "The Complicated Legacy of the 'Chicago Boys' in Chile," *Promarket* (21 September 2021).

28. Michel Crozier, *Samuel P. Huntington, and Joji Watanuki, The Crisis of Democracy: Report on the Governability of Democracies to the Trilateral Commission* (New York, 1975), 2–3. 这份报告是由兹比格涅夫·布热津斯基（后来成为吉米·卡特总统的国家安全顾问）领导的三边委员会民主国家治理能力特别工作组完成的，委员会成员于 1975 年春在日本京都的一次会议上进行了讨论。

29. Crozier, Huntington, and Watanuki, *Crisis of Democracy*, 64–65, 102–3, 174–75, 188. 在京都讨论报告的过程中，三边委员会的成员一致认为"合理的经济增长率和相对稳定的价格"很重要，而且"民主的治理能力似乎依赖于经济的持续扩张"。

30. Crozier, Huntington, and Watanuki, *Crisis of Democracy*, 102–15. 亨廷顿的"民主过度"理念来自历史学家戴维·唐纳德，后者将美国内战的爆发归咎于"民主过度"，尤其是杰克逊式的民主。

31. 参见 Nancy MacLean, *Democracy in Chains: The Deep History of the Radical Right's Stealth Plan for America* (New York, 2017)，其中重点关注布坎南。

32. MacLean, *Democracy in Chains*, 154–68; Amy Oner, *Sorting Out the Mixed Economy: The Rise and Fall of Welfare and Developmental States in the Americas* (Princeton, 2019); Ada Ferrer, *Cuba, An American History* (New York, 2021). 关于智利宪法的制定，参见 Stern, *Battling for Hearts and Minds*, 170–74。

33. MacLean, *Democracy in Chains*, 169–89.

34. 尤见 Katherine Stewart, *The Power Worshippers: Inside the Dangerous Rise of Religious Nationalism* (New York, 2019); Michelle Goldberg, *Kingdom*

Coming: The Rise of Christian Nationalism* (New York, 2007)。另见 Eric L. McDaniel, Irfan Nooruddin, and Allyson F. Shortle, *The Everyday Crusade: Christian Nationalism in American Politics* (New York, 2022)。

35. Stewart, *Power Worshippers*, 102–68；"我希望有一天，" 杰里·福尔韦尔宣称，"我们会如建国初期那般没有公立学校。教会将再次接管学校，基督徒将管理它们……公立学校系统真该死。" 参见 Falwell, *America Can Be Saved!* (Murfreesboro, TN, 1979)。

36. Stewart, *Power Worshippers*, 8–9, 40–53.

37. 参见 Margaret O'Mara, *The Code: Silicon Valley and the Remaking of America* (New York, 2019), 184–87。

38. 关于联邦政府在南部和西部的发展和现代化中的作用，参见 Bruce J. Schulman, *From Cotton Belt to Sunbelt: Federal Policy, Economic Development, and the Transformation of the South, 1938–1980* (New York, 1994); Michelle Nickerson and Darren Dochuk, eds., *Sunbelt Rising: The Politics of Space, Place, and Region* (Philadelphia, 2011)。另见 O'Mara, *The Code*, 1–66。

39. 尤见 O'Mara, *The Code*, 285–301。

40. Esther Dyson, "Friend or Foe," *Wired*, 1 August 1995; Tim Murphy, "Your Daily Newt: A $40 Billion Entitlement for Laptops," *Mother Jones*, 20 December 2011; Gary C. Jacobsen, "The 1994 Elections in Perspective," *Political Science Quarterly* 111 (Summer 1996): 203–23; O'Mara, *The Code*, 326–27; Gerstle, *Rise and Fall of the Neoliberal Order*, 163–65. 金里奇是阿尔文·托夫勒的《未来的冲击》（1970 年）和《第三次浪潮》（1980 年）的忠实粉丝，这两本书都构想了一个更小的政府和分权的体制。

41. 越来越多的证据和调查证明，工作场所存在着由技术驱动的各种形式的剥削。比如 Emily Guendelsberger, "I Worked at an Amazon Fulfillment Center; They Treated Workers Like Robots," *Time Magazine*, 18 July 2019; Chase Thiel et al., "Monitoring Employees Makes Them More Likely to Break Rules," *Harvard Business Review*, 27 June 2022；尤见 Jodi Cantor et al., "The Amazon That Customers Don't See," *New York Times*, 15 June 2021。

42. 参见 Alex Rosenblat, *Uberland: How Algorithms are Rewriting the Rules of Work* (Berkeley, 2018); "Battle Over Rideshare Worker Classification Continues," *National Law Review* 12 (9 September 2022)。

43. Karen Levy, *Data Driven: Truckers, Technology, and the New Workplace*

Surveillance (Princeton, 2022); "ELDs for Trucks: What are the Benefits of Installing ELD's in Your Fleet," *Samsara*, 20 September 2021.

44. 我对这一现象的理解和思考，在很大程度上要归功于杰作 Shoshana Zuboff, *The Age of Surveillance Capitalism: The Fight for a Human Future at the New Frontier of Power* (New York, 2019)。

45. Zuboff, *Age of Surveillance Capitalism*, 27–174.

46. Zuboff, *Age of Surveillance Capitalism*, 98–127."被遗忘权"或 GDPR（《通用数据保护条例》）是从 2014 年欧盟法院的一项裁决演变而来的。GDPR 规定："数据主体有权从控制者处得到关于他或她的个人数据的删除，不应有无故拖延，控制者有义务删除个人数据，不得无故拖延。"尽管 GDPR 包含了许多条件，但它补上了访问个人信息的权利。尽管有很大一部分美国公众支持这项立法，但搜索引擎公司一直在极力反对这项立法，并且迄今为止取得了成功。参见"Everything You Need to Know About the 'Right to be Forgotten,'" GDPR.eu。

47. *Los Angeles Times*, 25 August 1997; Ashley Craddock, "Gore, California Tech Pals to Talk Education," *Wired*, 13 March 1997.

48. 参见（举例）Al Gore, "Information Superhighways Speech," 21 March 1994, International Telecommunications Union, vlib.iue.it; "Remarks by Vice President Al Gore," Digital Divide Event, 28 April 1998, clintonwhitehouse3. archives.gov。戈尔还因自称"发明"了互联网而受到指责，但事实上，他只是在为互联网争取政治支持方面立下了一定的功劳。

第十章　种族战争与"大替代"的幽灵

1. *Chicago Tribune*, 4 November 2008; *New York Times*, 4 November 2008.

2. Daniel Schorr, "A New, 'Post-Racial' Political Era in America," *All Things Considered*, National Public Radio, 28 January 2009. 另见 *Washington Post*, 21 January 2009; *Le Monde*, 6 November 2008; *Der Spiegel*, 5 November 2008; *The Times* [London], 5 November 2008; *The Guardian,* 5 November 2008。

3. 尤见 Theda Skocpol and Vanessa Williamson, *The Tea Party and the Remaking of Republican Conservatism* (New York, 2012), 3–18; Sam Jackson, *Oath Keepers: Patriotism and the Edge of Violence in a Right-Wing Antigovernment Group* (New York, 2020), 29–37。

4. 关于奥巴马过渡期间导致其基层支持者被边缘化的斗争，参见 Micah

L. Sifry, "Obama's Lost Army," *New Republic*, 9 February 2017。

5. Kathleen Belew, *Bring the War Home: The White Power Movement and Paramilitary America* (Cambridge, MA, 2018).

6. Lawrence Powell, *Troubled Memory: Anne Levy, the Holocaust, and David Duke's Louisiana* (Chapel Hill, 2000), 404–99 对杜克的描写最好；此外参见 Lawrence Powell, "Slouching Toward Baton Rouge: The 1989 Legislative Election of David Duke," in Douglas D. Rose, *The Emergence of David Duke and the Politics of Race* (Chapel Hill, 1992), 12–40。另见 William V. Moore, "David Duke: The White Knight," in Rose, *The Emergence of David Duke*, 41–58; Brett Barrouquere, "White Shadow: David Duke's Lasting Influence on White Supremacy," Southern Poverty Law Center, 17 May 2019, 1–16; Tyler Bridges, *The Rise and Fall of David Duke* (Create Space Publishing, 2018).

7. Powell, *Troubled Memory*, 442–45; Lawrence Powell, "Read My Liposuction: The Makeover of David Duke," *New Republic*, 15 October 1990.

8. Powell, *Troubled Memory*, 446–49.

9. Powell, *Troubled Memory*, 450–51; Barrouquere, "White Shadow," 1–5; *Washington Post*, 1 July 1990.

10. *Los Angeles Times*, 7 October 1990. 幸存者安妮·列维在路易斯安那州议会大厦参观关于大屠杀的展览时，看到大卫·杜克在看照片，她质问他，作为一个否认大屠杀的人，他为什么会在那里。她很快就扮演了一个重要的公众角色，提醒选民杜克与纳粹结盟。参见 Powell, *Troubled Memory*, 483–99。

11. Powell, *Troubled Memory*, 477–79.

12. 关于选举结果，参见 Micheal W. Giles and Melanie A. Buchner, "David Duke and the Black Threat: An Old Hypothesis Revisited," *Journal of Politics* 55 (August 1993), 702-13。

13. 珀西语引自 Powell, *Troubled Memory*, 9。

14. Patrick Buchanan, "A Crossroads in Our Country's History," 10 December 1991, Democracy in Action, *Field Guide to the 1992 Presidential Campaign*; Nicole Hemmer, "The Man Who Won the Republican Party Before Trump Did," *New York Times*, 8 September 2022; Nicole Hemmer, *Partisans: The Conservative Revolutionaries Who Remade American Politics in the 1990s* (New York, 2022), 67–92.

15. Patrick Joseph Buchanan, "Culture War Speech: Address to the Republican National Convention, 17 August 1992," *Voices of Democracy: The U.S.*

Oratory Project; John Dillin, "Buchanan Looks Toward 1996," *Christian Science Monitor*, 15 April 1992; Jerome Jamin, "Pat Buchanan, Far-Right Thinking, Ethnic Loyalty, and Liberal Democracy," in A. James McAdams and Alejandro Castillon, eds., *Contemporary Fear-Right Thinkers and the Future of Liberal Democracy* (London, 2022), 45–65.

16. *New York Times*, 18 October 1977; *Los Angeles Times*, 9 November 1994; Hemmer, *Partisans*, 83–87; Greg Grandin, *The End of the Myth: From the Frontier to the Border Wall in the Mind of America* (New York, 2019), 223–24. 第187号提案也使共和党人赢得了加利福尼亚州立法机构的两院，但反对者很快提起诉讼，第187号提案于1999年被联邦地区法院裁定违宪。事实上，早在1991年，布坎南就抱怨大卫·杜克"窃取"了他的知识产权，并威胁要"起诉那个偷我知识产权的家伙"。参见 Lawrence Powell, *Troubled Memory: Anne Levy, the Holocaust, and David Duke's Louisiana* (Chapel Hill, 2019), 2nd ed., xvii。

17. Erika Lee, "The Chinese Exclusion Example: Race, Immigration, and American Gatekeeping, 1882–1924," *Journal of American Ethnic History* 21 (April 2002): 36–62; Mae Ngai, *Impossible Subjects: Illegal Aliens and the Making of Modern America* (Princeton, 2004); Grandin, *The End of the Myth*, 159–67.

18. David Turner, "Foundations of the Holocaust," *Jerusalem Post*, 25 January 2013; Jerry Krammer, "The Hart-Celler Immigration Act of 1965," *Center for Immigration Studies*, 30 September 2015; Ngai, *Impossible Subjects*, 227–64; Jones, *White Borders*, 83–104; Alexandra Minna Stern, "From 'Race Suicide' to 'White Extinction': White Nationalism, Nativism, and Eugenics Over the Past Century," *Journal of American History* 109 (September 2022): 353–55.《哈特-塞勒法案》并没有取消配额。法案按半球对移民设置了数量配额，每个国家有2万人的上限。但配额不像以前那样，与历史学家艾明如所说的"种族可取性等级"（hierarchy of racial desirability）挂钩。

19. Goodman, *Deportation Machine*, 110–13; Jones, *White Borders*, 96–99.

20. "John Tanton's Private Papers Expose More than Twenty Years of Hate," *Intelligence Report: The Tanton Files*, Southern Poverty Law Center, 30 November 2008; Goodman, *The Deportation Machine*, 109–18; Jones, *White Borders*, 129–36. 先锋基金于1937年由纺织巨头和优生学爱好者威克利·德雷珀成立，其任务是通过对那些被认为是"在宪法通过之前定居在最初13个州的白人的主要后裔"的遗传资源进行赋权，来

促进"种族改善"。参见"Pioneer Fund," Southern Poverty Law Center。

21. Ana Raquel Minian, *Undocumented Lives: The Untold Story of Mexican Migration* (Cambridge, MA, 2014), 123–47; Irvin Ibarguen, "Coveted Across the Continuum: The Politics of Mexican Migration in Transnational Perspective, 1942–1965" (PhD diss., Harvard University, 2018); Jorge Durand, Douglas S. Massey, and Emilio Parrado, "The New Era of Mexican Migration to the United States," *Journal of American History* 86 (September 1999): 518–36. 里根政策的核心是 1986 年的《移民改革和控制法》（IRCA），该法在两党的支持下，还打击了故意雇用无证工人的雇主，并增加了对边境巡逻队的拨款。

22. Grandin, *End of the Myth*, 249–53.

23. State of the Union, 1995 (delivered version), 24 January 1995; Goodman, *Deportation Machine*, 174–76. 克林顿在冗长的讲话中强调了最近通过的"非常严厉的犯罪法案——更长的刑期，三振出局，近 60 项新的死刑罪名，更多的监狱，更多的预防措施，10 万名警察"。所有这些都是他提出的"新契约"（New Covenant）的一部分。

24. Laura Smith, "The Man Responsible for the Modern NRA Killed a Hispanic Teenager Before Becoming a Border Agent," *Timeline*, 6 July 2017; Kelly Lytle Hernandez, *Migra! A History of the U.S. Border Patrol* (Berkeley, 2010), 68–69.

25. Adam Winkler, *Gunfight: The Battle Over the Right to Bear Arms in America* (New York, 2013); Matthew J. Lacombe, *Firepower: How the NRA Turned Gun Owners into a Political Force* (Princeton, 2021); Joel Achenbach et al., "How the NRA's True Believers Converted a Marksmanship Group into a Mighty Gun Lobby," *Washington Post*, 12 January 2013. 美国全国步枪协会的第一任主席是安布罗斯·伯恩赛德将军，他敏锐地观察到了许多联邦士兵糟糕的射击技术。

26. Lacombe, *Firepower*, 136–48; Achenbach et al., "NRA's True Believers."

27. Achenbach et al., "NRA's True Believers."

28. Rukmani Bhatia, "Guns, Lie, and Fear: Exposing the NRA's Messaging Playbook," Center for American Progress, 24 April 2019; Lacombe, *Firepower*, 18–43. 正如马修·J. 拉科姆所说，美国全国步枪协会长期以来一直是一个政治和意识形态组织。1980 年发生的变化是，它涉足了党派政治。

29. 拉皮埃尔语引自 Lacombe, *Firepower*, 123–24。

30. Jonathan M. Metzl, *Dying of Whiteness: How the Politics of Racial*

Resentment is Killing America's Heartland (New York, 2019), 68–69; Pew Research Center, "America's Complex Relationship with Guns," 22 June 2017. 大多数拥枪者总体上支持共和党，但这种支持比美国全国步枪协会成员的支持要温和一些：大约 60% 的成员是共和党人或倾向于共和党。美国全国步枪协会声称，2019 年它有大约 500 万名会员，尽管这一数字尚未得到证实，但近年来会员人数似乎在下降。

31. Kim Parker, "Among Gun Owners NRA Members Have a Unique Set of Views and Experiences," Pew Research Center, 5 July 2017; Metzl, *Dying of Whiteness*, 68–75.
32. 米勒语引自 Belew, *Bring the War Home*, 146。
33. Arie Perliger, *American Zealots: Inside Right-Wing Domestic Terrorism* (New York, 2020), 9–69.
34. Catrina Doxsee, "Examining Extremism: The Militia Movement," *Center for Strategic and International Studies*, 21 August 2021; "The Militia Movement," Southern Poverty Law Center; Belew, *Bring the War Home*, 187–209; Perliger, *American Zealots*, 53–69.
35. Jennifer Steinhauer, "Veterans Fortify the Ranks of Militias Aligned with Trump's Views," *New York Times*, 10 June 2021; "Michigan's Active Right-Wing Extremist Groups" (March 2022), progressmichigan.org.
36. 关于新闻界和民主党对爆炸事件的反应，*Washington Post*, 8 May 1995, 3 September 1995; *Los Angeles Times*, 8 May 1995, 9 May 1995; *Buffalo News*, 27 April 1995; *Ethical Spectacle*, June 1995。正如蒙大拿民兵组织的一位发言人所说，"我们有一个像纽特·金里奇这样的傻白甜。他是问题的一部分。"
37. 参见 Cynthia Miller-Idriss, *Hate in the Homeland: The New Global Far Right* (Princeton, 2020), 4–28; Sarah Shurts, "Intellectuals and the Illiberal Discourses of Identity," in McAdams and Castillon, eds., *Contemporary Far-Right Thinkers*, 27–44。
38. Linda Gordon, *The Moral Property of Women: A History of Birth Control Politics in America* (Urbana, IL, 2002); Thomas C. Leonard, *Illiberal Reformers: Race, Eugenics, and American Economic in the Progressive Era* (Princeton, 2016); Paul A. Lombardo, ed., *A Century of Eugenics in America* (Bloomington, IN, 2011); Alexandra Minna Stern, *Eugenic Nation: Faults and Frontiers of Better Breeding in Modern America* (Oakland, 2016).
39. Miller-Idriss, *Hate in the Homeland*, 11; Phillip Bump, "Tucker Carlson

Plays Dumb on Replacement Theory, then Espouses It," *Washington Post*, 18 May 2022; Domenico Montanaro, "How 'Replacement Theory' Went Mainstream on the Political Right," National Public Radio, 17 May 2022.

40. 有关事态发展的重要观点，参见 Jefferson Cowie, *Freedom's Dominion: A Saga of White Resistance to Federal Power* (New York, 2022)。

41. Skocpol and Williamson, *Tea Party and Remaking of Republican Conservatism*, 45–82; Skocpol, "Elite and Popular Roots," 3–23; Hochschild, *Strangers in Their Own Land*, 135–51; Alan I. Abramowitz, "Partisan Polarization and the Rise of the Tea Party Movement," Paper presented to the Annual Meeting of the Political Science Association, September 2011.

42. 参见 Justin Gest, *The New Minority: White Working Class Politics in an Age of Immigration and Inequality* (New York, 2016); Daniel Oesch, "Explaining Workers' Support for Right-Wing Populist Parties in Western Europe," *International Political Science Review* 29 (June 2008): 349–73。

43. Brian Montopoli, "Tea Party Supporters: Who They Are and What They Believe," CBS News, 14 December 2012; Kate Zernike and Megan Thebrenan, "Poll Finds Tea Party Backers Wealthier and More Educated," *New York Times*, 14 April 2010; Skocpol and Williamson, *Tea Party and Remaking of Republican Conservatism*, 19–44。

44. 参见 Dylan Riley and Robert Brenner, "Seven Theses on American Politics," *New Left Review* 138 (November-December 2022): 5–27; Lauren Lumpkin, "In a City Full of Adjunct Faculty Members Many Struggle to Get By," *Washington Post*, 26 April 2022; Caroline Frederickson, "There is No Excuse for How Universities Treat Adjuncts," *The Atlantic*, 15 September 2015。

45. 2016年同样重要的是，在特朗普令人震惊的掠夺性行为曝光后，中上层共和党人拒绝待在家里或改变他们的选票，他们中的许多人受到茶党和支持茶党的保守派网络的影响。

46. Gest, *The New Minority*, 188–200; *New York Times*, 9 December 2008, 8 November 2016; James Surowiecki, "Economic Populism at the Primaries," *New Yorker*, 14 February 2016; Jennifer M. Silva, "Don't Discount the Support for Bernie in Trump Country," *Market Watch*, 10 March 2020.

47. Norris and Inglehart, *Cultural Backlash*, 294–363; April Gordon, "Reflections on Ukraine, Georgia, and Armenia," *A New Eurasian Far Right Rising* (Freedom House, 2020); "Europe and Right-Wing Nationalism: A

Country-by-Country Guide," BBC News, 13 November 2019.

48. John Chrobak, "The International Embrace of Parler by Right-Wing and Populist Parties," *Illiberalism Studies Program*, 25 January 2021; Grant A. Silverman, "Social Media and Paramilitary Movement Politics of the Far Right," *Illiberalism Studies Program*, 10 February 2022.
49. Cas Mudde, "Surprised to See U.S. Republicans Cozying Up to the European Far Right? Don't Be," *The Guardian*, 15 October 2021; "Former Vice President Mike Pence Praises Government's Vision on Family Policy," *Budapest Times*, 24 September 2021; "Why Is Tucker Carlson in Budapest?" *Newsweek*, 3 August 2021; *Washington Post*, 3 August 2021; David Folkenflik, "Hungary's Autocratic Leader Tells U.S. Conservatives to Joni His Culture War," NPR, 4 August 2022.
50. Andrew Marantz, "Does Hungary Oer a Glimpse of Our Authoritarian Future?" *New Yorker*, 4 July 2022.
51. Zach Schonfeld, "GOP Lawmakers Celebrate Right-Wing Candidates's Win in Italy," *The Hill*, 26 September 2022; Camille Gijs, "Europe's Right Wing Cheers Meloni's Win," *Politico*, 26 September 2022.
52. Eleonora Vallin, "From the KKK to an Italian Village," *La Stampa*, 11 December 2013; "Italy to Expel ex-Klansman David Duke," *Haaretz*, 8 December 2013; "Former Klan Leader Duke Expelled from Italy," *Intelligence Report*, Southern Poverty Law Center, 25 February 2014.

结　语

1. Isabella Murray, "Marjorie Taylor Greene Refuses to Back Down from 'National Divorce' Proposal," abcnews.go.com, 22 February 2023; Elaine Godfrey, "Never Mind Marjorie Taylor Greene's 'National Divorce,'" *The Atlantic*, 23 February 2023.
2. Katelyn Caralle, "A Third of Americans Agree with Marjorie Taylor Greene," DailyMail.com, 2 March 2023; Margaret Talev, "The American Index," Axios. com, 16 March 2023; Alexandra Minna Stern, *Proud Boys and the White Ethnostate: How the Alt-Right is Warping the American Imagination* (Boston, 2019).
3. 一段特别有趣的论述，参见 Andrew Sartori, *Liberalism in Empire: An Alternative History* (Berkeley, 2014)。尽管我们通常认为自由主义思想和价值观是从像约翰·洛克这样的思想家那里传承下来的，但这应该提醒我们，它们可能同样显著地是从为自己的权利和命运而斗争的普通民众那里传承下来的。

4. 尤见 James Weinstein, *The Decline of Socialism in America, 1912–1925* (New York, 1967); James R. Green, *Grass-Roots Socialism: Radical Movements in the Southwest, 1895–1943* (Baton Rouge, 1978); Alan Brinkley, *Voices of Protest: Huey Long, Father Coughlin, and the Great Depression* (New York, 1983)。

5. 对于民粹主义一些不断变化的定义，参见 John D. Hicks, *The Populist Revolt: A History of the Farmers' Alliance and the People's Party* (Minneapolis, 1931); C. Vann Woodward, *Tom Watson: Agrarian Rebel* (New York, 1938); Richard Hofstadter, *The Age of Reform* (New York, 1955); Lawrence C. Goodwyn, *Democratic Promise: The Populist Moment in America* (New York, 1976)。民粹主义最近的、国际比较视角的定义，参见 Jan-Werner Muller, *What Is Populism?* (Philadelphia, 2016); Pippa Norris and Ronald Inglehart, *Cultural Backlash: Trump, Brexit, and Authoritarian Populism* (New York, 2019); Ernesto Laclau, *On Populist Reason* (London, 2005); Samuel Issacharo, *Democracy Unmoored: Populism and the Corruption of Popular Sovereignty* (New York, 2023)。

6. 关于格雷姆斯县事件的讨论，参见 Steven Hahn, *A Nation under Our Feet: Black Political Struggles in the Rural South from Slavery to the Great Migration* (Cambridge, MA, 2003), 393–400, 437–40；尤见著名文章 Lawrence C. Goodwyn,m "Populist Dreams and Negro Rights: East Texas as a Case Study," *American Historical Review* 76 (December 1971): 1435–56。

译后记　看见真实的美国

在中文语境中，对美国的想象往往两极化：在过去，它是"自由世界的灯塔"；而在今天，越来越多的中国读者已从新闻、现实与自身经验中看清，那幅"自由""平等"的画皮下，隐藏着分裂、霸权、暴力与不义。但即便如此，我们对美国政治的理解仍多停留在表层印象。《自由之困：非自由主义如何塑造美国历史》这本书，则是一把直指美国政治核心的手术刀，它揭示的并不是"自由的失落"，而是自由从未真正主导过美国的政治生活。

作为一名政治学博士，我长期研究自由主义思想的发展轨迹。在翻译本书的过程中，我常常惊讶于哈恩教授的洞察力——他没有流于对当下"民粹""极右""特朗普主义"的表面批判，而是追问：为何这些非自由现象总能在美国历史的关键节点出现？为何自由主义屡屡被"排外主义""白人至上""种族暴力"所包围，乃至吸纳？哈恩教授以其一贯的批判精神和扎实的历史考证，将"非自由主义"从一个现代政治术语扩展为一套解释框架，用以解构美国历史叙事中的"自由神话"。他告诉我们,所谓"自由传统",不过是冷战时期的意识形态包装;真正支撑美国社会运行的,是一种历久弥新的"非自由结构":对特定群体的排斥与羞辱、对权力的等级化理解、对暴力的制度性容忍,以及以文化认同之名行社会控制之实的治理逻辑。非自由传统不是偶尔的逆流或异常,而是从美国建国前的殖民社会起,就深深根植于这个国家的政治与文化土壤之中。

本书英文书名为 *Illiberal America: A History*,在翻译 illiberal 一词时,我曾反复斟酌。按字面来看,illiberal 意为"非自由的"或"不自由的",但它并不只是 lack of liberty(缺乏自由)的静态状态,更指向一种系统性的价值结构和政治实践。它所强调的,是与 liberalism(自由主义)在理念与制度上构成根本对立的诸要素:社群意志凌驾个人权利、等级压倒平等、排他高于包容、权威胜于程序。因此,我将其统一译为"非自由/非自由的",以保持其作为一个理论概念的完整性和批判性,而非将其弱化为某种"偶然的不自由"或"个体权利被压制"的状态表达。

我对作者反复提及的另一个重要概念 illiberal democracy(非自由民主)同样感触尤深。这一概念由学者法里德·扎卡里亚在1997年提出,用来描述那些虽有选举制度,却缺乏真正法治与权利保障的政治体系。表面上,这类政体保留了民主的形式,如选举、政党竞争,甚至新闻传播;但其内核却排斥宪政主义、压制反对派、削弱司法独立,将"民主"变成一种空洞化的工具。正如哈恩所揭示的,美国当代政治正越来越深地滑入这一悖论之中:它自诩为"自由世界的领袖",却展现出日益明显的威权倾向与种族化的政治动员，其制度表象与实际运作之间的裂缝越来越大。这种"非自由民主"的真实状态，不仅挑战了传统政治理论的范式，也为我们重新审视西式民主制度提供了一个关键视角。

这是一部写给美国读者的书，但我坚信，中国读者更应该读一读。它让我们知道，美国政治并非我们过去以为的那样强大稳定，更不是我们如今看到的那样偶然失控。它的制度之弊、社会之裂、民意之恶，早已根深蒂固，只是长期被自由主义话语所掩盖。哈恩教授用历史的方式为我们揭示出：今天的混乱，是美国长久以来政治逻辑的必然结果。

翻译这部作品，对我既是一种学术上的再锻造，也是一种思想上的深度拉扯。一方面，作者在写作中巧妙融合了思想史、社会史与政治分析，其语言既有学术的精准性，又不失历史叙述的张力，对译者而言，几乎每一句都不能轻松对待。许多段落纵贯17—21世纪，涉及英美政治传统、宗教思潮、奴隶制度、殖民扩张、民粹主义、右翼兴起等内容，我常常需要重新梳理相关历史背景与理论源流，才能下笔翻译。这个过程充满挑战，但也让我对美国历史和政治有了更深的理解。

另一方面，这段翻译旅程对我而言也是一次思想上的脱钩与再接轨。脱钩的是我对"自由主义"的惯性理解，每一章、每一个概念，都是对我既有认知的挑战；再接轨的则是对现实政治的触觉。在中国，当我们分析西方政治体制，特别是美国的治理逻辑时，是否同样深受"自由主义神话"的影响？我们是否忽视了历史中权力结构的真实面貌，忽视了非自由的政治文化在"民主外衣"下的运作机制？

作为译者，我力求在忠实于原文的基础上，将作者复杂而有力的论述清晰地呈现给中文读者；也希望借由这部作品，为中国的政治思想研究者提供一份别开生面的美国政治解剖图。

特别感谢中信出版社将这样一部极具现实意义的作品引介给读者。在世界百年未有之大变局加速演进、中美战略博弈日趋复杂严峻的当下，我们尤须理解美国历史逻辑的根源，认清这个国家的制度本质和文化走向，而不是被其话术所迷惑、为其姿态所震慑。

愿本书成为中国读者观察美国的一副新眼镜，也愿我们能由此更坚定地走好自己的道路。

袁野

2025 年 4 月于北京